HISTOIRE

DU

PARLEMENT DE BORDEAUX

Bordeaux. — Imp. G. GOUNOUILHOU.

HISTOIRE
DU
PARLEMENT
DE BORDEAUX

DEPUIS SA CRÉATION JUSQU'A SA SUPPRESSION (1451-1790)

ŒUVRE POSTHUME

DE

C.-B.-F. BOSCHERON DES PORTES

Officier de la Légion d'honneur;
Président honoraire de la Cour d'Appel de Bordeaux;
Membre résidant de l'Académie des Sciences, Belles-Lettres et Arts de Bordeaux;
Membre honoraire de la Société d'Agriculture, Sciences, Belles-Lettres
et Arts d'Orléans.

TOME PREMIER
1462-1640

BORDEAUX

CHARLES LEFEBVRE, LIBRAIRE-ÉDITEUR

6, ALLÉES DE TOURNY, 6

1877

AVIS DE L'ÉDITEUR

Dans les dernières années de sa vie, M. le président Boscheron des Portes s'était livré à des études très étendues sur l'histoire du Parlement de Bordeaux. On savait même qu'il avait fait sur ce sujet un important travail, communiqué à quelques rares amis. Aussi, après son décès, trouva-t-on sans surprise, parmi ses papiers, un manuscrit considérable portant le titre ci-dessus reproduit. Soumis aussitôt à l'examen des hommes les plus versés dans l'étude de notre histoire locale, ce travail a été jugé digne d'être publié, et les deux Compagnies auxquelles M. Boscheron des Portes avait appartenu se sont empressées de s'associer à cette pensée.

Faite surtout avec les *Registres secrets du Parlement de Bordeaux*, ces précieuses annales, véritable chronique presque jour par jour de notre vieille institution, l'Histoire que nous publions n'a cependant pas négligé les autres sources de documents que nous possédons encore sur l'existence et les actes de cette Cour : Registres d'enregistrement des édits et lettres-patentes, minutes d'arrêts, correspondances, etc., etc. La masse même de ces documents, dispersés dans plusieurs dépôts publics et dans des collections particulières, quelques-uns publiés, d'autres encore manuscrits, et c'est de beaucoup le plus grand nombre, était de nature à décourager un travailleur moins obstiné que M. le président Boscheron des Portes. Il a su, avec un tact parfait, ramener ses emprunts à une mesure tout juste suffisante pour donner à son travail un complément nécessaire, sans le trop surcharger de détails qui l'eussent fait sortir du cadre qu'il s'était tracé.

NOTA

Il est très essentiel de faire remarquer aux lecteurs que, jusqu'à l'ordonnance de Charles IX, dite de *Roussillon,* en 1564, qui fixa le commencement de l'année au 1ᵉʳ janvier, on a suivi dans le cours de cet ouvrage, antérieurement à ladite ordonnance, l'ancien usage consistant à faire commencer l'année à Pâques, tel qu'il est appliqué dans les Registres du Parlement.

Les renvois les plus fréquents dans le cours de l'ouvrage doivent être ainsi traduits : R. S. signifie *Registres secrets;* R. E. veut dire *Registres d'enregistrement.*

INTRODUCTION

Il a existé, sous notre ancien régime, une institution sans modèle dans l'antiquité, sans analogue chez les modernes : créée pour appliquer les lois et associée presque à l'honneur de les faire par le droit de les promulguer; de la connaissance des intérêts privés, son domaine naturel, s'élevant bientôt à celle des affaires publiques; conseil ordinaire des rois, au fait de la justice, et disposant quelquefois de leur tutelle; ne formant pas un des ordres de l'État, et parvenue cependant à les remplacer tous au point d'être le seul corps avec lequel l'autorité royale eût à compter; enfin, et malgré ses fréquents démêlés avec la royauté, unie à celle-ci par des liens tellement indissolubles que leurs destinées demeurèrent inséparables et que, nées ensemble, ce fut ensemble aussi qu'elles disparurent de la scène du monde.

Cette institution, on l'a déjà nommée : c'est l'ancienne magistrature française, dont les Parlements furent la plus haute et sont restés la plus illustre personnification.

La grande place qu'ils tiennent dans l'histoire du pays, l'influence qu'ils exercèrent sur les esprits et sur les événements, leur organisation et les personnages célèbres qui figurèrent dans leurs rangs, tout offrait un sujet d'études trop attrayant pour être méconnu et négligé. Cette mine féconde a donc déjà été exploitée, non pas, il est vrai, dans un travail d'ensemble — entreprise au-dessus des forces d'un seul, car une vie d'homme, la plus longue comme la mieux remplie, n'y aurait pas suffi. Comment en effet aurait-elle pu lui donner le temps de réunir d'abord, en des lieux aussi divers que distants, une foule de documents qui ne se trouvaient pas ailleurs, et lui laisser ensuite le loisir de les mettre en œuvre? La division du travail, commandée ici par la nature même des choses, pouvait seule résoudre la difficulté. Dans plusieurs des anciens ressorts des Parlements se sont rencontrés des hommes de labeur et de science, qui ont fait des annales de chacun d'eux en particulier l'objet de leurs recherches. C'est ainsi que les Parlements d'Aix, de Dijon, de Metz et de Rouen ont trouvé leurs historiens [1]. De tels exemples étaient bien faits pour encourager à accomplir la même tâche pour celui de Bordeaux. Si elle ne l'avait pas été jusqu'à présent, ce n'est pas assurément que cette Compagnie ait joué un rôle obscur ou secondaire, soit dans l'histoire générale de la France, soit dans la province où elle siégeait. Rien de plus certain, au contraire, que l'importance de ce rôle. Pendant les trois cent trente années de son existence, le Parlement de Bordeaux, outre qu'il régnait en Guyenne par sa justice souveraine, fut, à plus d'une époque, l'arbitre suprême des destinées politiques de cette province. Cette vérité ressort des faits eux-mêmes, et nous n'en voulons pas d'autres preuves que la citation, à presque toutes les pages de leurs écrits, par les historiens de Bordeaux, des Registres de son Parlement comme la plus sûre des autorités. Cependant leurs récits sont loin d'avoir non seulement épuisé, mais même réellement traité l'objet que nous nous sommes proposé. La relation de la participation du Parlement à tel événement

---

[1] L'ouvrage de M. le vicomte de Bastard d'Estang *(Les Parlements de France)* est, en effet, sous beaucoup de rapports, commun à tous ces Corps. Néanmoins, il doit être considéré comme concernant en particulier le Parlement de Toulouse, dont l'auteur serait ainsi à certains égards l'historien.

local ne constitue pas, à beaucoup près, on le conçoit aisément, le tableau d'ensemble des fastes de ce corps. La biographie d'un homme mêlé à des actes publics qui ont eu un grand retentissement, serait-elle complète par cela seul qu'on se bornerait à faire connaître la part qu'il y a prise? Non. Le caractère du personnage, sa physionomie, ses qualités et ses défauts exigent bien plus d'investigations et de détails.

Les grandes Compagnies judiciaires d'autrefois eurent cela de particulier que, sans le savoir et sans le vouloir peut-être, elles ont laissé elles-mêmes, à ceux qui voudraient les étudier sous tous ces aspects, les matériaux les plus curieux et les plus authentiques. Nous voulons parler de leurs *Registres secrets*.

Ce nom indique assez que c'était la partie des archives des Parlements qui ne devait pas être connue du public. A la différence des arrêts dont la communication ne pouvait être refusée à toute partie intéressée à la prendre, les Registres secrets ne s'ouvraient que pour les magistrats ou pour les délégués de l'autorité souveraine. C'est que leur contenu était d'une nature spéciale et en quelque sorte intime. Là, en effet, se rencontraient les résolutions, les mesures arrêtées sur certaines matières, telles que les enregistrements d'édits, les motifs des arrêts de règlement, les délibérations sur tout ce qui touchait, de près ou de loin, à la dignité du Corps, à ses immunités, à ses priviléges; ses conflits avec d'autres autorités; enfin et surtout les discussions et le texte des remontrances, cet éternel sujet de débats avec le pouvoir royal, ce droit si mal défini, toujours contesté et toujours revendiqué, dont l'exercice enfin souleva tant d'orages. On voit tout de suite que le document de greffe connu aujourd'hui sous le titre de Registre des délibérations des cours et des tribunaux, quoique contenant aussi celles des affaires d'ordre et de service intérieurs, n'offre que des rapports éloignés avec les Registres secrets des Parlements. Mais, comme nous l'avons déjà fait pressentir, voici qui achève d'établir entre les deux espèces de recueils des différences encore plus tranchées : c'est que le second constitue réellement les *mémoires,* on pourrait dire l'autobiographie des Parlements. Car, à l'exemple des écrits de ce genre que beaucoup de particuliers ont laissés sur les faits dont ils furent témoins et le plus souvent acteurs, ces Compagnies tenaient note, en quelque sorte jour par jour, de leur immixtion aux affaires publiques.

Dans ce bulletin, devenu officiel pour la postérité, se trouvent consignés, avec une exactitude et une franchise qui excitent souvent la surprise, tous les incidents de leur vie politique, leurs sentiments, leurs opinions et jusqu'à leurs passions. C'est donc là, comme dans un dépôt d'autant plus fidèle qu'il devait rester mystérieux, qu'il faut chercher, ce qu'on y rencontre en effet, leurs joies, leurs tristesses, leurs victoires, leurs défaites, leurs grandeurs, hélas! et aussi leurs petitesses. Si à ces révélations déjà si piquantes, on ajoute celles de leurs divisions intestines, des intrigues et des ambitions auxquelles une organisation si différente, à beaucoup d'égards, de celle des corps judiciaires actuels donnait naissance, on demeurera convaincu de tout l'intérêt qui s'attache à l'examen des Registres secrets. Ce qui lui donne un nouveau prix, c'est que, nous le répétons, nos prédécesseurs s'y sont peints eux-mêmes avec la plus exacte ressemblance et que — mérite rare en pareil cas — la plupart du temps le portrait n'est pas flatté.

Quelque intérêt que pût offrir, au point de vue de l'observation des caractères et des mœurs des magistrats d'autrefois, une source aussi riche pour le moraliste, nous n'avons pas besoin de dire que ce n'est pas celle-là que nous nous sommes proposé d'explorer. Notre but devait être plus sérieux. En premier lieu recueillir, pour l'apporter à l'histoire générale, un contingent de faits, les uns nouveaux, les autres imparfaitement connus, et contribuer ainsi — pour notre part et portion — à ce tableau d'ensemble de nos anciennes institutions judiciaires, qui pourra un jour être entrepris avec succès quand tous les matériaux encore épars en auront été réunis. Un second objet non moins utile était aussi de nature à motiver nos travaux. La magistrature moderne — et elle est loin de s'en plaindre — n'a plus les attributions politiques de celle d'autrefois. Qui pourrait cependant méconnaître que, à beaucoup d'égards, le passé est encore plein d'enseignements pour le présent; qu'une foule de traditions, d'usages, de formules se sont transmis de l'un à l'autre, et que dès lors l'origine, l'esprit de ces vestiges encore vivants de l'antiquité sont toujours à rechercher et à interroger? Enfin, le souvenir, les noms des grands hommes qui portèrent si haut la gloire de la magistrature, ne sauraient jamais être voués à l'oubli. C'est un devoir, au contraire, de les signaler partout où ils se rencontrèrent et de rassembler pieusement les exemples qu'ils ont laissés, d'intégrité, de fermeté et d'indépendance, pour en recommander l'imitation à leurs successeurs dans cette mission qu'on nomme *la Justice,* immuable quels que soient les temps et les lieux, et dans laquelle ils sont appelés à déployer à leur tour ces mâles vertus, en montrant qu'ils n'ont pas dégénéré de leurs devanciers.

Dans un fragment de l'ouvrage que nous publions aujourd'hui tout entier, et qui a paru dans la *Revue historique de droit français et étranger,* en 1867[1], nous avions renvoyé à la présente Introduction les détails historiques et bibliographiques sur les Registres secrets du Parlement de Bordeaux. Nous avons reconnu depuis que ce serait recommencer un travail déjà exécuté et émané d'une plume beaucoup plus compétente que la nôtre. Ce travail est le Catalogue des manuscrits de la Bibliothèque de la ville de Bordeaux, par M. Jules Delpit. Dans cet ouvrage, dont l'exactitude est le moindre mérite, qui n'est pas une aride nomenclature, mais une description raisonnée, savante et presque analytique, se trouve celle des copies assez nombreuses des Registres secrets du Parlement que cet établissement possède, et notamment de la grande copie — en 27 tomes in-folio — due à Mᵉ Labat de

---

[1] Durand, éditeur, rue Cujas, à Paris.

Savignac, conseiller en cette Cour dans le courant du xviiie siècle. M. Delpit a trop bien fait connaître ce recueil, ainsi que tous les autres qui existent dans ce dépôt sur le même sujet, pour que nous ayons rien à ajouter à ce qu'il en a dit. Nous nous bornerons donc à parler ici de deux autres copies des Registres secrets qui, ne faisant pas partie de la Bibliothèque de la ville de Bordeaux, n'ont pu être dès lors mentionnées par l'auteur du Catalogue de ses manuscrits.

La première de ces copies, appartenant à la Bibliothèque de la Cour d'appel de Bordeaux, a une très grande importance comme on va le voir. En 1719, le Parlement fut instruit qu'on venait de retrouver dans le cabinet d'un de ses anciens présidents, feu d'Espaignet, les originaux de ses Registres secrets, depuis la création, en 1462, jusqu'en l'année 1566, comprenant ainsi une durée de plus de cent années. Comment ces documents avaient-ils passé du greffe, dépôt public, en la possession d'un magistrat? C'est ce qui n'est pas expliqué. La délibération du Parlement ne donne pas davantage la raison du parti qu'il prit de faire copier ces originaux au lieu de les revendiquer eux-mêmes contre les héritiers de d'Espaignet comme pièces appartenant à ses archives et devant, dès lors, y être de droit réintégrées. On se borna à arrêter que la copie prise serait collationnée et paraphée par un des membres de la Cour délégué à cet effet. C'est ce qui eut lieu, et le manuscrit de 800 pages in-4° contenant la transcription ordonnée porte effectivement, à la fin, le procès-verbal de récolement sur les originaux dressé par les ordres de la Cour et signé de la main du conseiller au Parlement, commissaire nommé à cet effet, *de Constantin*, le 26 avril 1719. C'est donc, de toutes les copies des anciens Registres dont il n'est pas resté un seul, par suite de diverses circonstances qu'il serait trop long de rapporter ici et que nous mentionnerons dans le cours de l'ouvrage, celle qui réunit les caractères les plus dignes de confiance à tous les points de vue. Nous dirons, du reste, qu'elle ne diffère pas de la copie que possède la Bibliothèque publique de la ville, quoique cette dernière n'ait pas été faite sur les originaux eux-mêmes, mais sur d'autres copies de ceux-ci, dont la conformité avec celle dont nous venons d'expliquer la provenance atteste ainsi l'exactitude.

A l'époque où nous faisions paraître, en quelque sorte à titre de spécimen de notre travail, le fragment dont nous avons déjà parlé, nous pensions que la copie Labat de Savignac, finissant en 1734, était, malgré ses lacunes, la plus complète qui existât. Depuis lors, il nous a été donné de recevoir, grâce à la bienveillance des représentants actuels d'une ancienne et illustre famille parlementaire, la communication d'un manuscrit en 48 volumes in-folio, intitulé : *Registre secret du Parlement de Bordeaux, recueilli et mis en ordre par les soins de François-Martial de Verthamon d'Ambloy*. Bordeaux, 1770 [1]. Ce recueil embrasse presque toute l'existence du Corps depuis sa création jusqu'en 1764. Exécuté par les ordres et sous la surveillance d'un magistrat, président à mortier au Parlement, il est supérieur à tous égards à celui de M⁰ Labat de Savignac, dont il ne reproduit ni les incorrections, ni les transpositions, dont il comble aussi plusieurs lacunes. Son état matériel ne laisse rien d'ailleurs à désirer, et ce n'est pas là non plus un médiocre avantage.

Aux noms des personnes que nous venons de faire connaître comme ayant droit à notre

---

[1] Nous avons dû cette communication à l'obligeante intervention de M. le président Du Périer de Larsan, qui lui-même, comptant parmi ses ancêtres des membres du Parlement, prenait naturellement un vif intérêt à tout ce qui se rattachait à son histoire.

gratitude des secours que nous leur avons dus pour l'accomplissement de notre tâche, notre devoir est d'en associer ici plusieurs autres qui y ont les mêmes titres. Nous sommes donc heureux d'offrir nos remercîments, pour leur empressement à nous ouvrir les dépôts publics placés sous leur direction éclairée et à nous guider dans nos recherches, à MM. Gouget et Ducaumnès-Duval, archiviste et sous-archiviste du département, et à M. Gaullieur, chargé des mêmes fonctions à la ville. Nous avons aussi à cœur de payer un tribut de reconnaissance sincère à la mémoire de feu M. Gergerès, conservateur de la Bibliothèque de la ville de Bordeaux, dont rien n'égalait l'obligeance, si ce n'est celle de M. Messier, son successeur.

HISTOIRE
DU PARLEMENT
DE BORDEAUX.

CHAPITRE Ier
1451-1515.

Aperçu des anciennes juridictions d'appel en Aquitaine. — Causes de l'établissement des nouvelles après la première capitulation de Bordeaux en 1451. — Création de la Cour souveraine. — La justice en appel après la seconde capitulation. — Les Grands-Jours. — Avénement de Louis XI. — Ses motifs pour l'institution du Parlement de Bordeaux en 1462. — Véritables origines de ce corps. — Son rang par rapport aux Parlements de Rouen, Dijon et Grenoble; son ressort, sa composition. — Noms de ses premiers membres. — Gages. — Notices sur les premiers chefs de la Compagnie : Tudert, La Marthonie, Selve, etc. — Notices sur plusieurs autres magistrats de cette époque et sur leurs travaux. — Les magistrats des anciens temps. — Discipline et mœurs judiciaires.

Il n'est pas entré dans le plan de cet ouvrage d'y faire précéder l'histoire du Parlement de Bordeaux de celle des institutions judiciaires de la Guyenne antérieures à l'établissement de cette Cour. Ce dernier sujet d'études, par son étendue autant que par ses difficultés, aurait droit à lui seul à un travail entièrement distinct et séparé. Il ne pouvait donc être resserré dans les bornes d'un simple avant-propos. Traité, au contraire, avec les développements qu'il comporte, il serait devenu une œuvre superposée à une autre œuvre, et c'était assez de celle-ci pour les forces de l'écrivain et pour l'indulgence du lecteur.

Nous ne saurions toutefois passer entièrement sous silence les anciennes juridictions locales. Il en est, en effet, à l'égard desquelles un aperçu est nécessaire, sinon même indispensable. Ce sont celles que le Parlement fut appelé à remplacer. Nous en dirons donc quelques mots, non seulement pour relier ainsi l'ancien et le nouvel ordre de choses sous ce rapport, mais encore et surtout pour faire bien saisir les causes qui présidèrent à l'avénement du dernier.

Les formes de l'administration de la justice ne différaient pas en Aquitaine de celles qui étaient suivies généralement en France depuis l'établissement du régime féodal. Il y avait dans cette grande province, comme dans toutes les autres devenues à peu près indépendantes de la couronne sous les successeurs de Charlemagne, des tribunaux ou siéges seigneuriaux portant les noms de prévôtés, bailliages, sénéchaussées, et dont quelques-uns, dans la suite, se montrèrent fiers de se perdre dans la nuit des temps. Telle était, par exemple, la sénéchaussée de Bordeaux, décorée par excellence du titre de sénéchaussée de Guyenne, qui, dans le milieu du XVIe siècle, se prévalait avec orgueil d'une antiquité de huit cents ans [1]; et tout porte à croire que ce n'était pas là une prétention téméraire. Toutes ces juridictions existaient sous la domination anglaise, amenée, comme on sait, par

[1] *Extrait des registres secrets du Parlement.* Bibliothèque de la ville, Mss. n° 370.

l'impolitique rupture du mariage de Louis VII avec Éléonore de Guyenne. Il n'est pas facile d'en fixer le nombre, ni surtout de distinguer parmi elles les supérieures des inférieures. On se fera une idée de leur multiplicité par ce qu'en dit M. Delpit : « Il y avait d'abord différentes cours et juridictions supérieures et inférieures, telles que la cour des appels de la province, la cour du juge ordinaire de Gascogne, celles des sénéchaux, des châtelains, des prévôts, des baillis, des maires et autres officiers soit du suzerain, soit du duc, soit des vassaux, soit même des arrière-vassaux, et tout cela indépendant des cours exceptionnelles, ecclésiastiques et autres, qui, se mêlant à toutes ces juridictions confuses, en avaient tellement augmenté le nombre, que, pour éviter ce dédale de tribunaux, il s'en était formé une nouvelle espèce, beaucoup plus occupée et fréquentée que toutes les autres : la juridiction arbitrale.....[1]. » La reprise de possession de la Guyenne par les armes victorieuses de Charles VII en 1451, trouva debout tous ces établissements judiciaires. Plusieurs disparurent successivement, notamment ceux d'appel, et cette différence entre leur sort et celui des tribunaux inférieurs tient à des causes qu'il importe d'expliquer.

Il est facile de comprendre quelles difficultés devaient rencontrer, du temps des Anglais, les justiciables, au milieu de tant de tribunaux, entre lesquels les conflits

---

[1] *Collection générale des documents français qui se trouvent en Angleterre*, t. Ier, p. ccxxiv, où se trouve le relevé des comptes de Richard Filongleye.

ne pouvaient manquer d'être fréquents; mais, pour ne nous attacher qu'aux juridictions supérieures, quoique assurément elles fussent elles-mêmes nombreuses, on va voir qu'elles ne suffisaient pas encore dans tous les cas, et que les parties se voyaient obligées d'aller plaider bien loin de leur résidence dans certaines circonstances. Tel était, par exemple, le recours devant le roi de France, qui, en sa qualité de seigneur suzerain du duché d'Aquitaine, avait le dernier mot en fait de justice. Un très curieux monument de l'existence de cette prérogative se rencontre dans une charte de Philippe le Hardi, du mois de juillet 1283 [1]. Ce prince y déclare « faire remise à son
» *chier* cousin et féal Édouard, roi d'Angleterre *et duc*
» *d'Aquitaine*, des amendes auxquelles pourraient
» donner lieu les appels interjetés de lui roi ou de ses
» sénéchaux ou leurs lieutenants, en toutes les terres
» qu'il a ou aura en Gascogne, Agenais, Caorsin
» (Quercy), Pierregort (Périgord), Lemosin, Xaintonge,
» de mauvais et faux jugements et pour défaute de
» droit [2]. » On sait que, dans l'origine, c'étaient les juges mêmes desquels il était appelé, qui encouraient l'amende en cas d'infirmation de leurs sentences; véritable progrès, du reste, sur l'obligation où ils étaient plus anciennement de les défendre en champ clos et les armes à la main contre les plaideurs mécontents.

Cette faculté d'appel au roi de France, qui dut à la vérité s'exercer rarement, à cause des guerres conti-

[1] *Ordonnances des rois de France*, t. Ier, p. 311.
[2] Déni de justice.

nuelles entre le suzerain et son puissant vassal, cessa même tout à fait par le traité de Brétigny, le roi Jean y ayant renoncé à sa suzeraineté sur les provinces anglaises. Ce fut alors aussi que le roi d'Angleterre établit à Bordeaux une cour suprême de justice, sous le nom de Cour supérieure d'Aquitaine, destinée à la rendre en dernier ressort. Rymer en donne la composition et le nom de ses membres en 1418. (*Acta*, t. IV, 1re partie, 3e édition.) Le célèbre recueil des titres de la ville de Bordeaux, connu sous le nom de *Livre des Bouillons,* contient un arrêt de cette juridiction suprême, sous la date du 13 juillet 1366. Eh bien! les sujets de la Grande-Bretagne, sur les bords de la Garonne et de la Dordogne, n'étaient pas pour cela toujours dispensés de passer les mers pour obtenir de leurs souverains étrangers justice définitive. Ainsi en 1405, le prévôt de l'Ombrière à Bordeaux, le juge de Gascogne et le lieutenant du sénéchal ayant eu à juger un procès à propos d'un fret de navire, et se trouvant sans doute en conflit de juridiction, la cause fut portée devant le roi d'Angleterre, qui commit l'official de Cantorbéry pour en prendre connaissance; et elle dut y être suivie par les parties, non sans grande perte de temps et d'argent [1].

Ces inconvénients d'une justice lointaine et coûteuse ne pouvaient manquer d'être vivement ressentis par les Bordelais. Ils en cherchèrent le remède au moment où ils traitèrent avec Charles VII de leur soumission.

---

[1] Dom Devienne, *Histoire de Bordeaux*, 3e partie, p. 216.

La réunion à la couronne de France des pays formant le groupe anglais avait bien pour effet de les affranchir désormais de l'obligation d'aller se faire juger quelquefois au delà des mers. Mais ils restaient encore exposés à l'alternative incommode ou blessante de ressortir du Parlement de Paris ou plutôt de celui de Toulouse, auquel le roi, dans la perspective de la conquête du duché d'Aquitaine, avait par anticipation dès 1444 donné juridiction sur cette contrée. Or Bordeaux, cité déjà populeuse, riche et commerçante, se fût trouvée, et non sans raison, humiliée de dépendre de la juridiction de la capitale du Languedoc, qu'elle égalait au moins en importance. D'un autre côté, la Cour supérieure d'Aquitaine avait cessé d'exister par le fait seul de la conquête. Bordeaux voulut donc s'assurer l'avantage d'un Parlement, et ce fut ce qu'il obtint par un article du traité du 12 juin 1451, conclu avec les ministres de Charles VII, et qui porte textuellement :

« Et sera le Roi content qu'en ladite ville de Bour-
» deaux ait justice souveraine pour connaître, discuter
» et déterminer définitivement de toutes causes d'appel
» qui se feront en iceluy païs, sans pour iceux appeaux
» par simple querelle ou autrement être traité hors
» de ladite cité. »

Cette clause reçut-elle son exécution ? Une juridiction souveraine connaissant dès lors en dernier ressort des procès en appel des tribunaux inférieurs de la ville et de la province fut-elle, en effet, créée à Bordeaux ? C'est un fait longtemps demeuré à l'état de problème historique. On n'en voyait aucune trace dans les documents contemporains. L'instrument ou titre de création, si elle avait eu lieu, n'existait pas et n'a jamais été retrouvé. Nuls vestiges, d'ailleurs, d'une Cour supérieure ayant fonctionné dans la capitale de la Guyenne après sa première occupation par les généraux du roi de France. Qu'on ne s'étonne donc pas si les historiens anciens [1] et modernes ont cru et dit unanimement, comme s'exprime le plus récent [2], que l'institution de cette cour avait été ajournée à cause des événements, c'est-à-dire du soulèvement qui suivit de si près la première réduction de la Guyenne. Nous verrons bientôt ce qu'il faut penser de cette opinion. Quant aux événements auxquels ces écrivains font allusion, on sait que, dès 1452, un peu plus d'un an après le traité de 1451, éclatait cette révolte des Bordelais contre Charles VII, et qu'ils rappelaient l'Anglais dans leurs murs. Mais personne n'ignore non plus que cette violation de la foi jurée fut promptement réprimée. Le 21 juillet 1453, la célèbre victoire de Castillon, dans laquelle fut tué Talbot, remportée par les Français, mettait un terme définitif à trois cents ans de guerres, et les Anglais étaient pour jamais expulsés de la Guyenne et de leurs autres possessions

---

[1] V. La Roche Flavin, *Histoire des Parlements de France*, p. 15.
[2] Le président Hénault, *Abrégé chronologique de l'Histoire de France*, t II, p. 396. — M. Vallet de Viriville, *Histoire de Charles VII*, t. III, p. 215; il cite les *Chroniques* de Nicolas Gilles, auteur ancien; — et un écrivain très moderne, M. Grün, *Notice sur les archives du Parlement de Paris*, 1863. — Tous ont plus ou moins erré sur la question. V. *infrà*, p. 17 et suiv.

voisines. Cette fois, Bordeaux dut subir, plus durement que la première, la loi du vainqueur. Avec tous les priviléges que lui avait assurés le traité, il perdit ce Parlement si ardemment souhaité ; au moins le roi ne le rétablit-il pas. En réponse à des sollicitations sur cet objet, que l'on peut induire d'une ordonnance rendue par lui à Montilz-lès-Tours le 11 avril 1453 [1] Charles VII attribua au Parlement de Paris la justice souveraine sur la Guyenne : ainsi, dit-il, que cela était accoutumé de toute ancienneté. Puis, prenant en considération la position des justiciables, pour les soulager il déclarait qu'il enverrait, une fois en deux ans, un président et quatre conseillers du Parlement de Paris, pour connaître et décider de leurs appellations de sentences définitives et interlocutoires. C'est cette cour, connue sous le nom de *Grands-Jours,* qui siégea en effet à Bordeaux, à deux reprises, en 1456 et 1459. Nous reviendrons sur ses travaux. Mais on voit que, dans l'intervalle de ses sessions, les plaideurs de Bordeaux et du dehors étaient obligés d'aller chercher une justice définitive à Paris, bientôt même à Toulouse ; car, à la date du 20 octobre 1461, Louis XI qui venait de succéder à son père, rendait une ordonnance portant que les villes et pays de Bourdelois et autres par delà la Dordogne, ressortiraient de la cour du Parlement de Toulouse, remettant à cet effet en vigueur la disposition de l'ordonnance de 1444 [2]. Ainsi les Bordelais semblaient plus loin que jamais

[1] *Ordonnances des rois de France,* t. XV.
[2] *Id.*

de recouvrer ce que la révolte de 1452 leur avait enlevé. Il en fut cependant tout autrement.

Louis XI, qui avait paru d'abord vouloir continuer l'œuvre de son prédécesseur, ne tarda pas à suivre des voies toutes différentes. Il se piquait peu de piété filiale, et il était d'ailleurs devenu mécontent du Parlement de Toulouse [1]. Ainsi, les circonstances devinrent on ne peut plus favorables aux démarches très vives que faisaient les États de Guyenne pour le rétablissement de leur Parlement. Punir celui de Toulouse en le démembrant, s'attacher les Bordelais sinon par les liens de la reconnaissance, car Louis XI ne croyait guère aux sentiments généreux, au moins par ceux de l'intérêt, furent pour ce monarque des motifs de déférer aux vœux des populations de la Guyenne. Il y fit droit en donnant, à Chinon, le 10 juin 1462, les lettres d'institution d'un Parlement à Bordeaux.

Bien qu'elles servent de frontispice à ses registres, nous ne les reconnaissons pas comme le véritable acte de naissance de cette illustre Compagnie, et par cette raison, outre qu'elles ont été déjà publiées [2], nous nous bornerons à une simple analyse de celles de leurs dispositions qu'il est indispensable de faire connaître.

Le ressort de la Cour que le roi crée à Bordeaux comprendra, outre cette ville, les sénéchaussées d'*Aquitaine,* des *Landes,* de l'*Agenais,* du *Bazadais,* du *Périgord* et de la *Saintonge*. Elle aura pleine

---

[1] Bastard d'Estang, *les Parlements de France,* t. Ier, p. 38.
[2] *Ordonnances des rois de France,* t. XV, p. 506.

juridiction sur toutes celles de ces pays qui recourront à la sienne en dernier degré. Son siége sera à Bordeaux, où elle sera tenue par un président laïque, un certain nombre de conseillers tant clercs que lais, deux greffiers et quatre huissiers. La souveraineté de ses arrêts sera égale à ceux de la Cour suprême du Parlement de Paris, sans recours ni appel quelconque à un autre siége.

Le texte latin des lettres royales d'institution est encadré dans le procès-verbal d'installation du Parlement, qui commence ainsi à Bordeaux le 12 novembre, lendemain de la Saint-Martin de la même année 1462, au château de l'Ombrière.

Viennent ensuite les noms des président et conseillers qui ont ouvert le Parlement. Ce sont :

> Mre Jean TUDERT, *président.*
> Me Jean AVRIL, *conseiller clerc.*
> Me Jean de SAUZAY, *conseiller laïc du Parlement de Paris.*

Le matin du même jour, avant la messe, sont reçus encore, en vertu de lettres du seigneur Roi :

> Mre BLAISE, archevêque de Bordeaux, } *conseillers clercs.*
> Me Jacob des LOUPS,
> Me Guillaume PELART, } *conseillers laïcs.*
> Me Henri de FARAIGNE,
> *Greffier civil et criminel :* Me RAIMOND, de Bordeaux, sous-maire de ladite ville.
> *Greffier des présentations :* Me Maurice LESTRIGES, notaire et secrétaire du roi.
> *Avocat du roi :* Me BERMONDET.
> *Huissier :* Benoît du BUISSON.

Tous ces personnages prêtent serment, entendent

la messe du Saint-Esprit, chantée solennellement, et se rendent ensuite à la salle d'audience, où une lecture publique des lettres du roi est donnée. Les noms des avocats et procureurs attachés à la nouvelle Cour sont ensuite proclamés, et elle reçoit leurs serments.

Cette cérémonie était utile à décrire. Elle fut le type uniforme de celles qui, pendant toute la durée du Parlements, c'est-à-dire plus de trois siècles, se renouvelèrent tous les ans lors de sa rentrée, le même jour, comme à un anniversaire de son établissement, et pour la reprise de ses travaux.

En présence d'un pareil titre, et que le Corps qu'il concerne semble avoir adopté comme celui de son origine, il paraît difficile de lui en attribuer une autre. Il en prétendait cependant lui-même une plus ancienne. Nous entrons ici de plain-pied dans l'examen de la question à laquelle nous avons déjà fait allusion, question agitée en tête de presque toutes les histoires de Parlements, et qui fut, pendant l'existence de celui-ci, déjà vivement débattue; rajeunie d'ailleurs depuis peu par l'intérêt qui s'attache à de récentes découvertes historiques. Nous pouvons, du reste, annoncer dès à présent que sa solution aura pour effet d'absoudre le Parlement de Bordeaux du reproche d'avoir, comme certains anoblis de fraîche date, cédé à la vanité de vieillir son blason.

Dans le nombre des grandes Compagnies judiciaires il en était deux auxquelles il renonçait, et avec raison, à contester la priorité d'existence, et par conséquent de rang : c'étaient celles de Paris et de Toulouse.

Mais, après elles, le troisième était l'objet d'un conflit entre Rouen, Grenoble, Dijon et Bordeaux. En 1527, selon ce que rapporte La Roche-Flavin, dans le procès du connétable de Bourbon, auquel assistaient les chefs des divers Parlements, le premier président de Bordeaux eut le pas sur les trois autres [1]. Sous Henri II, en 1554, une ordonnance de ce prince déclara expressément que le Parlement de Dijon n'avait droit à être nommé dans les actes publics qu'après celui de Bordeaux [2]. Dijon céda, mais Rouen ne se montra pas si facile, Rouen qui se prévalait avec orgueil de son célèbre Échiquier, aussi vénérable par son antiquité que par sa composition. On peut voir dans les Mémoires de Groulart [3] l'exposé des moyens que cette Compagnie invoquait à l'appui de son droit de marcher avant Bordeaux, lors de l'Assemblée des notables dans la capitale de la Normandie, en 1596; procès perdu cependant et jugé en faveur de Bordeaux. Quelle en fut donc la raison ? Uniquement la date de la création de ce dernier Parlement, remontant à 1462, tandis que celui de Rouen n'avait été fondé qu'en 1499; même motif, sans doute, que pour Dijon, moins ancien que Bordeaux puisqu'il datait seulement de 1476. Rien de plus juste d'ailleurs, selon nous, que cette classification et que le principe sur lequel elle reposait, consistant à prendre,

---

[1] *Histoire des Parlements*, p. 672.
[2] *R. E.*, B. 34, 1552-1557.
[3] *Mémoires* de Claude Groulard, dans la *Collection de Petitot et Monmerqué*, t. XLIX de la première série.

pour fixer leur rang, la date du baptême d'institution royale conféré aux nouvelles Cours souveraines établies successivement sous le nom de Parlement, dans les provinces réunies à la Couronne, parce que de là seulement partait leur véritable existence et leur investiture du droit de rendre la justice au nom du roi de France. Que de difficultés une règle différente n'eût elle pas engendrées! Était-il plus aisé, même alors qu'aujourd'hui, de reconnaître au milieu des ténèbres du passé, de suivre au travers des vicissitudes qu'elles avaient subies dans chacune de ces grandes provinces, la naissance, le développement, la compétence de leurs antiques juridictions? Les procès de priorité, de prééminence, eussent été sans fin. Le point de départ adopté pour déterminer l'ordre entre elles coupait court à toute controverse.

Mais c'était précisément cette règle qui, appliquée à la position respective des Parlements de Bordeaux et de Grenoble, semblait devoir faire pencher la balance pour celui-ci. A l'en croire, en effet, c'était en 1453 que Louis XI, lorsqu'il n'était encore que dauphin, avait érigé en Parlement le grand Conseil delphinal de son apanage, et, un an après, Charles VII en se réconciliant avec ce fils longtemps rebelle, avait bien voulu confirmer cet acte de souveraineté [1]. La

[1] La Roche Flavin, p. 18. — Le président Hénault, *Abrégé chronologique de l'Histoire de France*. — *Recherches sur l'origine du Parlement de Grenoble*, par M. Faucher-Prunelle, conseiller à la Cour de Grenoble, 1859. — Il est bon de dire dès à présent que le Parlement de Bordeaux était loin de reconnaître l'existence de ces divers titres.

confirmation datait de 1454, mais alors même qu'elle ne partît que de là, elle était toujours antérieure à la création du Parlement de Bordeaux en 1462. Comment donc ce dernier pouvait-il se flatter d'établir son ancienneté? Il fallait qu'il la plaçât à une époque antérieure; or, c'est ce qu'il faisait, en réalité, en reculant sa création jusqu'en 1451, date du traité de Charles VII avec les Bordelais, et dans lequel ce prince leur avait fait l'octroi d'un Parlement.

Pour prouver que cette concession, déjà à l'abri de toute controverse par les termes de ce traité, n'était pas restée à l'état de simple projet, le Parlement de Bordeaux s'appuyait sur deux documents qui l'avaient suivi d'assez près. C'étaient, d'une part, des lettres de confirmation, données en 1483 par Charles VIII; de l'autre, la concession faite par ce prince en 1487, aux membres de ce Corps, de la dispense de ban et d'arrière-ban. L'une et l'autre faveur avaient pour motif, textuellement rappelé dans ces actes, les services rendus par les magistrats auxquels ils s'adressaient dans l'administration de la justice aux sujets du pays de Guyenne, dans lequel, disait le roi, « feu notre » seigneur et ayeul (c'est-à-dire Charles VII), *tantôt* » *après la réduction par lui faite dudit païs long-* » *temps détenu et occupé par nos anciens adversaires,* » *les Anglois, eut establi et ordonné une Court de* » *Parlement, laquelle a été depuis confirmée par* » *notre très cher sieur et père que Dieu absolve* [1]. »

---

[1] R. S., 1483 et 1487.

Le successeur de Louis XI qualifiait donc l'œuvre de ce dernier, en 1462, comme maintien d'une création préexistante.

La difficulté de préséance, née de ces prétentions rivales, fut soulevée plusieurs fois dans diverses circonstances judiciaires ou politiques, telles que le procès du connétable de Bourbon en 1566, les Assemblées des notables de 1617 et 1624, lors desquelles les chefs ou députés des divers Parlements de France se trouvèrent en présence. Elle ne fut sérieusement examinée et résolue que dans l'Assemblée des notables de 1624. Le Parlement de Bordeaux avait alors pour premier président Marc-Antoine de Gourgues, l'homme à la fois le moins disposé à sacrifier les prérogatives de son Corps et le plus capable de les défendre. Il trouva du reste, à ce qu'il paraît, un antagoniste digne de lui dans le président Frère, qui était à la tête du Parlement de Grenoble. Après de vifs débats portés devant le Conseil du roi, les titres réciproquement invoqués au nom des deux Compagnies ne furent pas jugés assez décisifs pour donner pleinement gain de cause à l'une ni à l'autre. On prit un moyen terme, en ordonnant que leurs chefs auraient alternativement la préséance entre eux, sauf à commencer par celui du Parlement de Bordeaux, qui, fut-il déclaré par l'arrêt, avait le titre le plus apparent d'antiquité. Cet expédient, comme cela était inévitable, ne satisfit aucune des parties. Elles protestèrent, chacune de son côté, de reprendre le procès demeuré indécis sur le fond qui avait été réservé. Ce ne fut que longtemps après, en

1661, que l'occasion se présenta de le recommencer, lors de la formation à Paris de la Chambre de justice chargée de rechercher les déprédations en matière de finances et composée de membres tirés des divers Parlements. Bordeaux y était représenté par le conseiller Du Verdier, Grenoble par le conseiller de Francon. La dispute de rang entre eux se reproduisit exactement comme en 1626, et fut soutenue de part et d'autre à l'aide des mêmes arguments. Cette controverse très étendue, que nous avons longtemps vainement recherchée, ne saurait présenter le même intérêt aujourd'hui que de nouveaux moyens de solution placent la question sur un autre terrain. Il nous suffira de dire qu'alors Du Verdier ne défendit pas le droit d'aînesse de sa Compagnie avec moins de zèle et de vigueur que l'avait fait, près de quarante ans auparavant, le premier président de Gourgues. Il n'arriva pas, néanmoins, à un résultat différent. Par ses lettres-patentes du 30 décembre 1661, le roi déclara vouloir laisser les choses dans le même état qu'en 1626. La préséance resta donc alternative entre les contendants, le commissaire de Bordeaux l'exerçant toujours le premier [1]. Il ne paraît pas que, depuis, des circonstances semblables ou analogues aient réveillé la querelle. Les deux Parlements demeurèrent dès lors chacun avec ses prétentions mutuelles à la priorité de rang.

Celui de Bordeaux avait si peu abandonné la sienne qu'il la consignait tous les ans dans la notice histo-

---

[1] *Collection Verthamon*, t. XXXVIII, p. 529.

rique qui le concernait, publiée évidemment sous sa dictée dans l'annuaire ou almanach de la localité [1]. On l'y voit persistant à se rattacher à la création de 1451, énonçant seulement que l'établissement de la Cour souveraine, promise par Charles VII à cette époque, avait été *retardé* par les événements : erreur capitale, comme nous allons le démontrer.

Il est maintenant hors de doute, en effet, que Charles VII avait tenu sa promesse contenue dans le traité de 1451, en s'empressant d'instituer à Bordeaux un parlement, dès cette même année ou au plus tard dans les premiers mois de l'année suivante. Si ceux qui avaient tant d'intérêt à prouver ce fait avaient interrogé leurs propres annales avec plus de soin, ils l'y auraient trouvé. Voici, en effet, ce qu'on lit dans le plus ancien des registres d'enregistrement du Parlement [2], au bas de la confirmation des priviléges des monnayeurs de Guyenne par Charles VII en septembre 1451 : « *Lecta et publicata in Curia Suprema Burdegale,... et in registris ipsius Curie registrata* xxi *junii 1452, per me Joh. de Salon.* » L'honneur de cette découverte appartient à M. Émile Brives-Cazes, qui, le premier, l'a publiée [3]. Comment hésiter à croire que si le Parlement, qui l'ignora constamment, l'eût connue et invoquée, elle ne lui eût pas fait avoir pleinement gain de cause dans ses

---

(1) Voir la série de ces annuaires à la Bibliothèque de la ville.
(2) *R. E.*, A. 31, f° 222.
(3) *Les Grands-Jours du dernier duc de Guyenne.* Bordeaux, 1867, in-8°, p. 12.

débats avec celui de Grenoble? En eût-il été autrement, la critique historique la plus exigeante ne pourrait plus le lui refuser aujourd'hui, en présence des autres preuves que nous allons joindre à celle-là.

On a vu qu'après la seconde soumission de Bordeaux en 1453, Charles VII, sans rétablir le Parlement par lui accordé en 1451, mais aussi sans révoquer cette concession, y avait en quelque sorte suppléé par la tenue de *Grands-Jours*, à des époques périodiques, dans cette ville, et que cette juridiction temporaire y siégea en effet à deux dates différentes, en 1456 et 1459. Ses registres, portés à Paris, ce qui était naturel parce que les magistrats qui la composaient appartenaient à son Parlement, et déposés dans les archives de ce corps, y ont été retrouvés naguère. Leur importance a paru telle, et avec raison, qu'on a jugé nécessaire de les imprimer en entier dans un recueil destiné à rendre les plus grands services à l'histoire locale [1]. C'est dans ces archives des Grands Jours que se trouve la justification complète, non seulement de l'existence, mais encore de la mise en activité d'un parlement à Bordeaux en 1452. Le premier de ces faits est attesté par l'ordonnance même qui organise les Grands-Jours. Le roi déclare « que

---

[1] *Archives historiques du département de la Gironde,* publiées sous la direction de M. Jules Delpit, t. IX. — On lit, en tête, une savante notice de M. Barckhausen, membre de la Société des Archives, qui ne laisse rien à désirer sur ce qui concerne les *Grands-Jours* de Bordeaux, et sur les divers genres d'intérêt auxquels l'impression de leurs registres était destinée à donner satisfaction.

» les magistrats nommés pour les tenir ont été
» envoyés *pour terminer les causes et procès de tous*
» *les païz réduicts ou recouvrés depuis la conqueste*
» *et* PREMIÈRE *réduction de la ville de Bourdeaulx et*
» *païs de Guienne et le ressort d'iceulx, selon les*
» *limites qui furent ordonnées pour la* COURT
» SOUVERAINE QUI FUCT PAR NOUS ESTABLIE EN CESTE
» VILLE [1]. » Ce n'est pas tout, et voici maintenant qui prouve que cette Cour a fonctionné. Deux arrêts des Grands-Jours rappellent en effet textuellement l'enregistrement des lettres du gouverneur de la Guyenne, délivrées au comte de Clermont le 26 septembre 1451, enregistrement opéré le 9 juin suivant (1452 dès lors), IN CURIA SUPREMA TUNC IN DICTA VILLA BURDEGALÆ SEDENTE [2]. Enfin, plusieurs autres arrêts mentionnent des procédures suivies devant cette même Cour, et si nous ne les rappelons pas ici, c'est dans la crainte de prolonger outre mesure ces éclaircissements des vraies origines du Parlement de Bordeaux. C'en est bien assez, sans doute, pour ériger en vérité désormais à l'abri de toute contestation la première création d'un parlement dans cette ville, en vertu et par suite du traité de 1451, et, par conséquent, pour absoudre de toute témérité celui qui s'en regardait à si juste titre comme la continuation.

Est-il besoin maintenant d'ajouter que, pas plus

---

[1] *Archives historiques du département de la Gironde*, t. IX, p. 256.
[2] *Id.*, p. 450-464.

alors qu'aujourd'hui, ce n'était pas l'édit de Louis XI qui aurait pu faire obstacle au succès de cette prétention? Il est de la dernière évidence que le silence gardé par cet édit sur la Cour souveraine de 1451 fut affecté, car onze ans seulement séparaient les deux dates, et, à la dernière, le fait de l'existence de ce tribunal ne pouvait être ignoré. Mais il entrait dans la politique du successeur de Charles VII de paraître conférer à titre tout à fait nouveau un bienfait qu'il voulait faire considérer comme également nouveau, et de ne tenir à cet égard aucun compte des précédents. Il ne dépendait pas cependant de lui d'abolir le passé, et son silence calculé n'empêchait pas que la Cour de 1451 eût existé et eût rendu la justice. Mais il est facile de comprendre que ce n'était ni à celle qu'il installait à Bordeaux, ni aux autres autorités de cette ville à élever la moindre observation à ce sujet. On ne discute pas, en effet, un acte de munificence. Tout porte à croire, néanmoins, que l'utilité de ne pas laisser enseveli dans un profond oubli ce qui avait eu lieu en 1451, ne tarda pas à être sentie, et que la teneur des lettres de Charles VIII qui y font une si claire allusion, fut l'effet des représentations du Parlement. Ces lettres servirent, dans la suite, lors des débats sur la question d'ancienneté, à empêcher qu'elle ne fût décidée contre lui, et même à établir en sa faveur un préjugé favorable. La vérité, qui est souvent l'œuvre du temps, lui a assuré enfin un triomphe complet. Quelque tardive qu'elle soit, elle justifie la persévérance de ses réclamations.

Nous avons, en rapportant l'acte qui l'organisait, fait connaître le ressort du Parlement. Composé aux dépens de ceux des cours de Paris et de Toulouse, sa formation ne fut pas exempte de difficultés, et elle ne resta pas immuable. Il fallut vaincre d'abord des résistances qui ne trouvaient peut-être pas seulement leur principe dans les habitudes locales. Ainsi, les sénéchaussées d'Agen et de Condom, accoutumées à porter leurs appels à Toulouse, ne voulaient pas venir plaider en second degré à Bordeaux. L'Angoumois, non compris dans les lettres de 1462, mais détaché depuis du ressort de Paris, en 1463, par ordonnance spéciale, persistait à y rester. Des lettres impératives et réitérées du roi furent nécessaires pour forcer ces contrées à reconnaître la compétence territoriale de Bordeaux [1]. Outre l'Angoumois, Louis XI dota bientôt encore la nouvelle Cour des gouvernements de La Rochelle et du Quercy, mais en restreignant ce pays, ainsi que le Périgord, aux territoires sis en deçà de la Dordogne [2]. Ce ne fut pas là, toutefois, le dernier remaniement du ressort de Bordeaux sous ce règne. En 1474, La Rochelle et le pays d'Aunis furent rendus au Parlement de Paris, et malgré les réclamations incessantes de celui de Bordeaux, tant à cette époque que depuis, jamais il ne parvint à se faire restituer ces deux régions. Il

---

[1] Lettres-patentes, février et mars 1463. *Registres d'enregistrement*, B.
[2] Lettres-patentes données à Chartres le 5 mai 1463. *Registres secrets*, à cette date.

avait obtenu, à titre de compensation, le comté d'Armagnac, après sa confiscation par Louis XI ; mais Toulouse parvint à se le faire attribuer, ainsi qu'une partie du Quercy. Malgré ces modifications, et quoi qu'en aient pu dire les magistrats de Bordeaux, quelque peu suspects d'exagération dans des plaintes de cette nature, il leur restait encore un beau domaine judiciaire.

Le personnel de la première organisation de la Compagnie mérite l'attention, car son choix révèle l'habileté du prince dont il était l'ouvrage. Il avait placé à sa tête Jean Tudert, homme aussi éminent par ses anciens services que par ses connaissances. Dès 1457, en effet, on le voit, en qualité de maître des requêtes de l'hôtel du roi, député par Charles VII au Parlement de Paris pour une communication très importante, relative au procès du duc d'Alençon impliqué dans la rébellion du Dauphin [1]. En 1459 ce magistrat faisait partie de ceux qui furent envoyés à Bordeaux lors de la tenue des Grands-Jours. Il convenait donc à merveille au poste que lui confiait Louis XI en 1462. Aussi était-il nommé deux jours après la création du nouveau Parlement, et il est remarquable que ce fut avec le titre de premier président. Si les registres ne lui donnent que celui de président, c'est parce qu'il était seul alors à la tête du corps. Outre cette distinction, le roi lui accorda une autre faveur par ordonnance spéciale de la

---

[1] Hénault, *Abrégé chronologique de l'histoire de France*, t. Ier.

même date. Aux 600 livres tournois de ses gages comme premier président, ce prince ajoute pareille somme à titre de don, motivé sur « la *grant cherté* » des vivres quy actuellement est audit lieu de Bour- » deaulx, où ledit Tudert n'a ni rentes ni revenus » dont il se puisse aider, et afin aussy que, pour » l'onneur dudit office de premier président, il luy » adviendra ordinairement tenir grant dépense [1]. » Ce surcroît des appointements ordinaires de premier président passa depuis, par les mêmes considérations, en usage constant.

Une autre nomination où brille encore la sagacité de Louis XI, c'est celle de l'archevêque de Bordeaux, Blaise de Greelle, en qualité de conseiller clerc. Ce prélat, qui paraît avoir été un homme de caractère, avocat au Parlement avant d'entrer dans les ordres et depuis conseiller du roi, avait l'habitude, fort commune parmi les gens d'église de son temps, d'empiètements nombreux sur la justice temporelle. Il prétendait prendre connaissance, comme juge ecclésiastique, d'une foule de matières civiles ordinaires et étrangères à ses fonctions, telles que des tutelles et curatelles, des criées, etc. Plusieurs procès que le ministère public lui avait intentés pour réprimer ces usurpations, portés devant la Cour des Grands-Jours, avaient été soutenus par Blaise de Greelle avec chaleur et opiniâtreté. Il avait fallu que cette Cour, d'après la mission expresse du roi, déjà remplie à Bordeaux par

---

[1] Archives municipales de la ville de Bordeaux, FF, cart. 264.

des commissaires investis d'un semblable mandat en 1454 [1], rendît des arrêts de règlement contre ces tendances, indépendamment de ceux par lesquels elle avait condamné les prétentions de l'archevêque dans certains procès [2]. Tel était l'homme que Louis XI ne craignit pas, cependant, d'appeler dans le Parlement institué par lui : mesure excellente s'il en fut. Blaise de Greelle, demeuré en dehors de cette compagnie, eût continué ses luttes de plaideur obstiné. Membre de la Cour souveraine, il allait participer à une jurisprudence qui avait réformé la sienne. C'était avoir adroitement désarmé en lui le juge ecclésiastique par le juge séculier [3].

La liste primitive du 12 novembre 1462 nous donne lieu de remarquer encore, parmi les membres qu'elle désigne, Jean Bermondet, en qualité d'avocat du roi ; c'était un membre du barreau de Bordeaux qui avait plaidé souvent devant la Cour des Grands

---

[1] Archives municipales, *Registre de la coutume,* copie du xv° siècle, AA, f° 79.

[2] *Archives historiques de la Gironde,* t. IX, *passim.*

[3] Blaise de Greelle eut pour successeur au Parlement l'évêque d'Acqs, aujourd'hui Dax. C'est même cette circonstance qui, plus tard, fit naître des doutes sur la légitimité de la prétention des archevêques de Bordeaux à siéger au Parlement comme conseillers nés. La Compagnie se prévalait de la solution de continuité de leur jouissance de ce titre, tirée du précédent de l'évêque d'Acqs. Elle voulait que l'archevêque de Bordeaux présentât des lettres d'institution comme les autres conseillers pour prendre séance. Telle fut la difficulté opposée à François de Mauny, titulaire du siége en 1554. Il se soumit de bonne grâce à ce que le roi fût consulté sur cette question, entièrement résolue en sa faveur, et, le 26 août 1557, de Mauny fut installé comme conseiller né. Depuis lors, cette qualité cessa d'être contestée à ses successeurs.

Jours. Il prenait ainsi place plus tard dans les rangs de la magistrature, mais sans cesser pour cela de défendre les parties dans les causes, bien entendu, où les intérêts du roi n'étaient pas en jeu; faculté qui, après avoir subsisté longtemps aussi pour ses successeurs, fut enfin abolie en 1540 [1].

On s'étonne que dans la séance d'inauguration du Parlement, il ne soit pas question d'un procureur général du roi. Il est mentionné, mais sans être nommé, pour la première fois en 1463, à l'occasion de son opposition à la demande du duc d'Alençon d'exercer à Bordeaux, à titre de joyeuse entrée, le droit de délivrer les prisonniers [2]. Encore l'ambiguité des termes du registre laisse-t-elle ici douter si le procureur et l'avocat du roi n'étaient pas le même personnage. Ce n'est qu'au mois de mai suivant qu'un procureur général du seigneur roi apparaît à l'audience, où il vient requérir l'enregistrement des lettres du 5 mars précédent modificatives du ressort, et dont nous avons déjà parlé. Cela se passait à Saint-Jean d'Angély, où le Parlement siégeait *ex certis causis,* dit l'arrêt, sans les faire connaître [3]. C'était sans doute la même cause qui l'obligea de se transporter aussi plus tard à Libourne, à Saint-Émilion et même à Bergerac : la peste qui régnait alors à Bordeaux. Le procureur général qui requérait à Saint-Jean-d'Angély n'est pas nommé, mais on sait, d'après des documents

---

[1] *R. E.*, 31 mars 1540.
[2] *R. S.*, 11 mars 1463.
[3] *Id.*, 18 mars 1463.

contemporains, qu'il s'appelait Jacques Chaussade [1].

Il nous reste, pour épuiser ce qui concerne l'organisation du Parlement, à parler des gages alloués à ses membres. Ceux du président nous sont déjà connus. Les quatre conseillers clercs recevaient 10 sols parisis par jour; les quatre lais (laïques), chacun 15 sols. Le premier huissier avait 4 sols, les trois autres 2 sols 8 deniers. Il n'est rien dit des gages des gens du roi. La médiocrité, pour ne pas dire la vileté de ces salaires, peut surprendre. Elle n'est qu'apparente. Ramenés au taux actuel de l'argent, ils se rapprochent de ceux de nos jours. N'oublions pas d'ailleurs que les magistrats d'autrefois, outre leurs gages fixes, percevaient des épices qui ne laissaient pas que d'y ajouter quelquefois dans une proportion notable. Cette première ordonnance sur les gages, qui est du 11 mai 1463, alloue de plus, pour les menues affaires et nécessités de la Cour, 100 livres tournois que paiera le receveur des amendes et exploits établi par elle [2].

Il était difficile que les sept magistrats qui ouvrirent le 12 novembre 1462 le Parlement, auxquels s'en adjoignirent, quelques jours après, deux autres : Jean de Chassaigne comme conseiller lai, et Jean Goujon en qualité de conseiller clerc, pussent suffire longtemps aux exigences du service, et il aurait été certainement pourvu à cet inconvénient sans un événement que

---

[1] Darnal, *Chroniques*. — Brives-Cazes, *les Grands-Jours du dernier duc de Guyenne*, p. 11.

[2] R. S., 1º Cle.

personne, à commencer par le souverain lui-même, n'aurait pu prévoir. Ce fut l'érection, en 1468, du duché de Guyenne en apanage au profit de Charles, frère de Louis XI, et qui jusque-là avait porté le titre de duc de Berry. La première conséquence de cette mesure fut, non pas la suppression du Parlement de Bordeaux, mais sa translation à Poitiers [1]. Il était donc conservé, quoique déplacé, et il échappait ainsi au danger de perdre l'existence après cinq années seulement de durée. Du reste, son maintien au moyen d'un simple changement de résidence s'explique aisément. L'apanage du nouveau duc de Guyenne ne comprenait pas toute l'étendue du ressort du Parlement, puisque, en dehors du Bordelais, du Bazadais, des Landes, de la Saintonge et de La Rochelle, dont se composait cet apanage, restaient le Périgord, l'Angoumois, le Limousin, l'Agenais et une partie du Quercy. C'en était assez pour occuper amplement la Cour souveraine transportée à Poitiers, qui ne put manquer d'avoir encore cette ville et ses dépendances sous sa juridiction [2]. Nous ne l'y suivrons pas néanmoins, non seulement parce que c'est là un intérim dans son exercice à Bordeaux, mais encore parce que nulle trace n'est restée d'actes de quelque importance de sa part pendant cet intervalle. Quant à la Cour organisée par le nouveau duc de Guyenne sous la

---

[1] *Ordonnances des rois de France* : Louis XI à Amboise, juillet 1469.

[2] Sentence des élus de Poitiers du 11 novembre 1469. — *Histoire du Poitou*, par Thibaudeau; nouv. édit. par H. de Sainte-Hermine, t. II, p. 473. Niort, 1840.

dénomination de Grands-Jours, ce qui la concerne est étranger à notre sujet. Elle est, d'ailleurs, celui d'un ouvrage spécial de nature à donner satisfaction sous tous les rapports à ceux qui aiment les recherches érudites et consciencieuses (1).

La durée de cette Cour fut abrégée par la prompte extinction de l'établissement politique qui lui avait donné naissance. En 1472, Charles, duc de Guyenne, mourait prématurément par le poison. On soupçonna de sa fin tragique le roi, son frère, au gré des intérêts duquel cet événement arrivait si à propos. L'histoire générale en est restée à cet égard aux conjectures, et celle que nous étudions ne fournit rien qui puisse les changer en certitude. Louis XI, en reprenant possession du duché de Guyenne, s'empressa de réinstaller à Bordeaux le Parlement, qui, à la suite de son retour, reçut certaines modifications.

Les premières portèrent sur les personnes. Jean Tudert n'était plus le chef de la Compagnie, soit qu'il fût décédé, soit qu'il eût reçu une autre mission (2). Joseph Bérard le remplaça comme président (3). Par

---

(1) V. cet ouvrage, publié par M. Brives-Cazes, et déjà cité par nous.

(2) D'après l'abbé O'Reilly (*Histoire de Bordeaux*, t. Ier, p. 102), le premier président Tudert, qui s'était démis de sa charge en 1471, se retira à Mirebeau, en Poitou, son pays natal, où il mourut le 13 septembre 1478.

(3) D'après le Registre dit du Conseil, de 1472, Bérard est déjà président à cette époque. En 1483, c'est Tindo qui occupe ce poste. — V. la liste conforme donnée par M. Brives-Cazes dans son ouvrage : *Le Parlement de Bordeaux et la Cour des Commissaires de 1549.*

la même ordonnance, quatre nouveaux conseillers étaient nommés : Guillaume Bec, venant du Parlement de Toulouse ; Jacques Loup et Henri de Faraigne ou Ferraignes, anciens membres datant de la création, comme on l'a vu, qui avaient quitté à l'époque de la translation et sont rétablis ; enfin, Raimond Guilloche. Les deux greffiers civil et des présentations, Grimond et Dussault, sont aussi replacés [1]. De nouvelles nominations durent avoir lieu bientôt après ; car, à la date du 23 décembre 1472, le registre d'audience donne une liste de vingt magistrats tant absents que présents, y compris le président [2]. Ce nombre ne paraît avoir été que très peu augmenté pendant le reste du règne de Louis XI. A l'avénement de Charles VIII, en 1482, les registres constatent trois présidents, dix-huit conseillers, un avocat du roi, un procureur général, deux greffiers et huit huissiers. Alors, Louis Tindo avait remplacé comme président Joseph Bérard, et le titre de premier lui est donné avec d'autant plus de raison que Pierre Brager et Jean Chassaigne sont désignés après lui, l'un comme deuxième, l'autre comme tiers président.

Pour terminer ce qui regarde le Parlement jusqu'à la fin du règne de Louis XI, nous relaterons ici un de ses arrêts qui prouve que cet esprit de fermeté et d'indépendance dans l'administration de la justice déployé par l'ancienne magistrature brilla aussi de bonne heure dans la nouvelle Cour.

(1) Lettres-patentes du 1er juin 1472. *R. S.*
(2) Archives départementales, *R. E.*, B. 3.

Un des plus grands seigneurs de la Guyenne, Jean de Foix, seigneur de Samadet et de Saut de Noailles, avait battu un sergent et lacéré des lettres royales que cet agent subalterne de la justice était chargé de lui notifier. Poursuivi pour ce fait, Jean de Foix fut condamné, par arrêt du 1er juin 1476, à faire amende honorable, nu-tête et tenant un cierge du poids de six livres; à requérir pardon et merci, et à garder prison. De plus, le lieu, châtel et juridiction du Saut de Noailles, théâtre du délit, était déclaré confisqué. De Foix se pourvut en grâce auprès du roi et l'obtint, sur le motif, disent les lettres-patentes, « que s'il falloit » que son dit cousin le suppliant fournit audit arrêt, » ce seroit grand scandale et vilipende de sa per- » sonne [1]. » Louis XI eut apparemment des motifs particuliers pour accorder une pareille faveur, et la politique dut y avoir plus de part que la clémence. Quant au Parlement, il avait sévèrement, mais justement accompli son devoir. Plusieurs autres arrêts, rendus également contre de puissants personnages vers la même époque, témoignent de la courageuse persévérance des magistrats dans leur jurisprudence.

Nous manquons de notions sur les présidents Bérard et Tindo, successeurs de Tudert. Le quatrième premier président à Bordeaux fut Mondot de La Marthonie. Tout fait présumer qu'il venait de Paris. Il y retourna bientôt pour y remplir la même charge qu'à Bordeaux. La vie de son successeur, une des

[1] R. S., 1476.

premières illustrations du Parlement de Bordeaux, nous est plus connue.

Jean de Selve tirait son origine du Limousin et d'une famille déjà distinguée. Son père était officier. Il commença lui-même par suivre la carrière militaire et s'attacha ensuite au barreau. Louis XII, informé de son mérite, le fit conseiller au Parlement de Paris. De là il passa premier président de celui de Bordeaux; puis, dans la suite, il fut revêtu du même titre à Rouen. C'est pendant qu'il était à la tête du Parlement de Bordeaux que François Ier lui confia une mission qui exigeait tout à la fois les qualités du jurisconsulte et de l'homme d'État, celle d'établir l'autorité de la France dans le Milanais, qu'il venait de conquérir, avec la présidence de la Cour de justice et le titre de vice-chancelier. Ce dernier est donné à de Selve dans une délibération du Parlement de Bordeaux, du 15 février 1517, par laquelle il est autorisé à le joindre à celui de premier président et à continuer de toucher les gages de cet office, même en son absence, gages se montant alors à 1,450 livres tournois [1]. On a dit que de Selve avait assisté à la bataille de Pavie en 1525 [2]. Ce fait n'est pas impossible, quoique le Milanais eût été dejà perdu avant cette fatale journée et que de Selve eût reçu la récompense de ses services par sa promotion au poste de premier président du Parlement de Paris. On le voit même, en cette qualité, prendre part aux mesures de défense, aux-

---

[1] *R. S.*, à cette date.
[2] *Biographie universelle*, article *De Selve.*

quelles les alarmes causées par la captivité du roi et l'état des affaires avaient fait recourir pour la sûreté de la capitale. Il allait en personne et en habit de guerre monter la première garde aux remparts [1]. Sa haute capacité l'appela bientôt à des fonctions que les circonstances rendaient extrêmement difficiles; il fut chargé d'aller traiter à Madrid des conditions de la paix avec la délivrance du roi. A la tête des plénipotentiaires français, il harangua Charles-Quint, et eut ensuite à lutter de savoir, d'adresse et d'énergie contre les habiles ministres que l'empereur leur avait opposés. Dans les débats auxquels donna lieu la discussion d'un traité qui ne pouvait être que bien onéreux pour la France, de Selve avait combattu de tout son pouvoir une des plus dures conditions, celle de la cession de la Bourgogne à l'Espagne Il eut occasion de renouveler cette opposition au nom du Parlement, lorsque François Ier y protesta contre une clause imposée par la force et nulle d'après le droit public du royaume. Les principes en furent expliqués par de Selve aux envoyés de Charles-Quint, lorsqu'il leur dit : « Le dit seigneur roi ne pouvait aliéner le duché, » car il est obligé d'entretenir les droits de sa couronne, » laquelle est à lui et à ses peuples et sujets en » commun. » De Selve mourut dans l'exercice de sa charge, en 1529. Il en pratiquait fermement les devoirs. Son dévouement au prince et sa reconnaissance des témoignages de confiance et de faveur dont

---

[1] *Histoire de France,* par Garnier, t. XXIV, p. 137.

il l'avait comblé, ne l'empêchaient pas de faire entendre à l'occasion le langage de la vérité et de la justice. C'est ainsi qu'il s'était montré l'organe des remontrances de sa Compagnie contre la vénalité des charges et d'autres abus. Ses discours sont empreints d'autant d'éloquence que de raison et achèvent de le placer parmi les grands hommes de son temps. Les occupations judiciaires ne l'empêchaient pas de cultiver les lettres, puisqu'il fut le premier éditeur des Mémoires de Philippe de Commines. Ses négociations ont été conservées. Cet éminent magistrat n'est pas le seul qui, à cette époque, en passant par le Parlement de Bordeaux pour appartenir ensuite à d'autres grandes Compagnies, y ait laissé un nom et des souvenirs dont celle-ci avait un juste droit de s'honorer. Le successeur de de Selve à Rouen fut François de Marcillac, son gendre, qui avait commencé par être greffier en chef à Bordeaux, et, depuis, deuxième président de la Cour des Aides de Paris, enfin président des généraux de France. Ce fut aussi un chef de corps d'un grand mérite [1]. Il avait été ambassadeur de France à Rome et à Gênes.

La diplomatie ouvrait donc souvent, dès lors, ses rangs à la magistrature, et le Parlement de Bordeaux nous en fournit d'autres exemples. Ainsi, le successeur de de Selve dans l'ambassade d'Espagne fut Jean de Calvimont, second président au même Parlement, qui avait débuté dans ce corps en 1514 comme conseiller.

---

[1] *Histoire du Parlement de Rouen*, par M. Floquet, t. Ier, p. 464.

La rupture du traité de Madrid, les défis personnels échangés entre François Ier et Charles-Quint, avaient rendu plus que délicate la situation de Calvimont, dont la liberté courut même des dangers au milieu de ces violents conflits. Mais c'était un caractère fortement trempé et difficile à effrayer, à en croire ce que disait de lui le cardinal Castiglione [1] : *Che questo Francese é un terribile uomo!* Aussi put-il venir reprendre ses fonctions de magistrat, où l'attendait sur la fin de sa carrière une injuste disgrâce que nous mentionnerons à sa date.

Ces figures historiques commencent dignement la galerie de portraits qui s'enrichira plus tard encore d'autres célébrités du Parlement de Bordeaux. Mais en étudiant ses annales, nous n'avons pas seulement à y rechercher les hommes que peut réclamer la politique, et nous ne devons pas oublier qu'avant tout c'était un corps judiciaire. Ne quittons donc pas ces temps primitifs de l'institution sans y signaler ceux de ses membres qui se distinguèrent par leurs vertus, leurs qualités professionnelles, et ont ainsi mérité, à des titres plus modestes, mais essentiels, de voir leurs noms recueillis par l'histoire.

Jetons d'abord un coup d'œil rapide sur les principaux éléments d'organisation et de fonctionnement des anciens tribunaux souverains, sur les conditions qui présidaient à leur composition, sur l'ordre de leurs travaux. Ce n'est pas là seulement matière à

---

[1] *Revue des Deux-Mondes*, t. LXII, p. 19.

observations curieuses; c'est encore, et avant tout, le meilleur moyen de se rendre compte de la haute renommée que l'ancienne magistrature française s'était acquise.

Lors de la première création des Parlements, la nomination de leurs membres dut être faite nécessairement par le roi; mais bientôt les Compagnies jouirent du droit de se recruter elles-mêmes et de pourvoir ainsi aux vacances qui arrivaient dans leur sein. Dès les premières années du xve siècle, des règlements faits par Charles VI (1406-1407) et plus tard par Charles VII (1446) leur donnèrent la faculté de présenter un certain nombre de candidats, entre lesquels le roi choisissait. Cette présentation était une recommandation de l'aptitude comme de la moralité des individus portés sur la liste, et c'est ainsi que les présidents étaient pris parmi l'élite des conseillers, les conseillers dans celle des magistratures inférieures ou du barreau. Ce mode de nomination si excellent par lui-même dura jusqu'à l'établissement de la vénalité des charges, qui y porta une fâcheuse atteinte et le frappa même d'inutilité. Cependant, le droit d'examen de ceux qui se présentaient avec un titre judiciaire acheté fut toujours réservé aux Parlements, même quand l'hérédité vint se joindre à la vénalité.

On a souvent comparé l'état des magistrats à un sacerdoce : rien qui fasse mieux ressortir la justesse de ce parallèle que la vie de ceux d'autrefois.

Les audiences, d'après les ordonnances de Charles VIII, qui en rappelèrent d'autres plus anciennes, devaient commencer entre six et sept heures du matin de la Saint-Martin à Pâques, et à six heures après Pâques [1]. Avant d'y monter, les juges entendaient la messe à la chapelle du palais. C'était donc à ces heures si matinales, surtout en hiver, que, levés bien avant le jour, ces hommes, dont beaucoup avaient vieilli dans leurs emplois, ou n'y étaient arrivés qu'à un âge déjà avancé, devaient se rendre au palais, dans l'équipage le plus modeste, à ces époques de simplicité et presque de rudesse des mœurs, c'est-à-dire à pied,

---

[1] Henri II renouvela ces prescriptions, qui peut-être avaient été négligées. Par son ordonnance de 1549, il veut que les audiences s'ouvrent, en été, incontinent après six heures; en hiver, avant sept heures; pour celles des après-dînées, avant trois heures. (*R. E.*, B. 33.)

C'est assurément à l'obligation de se rendre au palais à des heures si matinales qu'est dû l'établissement d'un usage très ancien au Parlement, celui de fournir des *torches* aux présidents, conseillers, gens du roi et greffiers, afin de venir matin pour l'expédition des affaires. (*R. S.* Délibération du 16 novembre 1551.) Cette dépense se prenait sur le produit des amendes perçues par le receveur du palais. Il était chargé de distribuer aux ayants-droit ce qu'on appela plus tard les *bougies* et même les *chandelles*. Elles leur étaient remises en nature. Cette délivrance n'avait lieu, du reste, que du lendemain de la Saint-Martin à la fin de janvier. On voit, par un compte inséré au registre d'enregistrement en 1557 (B. 35), que cet article, comprenant aussi l'éclairage de la Cour aux audiences, se montait à six cent trente-trois livres de cire valant 237 livres 10 sols. Les magistrats se montrèrent toujours fort jaloux de cette aubaine, devenue tout à fait telle quand son objet cessa d'être motivé par la nécessité. Ils la considéraient en quelque manière comme une des distinctions de leur profession; car l'archevêque de Bordeaux, qui, assurément, ne siégeait guère, la réclama en qualité de conseiller-né et l'obtint. Il est à remarquer que cette distribution de bougies se faisait encore à la Cour de Bordeaux, héritière des traditions parlementaires, et qu'elle n'a cessé que depuis quelques années.

quelles que fussent les intempéries des saisons; bien différents de leurs successeurs, qui, dans les siècles suivants, même les simples conseillers, ne venaient à l'audience qu'en carrosse. Aussi, les biographes de ces magistrats des anciens jours parlent-ils de leur pauvreté glorieuse : *splendidam miseriem* [1]. Mais, par contre, la voix sévère d'un chancelier ne leur reprochait pas leurs richesses, sujet d'envie et, par suite, de soupçons contre leur intégrité [2].

Ce n'était pas assez des audiences du matin. Les magistrats revenaient une seconde fois, à certains jours de la semaine, pour tenir celles des après-dînées ou de relevée. Ces dernières duraient en général deux heures. En y ajoutant trois autres déjà passées au palais dans la matinée, c'en étaient cinq consacrées rien qu'à l'expédition des affaires.

Mais, outre ces audiences ordinaires, il y en avait encore, à des intervalles marqués, qui leur avaient fait donner le nom de *quinzaines,* employées aux causes des pauvres et aux petits procès.

Enfin, les réunions connues sous les dénominations de *grands* et *petits commissaires :* les premières destinées à statuer définitivement sur certaines matières sommaires et urgentes ; les secondes, à arrêter les points de fait et à vérifier les titres produits dans les litiges, requéraient encore l'assiduité de ceux qui en faisaient partie.

Nous ne parlerons ici des *mercuriales* que pour ce

---

[1] Jean Dalesme, *Vie du président Boyer.*
[2] V. *infrà*, Discours de L'hôpital au Parlement de Bordeaux.

qui concerne les premiers temps de la magistrature, alors que les ordonnances en prescrivaient la tenue si fréquente, qu'elle devait avoir lieu d'abord tous les huit, puis tous les quinze jours, puis enfin une fois par mois, ordonnances qui ne tardèrent pas à tomber en désuétude. A l'origine, ces assemblées n'en étaient pas moins à la fois un moyen énergique pour les membres de l'ordre judiciaire de se retremper dans une discipline incessante, et le frein le plus puissant contre la transgression des devoirs de leur profession. Il y était traité des fautes des officiers de la Cour. On y recherchait ceux qui se montraient irrévérents ou désobéissants au roi, à ses ordonnances, à la Cour ou aux présidents d'icelle; s'ils étaient *nonchalants* à venir aux audiences aux jours et heures requis et à faire la résidence due et ordonnée; s'ils faisaient leur devoir de rapporter et extraire les procès dont ils étaient chargés; en général, s'ils ne faisaient pas choses répréhensibles et dérogeant à l'honneur et à la dignité de la Compagnie. Les peines consistaient en remontrances aux coupables, en avis donné au roi de leurs noms et de leurs fautes, en suspension ou privation de leurs offices selon l'exigence des cas. Rien ne ressemblait davantage à ces examens de conscience collectifs usités dans les cloîtres et n'en rappelait mieux l'austérité.

Si l'on joint à tous ces sujets d'occupation les assemblées des chambres nécessitées par l'enregistrement des édits, par la discussion des arrêts de règlement et d'autres causes qui tiendront une grande place dans cette histoire, enfin les conférences chez les présidents, on se convaincra combien la vie publique des hommes de justice était alors remplie.

Comment oublier ensuite cette autre partie de leur existence qui s'écoulait hors du palais, lorsque, de retour des audiences et renfermés dans leur cabinet, ils y méditaient sur les litiges soumis à leurs décisions — mission singulièrement plus ardue alors qu'elle ne l'est aujourd'hui? Pour nous borner au Parlement de Bordeaux, que de matières diverses de législation ses membres n'étaient-ils pas astreints à posséder pour en faire l'application journalière! C'était, avant tout, le droit romain ou écrit, droit commun de toutes les provinces du Midi; ensuite, les coutumes locales de Bordeaux, de Bayonne, de Dax, de Saintes, de Saint-Jean-d'Angély, de Saint-Sever; les usances de Marsan, Cursan, Gabardon et autres contrées du ressort. Ainsi, tandis que la multiplicité et jusqu'à l'emploi des heures de leurs devoirs judiciaires auraient de quoi effrayer la mollesse de nos habitudes actuelles, nos juristes contemporains, qui jouissent de l'uniformité de législation, reculeraient également devant la masse des connaissances que devaient réunir leurs devanciers. Et cependant ceux-ci trouvaient encore des loisirs, mais des loisirs aussi savamment occupés que les instants de leurs travaux obligatoires. Et ils les consacraient à recueillir, à mettre en ordre les fruits de leurs études approfondies de la science des lois, et à les rédiger soit pour leur propre utilité, soit pour celle de leurs successeurs.

En tête des magistrats dont les œuvres de ce genre sont venues jusqu'à nous, il est juste de citer Nicolas Boyer ou Bohier, né en 1459, avocat et professeur de droit à Bourges, revêtu par Louis XI d'une place de conseiller au grand Conseil, d'où il passa en 1511 troisième président au Parlement de Bordeaux [1]. Il y mourut en 1539, avec la renommée d'un homme éminent en savoir et en vertus. Par son testament il laissa ses biens aux pauvres, notamment à l'hôpital Saint-André, et ses livres à la Compagnie. On a de lui plusieurs traités de droit et l'ouvrage intitulé *Decisiones aureæ,* nom qu'il donne à un recueil d'arrêts de la Cour qu'il fit imprimer. Avec lui et Jean d'Alesme, son biographe, se firent encore connaître, par leur mérite hors ligne, les conseillers Guillaume Benedicti, docteur en droit et qui l'enseigna publiquement; d'Ibarola ou Ybarola, clerc *actu et habitu,* c'est-à-dire dans les ordres, puisqu'il célébrait la messe à la rentrée du Parlement en 1532 ; Charles de Malvin, dit de Cessac, clerc aussi; Guillaume Lur de Longa, Guy de Goulart de Brassac, Briand de Vallée, fondateur d'une chaire de théologie avec dotation annuelle, tous également auteurs d'écrits littéraires ou de droit, et qu'on appelait les lumières du Sénat [2]. Il n'est pas jusqu'à un premier huissier du Parlement, vivant en 1463, qui ne s'exerçât dans la poésie et l'histoire, au dire du savant bibliographe Lacroix du Maine, cité par Dom Devienne (*Histoire*

---

(1) *R. S.,* à cette date.
(2) *Chronique bourdeloise.*

de Bordeaux, 3ᵉ partie, p. 250)⁽¹⁾. Nous clorons cette liste, qui est loin d'être la dernière, des hommes célèbres que posséda dans son sein le Parlement de Bordeaux, par le nom du premier président de Belcier, successeur de Jean de Selve en 1520. Il eut l'honneur de s'attacher à la rédaction et à la publication définitive de la coutume de Bordeaux ⁽²⁾, et resta à la tête du Parlement jusqu'en 1544. Ce fut un des plus longs exercices de cette charge par le même titulaire. Il laissa la mémoire d'un chef jaloux du maintien de la discipline de son Corps, pour lequel il proposa et fit agréer divers règlements ⁽³⁾.

Quand on envisage cette époque si riche en esprits cultivés, animés d'une noble émulation de zèle, d'intégrité et de science, temps heureux où la justice seule réclamait et absorbait leur vie entière, alors que les orages religieux et politiques se taisaient encore, on est bien fondé à l'appeler l'âge d'or de la magistrature. Il devait malheureusement durer trop peu, car les institutions sont comme les sociétés : les unes perdent trop souvent en pureté ce qu'elles gagnent en attributions, comme les mœurs des autres s'altèrent par l'extension de leur puissance. Ce n'est, du reste, que soixante-seize ans après la fondation du Parlement de 1462, que l'on relève pour la première fois sur ses

---

(1) Ce culte de la poésie est resté comme traditionnel parmi les successeurs des anciens officiers du Parlement. De nos jours, des recueils de vers pleins de facilité et de sentiment ont été mis au jour par M. Michel, greffier en chef de la Cour de Bordeaux.

(2) *Chronique bourdeloise*, 1521.

(3) *R. S.*, 10 avril 1535.

registres un fait de relâchement et de négligence dans l'accomplissement de leurs devoirs, de la part de ceux qui en devaient l'exemple. Encore la mention même de l'infraction dénoncée est-elle une preuve que c'était jusque-là un événement inouï. On lit, en effet, sur le registre secret, à la date du 28 novembre 1537 : « Ce » jour, aucun de messieurs les présidents n'entre en la » grand'chambre ni à la tournelle. *Heu Præsidum* » *eclipsis!* » Cette épigramme prouve que le vieil esprit gaulois se glissait jusque dans la poudre du greffe, dont le chef put seul, sans doute, se le permettre, car un simple commis ou clerc n'aurait pas osé prendre une telle licence.

CHAPITRE II

1537-1543

La Réforme. — Rôle des Parlements en France dans les mesures prises pour la combattre. — Poursuites en Guyenne contre les hérétiques. — Conflit avec le clergé. — Impulsions de l'autorité royale. Répressions. Supplices. — Opinions diverses dans la magistrature. — Deux procès pour hérésie attestant des courants différents. — Le Parlement de Bordeaux et la reine de Navarre, Marguerite d'Angoulême. — Discours de cette reine au Parlement. — Sa protection constante envers les réformés. — Ses négociations matrimoniales. — Veut faire recevoir dans la Compagnie des magistrats suspects d'hérésie. — Disgrâce du président de Calvimont. — Sa réhabilitation.

L'historien d'une contrée, d'une ville ou d'une institution, qui a occupé un certain rang en Europe dans les temps modernes, arrivé à cette époque de transition entre le moyen âge et l'ère qui le suivit, ne tarde pas à rencontrer le grand événement religieux et politique qui remplit presque en entier le xvie siècle. La Réforme, de l'Allemagne où elle était née, n'avait pas tardé à pénétrer en France. Elle y jetait comme partout le germe d'une de ces crises qui remuent profondément et tendent à transformer les sociétés humaines. Le libre examen, d'où procédaient ouvertement les nouvelles doctrines, s'attaquait en même temps aux antiques croyances en matière de foi et aux principes qui servaient alors de base à la plupart des gouvernements. Le double péril qui menaçait ainsi ces derniers, habitués à ne pas séparer la cause de la religion de la leur propre, était fait pour éveiller au plus haut degré leur sollicitude. Il les excitait à rallier autour d'eux, pour en conjurer les effets, tout ce qu'ils possédaient d'influence et de force. C'est ce qui eut lieu en France, où tous les pouvoirs de l'État furent conviés à combattre l'ennemi commun. Les Parlements, à ce titre, étaient donc naturellement appelés à prendre part et une grande part à la lutte, d'abord à raison de leur mission judiciaire, puis bientôt avec un autre caractère dont nous ne tarderons pas à voir l'origine et les progrès.

Le Parlement de Bordeaux ne fut pas un des derniers à accepter cette tâche militante, à la poursuivre avec autant de persévérance que de résolution, car elle n'embrasse pas moins de soixante-dix ans de son existence. Nous allons l'accompagner dans cette longue période, qui pourrait presque se diviser en deux parties distinctes indiquées par la nature et la succession même des faits. Pendant la première, en effet, c'est en qualité de Cour de Justice que cette Compagnie sévit contre l'hérésie dont, malgré ses efforts, et peut-être même à cause de ses efforts pour la détruire, les progrès sont incessants. Dans la seconde époque, le Parlement descend dans l'arène comme corps politique et repousse énergiquement les novateurs, soit qu'ils veuillent changer la forme du gouvernement, soit qu'ils servent d'instruments à des chefs ambitieux. Ce double tableau, bien que circonscrit au premier plan dans les limites d'une province, a nécessairement pour horizon ce qui se passait d'analogue dans le reste du royaume. Il n'est donc dépourvu ni d'intérêt ni de grandeur.

Ce n'est pas, sans doute, qu'il ne soit en même temps triste dans son ensemble. Les persécutions religieuses, les guerres civiles, des crimes trop fréquents y jettent leur teinte sombre et parfois lugubre. Cependant, pour asseoir un jugement impartial sur les causes et les auteurs de ces maux, l'équité exige, ce semble, qu'on se place au point de vue des idées et des mœurs d'alors; que l'on sache s'isoler des opinions de nos jours; que l'on ne fasse pas, en un mot, le procès au passé, au nom et avec les sentiments du présent. La liberté de conscience, la tolérance sont les fruits relativement encore récents d'une civilisation lentement développée. A voir tout le temps qu'elles ont mis à faire leur chemin dans le monde, on ne saurait, sans injustice, condamner ceux qui vivaient il y a trois cents ans, pour ne les avoir ni connues ni pratiquées. L'intolérance, qu'on ne l'oublie pas, était alors un tort commun, celui des masses comme des individus, des peuples aussi bien que des rois, qui combattaient avec une égale violence les principes opposés. Chaque époque, enfin, a ses préjugés et ses passions, et sommes-nous assez certains que la nôtre soit exempte des uns et des autres, pour lui reconnaître le droit de se poser en juge inexorable des temps qui l'ont précédée?

On ne saurait méconnaître qu'en Guyenne comme partout ailleurs, du reste, les magistrats déployèrent un zèle ardent pour l'extirpation de l'hérésie. C'était déjà pour eux une mission périlleuse que d'avoir à rechercher et à punir des dogmes qui blessaient leurs propres croyances. Devenus ainsi en quelque sorte et comme à leur insu juges et parties, combien ne leur serait-il pas difficile de conserver dans ces sortes d'affaires l'impassibilité sans laquelle il n'y a pas de justice! Et, comme si ce n'était pas assez des dangereuses suggestions d'une opinion préconçue, que de causes extérieures allaient conspirer pour enlever à leurs décisions le calme et l'indépendance morale dont elles avaient tant besoin!

C'étaient, en premier lieu, des conflits d'attributions avec un autre ordre, et dont le moindre inconvénient était de faire naître une sorte d'émulation passionnée entre des juridictions rivales. Dans une matière touchant d'aussi près à la religion, le clergé ne manqua pas de proclamer sa compétence exclusive; et quoique forcé cependant de recourir à l'intervention du bras séculier, il devait infailliblement se plaindre que celui-ci frappât l'hérésie avec trop de ménagement. C'est ce qui probablement arriva à Bordeaux. Là, quoique déjà elle comptât de nombreux adeptes, jusqu'en 1539 on ne voit pas que le Parlement eût justifié son orthodoxie par autre chose que des démonstrations religieuses. Ainsi, en 1537 [1], il assistait en corps à une cérémonie lors de laquelle onze personnages, dont huit en chemise et pieds nus, et trois

---

[1] *R. S.*, 7 avril.

autres tête et pieds nus, avaient fait amende honorable devant le grand clocher de Saint-André. L'expiation, paraît-il, s'était bornée là. L'autorité ecclésiastique la jugea-t-elle insuffisante, quoiqu'elle eût dû y participer? L'autorité royale fut-elle stimulée par elle à l'effet de presser l'activité des magistrats? On en est réduit à cet égard aux conjectures. Toujours est-il que la première impulsion partait quelque temps après du clergé lui-même. Il agissait directement auprès de la Cour dans le but de faire procéder aux poursuites contre les sectaires, offrait son concours et lui proposait l'exemple de ce qui se passait à cet égard à Paris.

Un document réunissant toutes ces indications et fort important à connaître est la communication faite au Parlement, le 7 juillet 1543, par l'archevêque de Bordeaux, Charles de Grammont. Après avoir remontré le désordre et l'audace des luthériens dans son diocèse, où ils en sont venus à prêcher publiquement; que ces désordres provenaient de ce que les poursuites et punition exemplaire ne se faisaient pas telles qu'on avait accoutumé, le prélat demande « la députation au roi François Ier de conseillers d'icelle Cour, pour savoir son vouloir et intention. Il supplie la Cour de ne l'épargner, ni ses biens à lui, ni ceux des autres prélats du ressort pour les frais de ce voyage. Puis il entre dans le récit détaillé d'une entrevue récente qu'il a eue avec le roi à Angoulême et dans laquelle ce prince, en présence du président Montholon, des cardinaux de Tournon et d'autres, lui a dit qu'il voulait qu'aucun sacramentaire [1] ne fût admis à abjurer, *ains fût puni de mort*. Il termine en citant la consultation qu'il a prise du premier président du Parlement de Paris, Lizet, sur la compétence respective des juges laïcs et ecclésiastiques en matière d'hérésie. Ce magistrat lui a expliqué que c'était sans doute aux prélats à déclarer si telles propositions étaient hérétiques ou catholiques, mais qu'après qu'elles avaient été tenues pour hétérodoxes, la Cour avait avisé pour le mieux qu'elle devait procéder contre ceux qui seraient atteints et convaincus et les punir corporellement, *non seulement comme hérétiques, mais comme séditieux et perturbateurs* de la république. » Tel est l'exemple recommandé par l'archevêque à la Cour. Elle l'approuve et enjoint au procureur général de commencer les procédures, de poursuivre celles qui l'ont déjà été, et le prélat, non content de ce qu'il a ainsi obtenu, demande encore la permission de venir mettre la Compagnie au courant des diligences du procureur général [2].

Il semble que cette jurisprudence, qui répartissait entre le clergé et la justice les actes de compétence d'une manière assez nette, dût être désormais celle que l'on suivrait invariablement. Mais l'époque où nous sommes était moins que toute autre celle de l'harmonie des pouvoirs et de la fixité des règles. Quelques années se passent, et le clergé prétend plus

---

(1) Nom donné à ceux des réformés ayant publié des opinions contraires au dogme catholique de l'Eucharistie.
(2) *R. S.*, 20 juillet 1543).

que jamais à connaître seul du crime d'hérésie. Pour ne pas avoir à revenir sur ce point, nous épuiserons ici tout ce qui le concerne. En 1550, l'autorité ecclésiastique obtenait un édit lui déférant le jugement de ce qu'on appelait l'hérésie simple. Dix ans après, elle se faisait donner par un autre édit, d'une manière absolue, juridiction sur tous les fauteurs d'hérésie. Mais Paris et Rouen font de vives remontrances. Bordeaux suspend l'enregistrement de l'édit jusqu'à ce que l'on sache ce qu'elles auraient produit. Elles ne furent pas accueillies, et les Parlements durent se soumettre. Seulement, à Bordeaux comme à Paris, la publication fut accompagnée de cette restriction : *per modum provisionis et donec aliter per regem fuisset ordinatum* [1]. Tout ce que l'on gagna, c'est que l'exécution serait restreinte aux gens d'église poursuivis et que les laïcs pourraient se pourvoir devant le juge royal. Le chancelier de Lhôpital, ajoute l'auteur auquel nous empruntons ces explications, disait qu'il ne s'était résigné à cette concession au clergé que pour éviter un plus grand mal : l'établissement de l'Inquisition [2].

Si cette compétition persévérante du clergé était, dans l'origine surtout, une excitation pour le Parlement à agir contre les réformés avec plus d'ardeur peut-être qu'il n'aurait voulu et qu'il n'en montrait, au gré de l'archevêque de Bordeaux, avant que ce dernier et ses

---

[1] *R. S.*, 1ᵉʳ et 2 juillet et 5 août 1560.
[2] Hénault, *Abrégé chronologique de l'histoire de France*, p. 516, édit. in-12, 1768.

successeurs eussent gagné le privilége des poursuites, les magistrats étaient encore plus vivement aiguillonnés dans cette voie par les ordres réitérés du pouvoir royal. On va en juger.

C'est en 1539 que nous rencontrons sur les registres la première mention des recommandations émanées de cette suprême autorité, relativement aux sectateurs de l'hérésie de Luther et autres. Elles sont déjà sévères. Après avoir exprimé son but d'extirper et chasser du royaume les mauvaises erreurs de cet homme et de ses adhérents, François Ier veut « que toutes les juridictions, depuis les cours souveraines jusqu'aux baillis, connaissent indifféremment des dites matières entre toutes personnes, de quelque qualité et conditions qu'elles soient... Les sentences même des tribunaux inférieurs seront exécutées, sans opposition ou appel, comme si elles étaient rendues en dernier ressort. Ce n'est qu'en cas d'appel *à minimâ* des procureurs généraux qu'il y aura suspension de l'exécution. L'appel sera jugé sur place par des assesseurs pour ce convoqués [1]. Les frais du procès seront supportés par les évêques. »

Le 18 juin 1542, le même prince, se fondant sur l'existence à Bordeaux et pays Bordelais de « plusieurs personnages maculés de ces malheureuses et damnées erreurs et sectes luthériennes, donne commission aux présidents François Belcier, Jehan

---

(1) R. E., 24 août 1539. — 4e vol., 1536 à 1545.

Calvimont et René Brinon, chacun d'eux en l'absence des autres, d'aller faire le procès aux fauteurs et adhérents de ces doctrines dans les différentes villes du ressort, avec des conseillers commissaires au nombre de onze, nommés dans les lettres royales. Ils jugeront les procès jusqu'à sentence définitive *inclusivement,* et elle aura la même force et puissance que si elle avait été prononcée par la Cour tout entière [1]. »

La même année [2], nouvelle lettre du roi par laquelle il enjoint à tous ses officiers d'employer entièrement « tout le nerf de la justice à faire punition, coercition et démonstration exemplaire et telle qu'elle est requise... de ces damnables doctrines qui pullulent, s'accroissent de jour en jour..., procéder vigoureusement jusqu'à ce que le fond de cette peste soit exterminé. » Telle est, du reste, la rigueur avec laquelle sont traités les novateurs, que, la même année encore, le roi ayant donné commission à un de ses capitaines de galères de choisir, parmi les condamnés à mort et autres grandes peines corporelles, des individus propres à servir sur les galères, en excepte toutefois ceux qui *auront commis hérésies et crimes de lèse-majesté* [3].

Henri II n'est pas moins pressant que son père lorsqu'il s'adresse aux Parlements au sujet des poursuites contre les religionnaires. Voici des lettres

---

[1] *R. E.*, 4ᵉ vol., 1536 à 1545.
[2] *Id.*
[3] *Id.*, 21 novembre 1542.

closes de ce prince à celui de Bordeaux, et que nous croyons devoir insérer ici textuellement parce qu'elles sont un document retrouvé par hasard et sur lequel les registres et la chronique gardent le silence. Nous l'empruntons au recueil des *Archives historiques du département de la Gironde* [1].

« De part le Roy,

» Nos amez et feaulx, vous sçavez que la chose que nous avons toujours plus desirée est d'extirper la malheureuse et dampnée secte heretique qui, comme nous estimons, oublie combien de fois et de quelle affection nous vous avons recommandé la justice et pugnition de ceulx qui en seroient tachez, afin d'essayer par ce moyen et tous autres que nous avons peu euser, d'en nectoyer nostredit royaulme; en quoy quelque devoir que vous y ayez faict et ce que d'ailleurs faisons fere par autres, nous ne voyons toutesfois aucun amendement. Or, très au contraire que lesdites sectes s'augmentent et fortiffient de plus en plus chacun jour à nostre très grand et incroyable regret. Et pour ce que nostre plus grand desir pour l'acquit, decharge et repoz de nostre conscience est de les estaindre et assoupir en toute façon, et faire faire des infectez et maculez la justice si griesve que l'exemple en serve à contenir les autres : Nous voullons, vous mandons et ordonnons très expressement que vous ayez à vacquer et proceder encore plus soigneusement et dilligemment que jamais à faire et parfaire le procez à ceulx qui s'en trouveront chargez. Et pour estre la cause de Dieu, prendre en main chacun de vous en général et en particulier l'extirpation de cette pernicieuse vermyne si avant, que sa bonté en puisse estre satisfaicte, et nous en avoir le contentement que pour l'honneur de luy et de nostre devoir, nous en cherchons au bien de son Eglise et augmentation de sa gloire, qui sera le

[1] V. ce Recueil, t. Ier, p. 14.

plus grand et plus agréable service que vous nous sçauriez faire.

» Donné à Saint-Germain-en-Laye, le viie jour de decembre 1556.

» HENRY.
» De LAUBESPINE.

» Au dos est écrit :

» *A nos amez et feaulx les gens tenant nostre Cour de Parlement de Bourdeaulx.* »

C'est sous ces impulsions réitérées de l'autorité qui faisait la loi et en prescrivait l'application avec une rigueur inexorable, que le Parlement avait à procéder. Qu'on ne s'étonne donc point que la pitié, la clémence fussent si souvent absentes de ses arrêts. A partir de la fin du règne de François Ier, les supplices avaient commencé à Bordeaux et dans le ressort. Sans être aussi multipliés qu'on pourrait l'inférer des fréquentes recommandations des rois et des missions que les juges allaient, par leur ordre, remplir au dehors pour y poursuivre l'hérésie, ils ne furent encore que trop nombreux. En donner ici la nomenclature, ce serait une tâche tristement uniforme, rien ne se ressemblant davantage que les procès de ce genre. On n'y voit guère, du reste, que des noms de personnages assez obscurs; et il n'en est pas qui ait droit à la célébrité [1].

---

[1] Un célèbre artiste de ce temps, Bernard de Palissy, fut néanmoins poursuivi et condamné pour fait de religion, non à Bordeaux, mais à Saintes. L'intervention du roi le sauva des suites de l'affaire. Comme il n'en est pas question sur les registres, il est à peu près certain qu'elle ne fut pas portée devant le Parlement et s'arrêta au premier degré de juridiction. (V. *Biog. univ.*, art. *Palissy*.)

Des prêtres, des religieux, séduits par les opinions nouvelles et n'ayant pas voulu se rétracter ; des gens du bas peuple coupables d'outrages aux symboles du culte orthodoxe; tels sont, en général, les condamnés en matière d'hérésie [1]. Le Parlement de Bordeaux n'eut pas, comme celui de Paris, la douleur de voir monter sur le bûcher un de ses membres; il ne compta dans son sein aucuns magistrats plutôt dignes du nom de bourreaux, comme les d'Oppède et les Guérin du Parlement de Provence.

Cependant, parmi les victimes des persécutions religieuses, dans le Bordelais, il en est qui excitent plus particulièrement l'intérêt et la pitié. Les plus touchantes, sans contredit, furent ces deux jeunes gens dont plusieurs historiens, et de Thou, entre autres, ont rapporté la fin cruelle, en 1555 [2]. La grande jeunesse de ces infortunés, nommés l'un Armand Monnier, de Saint-Émilion, l'autre Jean Cazes, de Libourne, dont le plus âgé n'avait pas vingt-cinq ans, avait déjà ému le peuple de compassion pour eux. Plusieurs des juges éprouvèrent le même sentiment. Ils opinèrent pour qu'on reléguât les accusés pendant six mois dans quelque monastère afin qu'en leur donnant le temps d'étudier la théologie et les Pères, ils pussent revenir de leurs erreurs. « Les livres sacrés, ni les livres profanes, ajoutaient ces magistrats, ne portent nulle part que ceux qui ont

---

[1] *R. S.*, 4 août 1542. — *Arrêts* des 26 août, 17 juin, 26 juillet 1542; 2 août, 4 août, 1ᵉʳ septembre 1542.
[2] *Histoire*, t. Iᵉʳ.

abandonné la vraie religion doivent être mis sur le champ à mort. » Cet avis, malheureusement, ne prévalut pas, et de Thou reproche à l'arrêt de n'avoir pas été rendu conformément aux règles des matières criminelles, qui veulent que l'opinion favorable à l'accusé prévale. Mais, comme il reconnaît en même temps que la pluralité des voix était pour la condamnation, il n'y aurait pas eu lieu ici à l'application de la maxime de droit qu'il avait d'abord invoquée, puisqu'il n'y aurait pas eu un véritable partage [1]. Toutefois, les détails qu'il donne ensuite de l'exécution des deux condamnés justifient le sentiment d'épouvante qu'elle inspira aux spectateurs eux-mêmes. Il dit que l'un d'eux, par la maladresse du bourreau, qui devait, d'après l'arrêt, l'étrangler avant de mettre le feu au bûcher, ayant été brûlé vif, les cris que lui arracha la douleur répandirent l'effroi parmi les assistants, qui se dispersèrent en proie à la terreur, comme si l'ennemi eût pénétré dans la ville. Le martyrologe des réformés cité par un écrivain de nos jours, M. Guinodie *(Histoire de Libourne)*, nomme, parmi ceux qui prirent la fuite en ce moment, le greffier en chef

---

[1] Ce n'est, du reste, qu'en 1563 que fut rendu au Parlement un arrêt de règlement sur les partages en matière criminelle, dont voici les dispositions : Dans les questions de peine corporelle, si les juges se trouvent aux opinions *ad æqualia*, n'y aura partage et passera ledit arrêt *in mitiorem pœnam*. Si le jugement passe d'une voix, comme s'ils sont cinq *in mitiorem* et quatre *in graviorem*, ne sera aussi le procès d'iceluy party, mais se fera l'arrêt *pro mitiori*. Mais si le jugement passe d'une voix *pro graviori pœnâ*, comme ils sont cinq *pro duriori* et quatre *pro mitiori*, le procès sera déclaré party. (**R. S.**, 28 mai 1563.)

Pontac, que sa charge obligeait d'assister au supplice et qui avait perdu la tête au point de se croire encore au milieu d'une sédition populaire dans laquelle il avait couru les plus grands dangers. (V. le chapitre suivant.)

Faut-il s'étonner que leurs coreligionnaires aient mis ces infortunés au rang des martyrs ? Il est certain que beaucoup d'entre eux, à l'exemple des premiers chrétiens, aspiraient à ce titre, en attaquant ce qu'ils regardaient comme des monuments d'idolâtrie. Ainsi à diverses reprises, les emblèmes du culte catholique furent souillés par des profanations. C'étaient tantôt pendant la nuit de Noël, en 1558, le bénitier de l'église Saint-Pierre et le crucifix dans la même église couverts d'ordures [1]; le 24 avril suivant, les saintes images posées à l'entrée de Saint-Seurin étaient trouvées, le matin, mutilées. Dans le même mois d'ignobles parodies de l'administration des sacrements devenaient l'objet de libelles semés partout [2]. Quelques coupables de ces attentats furent arrêtés et punis du dernier supplice. Pour les expier, des processions générales avaient lieu, auxquelles assistait le Parlement. On croira sans peine que les juges n'en revenaient pas disposés à l'indulgence.

Cependant, et quoi qu'en aient dit plusieurs écrivains qui, sans tenir compte de provocations bien faites pour motiver le renvoi de cette imputation à leurs auteurs, ont accusé de fanatisme cette Compagnie [3], un

---

[1] *R. S.*, 31 décembre 1550.
[2] *R. S.*, 1559, f° 562.
[3] Guinodie, *Histoire de Libourne*.

examen attentif de ses annales y révèle, au contraire, dans ses délibérations sur des procès de ce genre, des opinions modérées, des scrupules même qui prouvent que plus d'un magistrat se défendait de l'exaltation religieuse et ne se faisait pas l'instrument d'une aveugle persécution. Nous en rapporterons deux exemples très remarquables. Le premier est celui de l'affaire d'un clerc nommé Lavigne, traduit en 1550 devant la tournelle comme hérétique et blasphémateur. Reconnu coupable, au moment où l'arrêt de mort allait être prononcé, un des juges appartenant à la majorité avait fait part à ses collègues d'un bruit venu jusqu'à lui. Un des hauts dignitaires ecclésiastiques de Bordeaux, l'abbé de Sainte-Croix, aurait dit qu'il existait un indult du pape Jules III, alors régnant, en vertu duquel les hérétiques étaient reçus à abjurer pendant trois mois. Il émit donc l'avis que Lavigne fût admis au bénéfice de ce délai. On alla aux voix. Sur dix votants, cinq furent pour l'exécution immédiate de l'arrêt; les cinq autres pensèrent qu'il y avait lieu de surseoir jusqu'à ce que le roi, à qui on en référerait, eût fait connaître s'il avait reçu et approuvé le bref du souverain pontife [1]. La réponse de Henri II ne tarda pas à arriver, et non-seulement elle fut négative de l'existence du bref, mais encore elle blâma durement le sursis accordé. Le monarque interdit à l'avenir de semblables suspensions du cours de la justice, et veut qu'elles ne se renouvellent pas, que le

---

[1] R. S., 29 octobre 1550.

Parlement écrive aux juges de son ressort une bonne et expresse lettre à ce sujet. L'ordre fut exécuté. Quant au condamné, nul doute, quoique le registre ne l'ajoute pas, qu'il n'ait subi le dernier supplice.

En 1559, autre exemple d'hésitations semblables à y envoyer des accusés de crimes de même nature. Le prévôt de l'Ombrière avait condamné le nommé Alexis, convaincu des plus horribles blasphèmes contre le Sauveur et sa Mère, à faire amende honorable, à avoir la langue percée, puis à être pendu et étranglé. Sur l'appel au Parlement, un partage se déclara encore. Les détails ne nous en ont pas été transmis; nous voyons seulement que le président de Roffignac, bien connu pour l'exaltation de ses croyances catholiques, demanda qu'on renvoyât le procès au roi, « qui entendrait, disait-il, les opinions des juges pour connaître comme il est servi en fait de religion, nommément en ce temps. » C'était exercer envers des magistrats la pression la plus condamnable, et celui dont le nom apparaît ici pour la première fois, se révèle ainsi à nous sous de bien fâcheux auspices. Mais aussi, d'un autre côté, on voit qu'il s'en trouvait dont les sentiments ont droit à l'estime des cœurs généreux.

Ce qui se passa dans ces deux procès démontre donc qu'il y avait deux courants d'opinions opposées dans le Parlement : les unes portées à la sévérité, les autres inclinant vers la douceur. Si les premières prévalurent, malheureusement elles ne doivent pas empêcher de reconnaître, de constater l'existence des autres, pour l'honneur de ceux qui eurent le courage et l'humanité de les manifester. Pareil contraste se rencontrait alors au Parlement de Paris, dont la première chambre, sous le premier président Gilles Lemaître, condamnait impitoyablement les hérétiques ; dont la seconde, présidée par Christophe de Thou, les renvoyait absous [1]. Quoi qu'il en soit, en dépit d'une guerre sans merci, les réformés gagnaient chaque jour du terrain. Ils comptaient déjà des adeptes dans tous les rangs de la société, ils avaient des amis et même des protecteurs jusque dans les plus élevés. Parmi ces derniers, il en est un que nous devons d'autant moins oublier, qu'il fut, pour le Parlement de Bordeaux, un puissant obstacle à ses mesures de répression contre les hérétiques, qu'il gêna et entrava son action judiciaire à leur égard, et contraria son autorité, dans plusieurs circonstances, par un patronage des plus influents. Le haut personnage qui l'exerçait n'était rien moins, en effet, que la sœur même du roi François Ier, Marguerite d'Angoulême, épouse de Henri d'Albret, roi de Navarre et gouverneur de la Guyenne.

Tous les historiens qui ont eu occasion de parler de cette princesse la représentent comme très sympathique à la Réforme. On l'a même accusée d'en avoir embrassé les doctrines. Ses liaisons avec ceux qui les professaient ont pu contribuer à accréditer cette dernière assertion, qui ne paraît cependant pas

---

[1] *Histoire de France*, par Vély, Villaret et Garnier.

fondée. Quant à son attachement pour eux, il est hors de doute. Plus instruite que ne le sont ordinairement les personnes de son sexe, aimant et cultivant même les lettres, Marguerite recherchait le commerce des hommes de ce temps, distingués par leur esprit et leurs talents, dont plusieurs étaient partisans des idées nouvelles. De là à les secourir dans les épreuves auxquelles les exposait leur croyance, à leur donner même un asile lorsqu'ils étaient proscrits et fugitifs, il n'y avait qu'un pas, et sa générosité le franchit plus d'une fois. Ainsi, en 1533, Calvin, forcé de se cacher, fut accueilli par elle à Nérac, où elle tenait alors sa cour. L'année suivante, Clément Marot, obligé aussi de prendre des précautions pour sa sûreté, se rendait près d'elle. Arrêté à Bordeaux et mandé devant le Parlement, il n'était relâché qu'après avoir décliné les titres de secrétaire de la reine de Navarre et de valet de chambre du roi [1]. Marguerite, forte du crédit qu'elle possédait auprès de son royal frère, dont on sait qu'elle était chérie, alla bientôt plus loin dans son zèle en faveur des réformés.

Il existait, parmi les prisonniers pour crime d'hérésie, dans le ressort du Parlement, quelques individus originaires du royaume de Navarre. Elle fit évoquer au Conseil privé leurs procès, car le Parlement s'était opposé à leur mise en liberté pure et simple. Quant à ceux qui n'étaient chargés que de délits ordinaires, il fallut bien les rendre à leur souveraine.

---

[1] *R. S.*, 27 novembre 1534.

Un certain Mélanchton, que l'on disait parent du célèbre disciple de Luther, avait été arrêté dans les environs de Bordeaux lorsqu'il se livrait à des prédications. La reine de Navarre fut assez forte pour obtenir qu'il serait sursis à son procès. Ce qu'il y eut de piquant dans ses démarches à cette occasion, c'est qu'elles eurent, pour intermédiaire et appui auprès de la Compagnie, l'archevêque de Bordeaux lui-même, ce que rapporte le registre, et non peut-être sans quelque malice [1]. Le procès de Mélanchton fut laissé et repris plusieurs fois. La solution définitive n'en est pas mentionnée dans les archives [2].

A son arrivée dans le gouvernement de son mari, Marguerite avait montré beaucoup de modestie, et sa première entrée à Bordeaux, le 7 mai 1541, eut lieu sans aucune cérémonie. Le Parlement s'était borné à lui envoyer une députation au Château-Trompette, où elle était descendue. L'occasion se présenta plus tard d'une réception plus solennelle de la princesse que le registre avait déjà qualifiée de sœur de roi et femme de roi. Ce fut le 24 mai 1543 qu'elle se rendit au Parlement même pour y remplir une mission importante au nom du roi son frère.

Cette visite est mémorable à tous égards, car c'était la première fois qu'une femme du sang royal

[1] *R. S.*, 31 juillet 1543.
[2] Voir, au sujet des mouvements que se donnait la reine de Navarre dans le ressort du Parlement de Bordeaux, l'*Histoire de la naissance, des progrès et de la décadence de l'hérésie de ce siècle*, par Florimond de Rémond, conseiller au Parlement de Bordeaux.

paraissait au Parlement en qualité de mandataire du monarque. Les détails de cette cérémonie méritent d'ailleurs d'être recueillis.

La reine fut reçue et introduite au palais par une députation composée des deux présidents La Chassaigne et Pomiers, le premier à mortier, le second des enquêtes, et de huit conseillers. Après avoir entendu la messe à la chapelle même du palais, elle entra dans la chambre dite du plaidoyer, où toute la Cour l'attendait. « A son arrivée, dit le registre, la dite dame, après deux grandes révérences faites, l'une à l'entrée, l'autre en dedans du parquet, s'est assise en une chaise de velours violet qui lui avait été préparée, et avec elle sont entrés et ont pris séance aux places à eux réservées messire Giraud Roussel, évêque d'Oléron et abbé de Clairac, et Lescuyer Carbon, sénéchal de Bazadais, et derrière eux, aux hauts siéges, se sont assises la sénéchale de Poitou, la marquise de Saluces et la dame de Grammont. Après que la dite dame a commandé à certains personnages, tant hommes que femmes, qui étaient demeurés audit parquet, qu'ils en sortissent et n'y demeurât que ceux de la dite Cour, a dit qu'elle remerciait la Cour, pour elle et le roi de Navarre, de sa justice en ses affaires et procès de ses sujets, dont avait grand moyen de se contenter autant que de Cour souveraine de France; qu'elle était chargée d'avertir la Cour d'une prochaine attaque des Anglais et de faire faire les préparatifs de défense. — Elle annonce une prochaine bataille en Piémont et demande qu'il soit fait une procession à ce sujet ⁽¹⁾. — Elle parle ensuite des hérétiques. — A exhorté et prié la Cour de vouloir faire punir et brûler les vrais hérétiques, sauver les innocents et avoir pitié des prisonniers et détenus. — Réclame son privilége de fille de France, écrit dans un livre qui est à Saint Denis, de faire ouvrir les prisons, protestant de ne toucher ni entreprendre à aucuns détenus, s'il y en a, pour crimes que le roi n'a accoutumé de remettre ⁽²⁾. — Mélanchton d'Allemagne lui a écrit pour celui qui est prisonnier; elle prie la Cour de le faire mettre au Château-Trompette jusqu'à ce qu'elle en ait parlé au roi, et de lui faire bailler la preuve qui a été faite (l'enquête) sur ce que l'on prétend le dit Mélanchton être Breton, pour la porter au roi. — Elle termine en priant la Cour de l'excuser si elle avait dit quelque chose qui pût déplaire, et offre ses services. » Telle est l'analyse sûrement fort exacte de ce discours, que l'on regrette de ne pas avoir tel qu'il fut prononcé. La politique et la réserve qu'elle commande n'y étouffent

(1) Ce fut celle de Carignan, ou de Cérisolles, remportée par le duc d'Enghien sur les Impériaux.

(2) Rien n'indique que ce droit ait été contesté à la reine de Navarre, comme il l'avait été précédemment au duc d'Alençon sous un autre règne. Mais le Parlement s'opposait tant qu'il le pouvait à un privilége exorbitant et très préjudiciable à la justice, ce qui n'empêchait pas les rois, et surtout François Iᵉʳ, d'en faire en quelque sorte litière. Ainsi, on avait vu ce prince, à l'époque de son avénement, en 1515, en nommant au gouvernement de Guyenne Odet de Foix, comte de Lautrec, entre autres honneurs inouïs décernés à ce favori, lui attribuer celui de délivrer tous prisonniers à son entrée dans chaque ville de son gouvernement. (R. E., B. 30.) Ce pouvoir excessif ne fut pas conféré aux successeurs de Lautrec, grâce sans doute aux remontrances sévères du Parlement, dont Marguerite avait pu craindre un moment l'effet pour elle-même.

pourtant pas le sentiment qui anime avant tout celle qui l'a prononcé : la sollicitude pour les *suspects* d'hérésie, et notamment pour Mélanchton, après une adhésion indispensable à la persécution des *vrais*. Le registre ne mentionne aucune réponse du premier président Belcier, soit que l'étiquette commandât ce silence, soit par tout autre motif resté inconnu.

Si Marguerite s'était bornée à couvrir de sa protection un grand écrivain comme Calvin, un de nos premiers et plus aimables poètes comme Marot, même à sauver quelques pauvres Béarnais des poursuites qui les menaçaient, son immixtion dans les affaires religieuses de la Guyenne ne pourrait à coup sûr lui être reprochée, mais elle n'en resta pas là. On regrette de sentir son action dans des faits d'une autre nature, tels que des tentatives pour enlever à leurs familles de riches héritières orphelines, dont la fortune était convoitée par quelques gentilshommes de la cour, moins bien pourvus de terres que de parchemins [1]. Ces négociations matrimoniales, au secours desquelles on ne craignait pas d'appeler l'autorité du roi à l'aide de lettres-patentes, pouvaient tenter la femme, mais la reine aurait dû se les interdire. Le Parlement s'y opposa tant qu'il put. On ignore s'il réussit toujours à les faire échouer. C'était, dans tous les cas, un nouveau sujet de mésintelligence entre ce Corps et la sœur de François Ier. Il y en eut bientôt un autre plus personnel et plus sensible dès lors au Parlement. Ouvrir ses

[1] R. E. Lettres-patentes, 1536, 1537.

rangs à des hommes suspects d'attachement aux idées nouvelles, c'était un genre de concession sur lequel il se montra toujours intraitable. Or, Marguerite avait pris à cœur la candidature de deux conseillers nommés à des places nouvellement créées dans la Compagnie, comme nous le verrons bientôt. C'étaient Charles de Caudeley ou Candeley, avocat à Bordeaux, et Jean Dupont, de Condom, tous deux réputés très mauvais catholiques. Le Parlement résista avec énergie à leur réception, tout en y mettant les formes. Ainsi, à l'égard du premier, Candeley, il députa successivement à la reine et au roi de Navarre, à l'effet de leur communiquer des poursuites dirigées contre Candeley pour fait d'hérésie. Sa protectrice insista, ajoutant cependant qu'elle l'abandonnerait comme relaps, s'il était retombé dans des erreurs dont un jugement du pape l'avait réhabilité. Le procès fut évoqué au Conseil privé; le Parlement s'inclina et attendit patiemment le résultat. L'attente fut longue, car ce n'est qu'en 1553 qu'on donna la place de Candeley à un autre, évidemment parce que son orthodoxie était restée au moins douteuse [1]. Quant à Dupont, il demeura prouvé qu'en 1539 il avait tenu à Condom des propos d'une telle nature contre l'Église catholique, qu'il avait été cité devant l'évêque. Il s'y tira d'affaire en rétractant ses paroles, et ne manqua pas de se prévaloir de cette réconciliation pour obtenir des lettres confirmatives de sa nomination. Nous le

---

[1] *R. E.*, B. 33, 7 août 1553.

retrouverons dans la suite, et nous verrons jusqu'à quel point sa prétendue conversion était sincère.

Aux griefs que son appui, au moins imprudent, à deux sectaires avait donnés contre elle au Parlement, il faut ajouter, à la charge de la reine de Navarre, un dernier tort et des plus graves. Ce fut la disgrâce d'un des magistrats les plus recommandables, le président de Calvimont, qui se vit suspendu de ses fonctions avec défense de demeurer à Bordeaux et d'en approcher de plus près que de dix lieues, peine infligée, disent les lettres de réhabilitation par lui obtenues presque aussitôt après la mort de François Ier [(1)], pour certaines faussetés contre les ordonnances et jugements, ce qu'il faut entendre seulement, selon le style du temps, d'erreurs en la forme ou au fond dans quelque décision émanée de lui. Ce coup était parti d'une main puissante, sous laquelle le caractère indépendant du président de Calvimont n'avait pas su plier, et il ne fait pas honneur à celle qui le porta [(2)].

Quoi qu'il en soit, le Parlement était bien averti de redoubler de vigilance et de prendre ses sûretés contre les recommandations de Marguerite, surtout à un moment où le nombre de ses membres allait s'augmenter par des motifs d'une nature toute nouvelle et qui mérite qu'on s'y arrête. Mais, avant de les faire connaître, nous sommes obligés, d'après l'ordre

---

(1) *R. E.*, B. 33, octobre 1553.
(2) Théodore de Bèze, *Histoire ecclésiastique des Églises réformées du royaume de France*, t. Ier, p. 29.

chronologique des événements, d'en rapporter un également dépourvu de caractère religieux et politique dans le sens ordinairement attaché à ce dernier mot; grave et douloureux épisode néanmoins dans l'histoire du Parlement et de la ville de Bordeaux, car il eut, pour l'un comme pour l'autre, de funestes conséquences.

CHAPITRE III

1548

Impôt de la gabelle. — Édit de 1545. — Mécontentement dans les provinces du ressort du Parlement. — Troubles à Périgueux et à Blaye. — Soulèvement de la Saintonge et de l'Angoumois en 1548. — Répressions impuissantes. — Progrès de la révolte. — Excès des séditieux. — Menaces aux autorités de Bordeaux. — Mesures tentées pour détourner le péril. — Les jurats et le Parlement. — Le lieutenant du gouverneur, Tristan de Moneins, arrive à Bordeaux. — Démonstration des mutins dans la ville. — Concessions imprudentes et autres fautes de Moneins. — Entrée dans Bordeaux des pillards du dehors. — Nouvelle intervention du Parlement : le président La Chassaigne et ses collègues. — Exigences des factieux. — Mort de Moneins. — Massacre des officiers de la gabelle. — Pillages et dévastations. — Conduite du président La Chassaigne. — Apaisement de la révolte. — Punition de quelques coupables. — Arrivée du connétable de Montmorency à Bordeaux. — Recherche et punition des auteurs de la sédition. — Interdiction du Parlement. — Commission de justice qui le remplace. — Sa composition et ses actes. — État de la ville. — Rétablissement du Parlement. — Résultat des poursuites exercées contre certains de ses membres. — Sort du président La Chassaigne. — Henri II remet aux Bordelais l'impôt de la gabelle moyennant une somme fixe. — Il leur rend leurs privilèges.

De tous les impôts assis sur les choses de première nécessité, celui qui frappe le sel a toujours été un des moins supportables, et quand il s'est élevé à des taux immodérés, il est devenu pour les populations une cause de mécontentement poussé quelquefois jusqu'à la révolte. C'est ce qui arriva en 1548 dans les provinces de Saintonge, de Périgord et de Guyenne. La gabelle était depuis longtemps établie dans ces contrées, dont deux en produisaient abondamment la matière imposable. Mise en ferme, elle donna lieu d'abord à des perceptions de droits assez raisonnables. Mais, quelques années avant sa mort, François Ier, par édit du 23 mars 1542, éleva la taxe du sel à vingt-quatre, et plus tard même, jusqu'à quarante-huit livres tournois par muid. La perception de cet impôt excessif, pour la levée duquel on avait dû créer de nombreux employés, les vexations qu'ils commettaient envers les contribuables, portèrent au plus haut degré l'exaspération de ces derniers. Les hésitations du Parlement de Bordeaux à enregistrer cet édit, les démarches faites par des personnages influents dans la province pour l'engager à des remontrances, témoignent du mauvais effet qu'y produisait cette législation. Ces intermédiaires officieux étaient l'archevêque de Bordeaux, de Grammont, et le comte de Candale. Sur leurs instances, la Cour les députa eux-mêmes au roi de Navarre, gouverneur de Guyenne, et, en attendant, prononça un premier sursis à l'enregistrement [1]. Quelque temps après nouveau délai, à la requête encore du comte de Candale, qui s'était fait l'organe des jurats de Bordeaux [2]. Le Parlement avait ainsi gagné du temps en attendant la réponse du roi de Navarre, fort embarrassé lui-même, devant l'insistance de François Ier, pour l'exécution de ses ordres. Il dut enfin céder par suite de ceux que lui apportèrent, avec un certain appareil, un conseiller au Parlement de Paris et le général Boyer, un officier des Aides [3]. Ce

---

(1) *R. S.*, 30 avril 1543.
(2) *Id.*, 8 mars 1543.
(3) *Id.*, 2 mars 1544.

qu'il était facile de prévoir arriva. En 1545, on eut à réprimer des premiers troubles à Périgueux. Il fallut y envoyer un conseiller de la Cour, Alesme, pour, de concert avec le juge mage de la ville, procéder à une information [1]. Les habitants avaient maltraité et chassé les commis. En 1547, autres troubles de même nature à Blaye. Ces premières explosions de l'irritation publique furent réprimées, non sans peine. C'étaient les avant-coureurs des mouvements qui devaient éclater plus tard. et avec des caractères infiniment plus sérieux.

Trois ans après, en effet, en 1548, tandis que Henri II se trouvait en Piémont, occupé à réunir au Dauphiné le marquisat de Saluces, les paysans de la Saintonge et de l'Angoumois, poussés à bout par les exactions dont la gabelle était le sujet, se soulevèrent en masse. Dans la seconde de ces provinces 4,000 hommes se portèrent sur Châteauneuf et, sous menace de mort, forcèrent le receveur de l'endroit de relâcher quelques individus, prisonniers à raison de l'impôt. Le roi de Navarre crut remédier au mal par l'envoi de 100 hommes d'armes pour mettre à la raison les séditieux. C'était une trop faible troupe contre la multitude, qui grossissait à chaque instant. Quelques-uns de ces hommes d'armes furent tués, le reste prit le parti de se retirer. D'Ambleville, gentilhomme puissant dans la contrée, cornette d'une compagnie de cavalerie, par une courageuse initiative,

---

[1] 12 avril.

voulut faire tête à l'orage en rassemblant des soldats. Mais les révoltés le battirent, brûlèrent son château, rasèrent ses autres maisons, et il dut chercher son salut dans la fuite. Pendant qu'ils parcouraient le pays, les insurgés s'emparèrent du directeur général des gabelles, nommé Bouchonneau, le firent mourir dans de longs et cruels tourments, lièrent son cadavre sur des planches et le jetèrent dans la Charente, afin que, le cours de l'eau le portant à Cognac, il servît d'épouvantail à ses habitants et les déterminât à ne pas leur résister.

Le nombre de ces furieux s'accrut naturellement avec leurs premiers succès. Il s'éleva bientôt à 50,000 hommes, sous la conduite de plusieurs chefs, dont le principal, nommé Talemagne, prenait le titre de colonel. De Saintes, où ils avaient pénétré, ils se dirigèrent vers Bordeaux et s'emparèrent successivement de Libourne, de Saint-André-de-Cubzac, Bourg et Montferrand. De la première de ces villes, Talemagne eut l'audace d'écrire aux jurats et aux principaux habitants de Bordeaux, pour les sommer de lui fournir des armes et des vivres, les menaçant, en cas de refus, de pillage et de meurtre. Il n'y avait alors, dans cette capitale, ni gouverneur, ni lieutenant général; le maire même était absent. Des assemblées se tinrent à l'Hôtel de Ville pour délibérer sur les mesures à prendre, mais évidemment sous l'influence de la peur. Les appréhensions étaient d'autant plus fondées que les rebelles avaient des intelligences dans une grande cité où l'impôt du sel n'était pas moins impopulaire qu'au dehors; car par le traité de 1451 ses habitants, ainsi que ceux du Bourdelois, de la Guyenne et de la Gascogne, étaient expressément exempts, entre autres taxes, de celle de la gabelle. Le 21 août, une grande foule se porta au beffroi et, s'en étant emparé, sonna pendant plusieurs heures la cloche d'alarme.

L'émotion excitée par ce début de l'émeute se retrouve jusque dans les registres du Parlement. On y lit, en effet, à la date de ce jour [1] : « Messieurs » sont entrés et sortis dès neuf heures pour l'effraie- » ment et tocsin fait à la cloche de la ville. » Les magistrats haranguèrent le peuple et réussirent à le calmer momentanément. Cette première journée fut toutefois déjà marquée par le sang. Un pauvre religieux qui, sur les fossés de l'Observance, avait tenté d'adresser quelques représentations à la multitude, périt sous ses coups. Le même jour [2], le Parlement rendait un arrêt portant que « tous ceux » de ses membres absents sans cause légitime seraient » mandés et tenus de revenir à leur poste; que, faute » d'obéir, ils demeureraient suspendus pour un an, » sans être dispensés, néanmoins, de contribuer » comme les présents, à la solde des gens commis et » ordonnés pour la garde de la ville et des châteaux. »

Les jurats, de leur côté, arrêtèrent certaines dispositions que la Cour s'empressa d'approuver. Elles portaient que 200 hommes seraient levés pour la

---

[1] 21 août.
[2] *Id.*

garde de la ville; que les avocats, procureurs et toutes personnes, sans exception ni priviléges, iraient aux portes et y feraient le guet. Les gardes devaient être doublées, les bourgeois appelés à faire le service. Défense était faite de laisser sortir aucune arme de la ville et d'en laisser entrer. Le poste de l'Hôtel de Ville doublé, une garde spéciale établie pour empêcher l'approche du beffroi; la visite des armes par chaque jurat dans sa jurade; enfin, le désarmement de tous les ouvriers et gens de service par leurs maîtres et patrons, furent encore d'autres moyens pris pour assurer la tranquillité publique : moyens, en effet, très propres à atteindre ce but s'il avaient été exactement mis en œuvre. Malheureusement, il n'en fut pas ainsi. En même temps, le Parlement députait au roi le président aux enquêtes de Brassac, porteur de mémoires destinés à démontrer, dit la délibération [1], « l'émotion de la commune de cette ville et autres » choses survenues. »

Il manquait cependant un chef capable et résolu pour assurer l'exécution des diverses mesures qui avaient été prises. On espéra le rencontrer dans le lieutenant général du gouverneur, qu'on fit avertir en toute hâte à Bayonne, où il se trouvait. Il ne tarda pas à arriver.

Cet officier était Tristan de Moneins, gentilhomme basque, brave sans doute, mais très au-dessous de ce qu'exigeaient des circonstances aussi critiques. Là, en

---

[1] 21 août.

effet, où il fallait agir, et sans perte de temps, il voulut délibérer. Une assemblée composée de tous les ordres et où furent même admis quelques députés du peuple, se tint à l'Hôtel de Ville, où Moneins l'avait convoquée. Soit que des paroles inconsidérées qui lui seraient échappées dans les premiers moments de son arrivée, rapportées aux meneurs de la sédition, les eussent irrités contre lui, soit qu'il fût déjà trop tard pour recourir aux voies de douceur, à peine la réunion était-elle formée que 4,000 hommes armés l'investirent en faisant entendre des clameurs menaçantes. Les jurats d'abord, le lieutenant général ensuite, essayèrent d'apaiser l'agitation. Le dernier alla même jusqu'à promettre de faire sortir de la ville les officiers des gabelles.

Cette concession, à laquelle Moneins eut l'imprudence de mêler des paroles de blâme contre ce qui se passait, ne satisfit pas les esprits. Un des rebelles les plus échauffés, nommé Guillotin, interrompit Moneins. Il osa lui dire que les villes voisines avaient bien fait et rendu service à l'intérêt public en prenant les armes; que Bordeaux ne pouvait mieux se distinguer qu'en suivant un si bel exemple, en secondant de tout son pouvoir, sans redouter les plus affreux supplices, un mouvement que, loin de le condamner, il se ferait gloire d'imiter, puisqu'il ne s'agissait de rien moins que de recouvrer la liberté de leurs ancêtres. Ces derniers mots furent comme le signal d'une explosion unanime. Portant l'exigence à l'excès, le peuple demanda hautement qu'à la place de Moneins, lieutenant général pour le roi, on mît à la tête du gouvernement le comte de Candale. Ce choix prouvait le reconnaissant souvenir conservé par la population de l'opposition de ce seigneur à l'édit sur le sel. Une telle demande ne pouvait, bien entendu, être écoutée. Quoique ensuite, et grâce aux efforts des jurats, Guillotin et quelques autres factieux eussent consenti à faire des excuses au lieutenant du gouverneur, ce dernier aurait dû comprendre qu'il y allait pour lui d'un bien autre péril que de sa dignité méconnue, et que désormais la force seule pourrait dompter la révolte. Il s'était retiré au château Trompette, après y avoir fait porter, ainsi que dans celui du Hâ, des munitions, manifestant par là l'intention de s'y défendre.

Ces préparatifs ne firent qu'ajouter aux mauvaises dispositions des rebelles. Moneins crut pouvoir leur imposer par une démonstration militaire. Il donna l'ordre à Monleau, l'un de ses officiers, de parcourir la ville à la tête d'une petite troupe de soldats. Cette démarche fut prise pour une provocation. Aux cris de *trahison!* les meneurs parvinrent à soulever les masses, à envahir à leur tête la Mairie, où l'arsenal fut pillé et où ils prirent des canons pour battre les deux châteaux. Le tocsin fut sonné de nouveau. En vain Moneins fit-il retirer, sur l'invitation de la jurade, Monleau et ses soldats. En vain l'ordre fut-il réitéré aux bourgeois de prendre les armes et de courir aux portes, où un nouveau et plus grand danger s'annonçait; elles furent forcées, et 25,000 étrangers entrèrent, venant ainsi grossir les ennemis du dedans. Leur première pensée fut de s'emparer du Château-Trompette, mais l'attaque échoua devant la mise en défense de cette forteresse.

C'est dans une situation si alarmante que le Parlement eut recours ou plutôt donna son adhésion à un moyen considéré alors comme le seul propre à conjurer l'orage. Sur la demande des jurats, il consentit à ce que le président Geoffroy de La Chassaigne, un des chefs de la Compagnie, magistrat que l'on savait très populaire, ainsi que les conseillers Ciret, Vergoing et Guérin, se rendissent à la Maison de ville pour y conseiller et assister, dit la délibération, les jurats. Le président harangua le peuple. Il s'efforça de lui faire sentir tous les dangers de l'état présent des choses, lui représentant que Blaye, Libourne, Bourg, villes voisines, étaient aussi en armes; qu'il était à craindre que les fauteurs de désordres ne prévalussent sur les bons citoyens, que tous les bandits et scélérats de la Guyenne ne vinssent fondre sur Bordeaux. Il ajouta que la persistance de la ville dans sa révolte contre le représentant du roi n'était propre qu'à exciter la colère de ce prince; que le seul moyen de mériter sa clémence était, au contraire, de se soumettre à l'autorité. On répondit à ce discours que les armes seraient déposées si le lieutenant du roi, dont la résidence ordinaire était à l'Hôtel de Ville, voulait quitter le château pour la Maison commune et y entendre ceux qui avaient besoin de recourir à lui. Ce langage n'était-il pas insidieux? N'y avait-il pas des précautions à prendre à tout événement? La Chassaigne, quoi qu'il en soit, se rendit porteur de cette proposition vis-à-vis de Moneins, qui ne l'accepta toutefois qu'après avoir stipulé, pour condition de sa sortie du château, que les jurats le garantiraient de tout mal et de toute insulte. Il voulait même que quinze des principaux habitants demeurassent en otage et que les chefs des mutins lui demandassent pardon à genoux. S'il n'insista pas, ce fut sans doute parce que les jurats et le conseiller Ciret l'assurèrent par serment — ils le croyaient ainsi eux-mêmes — qu'il ne lui serait fait aucun outrage.

Moneins sortit donc du château et se dirigea, avec ceux qui l'accompagnaient, vers l'Hôtel de Ville. Le peuple, comme triomphant, cria plusieurs fois, sur le passage du cortége, *Vive France!* ce qui fit espérer que la sédition allait s'apaiser. Mais à peine arrivés sur les fossés des Tanneurs, Moneins et son escorte furent entourés. On exigea qu'il remît les clefs du Château-Trompette. Convaincu alors du péril imminent qu'il courait, il chercha à l'ajourner au moins par des paroles de douceur adressées au peuple. Soit qu'ils eussent pénétré ce dessein, soit que leur fureur se fût accrue, les mutins, cette fois au cri de *Vive Guyenne!* signal de ralliement pour eux, pressèrent de toutes parts le lieutenant du roi. Alors, les jurats effrayés l'abandonnèrent et se perdirent dans la foule. Le président La Chassaigne lui-même suivit leur exemple. Le malheureux officier resta donc seul, n'ayant plus auprès de lui que Monleau. Il crut trouver une dernière voie de salut en détachant la chaîne d'or qu'il portait au cou et la jetant au milieu de la foule, dans l'espoir que le débat auquel donnerait lieu la possession de ce joyau, lui permettrait de se sauver. Il n'en fut rien. Un des mutins, qui le surveillait, le prévint en le frappant de son épée au visage. Moneins tira la sienne, mais il tomba à l'instant percé de coups. Monleau put vendre plus chèrement sa vie et ne succomba pas sans avoir atteint lui-même plusieurs des assaillants. D'autres officiers de la suite de Moneins, qui s'étaient réfugiés dans la chapelle voisine de la Madeleine, furent poursuivis dans cet édifice auquel on mit le feu. Les corps sanglants et défigurés de Moneins et de Monleau étaient restés sur le pavé exposés aux outrages de la populace, qui, par dérision, les remplit de sel. Les Carmes, dont le couvent se trouvait à proximité, tentèrent vainement une première fois d'enlever ces tristes restes pour les inhumer dans leur église. Ce ne fut que pendant la nuit qu'ils parvinrent enfin à leur rendre les derniers devoirs.

Ces crimes n'étaient que le prélude d'autres non moins horribles que cette même nuit favorisa. La maison du receveur des gabelles, Andrault, avait été attaquée une des premières par les révoltés qu'aucune autorité ne contenait plus. Ce fonctionnaire tenta de leur échapper à la faveur d'un déguisement; mais reconnu et arrêté par eux, il fut dépouillé et précipité dans un trou profond, chargé de fers d'un poids énorme. Ils l'en tirèrent bientôt pour le faire mourir dans des tourments lentement prolongés, de manière à rendre sa mort plus affreuse. Son supplice dura, en effet, quatre heures. Ces furieux poussèrent plus loin la barbarie. Un religieux avait reçu la confession de cet infortuné. Ils voulurent le forcer de la leur révéler, et, sur son refus, lui donnèrent tant de coups qu'il en mourut le lendemain. Plus de vingt autres employés des gabelles subirent le même sort qu'Andrault, et leurs cadavres, salés, furent longtemps le jouet d'une multitude en délire.

En même temps, les maisons de quelques riches habitants de la ville étaient livrées au pillage. On compta parmi eux Jean de Pontac, greffier en chef du Parlement, dont la fortune était très considérable; le président Lecomte et le conseiller Boyer. On lit dans les récits des annalistes qui ont recueilli les détails de ces scènes [1], que beaucoup de personnes d'un rang élevé, des membres même du Parlement, ne trouvèrent pas de meilleur moyen de sauver leur vie que de se mêler à la foule, déguisés en matelots et armés de piques. On ajoute même que plusieurs auraient été forcés de prendre part au pillage et aux massacres. Ceux qui étaient restés renfermés dans leurs maisons y tremblaient pour leurs jours et pour leur famille, témoin ce conseiller nommé Arnaud de Saint-Simon qui fut tellement effrayé de ce qui se passait, qu'il en mourut.

On a vu que le président La Chassaigne, soit pour se dérober lui-même au danger qui menaçait le

---

[1] V. Dupleix, Belleforest.

lieutenant du roi, soit qu'il espérât se procurer quelque secours, s'était éloigné. Il gagna l'église des Dominicains, comme un lieu d'asile inviolable. Les séditieux vinrent l'en arracher et, sous la menace des plus cruels supplices, le forcèrent d'accepter le commandement en chef de la révolte. Impuissant à l'arrêter par ses représentations, il chercha à profiter de son autorité pour arriver autrement au même but. Par ses ordres, tout ce qu'il y avait dans la ville d'hommes valides, jusqu'aux prêtres mêmes, dut prendre les armes. Il croyait ainsi balancer la force des scélérats et mettre un terme à leurs crimes. Ils pénétrèrent son dessein, et quelques-uns vinrent le braver. Alors, usant du pouvoir qu'eux-mêmes lui avaient déféré, il les fit saisir et exécuter sur-le-champ. Cet acte de fermeté intimida les autres. Peu à peu, le feu de la rébellion s'éteignit. Ceux qui auraient voulu l'entretenir ne rencontraient plus autour d'eux les mêmes auxiliaires. Les insurgés du dehors, pour mettre à couvert le butin qu'ils avaient fait dans la ville, se hâtaient de la quitter. Les séditieux du dedans, en présence des bons citoyens que le salut commun avait enfin ralliés, sentaient qu'ils avaient cessé d'être les plus forts. Ainsi, les pouvoirs publics purent ressaisir les rênes du gouvernement de la cité et prendre des mesures pour empêcher le retour de l'anarchie. Les portes de la ville furent réoccupées et fermées à 5,000 nouveaux bandits qui, rassemblés sur la rive du fleuve, se préparaient à le passer pour renouveler le pillage. Des corps de garde furent placés dans toutes les rues. L'ordre se rétablit immédiatement.

Le premier soin du Parlement rendu à ses fonctions fut de rechercher et de punir les principaux coupables. Des trois signalés au premier rang et qui étaient Macanam, Lestonnac et Lavergne, tous porteurs de noms très connus dans Bordeaux, et quelques-uns dans des positions élevées, le troisième, qui était un commerçant, put seul être saisi. Il avait le premier fait sonner le tocsin. Convaincu du crime de lèse majesté, il fut condamné à être tiré à quatre chevaux et exécuté [1]. Quelques autres criminels secondaires furent également punis de mort, et on mit leurs têtes au sommet des édifices de la ville.

Après ces premières satisfactions données à la justice, le Parlement députait au roi de Navarre pour l'avertir de ce qui s'était passé [2]; au sire de Barbezieux, grand sénéchal de Guyenne, et à Jarnac, maire de Bordeaux. Il reprenait ensuite le cours de ses fonctions ordinaires, et entendait M. de Candale sur l'émeute. Enfin, le même jour [3] il nommait une députation, composée des conseillers Chaumont et

---

[1] La Colonie appelle ce condamné *Lavigne* et dit que c'était un marchand ayant de grands magasins de sel introduit en fraude, et qui avait ainsi un intérêt direct à ce que la gabelle ne s'établît pas à Bordeaux. Cet auteur ajoute qu'au moins deux des principaux jurats faisaient le commerce du sel sous des noms interposés, souhaitant ainsi le succès de l'émeute et la fomentant au lieu de l'apaiser. Voilà donc les crimes expliqués et la rigueur des condamnations justifiée.

[2] *R. S.*, 10 septembre.

[3] *Id.*, 27 septembre.

Eyquem, pour aller au-devant du connétable de Montmorency, « envoyé par le roi pour le fait de la dite émotion, ajoute le registre, et dont l'arrivée à Bordeaux était très prochaine. » Plus tard et le 10 octobre, la Compagnie entendait le rapport du président Carles, apparemment substitué à son collègue de Brassac, « *de la légation au roi,* et de ce qu'il avait pu entendre du dit seigneur sur le fait de l'émotion du peuple de cette ville. » Ce rapport n'est point au registre. Il est probable que Henri II avait renvoyé le député au connétable, qu'il dit avoir vu aussi, et qui avait reçu pleins pouvoirs pour connaître des événements et agir en conséquence.

Ce grand officier de la couronne s'avançait, en effet, en Guyenne, à la tête de forces imposantes : 10,000 hommes d'infanterie, 1,000 hommes d'armes et 4,000 lansquenets. Il était accompagné du duc d'Aumale et de plusieurs autres grands seigneurs, et de personnages de haut rang dans la robe et dans l'épée. En attendant son arrivée, le comte de Candale réussit, par l'adresse de Ladevèze, gentilhomme gascon, à expulser du Château-Trompette Lestonnac qui s'en était emparé. Le plus grand calme régnait donc dans la ville au moment où Montmorency s'en approchait.

Les ordres qu'il donna avant d'y entrer, la manière dont il reçut la députation des habitants n'en furent pas moins propres à inspirer l'inquiétude et la crainte sur les dispositions dans lesquelles il venait accomplir sa mission.

Il prescrivit d'abord que tous les citoyens de Bordeaux qui en étaient sortis, gentilshommes, bourgeois et autres, eussent à y rentrer dans trois jours, à peine de privation de tous droits de bourgeoisie, franchises et libertés données et octroyées à la ville, et sous autres peines et amendes arbitraires. Les jurats et le Parlement durent faire publier cette injonction à son de trompe dans toutes les rues et carrefours. Le Parlement crut devoir mettre des réserves à cet ordre en ajoutant : « que c'était sans préjudice des libertés, franchises et priviléges concédés par les rois à la ville de Bordeaux, pays et duché de Guyenne, quant à la confiscation des biens [1], » — réserves bien superflues, comme on le verra bientôt. Quant à l'accueil du connétable aux envoyés de la cité, il fut des moins propres à faire espérer quelque indulgence. Ils le suppliaient de ne pas y faire entrer les troupes allemandes accoutumées au pillage, et ils lui avaient porté les clés de la ville. Montmorency leur répondit avec hauteur qu'ils n'avaient aucune condition à mettre à leur obéissance; que les lansquenets étant aussi bien que les Français dans l'armée royale, ils devaient les recevoir. A l'égard de l'offre des clés, il l'écarta par le dédain et l'ironie, disant qu'il en avait de bonnes pour ouvrir leurs portes en cas qu'ils les lui eussent fermées, par allusion à son artillerie.

Consternés de ce langage, les Bordelais se retirèrent

[1] *R. S.*, 9 octobre.

en silence. Une nouvelle députation du Parlement au duc d'Aumale, composée du président La Chassaigne, des conseillers Alesme, Ciret, Vergoing et Guitard, le 12 octobre, suivie, le 15, d'une seconde où figuraient les conseillers Mosnier et Leberthon [1], n'eut pas sans doute des résultats plus satisfaisants, car les registres sont complétement muets à cet égard. Il paraît même que Montmorency n'avait pas daigné recevoir la députation. Aussi bien, les faits allaient bientôt expliquer ce refus.

Pour entrer dans Bordeaux, le connétable fit jeter bas une partie des murailles, et y pénétra par la brèche. Les rues furent bordées de soldats, les canons braqués en plusieurs endroits. Tous les bourgeois eurent ordre de porter leurs armes à la citadelle. Cette opération dura trois jours, au bout desquels commença l'information des crimes commis dans la ville. Dès son arrivée, Montmorency avait interdit le Parlement et s'était fait remettre ses registres. Plusieurs de ses membres, et notamment le président La Chassaigne et le procureur général Lescure, furent renvoyés devant le Parlement de Toulouse pour y répondre sur l'accusation de haute trahison. En même temps, une Commission spéciale fut créée et installée à Bordeaux pour procéder à l'instruction et au jugement de tous les autres accusés. Elle était composée de dix conseillers du Parlement de Provence et présidée par Jacques de Neuilly,

---

[1] R. S., 15 octobre.

maître des requêtes, magistrat connu par sa dureté et même l'emportement de son caractère [1]. Ce tribunal d'exception ne tarda pas beaucoup à prononcer sa sentence. Dès le 26 octobre, elle était rendue.

Si les fautes avaient été grandes, le châtiment fut terrible. La défense des jurats et avec eux celle de la généralité des habitants qu'ils représentaient, avait été présentée par Guillaume Leblanc, célèbre avocat du temps et jurat lui-même. Malgré ses efforts, l'arrêt qui intervint déclara les Bordelais atteints et convaincus du crime de lèse-majesté; les dégradait, en conséquence, de tous leurs priviléges, du droit d'élire des jurats, de faire des assemblées, de sceller des lettres, d'exercer aucune juridiction. Les tours de l'Hôtel de Ville devaient être rasées, toutes les cloches des églises transportées dans les châteaux; ceux-ci seraient fortifiés, et deux galères entretenues aux frais de la ville à la disposition des gouverneurs de la province. Une chapelle expiatoire de la mort de Moneins, où l'on prierait Dieu pour son âme, devait s'élever sur l'emplacement de l'Hôtel de Ville. En punition de l'attentat commis sur la personne de cet officier, les jurats et cent vingt des plus notables bourgeois portant chacun une torche allumée et vêtus de deuil étaient condamnés à aller, suivis de tout le peuple, processionnellement à l'église des Carmes, y déterrer son corps avec leurs ongles, sans pouvoir s'aider

[1] De Thou, *loc. cit.*

d'aucun instrument. De là, ils devaient le porter à l'église de Saint-André, où il serait enseveli honorablement [1]. Un service y serait célébré à perpétuité pour la mémoire du défunt. Enfin, la ville de Bordeaux était taxée à deux cent mille livres pour les dépenses de l'armée du roi.

Cette partie de la sentence, que nous appellerons collective à raison de la nature des condamnations qu'elle portait, fut exécutée immédiatement en ce qui concernait les obsèques de Moneins. Elles présentèrent un touchant spectacle. Plus de 5,000 personnes de tous les états y assistèrent avec des flambeaux. Le cortége s'arrêta devant le logement du connétable, et là tous les assistants prosternés crièrent miséricorde, détestant les crimes commis, rendant grâce au roi de ce qu'il les traitait encore avec trop d'indulgence. Ensuite les jurats apportèrent les titres de la ville, qui furent brûlés publiquement dans un feu allumé par eux-mêmes.

Les peines individuelles, prononcées bientôt après contre les auteurs et complices de la révolte, reçurent également leur exécution. Cent cinquante des premiers furent mis à mort; Guillotin fut brûlé vif; celui qui

---

[1] Le tombeau de Moneins, dit Garnier (*Histoire de France,* t. XXVI), avait été élevé dans l'endroit le plus apparent du chœur de la cathédrale, avec cette épitaphe : « *Ci-gist messire Tristan » de Monneins, lieutenant general du roi de Navarre, meurtri et » occis inhumainement, cruellement et proditoirement par les manans » et habitans de la ville de Bourdeaux, le 25 août 1548.* » On conçoit qu'un monument aussi blessant pour la cité n'y ait pas subsisté longtemps. Il n'en reste plus la moindre trace.

avait le premier sonné le tocsin, pendu au battant de la cloche; Lestonnac, l'un des jurats, le même qui s'était emparé du Château-Trompette, et les deux frères du Sault, l'un chevalier du guet, l'autre commandant du fort du Hâ, eurent la tête tranchée; ces deux derniers, dit la Chronique, *ores* qu'ils fussent gens de bien et d'honneur, toutefois pour leur négligence. Tel fut, dit de Thou, le jugement prononcé par le connétable et par les commissaires, exécuté avec non moins de rigueur qu'il avait été rendu.

Ces derniers mots laissent entrevoir un sentiment que des historiens modernes ont exprimé plus formellement, celui du blâme énergique d'un tel luxe de châtiments. Il est difficile de ne pas souscrire à ce jugement. La révolte d'une grande ville contre l'autorité royale, le massacre du représentant du souverain, les formes encore barbares de la répression judiciaire à cette époque, expliquent ce qu'on ne comprendrait plus aujourd'hui : un connétable de France entrant par la brèche dans une ville du royaume qui, loin de résister, lui a offert ses clés; ces pénalités sauvages pour la réparation d'un meurtre, ces destructions de titres et d'édifices publics. Les autorités subirent la peine bien moins de leurs fautes personnelles que de celles de la portion éclairée et intelligente de la population, qui répondit si mal à leur appel. Dans un temps où chacun portait les armes, on ne conçoit pas son inertie à s'opposer au désordre. Sans doute, les jurats furent coupables d'avoir abandonné Moneins à la fureur du peuple lorsqu'ils auraient dû lui faire un rempart de leurs corps. Mais il ne faut demander au commun des hommes que des qualités communes. C'est trop d'exiger d'eux de l'héroïsme et de les traiter comme des criminels parce qu'ils en ont manqué. La faiblesse ne doit pas être confondue avec la déloyauté, ni la peur châtiée à l'égal de la trahison. Il est juste pourtant de tenir compte, dans l'appréciation du nombre et de la nature des condamnations prononcées et exécutées, de cette circonstance, révélée par des traditions historiques, que parmi les jurats eux-mêmes il y avait, comme on l'a vu, des complices et adhérents des séditieux.

La responsabilité de toutes ces vengeances exercées au nom des lois a pesé, comme de raison, en grande partie sur Montmorency. Naturellement orgueilleux, revêtu des premières dignités militaires et civiles de l'État, enivré de la faveur royale, il dut pousser à l'excès le désir de réprimer ce qu'il considérait comme un sacrilége : des attentats à l'autorité du souverain. Le blâme de ces exagérations devrait être partagé par ceux qui le secondèrent si docilement en faisant passer ses volontés dans leurs arrêts. Il n'est pas moins équitable de ne pas accepter sans examen toutes les imputations dont la haine publique a chargé sa mémoire à l'occasion des événements de Bordeaux. Ainsi, elle l'a accusé d'un de ces actes odieux qui souillent plus d'une page de l'histoire. On a dit que la femme du jurat Lestonnac, condamné à mort comme on l'a vu, était allée se jeter à ses pieds pour implorer la grâce de son époux. Elle était d'une rare beauté, et le connétable, qui lui avait promis ce qu'elle demandait, sous certaine condition, manquant ensuite à sa parole, aurait fait exécuter le mari, après avoir déshonoré la femme! Ce trait n'est rapporté dans l'histoire de Bordeaux que sur la foi d'un seul écrivain assez peu digne de créance et étranger à la ville et à la province (1). Il faudrait, ce semble, un concours de témoignages plus imposants pour l'admettre. Tous les biographes de Montmorency s'accordent sur ces deux points : la dureté, l'inflexibilité même de son caractère, mais aussi sur l'austérité de ses mœurs. Sa loyauté demeura toujours au-dessus du soupçon. Si l'on ajoute que ce fut, sans contredit, un brave guerrier connu même par des actes chevaleresques, on aura peine à croire qu'il eût manqué à un glorieux passé en foulant aux pieds ce reste d'honneur qui subsiste encore, même au fond d'un marché infâme.

La conduite du Parlement, qui eut aussi une grande part dans les disgrâces infligées aux diverses autorités de Bordeaux, les lui avait-elle méritées? Il faut bien reconnaître que cette Compagnie montra la même irrésolution, le même défaut de fermeté prompte et efficace que les jurats dans la répression des premiers actes de l'insurrection. Si elle avait, par exemple, sévi immédiatement contre les provocateurs des troubles ; si une punition instantanée eût frappé ceux qui en avaient donné le signal en faisant sonner le tocsin, il

---

(1) Lafaille, *Annales de Toulouse*; cité par D. Devienne.

est probable que le mal eût été coupé dans sa racine. S'il fallait s'en rapporter à une mention des registres bien postérieure à 1548, le connétable de Montmorency aurait surtout reproché aux magistrats de n'avoir pas fait *céder* (cesser) les assemblées du peuple dès le principe : grief bien léger et hors de proportion avec la punition. D'ailleurs, ils se défendaient, en alléguant que des ordonnances de François Ier, intervenues pour mettre un terme à des conflits d'attribution entre les gouverneurs ou leurs lieutenants et le Parlement, conféraient exclusivement aux premiers la connaissance des cas de sédition et de mutinerie [1]. Mais il faut observer ici que Moneins n'était pas encore arrivé lorsque la révolte prenait déjà un caractère des plus graves, qu'il y avait eu une perturbation profonde de la paix publique et que la justice ordinaire était assurément bien compétente pour la châtier. Enfin, en pareil cas, le succès obtenu, même au nom d'une autorité usurpée, ne manque jamais d'absoudre celui qui l'obtient. Ce qui constitua sans doute aux yeux de Montmorency le plus grand tort du Parlement, ce fut l'intervention de quelques-uns de ses membres entre Moneins et les factieux, et le complet échec de cette médiation. Rien n'était moins juste cependant que d'en rendre responsables leurs collègues. Les exceptions non justifiées que l'on fit parmi eux achèvent de démontrer l'arbitraire de la punition.

---

[1] *R. S.*, 27 mai 1516 et f° 140 (1534); lettres de François Ier au Parlement à l'occasion de conflits d'attribution avec le lieutenant du Roi. Les secondes sont conçues en termes fort sévères.

En effet, quoique après l'interdiction qui semblait atteindre le corps en masse, deux chambres, l'une civile, l'autre criminelle, eussent été créées pour le remplacer, quelques-uns des magistrats furent conservés dans cette Commission. Tels furent le premier président Delaage[1], le président Brinon, les avocats généraux Lahet et Béraud, le greffier en chef de Pontac. On prit dans les trois Parlements de Paris, de Toulouse et de Rouen, des conseillers pour former la Cour temporaire de Bordeaux. C'étaient, dans le premier : Robert Tiercelin, Guillaume Bourgoin, Jean Odoart, Louis Chabannes, Jean Bermondet, Gaston de Griers, François Thomas, Thierry Dumont, André Maillard, Jacques Morin; — du parlement de Toulouse : Pierre Lagarde, Jean Hospital, Antoine Malras, Jean Teula, Jean Dutornouer, Jean Eynart, Pierre Robert, Pierre Sabatier; — du parlement de Rouen : Robert Leroux, Nicole Blancbaston, Robert Croismare, Constantin de Bures, Jacques Muterel ou Matorel, Nicole Laplace. Le 11 août 1549 seulement — il avait fallu tout ce temps pour l'organiser, et encore n'était-elle pas complète, — la Commission, réunie d'abord chez le premier président, fixa son installation au 14 du même mois. Elle eut lieu au palais de l'Ombrière, avec assez de solennité, en présence du comte du Lude, qui avait remplacé Moneins. Il fallut un triage parmi les huissiers, dont quelques-uns avaient été aussi renvoyés à Toulouse

---

[1] Et non pas Lagebaston, comme le dit D. Devienne, qui l'a confondu avec son successeur.

comme impliqués dans la sédition. Ce tribunal s'établissait, du reste, sous les plus tristes auspices.

Bordeaux subissait douloureusement, en effet, les conséquences du malheur qui l'avait accablé. La jurade ayant été abolie, on l'avait remplacée par vingt-quatre prud'hommes. Mais ces administrateurs improvisés, soit inexpérience, soit intimidation, ne prenaient aucun soin de la cité. Elle était pleine d'ordures, disent les registres [1]. Les premières séances de la Commission de justice ne sont employées qu'à gourmander la police municipale et à stimuler son zèle, zèle impuissant d'ailleurs; la caisse de la ville était vide! Quant à la justice, elle rencontrait bien des difficultés dans son administration, par la dispersion du barreau, par le défaut de remise des procédures, etc. Il n'y avait ni receveur des amendes ni notaire ou secrétaire de la Cour. La garnison, laissée par le connétable sous le commandement du comte du Lude, se livrait impunément à tous les excès qu'une soldatesque insolente et enhardie par le désarmement des habitants peut se permettre. Elle maltraitait les marchands et jusqu'aux membres de la Commission elle-même, dans les rues et dans leurs maisons. L'avocat général, en faisant cet affligeant tableau de l'état des choses, le 24 août [2], est obligé de requérir que l'on rende leurs *harnais* (leurs armes) aux hommes qui gardaient les prisonniers de la sénéchaussée, tant on avait poussé loin les précautions

---

[1] 14 août 1549.
[2] R. S., à cette date.

contre le retour d'un soulèvement! Pour comble de calamité, la peste s'annonçait de nouveau et allait trouver une cause de propagation dans l'état insalubre de la ville.

Tant de pénibles circonstances concouraient à démontrer la nécessité d'y rétablir les anciennes institutions. Ces faits parlaient d'eux-mêmes, et plus éloquemment encore que Guillaume Leblanc, ce défenseur persévérant de ses concitoyens, qui plaida de nouveau leur cause devant Henri II. Ce prince se laissa fléchir au récit de toutes ces misères. Il commença par lever l'interdiction du Parlement par lettres closes du 28 décembre 1549[1], adressées au premier président, et que ce magistrat communiqua à la Chambre temporaire qui remplaçait ce corps, le 7 janvier suivant. Elles portaient l'ordre aux commissaires de retourner chacun dans leur Cour, et au Parlement celui de reprendre incessamment ses séances. Pardon et abolition lui étaient accordés, mais en qualité de Cour seulement, ceux de ses membres qui avaient été cités en justice à raison des émotions étant formellement exceptés.

En exécution de ces lettres, le Parlement rentra dès le lendemain 8 janvier, après une simple messe basse, dit le registre[2]. La Commission qui avait occupé sa place, n'avait pas laissé que de fonctionner avec zèle. On peut juger ses travaux d'après leur analyse détaillée qui fait l'objet d'un ouvrage spécial publié

---

[1] *R. S.*, à cette date.
[2] *Id.*, à cette date.

dans ces derniers temps[1]. La trace la plus durable qu'elle laissa de son passage, fut une décision portant que les requêtes adressées à la Cour, et qui jusque-là avaient été rédigées en latin, le seraient à l'avenir en langue vulgaire; ce qui continua d'être observé désormais.

Il y avait cependant des vides dans les rangs du Parlement au moment de son retour, vides occasionnés par l'absence des membres poursuivis à raison des troubles. Les premiers qui reparurent, un arrêt de décharge à la main, furent les conseillers Ciret, Féron, Vergoing et Guérin. Le Parlement de Toulouse, le 12 septembre 1550, les avait renvoyés absous. Il en fut de même du procureur général Lescure, qui reprit possession de son poste vers la même époque. On voit, par le texte de l'arrêt qui le réhabilite, que ce magistrat avait eu à répondre non seulement à l'action du ministère public, mais encore à la plainte de la veuve d'Andrault et d'un autre employé des gabelles ayant péri également dans les troubles. On lui reprochait sans doute son inertie à en poursuivre les auteurs. Quant au président La Chassaigne, le plus compromis de tous ses collègues, traduit comme eux à Toulouse, il y obtenait, le 2 janvier 1550, un arrêt ainsi conçu : « Dit a été que la Cour a déclaré et déclare iceluy » La Chassaigne n'estre atteint ni convaincu d'avoir » consenti ou adhéré aux émotions, séditions et

---

[1] *Le Parlement de Bordeaux et la Cour des Commissaires de 1549*, par E. Brives-Cazes, docteur en droit, etc. Bordeaux, 1870.

» violences faites et commises par le commun
» populaire de la ville de Bordeaux, aux forces,
» oppressions et meurtres commis tant en la personne
» dudit feu de Moneins qu'autres, et en oultre a déclaré
» et déclare les *actes* par iceluy de La Chassaigne
» faits et attentés, en acceptant charge dudit commun
» populaire pour aller au Château-Trompette dire et
» remontrer audit Moneins qu'il sortît dudit château, et
» aussy en prestant serment sur les saints Évangiles
» d'estre fidèle audit commun populaire et leur
» accordant d'être leur capitaine et conducteur, et en
» portant armes, *avoir été faits* par telles et si
» véhémentes menaces et impulsions, que par droit
» et justice, joint les précédents et subséquents actes
» par lui faits au contraire, le doivent justement
» excuser et décharger, l'excusent et le déchargent du
» crime de lèse-majesté et de toute conspiration et
» machination et fraudente faction, et n'y avoir
» contre iceluy La Chassaigne cause ou circonstance
» particulière gardant ou empêchant que la grâce et
» rémission par le roi octroyée au corps de ladite
» Cour ne soit par la clémence et humanité du roi
» distribuée et impartie audit de La Chassaigne. »
Nous avons rapporté intégralement cet arrêt comme
étant à la fois la plus juste appréciation judiciaire et
le meilleur jugement historique de la conduite de ce
magistrat. Il s'empressa de venir se présenter à sa
Compagnie, qui déclara tout d'une voix qu'elle ne
l'empêchait pas de reprendre ses fonctions. Mais il
n'était pas au bout de ses épreuves. Sur le pourvoi,

soit des parties civiles, soit du procureur général de Toulouse au Conseil du roi, et après que ce magistrat et un rapporteur eussent été entendus, le président La Chassaigne comparut également en personne. Or malgré les termes formels de l'arrêt de Toulouse, qui le déchargeait de toute espèce de crime, un nouveau procès lui fut fait, sans égard à la chose jugée. Celle-ci ne subit aucune infirmation ni cassation, et cependant soit qu'on affectât de la considérer comme une simple recommandation à la clémence du roi, soit que l'affaire fût envisagée cette fois au point de vue disciplinaire, voici la décision fort extraordinaire qui intervint : « Le roi, y était-il dit, dans sa bonté
» accoutumée, déclare sauver et condonner audit de
» La Chassaigne la vie et les biens, et néanmoins,
» pour bonnes et légitimes causes et de très grande
» et recommandée pourvoyance, lui interdit et défend
» la demeurance à Bordeaux et territoire de cette
» ville, ensemble l'exercice de son état de président,
» et, en outre, le déclare perpétuellement déchu dudit
» office. »

Pouvait-on sévir avec plus de rigueur contre un homme coupable seulement d'avoir échoué dans ses tentatives pour apaiser une sédition au milieu de laquelle il s'était jeté par pur dévouement pour ses concitoyens, dont il n'avait exercé momentanément la direction que sous la plus cruelle pression et qu'il avait d'ailleurs contribué à éteindre ? Quoi qu'il en soit, il lui fallut obéir. Sa disgrâce ne dura pas moins de dix ans, et ce ne fut que sous Charles IX qu'il obtint enfin de reprendre l'exercice de sa charge, qui avait été donnée à un autre avec une précipitation de nature à faire croire que l'injustice dont il était victime n'avait eu pour but que de le dépouiller de son état afin de pouvoir en disposer.

A peine rétabli, le Parlement enregistrait — on peut juger avec quel empressement — un édit de suppression de la gabelle dans les provinces de son ressort, moyennant une somme fixée pour le rachat. Quatre cent mille francs étaient la rançon de cet impôt. Que de désastres cet expédient, appliqué plus tôt, n'eût-il pas épargnés! Henri II ne tarda pas à faire remise aux Bordelais des autres peines prononcées contre eux, et ils recouvrèrent successivement tous leurs priviléges. Le souverain réparait ainsi les maux causés par le ministre. Il semble que leur seul souvenir, les traces qu'ils avaient laissées, auraient dû empêcher à jamais le retour d'événements semblables. On verra pourtant dans la suite qu'il n'en fut pas ainsi. Tant il est vrai que, pour les masses aussi bien que pour les individus, les leçons du passé demeurent trop souvent en pure perte!

CHAPITRE IV

1543-1570

La vénalité des charges de judicature. — Ses effets au Parlement de Bordeaux. — La création de la chambre criminelle de ce Corps lui est antérieure. — *Crues* successives d'offices divers de nouvelle institution, de 1523 à 1543. — Premier exemple de déclaration ouverte de la vénalité des offices de magistrature. — Scandales résultant de l'opposition des anciennes ordonnances organiques avec la mise en pratique de la vénalité. — Faux serments. — Résultat numérique des crues du Parlement sous François Ier. — Causes de nouvelles augmentations sous Henri II. — Chambre des Requêtes, Cour des Aides de Périgueux. — Son incorporation au Parlement après plusieurs essais infructueux d'union. — Réformes judiciaires sollicitées par le Parlement. — Son personnel en 1557. — Le barreau. — Ses liens avec la magistrature. — La Saint-Yves. — Les procureurs: droit des magistrats de les nommer à tour de rôle, racheté enfin en 1661. — Biographies de magistrats: Le Ferron, La Boëtie, Montaigne, Florimond de Rémond.

La vénalité des charges fut une véritable révolution pour l'ancien ordre judiciaire. Le règne de François Ier la vit naître; celui de Henri II la confirma. Ce n'est pas que, sous le premier de ces princes, elle n'eût déjà pris de grands développements, et que, d'abord mystérieuse et comme honteuse d'elle-même, elle n'eût bientôt marché tête levée. Nous n'avons pas à retracer ici son origine et ses progrès en général, mais à constater seulement l'application qui en fut faite au Parlement de Bordeaux et l'accueil qu'elle y reçut. On s'accorde pour fixer en 1522 le premier usage par la royauté de cet expédient fiscal. Ainsi ce n'est pas comme tel qu'il faut envisager une première augmentation importante du nombre des membres de ce Parlement en 1519. Elle avait eu d'ailleurs un but éminemment utile, celui de la création d'une chambre criminelle, composée d'un président et de huit conseillers [1] et destinée à rendre d'autant plus de services qu'elle était autorisée à juger les procès civils dont les deux chambres, seules existantes alors, la grande et celle des enquêtes, étaient fort surchargées. Jusqu'en 1543, il n'y eut que peu de nouveaux emplois créés : deux en 1523, quatre en 1536, acceptés sans réclamation par la Compagnie [2]. Mais le 30 mars et le 22 août de cette année 1543, vingt offices de conseiller étaient successivement institués, dont quinze d'abord pour former une seconde chambre des enquêtes, et bientôt deux charges de président pour celle-ci [3]. Cette fois le Parlement se plaignit, tout en se soumettant néanmoins. Il députa au roi pour lui démontrer que ces *crues* — comme on les appelait — ne blessaient pas moins les intérêts que la dignité de la Compagnie. Mais vainement allégua-t-il, au point de vue de la première considération, l'exiguité de son ressort et la stérilité de plusieurs de ses parties, — ce qui voulait dire qu'elles produisaient peu de procès ; — vainement encore ajouta-t-il, en saisissant cette occasion, que le paiement des gages de ses

---

(1) *R. S.*, mai et 26 août 1519.
(2) *R. S.*, à ces dates.
(3) *R. E.* Lettres-patentes données à Lyon, à Compiègne, à Fontainebleau, B. 30, 30 *bis* et 4ᵉ volume.

membres était très arriéré, ce qui les mettait dans la gêne : ces doléances ne furent pas écoutées. Il ne fut pas plus heureux dans ses réclamations des sénéchaussées de Quercy et d'Armagnac, que le Parlement de Toulouse n'avait jamais voulu lui abandonner, malgré les dispositions remontant à Louis XI sur ce point.

La vénalité aurait dû rencontrer naturellement un obstacle invincible dans l'ordonnance de Charles VIII en 1493, portant expressément « défense d'acheter aucun office de conseiller, président ou autres de judicature, de ne bailler ni promettre or, argent, ne chose équivalente, et prescrivant que tout récipiendaire fît serment solennel, avant son institution, qu'il s'était conformé à cette défense, et dans le cas où il y aurait contrevenu, qu'il fût débouté de son office et celui-ci déclaré impétrable. » Certes, l'embarras était grand pour concilier des défenses aussi formelles avec l'admission des nouveaux membres convaincus d'y avoir contrevenu en achetant leurs charges. C'était un véritable scandale de leur faire prêter le serment exigé par l'ordonnance, et cependant ce scandale fut donné à Bordeaux comme ailleurs.

Le gouvernement crut y trouver un remède en accordant à ses élus des dispenses de l'application des ordonnances sur le fait de la nomination des magistrats, et « quoique ceux-ci eussent fourni et baillé telle somme d'argent ». Le premier exemple de cet aveu si formel de la vénalité que l'on rencontre sur les registres du Parlement est, nous le croyons, celui des lettres obtenues par Gabriel de Gentils, nommé conseiller à la Cour en mai 1544 [1]. Il fut reçu, mais ce précédent n'empêcha pas que, six ans après, le Parlement faisait encore prêter serment au président Jacques Benoît, revêtu d'une charge nouvellement créée, qu'il n'avait ni directement ni indirectement fourni argent pour parvenir à cet office. Ainsi, on continuait de placer des hommes appelés à rendre la justice, entre leur conscience et leur intérêt, à les forcer au parjure! Et il en fut de même jusqu'à ce que l'hérédité des charges, se joignant à leur vénalité, leur transmission à titre de propriété, comme celle de tout autre bien, se trouva ainsi tout à fait légitimée.

Pour en revenir à l'accroissement des membres du Parlement de Bordeaux sous le règne de François Ier, on en jugera tout de suite l'excès en apprenant que lorsque ce prince monta sur le trône, leur nombre total se montait à *vingt-neuf,* y compris les deux greffiers et les gens du roi, et que, par les nominations successives qu'on vient de voir, ce nombre était porté à *soixante-six,* ce qui l'avait plus que doublé. Il est vrai que, par un édit du mois d'août 1546, le même monarque déclara qu'aucune nomination nouvelle n'aurait lieu dans les Parlements avant que, par l'extinction des charges existantes alors, le nombre en eût été réduit à celui dont elles se composaient au moment de son avénement à la couronne [2]. Mais

[1] *R. E.,* B. 31, mai 1544.
[2] *Id.,* B. 33, août 1546.

il ne paraît pas que jamais cette réduction ait été sérieusement opérée. Loin de là; ce qui se passa au commencement du règne de Henri II et un peu plus tard fit bien voir au Parlement de Bordeaux qu'en fait de diminution de ses profits judiciaires et d'augmentation de son personnel, il était réservé à de nouvelles épreuves.

La première fut l'établissement des siéges présidiaux [1]. Ce n'est pas que cette innovation ne pût se justifier comme amélioration notable de l'administration de la justice. En créant, en effet, des juridictions destinées à juger sans appel jusqu'à une certaine somme, on supprimait, dans les procès de valeur modique, l'obligation onéreuse pour les parties de plaider en second degré. Ce progrès évident n'en était pas un pour les Cours supérieures, auxquelles l'édit enlevait des litiges assez nombreux et, par suite, amoindrissait la perception des épices. Le Parlement de Bordeaux ne fut pas des derniers à formuler des remontrances motivées à peu près comme celles à l'occasion de la vénalité. Il faut se reporter à un régime judiciaire qui avait le tort d'intéresser les magistrats à la quantité des procès, ainsi qu'à leur importance, pour ne pas qualifier comme elles le mériteraient des plaintes fondées sur de pareils griefs. Elles furent repoussées en présence des exigences fiscales qui dominaient le gouvernement. Cependant le Parlement avait offert au roi, à titre d'expédient *(sic)*, de subir, au lieu de

---

[1] *R. E.*, B. 33, janvier 1551.

la création de nouveaux siéges, une *crue* de huit à dix conseillers. Battu encore sur ce terrain, il lui fallut enregistrer l'édit sur les présidiaux, ce qu'il fit en des termes qui témoignent de sa contrainte : « *De expressissimo mandato et triplicato jussu regis* [1]. » Ces tribunaux étaient alors au nombre de onze, placés dans les villes de Bordeaux, Libourne, Bazas, Dax, Agen, Condom, Brives, Limoges, Saintes, Périgueux et Bergerac. Plus tard, on en institua un à Sarlat avec suppression de celui de Bergerac. Dans la suite encore, d'autres localités du ressort en furent dotées, telles que Tulle et Nérac, ce qui en porta le nombre total à treize, qui subsista jusqu'à la fin de l'ancien régime.

Le second tribut que paya le Parlement à l'accroissement des offices de judicature fut plus douloureux encore, parce qu'il l'atteignit personnellement. Ici, de nombreux incidents et des actes législatifs multipliés nous imposent l'obligation de quelques détails.

Il faut savoir, d'abord, qu'en 1543 il avait été créé dans ce corps une Chambre des Requêtes pareille à celle qui existait déjà depuis longtemps au Parlement de Paris. Cette mesure demeura sans exécution, mais ce n'était que pour un temps, et le Parlement savait que la Chambre des Requêtes restait à l'état de projet ou, si l'on veut, de menace permanente contre lui. L'occasion se présenta bientôt de tirer parti de ses craintes même sur ce point.

Il y avait à Périgueux, depuis 1554 [2], une Cour

---

[1] *R. E.*, B. 33, 1er juillet 1551.
[2] *Id.*, 12 septembre.

des Aides, dite de Guyenne, établie pour les trois généralités de Riom, d'Agen et de Poitiers. Par édit de mai 1557, cette juridiction fut supprimée par des considérations puisées dans l'avantage du service et celui des justiciables. Ses attributions étaient transférées au Parlement de Bordeaux, qui devait désormais connaître des causes portées devant elle, et qui voyait ainsi sa compétence s'augmenter de toute celle de cette Cour. Il aurait donc dû être flatté de cet accroissement d'autorité et l'accueillir avec empressement. Mais, par compensation, le même édit contenait une clause qui ne la satisfaisait nullement. Elle portait que les membres de la Cour des Aides de Périgueux, au nombre de seize, savoir : un premier président, un président, onze conseillers, un avocat général, un procureur général et un greffier, seraient incorporés dans le Parlement aux conditions suivantes : — le premier président devenait cinquième président à mortier, le second et les autres membres, y compris les gens du roi, étaient répartis dans les diverses chambres de la Cour, avec le titre de conseiller et pour y servir en cette qualité. Mais ils conservaient, leur vie durant, leurs anciens gages de la Cour des Aides, qui étaient de 1,000 livres pour le président, de 500 livres pour les conseillers, de 600 livres pour les avocat et procureur généraux; le greffier était indemnisé autrement [1]. Cette inégalité de traitement en faveur des nouveaux venus, jointe à leur nombre,

---

[1] *R. E.*, B. 35, f° 1, mai 1557.

souleva de vifs mécontentements. Des remontrances furent arrêtées pour en porter l'expression au roi. Elles devaient avoir encore un autre objet non moins actuel ni urgent : c'était un nouvel édit rendu à Compiègne au mois de juin, et qui élevait à 1,000 livres une fois payées et à 60 livres de rente en matière civile, à la faculté d'appliquer toutes les peines en matière criminelle, sauf celle de mort, la compétence des présidiaux. Enfin, la question des gages, toujours arriérés, formait un troisième grief. Les députés chargés de remontrances, et dont le Corps entier payait les frais de voyage, partirent pour Paris.

La négociation présentait des difficultés. Le registre secret en contient le récit, auquel se mêlent des particularités assez piquantes. Les efforts des députés tendant à la rétractation de la fusion des membres de la Cour des Aides de Périgueux dans le Parlement échouèrent complètement. Il leur fut répondu que cette augmentation de personnel ne devait pas les inquiéter, à cause de l'édit, non encore publié à la vérité, mais qui allait l'être, qui réduisait les offices des Cours souveraines, tant conseillers que présidents, au nombre existant lors de l'avénement du feu roi (François Ier) à la couronne. Les suppressions devaient avoir lieu au fur et à mesure des vacances. On les rassura en même temps sur l'élévation du taux du dernier ressort des présidiaux, à laquelle on avait renoncé. Leur demande d'assujettir à un nouvel examen les conseillers de la Cour des Aides avant de prendre place dans la Compagnie fut rejetée par cette juste considération, que ces magistrats avaient déjà été reçus et éprouvés comme membres d'une Cour souveraine. Quant aux gages, le cardinal de Sens, Bertrandi ou Bertrand, qui avait alors les sceaux, leur fit cette réponse qu'ils rapportèrent textuellement : « Par mon Dieu ! je voudrais qu'il m'en eût coûté dix » mille francs du mien et que vous fussiez bien » payés. Ce sont ces larrons de trésoriers qui brouillent » tout. Toutefois, vous n'y perdrez rien. » Il ajouta qu'il savait bien que cette multiplication d'offices était mauvaise, mais que le roi n'avait meilleur moyen de recouvrer argent que des érections d'offices ; que des emprunts il venait grande crierie, mais que l'on y mettrait ordre [1]. Cependant, les députés ne s'étaient pas laissés décourager par un premier échec sur la question principale qui les avait amenés à la Cour. Forcés de subir l'adjonction des membres des Aides, mais résolus à la rendre le moins insupportable qu'il se pourrait pour la dignité du Parlement, ils avaient imaginé une proposition subsidiaire qu'ils développèrent devant le Conseil du roi et parvinrent à y faire adopter et convertir en édit, malgré tout ce qu'elle avait d'insolite et de bizarre.

Par ce nouvel édit du mois de septembre 1557 [2], la Chambre des Requêtes créée en 1543, mais non formée, était installée au Parlement. En même temps la Cour des Aides supprimée à Périgueux était restituée et rétablie pour être tenue dans cette même Chambre

[1] R. S., 11 octobre 1557.
[2] R. E., B. 35, septembre 1557.

des Requêtes par les membres dont elle se composait, c'est-à-dire par les présidents et conseillers accoutumés à connaître du fait des aides et tailles, pour tout le ressort du Parlement de Bordeaux, et pour prononcer sur ces matières en *dernier ressort* et en *toute souveraineté*. Mais, en outre de ces attributions, les mêmes juges devaient, comme Chambre des Requêtes, connaître, juger et décider en *première instance seulement,* sauf l'appel aux autres chambres du Parlement, des causes, procès et différends de la compétence ordinaire des requêtes, comme au Parlement de Paris. Du reste, l'édit déclarait formellement que les magistrats dont il venait de définir les doubles attributions, devaient être du corps du Parlement; qu'ils conserveraient leurs gages tels qu'ils les avaient à Périgueux; qu'ils siégeraient enfin à ces deux titres : « Pour le fait des aides et ce qui en dépendait, comme Cour des Aides de Bordeaux; pour le regard des causes de la compétence des requêtes, comme Chambre tenant les requêtes du palais à Bordeaux. » Ces dernières clauses, fort claires du reste, quoique établissant un ordre de choses très inusité, détruisaient de fond en comble la combinaison du Parlement qui, en offrant de supporter le rétablissement de la Chambre des Requêtes, avait espéré pouvoir y absorber tous les membres de la Cour des Aides de Périgueux, et les réduire ainsi à une condition inférieure, tandis que ces magistrats conservaient, avec leur caractère de juges souverains pour les aides, leur traitement supérieur à celui des membres du Parlement à parité de grade. Telle fut donc la seconde phase de cette singulière organisation, transaction évidente, imaginée par le Conseil du roi entre les prétentions excessives du Parlement et les représentations de la Cour des Aides.

Mais cette transaction n'était rien moins qu'habile, et les anomalies, les disparates qu'elle contenait en germe, présageaient infailliblement des difficultés dans l'application. Quoi de plus étrange, en effet, que deux juridictions souveraines placées côte à côte et distinctes dans leurs attributions respectives, quoique ne formant qu'un même corps, sans parler de la rencontre chez l'une d'elles du cumul de la plus complète indépendance dans certaines matières, de la subordination dans d'autres! Ce dualisme était gros de divisions et d'orages qui ne tardèrent pas à éclater. Le Parlement, il faut le dire, s'y donna tous les torts.

Mécontent de la déception de ses espérances, il commença par ajourner à la rentrée prochaine, c'est-à-dire à la Saint-Martin de 1557, la réception et l'installation des nouveaux membres, quoique l'édit fût déjà arrivé à Bordeaux le 23 septembre. Ce ne fut même que le 3 décembre suivant qu'il fut procédé à leur admission dans l'ordre et avec les noms et qualités dont voici la liste : Fronton Béraud, chevalier, premier président; Antoine Poynet, deuxième président; Bertrand Macanam, *Michel Eyquem Montaigne,* Bertrand Lambert, Jean Saint Angel, Étienne Daringes, François Fayart, Jacques

Brusac, Jean Darbarin, Pierre Blanchier, François Merle, Jean Faure, conseillers; Pierre Saint-Angel, avocat général; Léon Merle, procureur général; François Vigouroux, greffier; un payeur, un receveur des amendes, quatre huissiers.

Avertis des restrictions que l'on allait mettre à leur admission, deux de ces magistrats, les gens du roi, veulent éclaircir d'avance la situation et demandent qu'il soit bien entendu qu'ils feront partie de la Cour, tant comme Cour des Aides que comme Chambre des Requêtes, et stipulent leur droit d'être appelés aux assemblées des chambres comme conseillers ayant voix délibérative. Le président de Roffignac, qui était à la tête du Parlement lors de cette cérémonie, leur répond sèchement que quand la Cour s'assemblera, elle pourvoira à leur requête selon l'exigence du cas. Puis la Cour reçoit leur serment et celui des autres, mais seulement comme membres de la Chambre des Requêtes, affectant ainsi de laisser tout à fait dans l'ombre ce qui était relaté, dans l'édit, de la Cour des Aides. Voici, en effet, dans le style et le latin de ce temps, la mention d'enregistrement de cet édit et l'interprétation restrictive donnée à son application : « Lecta et publicata, audito et requirente » procuratore generali regis, pro gaudendo per dictos » præsidentes, consiliarios et alios officiarios *cameræ* » *requestarum,* ad instar et prout gaudent præsi- » dentes, consiliarii et alii officiarii *requestarum* » *palatii Parisiensis.* » Cet enregistrement, arrêté d'avance, rédigé en l'absence des intéressés et fait le

11 octobre précédent, était, on le voit, en opposition avec le texte même de l'édit auquel il s'appliquait. Il affectait de n'admettre les nouveaux membres que comme conseillers aux requêtes et laissait dans l'ombre leur titre de juges souverains aux aides. Le président de Roffignac n'en dit pas moins aux récipiendaires qu'ils étaient les bienvenus, en les exhortant à la modération en matière de taxe des épices. Ce compliment, presque ironique, n'était que le prélude des désagréments de tout genre qui les attendaient. Mal installés au palais de l'Ombrière, où ce fut à qui du Parlement, de la sénéchaussée et de toutes les juridictions qui y siégeaient, refuserait de leur donner place, ils étaient obligés de conquérir presque par force leur salle d'audience. Condamné par la Cour des Aides à une amende pour la lui avoir disputée, le présidial se pourvut au Parlement, qui reprocha durement aux Aides d'avoir empiété sur l'autorité du roi, et traita son arrêt de sédition insolente [1].

Dans d'autres circonstances, la mésintelligence entre les deux Compagnies souveraines alla presque jusqu'au scandale. Les Aides avaient pour chefs Fronton de Béraud et Poynet, qui se lassèrent d'humiliations répétées. Le premier revendiqua hautement son siége de cinquième président à mortier, créé en sa faveur et qu'on lui contestait. Le second, encore moins endurant que celui qui le précédait, pénétra un jour dans l'assemblée des

---

[1] *R. S.*, 4 février 1557.

chambres à la tête de la sienne, et ne voulut pas en sortir malgré des sommations et des menaces réitérées [1]. Enfin, le Parlement, descendant lors de ces querelles à de mesquines tracasseries, alla jusqu'à interdire à la Cour des Aides, qu'il ne voulait toujours accepter que comme Chambre des Requêtes, au moins par rapport au rang, de se faire précéder dans l'intérieur du palais par ses huissiers porteurs de leurs baguettes.

Nous faisons grâce au lecteur du récit d'autres discordes intestines nées de cette impolitique juxtaposition des deux Corps. Elles se renouvelaient trop fréquemment et faisaient trop énergiquement ressortir le vice de la combinaison qui y avait donné lieu, pour qu'on ne sentît pas la nécessité d'y remédier. Ce ne fut cependant qu'en 1561 que l'affaire subit sa troisième et dernière péripétie. Au mois d'août de cette année un édit de Charles IX supprima à la fois et la Cour des Aides et la Chambre des Requêtes dans le Parlement de Bordeaux [2]. La première demeurait incorporée et fondue dans le Parlement, qui joignait ainsi à ses propres attributions celles de la juridiction qu'il absorbait. Les magistrats venus de Périgueux encore existants à cette époque — ils n'étaient plus que onze, y compris les gens du roi — restaient tous conseillers au Parlement, sans être tenus de prêter un nouveau serment. Le président Poynet, à la tête des Aides, depuis la promotion de Béraud, conservait

[1] *R. S.*, 18 janvier 1557.
[2] *R. E.*, B. 35.

l'intégralité de ses gages se montant à 1,000 livres. Ceux de ses collègues étaient fixés à 375 livres, traitement des conseillers lais, c'est-à-dire des mieux rétribués. Le Parlement bénéficiait ainsi de l'adjonction des matières des Aides à celles de sa compétence ordinaire, en même temps qu'il se trouvait débarrassé des Requêtes. On en était donc revenu au point de départ après avoir fait fausse route, depuis qu'il avait été abandonné. Le double avantage que recueillait le Parlement de ce dernier changement ne devait pas néanmoins durer toujours. Nous verrons dans la suite et le rétablissement de la Chambre des Requêtes et la création à Bordeaux d'une Cour des Aides indépendante du Parlement : importante innovation qui devait le plus coûter à sa fierté, car il avait toujours été jaloux de régner sans partage comme Cour souveraine dans le chef-lieu de son ressort et de n'y souffrir aucune autorité rivale de la sienne.

Il aurait été plus digne de lui de s'occuper exclusivement, au lieu de ces fâcheux débats, d'études concernant l'amélioration des lois et la réforme d'abus dans l'administration de la justice. Il trouva cependant le temps de délibérer sur ces objets. Profitant de l'initiative qu'on leur laissait alors, et avec raison, sur ces points, les magistrats arrêtèrent le 24 novembre un mémoire étendu, inséré en entier, cette fois, dans le registre [1], et qui fut porté au roi par l'intermédiaire du président Carles. En voici

---

[1] *R. S.*, 14-24 novembre 1557.

l'analyse succincte. La *vénalité des offices* est le premier article de ces remontrances. « L'élection des ministres de la justice, dit le Parlement, autrefois pratiquée, était une garantie de la bonté des choix, quand le savoir, la prudence et diligence les recommandaient et non autre chose... Les *évocations* sont une source de lenteurs dans l'expédition des affaires et d'impunité dans les causes criminelles, où le temps fait périr les preuves... Les *nouvelles juridictions*, en pervertissant l'ancien ordre et diminuant l'autorité des Cours souveraines, ont mis le trouble en la justice. » Le Parlement, comme on le voit, n'avait pas encore pris son parti de l'établissement des présidiaux. Il ajoute, il est vrai, et non sans raison, pour fortifier sa critique, que la « multiplication d'officiers et d'états engendre grand mépris de la justice et foule aux sujets du roi... Sera aussi remontrée la grande exaction que font les présidiaux en leurs salaires et épices... Les délégations de *commissions particulières*, soit pour crimes ou autres cas, sont pernicieuses et dommageables à la république... Les violences commises par les gens chargés de la levée des impôts et qui vont jusqu'à être cause de viols sont fortement dénoncées... Sur l'article de la religion, la Cour émet le vœu que, pour son entretenement, soit requis que l'édit de la résidence des prélats et curés soit gardé, qu'il soit procédé à la punition et correction de la grande dissolution des prêtres, qui vivent scandaleusement...»

Le président Carles remplit sa mission, mais le compte qu'il dut en rendre n'a pas été conservé. Un document que nous rencontrons à une date antérieure seulement de deux années, vient, toutefois, à l'appui de ce qui est dit dans la représentation qu'on vient de lire sur le nombre excessif des charges de judicature. C'est un rôle, dressé par ordre de la Cour, des cotisations de tous les membres de la magistrature à Bordeaux pour la nourriture des pauvres et des pestiférés de cette ville, que les épidémies ravageaient si souvent. Chacun y était taxé au moins à un écu par mois, retenu sur ses gages. Il résulte de ce rôle [1] qu'il y avait alors au Parlement 62 présidents et conseillers, 3 officiers du parquet, 2 greffiers, 11 huissiers, 1 notaire de la Cour, 2 receveurs des amendes, 8 secrétaires. — Le présidial comptait 1 lieutenant général, 1 lieutenant criminel, 1 lieutenant particulier, 12 conseillers (dits de Guyenne), 1 avocat du roi, 1 procureur du roi, 1 greffier de Guyenne, 1 comptable de Bordeaux *(sic)*. — La prévôté se composait du prévôt royal, de son lieutenant, du greffier, du procureur de la prévôté. — A la même époque enfin, il y avait 62 avocats inscrits au tableau et 85 procureurs au Parlement.

Si l'on voulait se faire une idée des rapports étroits que des sympathies de profession et de travaux en quelque sorte communs, et même des liens de parenté très fréquents établissaient entre ces deux corporations, la première surtout, et la magistrature, il suffirait de se reporter à une autre liste ne

[1] *R. S.*, 10 décembre 1555.

comprenant que des noms d'avocats et dressée en 1535. On en trouve là déjà plusieurs que la connaissance du personnel du Parlement a rendus familiers. Tels sont ceux de Blanc, Baulon, Du Noyer, Lagear, Le Berton, Gaufreteau, Le Blanc, Vergoin, Duplessis, Blanchier, Constantin, La Taste, Belcier, de Lage, etc. [1]; tous ou pères, ou fils, ou frères, ou neveux de magistrats et qui le deviendront à leur tour. L'union fraternelle de la magistrature et du barreau était, du reste, attestée par une coutume aussi ancienne que le Parlement lui-même.

Les confréries des avocats et des procureurs fêtaient tous les ans, le 19 mai, la Saint-Yves, leur commun patron. La veille de ce jour, les syndics des deux corporations, nommés à ce ministère l'année précédente pour un exercice de même durée, se présentaient à l'audience de la Cour et la suppliaient de leur donner des successeurs. Les vêpres de la fête étaient dites à la chapelle du palais. Le lendemain, les magistrats recevaient des bouquets ou chapeaux de fleurs comme on disait alors, puis une collation préparée dans la salle même de l'audience, et où se faisaient entendre les hautbois et les violons, réunissait les présidents, conseillers, avocats et procureurs de la Cour [2]. Cette fête de famille se célébra invariablement tous les ans pendant l'existence du Parlement.

[1] *R. E.*, B. 30 *(bis)*.
[2] *R. S.*, 18 mai 1535 et *aliàs passim*.

Il existait, à la vérité, à l'égard des procureurs, un autre usage ou plutôt une règle d'une nature beaucoup moins agréable pour eux. Depuis l'origine du Parlement, c'étaient, à tour de rôle et par rang d'ancienneté, ses membres qui nommaient les procureurs. Ce droit singulier n'était rien moins qu'honorifique, car la nomination constituait une véritable vente, dont celui qui la faisait percevait le prix. Ces charges cessaient donc d'être héréditaires pour ceux qui les possédaient. Ce privilége, tout exorbitant qu'il fût, dura cependant longtemps. On trouve à chaque instant des preuves de son exercice, et les magistrats s'en montraient fort jaloux, au point de se disputer les nominations et de se les faire attribuer d'avance. Le Corps tout entier le regardait si bien comme une propriété, qu'il refusait au roi lui-même d'y prendre part, et en 1615, Louis XIII étant à Bordeaux et ayant nommé deux procureurs, le Parlement n'y eut aucun égard. Il s'opposait aussi à ce que leur nombre fût augmenté et on voit assez dans quel but. Enfin, en 1661, la compagnie des procureurs fit agréer à la Cour une proposition tendant à mettre un terme à cette espèce de confiscation d'une propriété privée. Il fut décidé alors qu'au moyen du paiement annuel, que ferait la corporation, d'une somme de 1,500 livres, le droit de nomination aux charges venant à vaquer dans l'année se trouverait ainsi racheté et amorti, et qu'en conséquence la pleine propriété et disponibilité de leurs offices serait restituée aux titulaires, avec entière liberté de les résigner et d'en disposer en faveur de qui bon leur semblerait. On voit que l'extinction de cette servitude s'était fait bien longtemps attendre [1].

Avant de poursuivre le cours des événements, nous consacrerons quelques pages à de nouvelles notices sur des magistrats du Parlement que la mort ou la retraite fit disparaître de ses rangs, vers l'époque où nous nous trouvons.

Arnaud ou Arnoul de Ferron ou Le Ferron — car il est connu sous cette double dénomination — avait reçu le jour, à Vérone, de Jean Ferron, que le cardinal de Bourbon attira en France sur sa réputation et qu'il fit recevoir conseiller au Parlement de Bordeaux. Arnaud y succéda, le 10 avril 1536, à son père, quoiqu'il n'eût encore que vingt et un ans; mais ce dernier avait répondu de la capacité du jeune homme, et ses collègues, pleins de confiance en sa parole, s'en portèrent garants à leur tour envers le chancelier Duprat. Cette double caution fut justifiée : Arnaud se montra aussi bon magistrat que savant écrivain. Il publia d'abord la suite de l'*Histoire de Paul-Émile*, depuis le mariage de Charles VIII jusqu'au règne de Henri II, et continua également l'*Histoire de France* de Du Haillan. Son meilleur titre à l'estime de ses concitoyens est, sans contredit, son *Commentaire de la coutume de Bordeaux*. Ce travail fut pour lui l'occasion d'une singulière aventure judiciaire. Dans un procès où

---

[1] Recueil Verthamon, t. XXXVIII, f° 394.

il était juge, l'une des parties le récusa sur le motif que, dans son livre, Le Ferron exprimait une opinion contraire à celle que soutenait ce plaideur ombrageux. Ce qu'il y a d'étrange, c'est que, sans accueillir comme légale cette récusation, qui, à coup sûr, ne l'était pas, le Parlement ordonna que Le Ferron s'abstiendrait dans la cause [1]. C'était, il faut l'avouer, pousser bien loin le scrupule. Si une telle décision eût pu prévaloir dans la pratique, combien de savants magistrats qui ont écrit sur le droit parmi nous, depuis Domat et Pothier jusqu'à Troplong, auraient ainsi été forcés de priver leurs collègues du tribut de leurs lumières dans les délibérations ! Leur science même serait donc devenue un motif d'incompatibilité avec les fonctions de magistrat ! Arnoul Le Ferron mourut en 1563, n'ayant que quarante-huit ans. « Sa mémoire sera éternelle, écrivait plus de cinquante ans après un de ses successeurs, pour sa vertu et probité et rare savoir [2]. » Il n'était pas le seul homme distingué qu'une mort prématurée enleva à la même époque au Parlement de Bordeaux.

Étienne de La Boëtie était né à Sarlat le 1er novembre 1530, d'une famille ancienne occupant des charges publiques dès le douzième siècle. Antoine, son père, était lieutenant-général en la sénéchaussée de Périgord, au siége de Sarlat et bailliage de Domes. Il avait épousé une fille du président de Calvimont, dont

---

[1] *R. S.*, 26 avril 1543.
[2] *Journal* de Cruzeau, v. ci-après.

Étienne fut ainsi le petit-fils. Ce père mourut jeune; mais un oncle de l'orphelin, qui était en même temps son parrain, Étienne de La Bouilhonnas, prit le plus grand soin de son éducation, qu'il lui fit donner au collége de Guyenne. Secondée par les heureuses dispositions de l'élève, elle porta de tels fruits, que dès l'âge de seize ans celui-ci se livrait avec succès à la poésie, tant dans sa langue maternelle qu'en latin et en grec. A dix-huit ou dix-neuf ans, il composait son œuvre la plus remarquable : *De la Servitude volontaire ou le Contre un,* dont les copies se répandaient partout. Cependant, il se destinait à la magistrature, et, dès le mois d'octobre 1553, il était pourvu d'une charge de conseiller au Parlement de Bordeaux, sur la résignation de Guillaume de Lur, dit de Longa, de l'ancienne famille de Lur, magistrat fort distingué lui-même et ami des lettres, car c'est à lui que s'adresse le jeune auteur de la *Servitude volontaire* dans le cours de cet ouvrage. Étienne de La Boëtie n'avait pas encore, comme on le voit, vingt-cinq ans, âge requis pour les fonctions dont il venait d'être revêtu; aussi, des lettres de dispense lui furent-elles accordées. Jamais exception, du reste, ne fut mieux justifiée. A la précocité du génie littéraire, il joignait, ce qui n'est pas commun, la maturité de jugement pour les affaires. Aussi, dès 1560, sa Compagnie lui conférait-elle une mission importante et délicate à la fois. C'était d'aller solliciter à la cour, qui se trouvait alors à Orléans, un mode désormais certain d'assurer le paiement des gages de la magistrature, paiement toujours arriéré. Il réussit dans cette négociation, et obtint, pour l'avenir, l'assignation de ce service sur les fonds de la recette générale d'Agen [1]. En décembre 1562, La Boëtie faisait partie d'une Commission de douze membres chargée de prendre, de concert avec l'autorité militaire, les mesures les plus propres à combattre les menées des religionnaires [2].

C'est là, à peu près, tout ce que nous savons de la vie publique de La Boëtie, qui devait être du reste si courte. Mais il faut bien que, dans cette partie de sa carrière consacrée à l'exercice habituel de ses fonctions de juge, il eût révélé de grandes qualités, puisque, lorsqu'il mourait à trente-trois ans, le 18 août 1563, il était réputé l'un des oracles du Parlement. Cet éloge magnifique, ce n'est pas seulement une illustre amitié, ni même le témoignage de ses contemporains qui le lui décerne; vingt ans après sa mort, il était confirmé par de Thou, qui l'a consigné dans sa grande histoire, après l'avoir sans doute recueilli sur les lieux. « Esprit admirable, dit-il,
» ayant une érudition vaste et profonde, et une facilité
» de parler et d'écrire merveilleuse; capable des plus
» grandes affaires, s'il n'avait pas été éloigné de la
» cour, et si une mort prématurée n'eût pas empêché
» le public de recueillir les fruits d'un si sublime

---

[1] *Extrait des registres secrets du Parlement.* Bibliothèque de la ville, Mss. 370.
[2] R. S., *loc. cit.*

» génie ⁽¹⁾. » Ailleurs, et dans son récit de la sédition de 1548, de Thou avait déjà cité avec les plus grands éloges le nom de La Boëtie, et parlé de son esprit supérieur et de son jugement formé, qui l'avaient rendu un des principaux ornements du Parlement de Bordeaux ⁽²⁾. La renommée de ce magistrat comme tel est donc indépendante de celle dont il jouit en qualité d'écrivain. L'amitié avait consacré l'une et l'autre par une sorte de culte que la voix de l'histoire a pris soin elle-même de confirmer. Quand, sous sa plume attendrie encore, après tant d'années, au souvenir de l'ami qu'il n'a cessé de pleurer, reviennent les détails de sa vie et de sa mort, Montaigne n'a rien dit que la postérité n'ait aussi ratifié; car l'auteur de la *Servitude volontaire* compte des admirateurs enthousiastes, et il n'y a pas lieu de s'en étonner ⁽³⁾. Jamais plus mâles accents que ceux du *Contre un* ne flétrirent la tyrannie. On connaît, du reste, les destinées assez étranges de cette œuvre. Les réformés la firent imprimer parmi les pamphlets destinés à battre en brèche la royauté après la Saint-Barthélemy, et c'est ainsi qu'elle figure dans le recueil des *Mémoires sur l'état de la France sous Charles IX.* Auparavant on la faisait déjà circuler comme un appel à la révolte. De Thou et Montaigne ont protesté l'un et l'autre contre ce procédé, dont le moindre tort était

---

(1) De Thou, *Histoire*, liv. XXXV (1563).
(2) *Id.*, liv. V.
(3) V. les jugements sur La Boëtie considéré comme écrivain, recueillis par le Dr Payen dans sa Notice sur le même personnage. Paris, Didot, 1853.

un anachronisme. Ils disculpent La Boëtie d'avoir jamais songé à devenir un factieux : ils auraient eu peine à l'absoudre d'avoir été, pour son temps surtout, un hardi penseur. Les scrupules de Montaigne, qui l'empêchèrent de donner à l'impression l'œuvre de son ami, lors de la première édition de ses *Essais* en 1580, « parce que, dit-il, il avoit trouvé qu'elle » avoit été déjà mise en lumière, à mauvaise fin, par » ceux qui cherchent à troubler et changer l'estat de » notre police, sans se soucier s'ils l'amenderont (1), » ces scrupules nous ont privés d'une autre production du même écrivain et dont la perte totale est certainement très regrettable. C'étaient des Mémoires sur l'édit de janvier 1562 et sur les troubles qui le suivirent. Nous sommes tout à fait de l'avis d'un des panégyristes de La Boëtie (2), qui pense que « Montaigne s'abstint sans doute de cette publication, » parce qu'il s'y serait trouvé quelque souvenir du » *Contre un*, l'auteur étant de force à dire la vérité » aux deux partis. » La prudence de Montaigne pouvait être de saison lorsqu'elle lui dictait une telle réserve; mais la postérité doit s'en plaindre puisque, selon toute apparence, la mémoire de La Boëtie n'aurait pu que gagner à la publication de son travail. Elle n'en restera pas moins, cette mémoire, celle d'un de ces hommes d'élite enlevés avant le temps, et qui laissent d'inconsolables regrets

---

(1) *Essais*, liv. I, chap. XXVII.
(2) Discours de M. l'avocat général Compans, 1841. *(Mémorial bordelais.)*

lorsqu'on juge, d'après ce qu'ils ont fait, de ce qu'ils étaient capables de faire s'il leur eût été donné de vivre !

Les noms de La Boëtie et de Montaigne sont tellement inséparables, que déjà ils sont venus ensemble sous notre plume. Une même carrière publique, suivie et terminée presque simultanément, nous autorise de plus en plus à les réunir ici.

On sait que Montaigne était né au château de ce nom en Périgord, le 28 février 1533. Celui de sa famille était Eyquem. Elle sortait du lieu de Blanquefort, dans les environs de Bordeaux. C'est ce que semblent avoir démontré, sans réplique, des recherches généalogiques récentes [1], et qui doivent mettre fin, en les conciliant, aux prétentions rivales de deux provinces limitrophes se disputant une illustre origine. Les Eyquem, enrichis par le commerce, faisaient partie de cette bourgeoisie dans laquelle, en Guyenne comme ailleurs, se recrutait principalement la magistrature. Le père de Montaigne, Pierre, fut successivement dans les charges municipales, prévôt, jurat et enfin maire de Bordeaux de 1555 à 1556. Il voulait certainement continuer l'élévation des siens en faisant entrer son fils aîné, Michel, dans la Cour souveraine des Aides créée à Périgueux en 1554. On a vu comment cette juridiction, transférée à Bordeaux en 1557, y fut incorporée au Parlement. Montaigne appartint donc à ce corps depuis cette époque

[1] M. Théophile Malvezin, *Michel de Montaigne, son origine et sa famille.* (*Actes de l'Académie de Bordeaux*, 1er trimestre de 1873.)

jusqu'en 1570, qu'il résigna sa charge. Pendant ces treize années, son nom figure sur les registres, mais sans se rattacher à quelque circonstance digne d'être mentionnée. Le peu de durée de ses services ne lui donnant pas de droit au titre d'honoraire, il ne tenait plus à la Compagnie par des liens essentiels lorsqu'il y reparut un moment, en 1574, porteur des lettres du duc de Montpensier [1]. Il prononça à cette occasion un discours qui n'a pas été conservé. En 1581, il fut revêtu de la charge de maire de Bordeaux, qu'il occupa trois années de suite. Il est question de cette dignité dans ses ouvrages, tandis qu'il s'est tu complètement sur ses fonctions judiciaires. On s'est étonné de cette omission de la part d'un auteur qui n'évite guère de parler de lui, et elle a été attribuée à la vanité de se faire passer pour un homme d'épée pouvant prétendre à la noblesse de race. Cette faiblesse pourrait-elle avoir été celle d'un philosophe, que nous ne croirions pas davantage que le silence de Montaigne sur sa carrière judiciaire pût être mis sur le compte du dédain. Comment le supposer dans un ancien magistrat allié à une famille parlementaire des plus honorables par son mariage avec Françoise de La Chassaigne? Non; tout en rappelant historiquement son titre de maire de Bordeaux, Montaigne a poussé si loin la franchise sur son inaptitude aux emplois publics quelconques, qu'on ne saurait admettre qu'il ait voulu se glorifier des uns en dissimulant les

---

[1] *R. S.*, 11 mai.

autres. Nous allons bientôt le laisser s'expliquer lui-même sur ce point; mais en est-il même besoin pour se rendre compte de son peu de succès dans la profession judiciaire en particulier, état auquel, tout porte à le croire, il ne s'était pas donné par vocation ?

La lecture de Montaigne, ou plutôt l'entretien avec ce causeur charmant, ne fait-elle pas voir que tout en étant un écrivain des plus érudits, un penseur si fin et souvent si profond, habile à lire dans le cœur humain en sondant les replis du sien, il n'en était pas moins dépourvu des qualités indispensables pour prononcer sur des différends litigieux ? Celles dont il était doué offraient même le plus parfait contraste avec les dispositions qu'exige une pareille tâche. La nature rêveuse de son esprit, sa liberté d'allures, tant soit peu vagabonde, le détournaient de fixer longtemps son attention sur un même point, surtout si, au lieu du terrain fleuri de la littérature et de la philosophie telle qu'il l'aimait, il ne devait rencontrer que l'aride domaine de la jurisprudence. Savoir se prononcer, prendre un parti, s'y tenir, tel est le devoir du juge, et quoi de plus difficile pour un homme qui, non seulement se laissait aller volontiers au doute, mais qui même était loin de s'en cacher. Aussi a-t-il fait en ces termes les honneurs de sa qualité de fonctionnaire et surtout de magistrat : « Ne sont aucunement de mon gibier
» les occupations publiques... Si l'on me commandoit
» de prendre la charge du palais et des plaids, je
» répondrois : Je n'y entends rien... L'incertitude de

» mon jugement est si également balancée en la plus
» grande occurrence, que je compromettrois volontiers
» à la décision du sort et des dés [1]. » Ceux qui le connaissaient et le pratiquaient habituellement le peignent des mêmes traits. Pasquier, qui fut fort lié avec lui, s'exprime ainsi sur son compte : « Il n'y avait personne moins chicaneur et moins praticien que lui, car aussi sa profession — les lettres — était tout autre [2]. » Que l'on cesse donc de s'étonner s'il ne laissa que des traces aussi effacées de son passage, d'ailleurs assez court, dans la magistrature. A coup sûr, la gloire de l'immortel auteur des *Essais* n'y perdra rien. D'un autre côté, le séjour qu'il y fit ne fut pas pourtant aussi stérile pour lui qu'on pourrait le croire. C'est dans les rangs du Parlement de Bordeaux qu'il rencontra le collègue, l'ami dont le génie éveilla peut-être, mais certainement féconda le sien. C'en est assez pour conférer à ce corps le droit de le compter avec orgueil parmi ses membres.

Le hasard donna à Montaigne pour successeur dans sa charge de conseiller un homme qui fut comme lui magistrat et auteur. Plus connu au premier titre que celui qu'il avait remplacé, il n'a pas atteint, à beaucoup près, une égale réputation littéraire. Cependant, même sous ce rapport, son nom jouit encore d'une véritable notoriété. Florimond de Rémond ouRæmond, né vers 1540 à Agen d'une famille ancienne, étudia à Bordeaux et à Paris

---

[1] Montaigne, *Essais*, p. 231, 279, édit. Desoër.
[2] Étienne Pasquier, *Lettres*.

successivement sous des maîtres savants, dont l'un d'entre eux était le célèbre Ramus. Ce dernier nom explique comment le jeune élève avait embrassé d'abord les nouvelles doctrines. Mais il redevint bientôt catholique aussi zélé que sincère. Selon ce qu'il a raconté lui-même, ce serait un miracle dont il aurait été témoin, qui l'aurait arraché *à la gueule de l'hérésie*. Il fut reçu, le 2 octobre 1570, conseiller au Parlement, après l'examen ordinaire et les preuves d'orthodoxie usitées. Montaigne y avait assisté. Florimond de Rémond exerça ses fonctions jusqu'à sa mort, arrivée en 1602, dès lors pendant plus de trente ans. Les obsèques pompeuses qui lui furent faites, ainsi que les termes dans lesquels sa mort est mentionnée par les documents de l'époque, y compris le registre du Parlement, attestent la grande considération dont il était environné. Auteur très laborieux et déjà fort connu de son vivant, il comptait au nombre de ses amis et correspondants des hommes célèbres de son temps, tels que Juste Lipse et Pasquier. Il fut le premier éditeur des *Commentaires* de Monluc et laissa plusieurs ouvrages, dont le plus remarquable comme le plus important est l'*Histoire de la naissance, du progrès et de la décadence de l'hérésie de ce siècle*. Ce livre est devenu la source à laquelle ont puisé tous ceux qui se sont exercés sur le même sujet, et c'est déjà un éloge. On y trouve plus d'impartialité que la position de l'auteur et le temps où il vivait n'en feraient supposer. Néanmoins, comme il avait fait choix d'un terrain brûlant et qu'il y déployait un talent réel, l'œuvre et surtout l'écrivain ont essuyé de vives critiques de la part des dissidents. Une des plus acérées est celle de Bayle dans son *Dictionnaire*. Il y a raconté quelques anecdotes satiriques, dont la plupart, très hasardées, attestent plus de malveillance que de bonne foi. Faut-il s'en étonner quand il s'agissait d'un adversaire dont le premier tort, vis-à-vis de ses anciens coreligionnaires, était l'abjuration? La plus grave des imputations adressées à Rémond regarde son impartialité de magistrat. Selon Bayle, ayant eu le malheur de tomber, depuis qu'il l'était devenu, dans les mains des protestants qui lui firent payer une rançon de mille livres, il s'en serait vengé en répétant contre eux cette somme, autant de fois que ses fonctions lui en auraient donné l'occasion. Inutile de remarquer que cette assertion n'a pas d'autre garantie que celle de Bayle. Celui-ci s'est, du reste, bien donné garde de rendre justice à la manière dont Rémond se prononce sur les rigueurs déployées contre les réformés, lorsqu'il dit une première fois que la constance des hérétiques a donné du poids à leurs doctrines; que leur supplice a fait plus de mal que de bien, et qu'il ajoute plus loin : « Quand le mal a gagné pied, » ces publics et tristes spectacles par justice sont de » dangereux remèdes et plus propres souvent pour » allumer le feu que pour l'étouffer. » On ne dirait pas mieux aujourd'hui.

CHAPITRE V

1560-1563

Relation faite au Parlement sur les projets des réformés. — Symptômes précurseurs de troubles en Guyenne. — Immixtion de la haute magistrature dans les affaires publiques et même militaires. — Avénement de Charles IX. — État de la France et des partis à la cour. — Oscillations politiques. — Mesures contradictoires à l'égard des réformés. — Agitations à Bordeaux. — Conduite du Parlement. — Le Collége de Guyenne. — Édit de 1562. — Son exécution incomplète à Bordeaux. — Le premier président Benoît de Lagebâton. — Premiers détails biographiques. — Épisode de l'évêque de Tulle. — Retour aux événements. — Question du désarmement. — Inquiétude générale par suite de l'inobservation de l'édit de 1562. — Mesures préventives de défense à Bordeaux contre les entreprises des réformés. — Coopération du Parlement. — Incident du Syndicat. — Habile conduite du Parlement. — L'avocat et conseiller de Lange. — Nouveaux efforts de la magistrature pour le salut de la ville pendant la première guerre civile. — Zèle excessif du Parlement. — Il se compromet vis à vis du pouvoir. — Les ennemis du premier président Lagebâton. — Dénonciation de ce magistrat par la noblesse de Guyenne. — Scène au Parlement. — Ce corps exposé aux sévérités du pouvoir royal. — Mission de commissaires. — Humiliation du Parlement. — Le conseiller Dupont. — Attitude du premier président. — Retour et solution de la question du désarmement à Bordeaux. — Assassinat d'un conseiller par les réformés.

Les registres secrets du Parlement ne contiennent pas seulement ses délibérations sur toutes les affaires de service et d'ordre intérieurs, de discipline, et à l'occasion de ses rapports avec les autres autorités. C'étaient encore des archives où se trouvaient soigneusement recueillis des actes et des faits qu'il avait paru aux magistrats utile de retenir, parce que, consultés au besoin, ils pouvaient servir de règle de conduite dans certaines conjonctures. C'est là ce qui donne à ce recueil un caractère et un intérêt réellement historiques, et à quelques-unes des choses qu'on y rencontre une remarquable signification.

A la date du 4 septembre 1561, on y lit ce qui suit :

« Ledit jour, M. Géraut Faure, official de Périgueux,
» a dit : qu'il y a deux ans que le feu sieur de La
» Renaudie fust à la maison dudit official, à Nontron,
» lui dire que c'estoit grande folie qu'un tel royaume
» fust gouverné par un roi seul, et que si l'official
» vouloit l'entendre, qu'il lui feroit un grand avantage;
» car on délibéroit de faire un canton à Périgueux
» et un autre à Bordeaux dont il espéroit avoir la
» superintendance, et lors luy tenant de tels propos,
» retira à part ledit official sans qu'autre l'entendist.
» Ainsi signé : Faure. »

Cette singulière communication est exactement conforme aux renseignements recueillis depuis par l'histoire générale. Mais, à cette époque, c'était toute une révélation du plan politique des réformés, et voilà pourquoi le Parlement en prenait note. L'actualité lui donnait d'ailleurs un nouveau prix, car on était au lendemain de la conspiration d'Amboise dont La Renaudie fut, sinon le véritable chef, du moins un des principaux agents. C'est à Genève que cet homme avait embrassé le calvinisme. C'est de Suisse qu'il rapportait le nouveau modèle de gouvernement que ses coreligionnaires et lui destinaient à la France : une république fédérative, fractionnée en cantons dont le nombre et l'assiette était déjà, à ce qu'il paraît, arrêtés par les auteurs de ce projet. Tel était donc le cas que les novateurs faisaient de la puissance et de la gloire de la patrie commune qui, dès lors, reposaient sur l'unité française, cette œuvre incessamment poursuivie par tous nos rois, depuis l'origine de la monarchie. Quel moyen plus sûr d'interrompre, de détruire même cette grande entreprise, que celui qu'ils avaient imaginé, en brisant un faisceau formé avec tant de peine? Mais quoi de plus aveugle que l'esprit de secte? Heureusement la royauté était assise parmi nous sur des bases trop solides pour que les réformés eussent chance de la renverser. Les factions, il est vrai, qui allaient déchirer l'État, pouvaient aider à leurs desseins, mais d'autres obstacles en empêchaient le succès. La fidélité des Parlements ne fut pas un des moins puissants. Ils étaient encore bien loin de leurs luttes avec l'autorité royale. Aussi dévoués sujets que fervents catholiques, la foi religieuse et la foi politique se confondaient pour eux dans un même symbole : Dieu et le Roi. Ainsi, la claire intuition du but auquel tendaient les religionnaires attaquant audacieusement ces deux principes sacrés, arma la résistance des magistrats. Dans le document que le Parlement de Bordeaux transcrivit sur ses registres comme un signal d'alarme, nous rencontrons donc le point de départ et comme l'inspiration de sa conduite au milieu des événements qui vont se dérouler.

La tentative avortée des conjurés d'Amboise pour s'emparer de la cour et des Guise avait été précédée en Guyenne de quelques mouvements, symptômes de la fermentation des esprits. Ils éveillèrent l'attention et provoquèrent l'intervention du Parlement.

On se demande comment un corps tout judiciaire était appelé ainsi à s'entremettre dans des affaires de cette nature, à seconder, sinon même à devancer l'autorité militaire elle-même dans les mesures propres à prévenir ou à réprimer les troubles. Cette question vaut la peine d'être examinée au début de la participation active du Parlement aux matières politiques. Était-ce donc de sa part un excès de pouvoir, une usurpation? Il serait aussi injuste de l'en accuser que de ne pas reconnaître en même temps l'habileté avec laquelle il avait saisi l'occasion d'étendre ses attributions. C'est une tendance à laquelle se laissent aller volontiers ceux qui exercent des emplois publics. Les corporations y sont encore plus portées que les fonctionnaires isolés; mais le Parlement avait plus d'une excuse pour y céder. Nous avons rapporté avec quelque détail la mission que Marguerite d'Angoulême avait remplie près de lui, en venant, au nom de son frère, lui demander son concours aux moyens de défense de Bordeaux et de son territoire menacés par les Anglais. C'était donc le roi qui faisait, le premier, appel à l'appui et au patriotisme des magistrats. Lorsqu'en effet ce monarque et ses prédécesseurs avaient pris parmi eux des ambassadeurs, des hommes investis de leur plus entière confiance, ils ne pouvaient hésiter à l'accorder aussi pleine, aussi absolue aux corps dans lesquels ils les avaient choisis et dont ils connaissaient le zèle, dont surtout ils appréciaient aussi la haute influence dans leur ressort.

L'initiative prise envers le Parlement de Bordeaux en 1543, par François Ier, constituait un précédent que la Compagnie n'avait garde de laisser tomber dans l'oubli. Aussi, lorsque, en 1557, les Espagnols firent mine, à leur tour, de vouloir attaquer Bordeaux par mer, elle s'empressa d'en donner avis au roi de Navarre, en sa qualité de gouverneur de la Guyenne [1]. Ce n'était plus Henri d'Albret, mais Antoine de Bourbon à qui ce titre était passé au moyen de son mariage avec Jeanne, héritière unique de cette couronne. Le prince s'empressa de répondre à cet appel en déléguant un de ses officiers pour conférer sur la défense du pays avec une commission prise dans le sein du Parlement, et composée des présidents de Roffignac et de Fauguerolles, du président aux enquêtes de Brassac, des conseillers Alesme et Ciret et du procureur général Lescure. Quelques jours après, le roi de Navarre arrivait lui-même à Bordeaux, se rendait au Parlement et y recevait les assurances de son dévouement au service du souverain. Enfin au mois de décembre suivant, se tenait un nouveau conseil entre les mêmes autorités, véritable conseil de guerre, puisque, entre autres questions nées de la prévision d'un siège, on y agitait celle de la démolition de l'église Saint-Seurin, située alors hors de la ville. On le voit donc : dès avant l'époque où nous

[1] *R. S.*, 17 août 1557.

sommes arrivés, l'immixtion du Parlement dans toutes les dispositions propres à maintenir la tranquillité dans son ressort, à y conserver l'autorité du roi, sa spontanéité même à y pourvoir, étaient choses reconnues et consacrées par plus d'un exemple. Le nombre, l'importance de ces cas ne devait faire qu'augmenter par la suite.

Rien d'étonnant, dès lors, qu'il se prévalût de ceux dans lesquels il avait déjà rempli un rôle actif, au sujet de désordres qui éclatèrent vers ce temps à Monségur, petite ville des environs de La Réole, devenue un vrai foyer d'hérésie. Une enquête locale, loin d'apaiser les esprits, n'avait fait que les passionner. On craignit apparemment une révolte armée. Telle était l'urgence de l'empêcher, que le Parlement, en l'absence du roi de Navarre et de son lieutenant, n'hésita pas à recourir à un singulier expédient. Ce fut d'envoyer sur les lieux un gentilhomme, Montpézat de Sauvignac, retenu alors à Bordeaux par une affaire de duel et dans les liens d'un décret de prise de corps. Il fallut lui donner un sauf-conduit pour qu'il acceptât et remplît cette mission. Afin de la lui rendre plus facile, le Parlement adressa des lettres à des seigneurs du pays, les sieurs de Caumont, Lauzun, Duras et autres, qui passaient alors, et non sans raison, pour y être les chefs secrets des réformés. Nous les verrons, en effet, plus tard lever le masque. Aussi, les troubles de Monségur ne furent-ils apaisés, quoique sans collision, que momentanément. Le Parlement, du reste, ne se laissait pas imposer même par des personnages plus haut placés. En voici la preuve, puisée dans un incident assez curieux.

Dans l'intervalle qui s'écoula entre la conspiration d'Amboise et la mort de François II, Antoine de Bourbon était venu dans son royaume de Navarre avec le prince de Condé, son frère. Ce dernier l'accompagna même à Bordeaux et au Parlement, où le roi donna des explications sur des assemblées de réformés alors sévèrement interdites et qu'il prétendait n'avoir pas été tenues. Le président de Roffignac, ce jour-là à la tête de la Cour, prit la parole et remontra vivement au royal gouverneur que ces assemblées avaient, au contraire, eu lieu, et entra à ce sujet dans des détails circonstanciés sur leur but, leur organisation et les subsides qui s'y recueillaient pour le parti [1]. Devant cette affirmation catégorique, Antoine de Bourbon ne put que déclarer : « qu'il ferait si bon guet aux gens tenant ces assemblées, qu'ils n'y reviendraient plus même en armes. » Mais quelle contenance embarrassée dut avoir le prince de Condé devant qui s'échangeaient ces communications sur une cause dans laquelle il était déjà, et à juste titre, soupçonné d'être engagé lui-même si avant ?

Le règne de Charles IX commença à la fin de 1560. Avec lui s'ouvre cette ère de politique incertaine, flottante, pleine de contradictions et de contrastes, qui devait se perpétuer jusqu'aux derniers jours des Valois.

[1] *R. S.*, 25 juin 1560.

Ce n'est pas à nous, dont la tâche est circonscrite dans les bornes d'une histoire locale, c'est à l'histoire générale de rechercher les causes des continuelles oscillations du pouvoir. Contentons-nous de remarquer que la minorité du nouveau roi, les rivalités des princes de la maison de Bourbon et des Guise pour s'emparer de la direction des affaires; les embarras de la reine-mère, Catherine de Médicis, en présence de ces intrigues et des États Généraux dont les demandes de réformes radicales dans l'administration publique compliquaient la situation; enfin et surtout les prétentions des réformés, devenus un parti aussi puissant que nombreux et réclamant hautement, non seulement la cessation des persécutions, mais encore des garanties contre leur retour : tout était matière à péril pour la société dans le présent et dans l'avenir. Le plus grand, sans contredit, provenait de l'imminence ou plutôt de la continuation des troubles religieux qui, en réalité, n'avaient jamais cessé. Ce n'étaient pas les mesures dont ils avaient été le sujet, empreintes des mêmes hésitations que la politique générale, qui pouvaient les pacifier.

Rien de plus incohérent, en effet, que les divers édits concernant les réformés, qui se succédèrent à cette époque à des intervalles assez rapprochés. L'édit d'Amboise avait proclamé le pardon et l'abolition générale de tout le passé pour crime d'hérésie. Il y mettait la condition, toutefois, pour ceux qu'on en avait accusés, qu'ils deviendraient bons catholiques, ainsi que les autres sujets du roi. Il fut publié et même exécuté à Bordeaux [1]. Des religieux de la grande et petite Observance, ainsi que des Carmes, détenus pour causes religieuses, recouvrèrent la liberté. Au commencement de 1561, nouvel édit qui, tout en confirmant celui de Romorantin, dont nous avons déjà parlé, continuait de ne plus soumettre les réformés qu'à des peines canoniques. Mais, dès le 28 février, le Parlement enregistrait des lettres du roi portant ordre de fixer un terme aux hérétiques pour vider le royaume, *sous peine de la hart.* Elles étaient publiées et imprimées, et, le 1er mars, appliquées à un habitant de Bordeaux, sommé de quitter la ville dans huitaine et le royaume dans trois semaines, avec menace d'être puni, faute d'exécution, selon l'ordonnance. Quelque temps après, un ordre du Conseil défendait à tous les sujets du roi, *sous peine de la hart* encore et sans rémission, de s'entr'injurier sur le fait de la religion en se traitant de *papistes* et de *huguenots;* interdisait toutes visites domiciliaires sous prétexte de recherche d'assemblées défendues; rappelait les bannis, à condition de vivre catholiquement, sinon leur permettait de se retirer en vendant leurs biens. On donna à cette disposition législative le nom d'*édit de tolérance.* Au mois de juillet 1561, la rigueur contre les religionnaires reprend le dessus. Toute assemblée publique ou privée, avec ou sans armes, leur est interdite. Leurs ministres sont proscrits. Le seul adoucissement apporté à leur

---

[1] *R. S.,* 22 décembre 1560.

condition, c'est que la peine du bannissement leur sera appliquée, lorsqu'après leur jugement par les tribunaux ecclésiastiques, ils seront remis au bras séculier. Dans ce combat de règlements, opposés dans la lettre comme dans l'esprit, qui ne satisfaisaient personne, l'embarras était grand pour les magistrats chargés de leur application. Ce qui se passa à Bordeaux en est la preuve.

L'archevêque François de Mauny, mort en 1559, n'était pas encore remplacé l'année suivante. Ce fut aux administrateurs du diocèse, le siége vacant, que le Parlement adressa ses recommandations conformes aux ordres qu'il avait reçus. C'était de choisir, pour le carême, des prédicateurs dans les principales paroisses de la ville et de les lui envoyer pour qu'il leur donnât lui-même des instructions. Elles consistaient à les engager à beaucoup de modération dans leur langage, à s'abstenir de toute controverse, à se renfermer dans le texte des Évangiles et des Épîtres de saint Paul et dans les articles d'une déclaration donnée, sous François Ier, par la Sorbonne; d'éviter par dessus tout d'entrer dans aucune dispute [1]. Malgré ces précautions, la police religieuse n'en fut ni plus facile ni moins exempte de périls. Ainsi, aux Augustins, un jurat qui voulait faire cesser le chant des psaumes en français, reçut un coup de dague. Aux Cordeliers, le zèle des orateurs l'emportant sur les défenses à eux faites, ils se livraient à des discus-

[1] *R. S.*, 12 février 1560/61.

sions dogmatiques. Sur les plaintes du représentant de l'autorité, et pour concilier autant que possible les immunités de la prédication avec le maintien de la paix publique, on ne trouva d'autre moyen que de députer quelques membres de la Cour, appuyés au besoin par cinquante hommes en armes pour empêcher les troubles [1]. Mais tout en devenait l'occasion, comme il arrive dans les temps de discordes civiles. Les catholiques se montraient irrités des concessions faites aux réformés. Ceux-ci étaient impatients de les voir augmentées. Les communications entre le Parlement et Burie [2], lieutenant du roi, se multipliaient sur un sujet toujours de nature à inspirer les plus vives appréhensions : les assemblées des religionnaires. L'édit de juillet qui les interdisait, n'était obéi nulle part. Elles avaient continué même à Paris, sous les yeux de l'autorité.

L'esprit d'insubordination se glissait partout. Il avait pénétré, à Bordeaux, dans une des institutions les plus importantes de la cité, celle dont le Parlement se faisait un devoir patriotique de surveiller la gestion : le Collège de Guyenne, aussi célèbre par la réputation des maîtres que par le concours et la qualité des élèves. En vain, dans la crainte de la contagion de l'hérésie, avait-on pris des mesures préventives; des désordres graves y éclatèrent. Les

(1) *R. S.*, 8 juillet 1561.
(2) Charles de Coucy, sieur de Burie, chevalier de l'ordre, capitaine de cinquante lances, nommé lieutenant général pour le roi au gouvernement de Guyenne en l'absence du roi de Navarre. — *R. E.*, 1er mars 1557; *R. S.*, 1er novembre 1561.

écoliers et les *martinets* ou externes chantaient les psaumes dans la cour du collége, et quatre ou cinq cents personnes leur faisaient écho au dehors. Les étudiants de l'Université, les clercs et les basochiens s'assemblèrent de leur côté en armes, et firent sonner le tocsin. Il y avait, sans doute, plus d'espièglerie que d'esprit religieux de la part d'une partie de cette jeunesse, pour qui tout était occasion de turbulence. On usa de répression sévère contre celle qui était déjà mûre, en décrétant de prise de corps le roi de la basoche déclaré déchu de son titre, et ses suppôts, en leur défendant toute espèce de représentations scéniques, telles que tragédies, comédies et moralités. Des membres de la Cour furent envoyés au Collége de Guyenne, dont le régent dut garder les arrêts. Il fut même obligé de résigner ses fonctions [1].

Quant aux réunions des habitants faisant profession déclarée des nouvelles opinions, le Parlement pressa Burie de les empêcher. Il répondit qu'il était sans ordres du roi à cet égard, ayant, au contraire, des instructions pour traiter doucement les choses, et « n'était d'avis de les échauffer ». La Cour passa outre, et prit sur elle de prohiber les assemblées, ordonnant même aux ministres de vider la ville dans les vingt-quatre

---

[1] *R. S.*, 19 février, 14 avril 1561. — V. comme preuve de la sollicitude du Parlement pour le Collége de Guyenne, un arrêt du 8 avril 1568, rapporté en entier dans la nouvelle édition des *Antiquités de Bordeaux*, d'Élie Vinet, donnée par M. Ribadieu, p. xxi. (Bordeaux, Chaumas, 1860.) V. encore des arrêts des 16 mars 1555, 5 mars 1556, 14 février 1559, tous relatifs à la même institution, aux dates conformes dans le registre secret.

heures. Puis s'occupant pour la première fois de ce qui se passait au milieu d'elle-même, du mal qui s'y révélait, elle statua que s'il y avait quelqu'un de Messieurs. dont les filles ou femmes allassent au prêche, on s'en prendrait à eux. Même injonction aux avocats et procureurs. Cependant, les jurats, invités à tenir la main à l'ensemble de ces ordres, avouaient qu'ils étaient sans force pour cela. Burie exprimait la même impuissance.

Le Parlement prit alors le parti d'écrire au roi pour lui représenter l'état des choses et demander les moyens d'y pourvoir. C'est de quoi l'on s'occupait dans les conseils du gouvernement, car on y préparait le célèbre édit de janvier 1562, regardé généralement comme le premier qui, de tous ceux que nous aurons encore à mentionner, fonda véritablement la liberté religieuse, érigea en droit ce qui n'avait été jusque-là que tolérance, accorda, en un mot, aux réformés l'exercice public de leur culte, en le restreignant toutefois aux lieux situés hors de l'enceinte des villes. C'était assurément un grand pas de fait vers de futures et plus grandes franchises. Le Parlement de Paris le sentit si bien, qu'il refusa d'abord l'enregistrement de l'édit et ne l'accorda, avec des réserves, qu'après de longues négociations. A Bordeaux, la volonté du pouvoir rencontra moins de résistance. Le Parlement fit lire et enregistrer l'édit le 10 avril, mais la publication en fut suspendue [1].

(1) *R. E.*, B. 36, 1562, et *R. S.*, 25 avril 1562.

On s'attendait tellement, d'ailleurs, à Paris, à de nouvelles difficultés, à la suite de cette grande innovation, que, même avant de la tenter, on avait cherché à les prévenir, en ordonnant de désarmer indistinctement tous les bourgeois des villes principales du royaume. Cela s'exécuta, à ce qu'il paraît, sans beaucoup de peine à Paris. Il n'en fut pas de même à Bordeaux. Le 9 juillet 1561, le premier président Lagebâton, qui était d'autant plus, à cet égard, dans le secret du pouvoir qu'il avait été mandé dans la capitale pour y coopérer, avec les principaux magistrats du royaume, à la préparation de l'édit de janvier [1], prit l'initiative d'une proposition tendant à ce que tous les habitants de la cité, à quelque secte qu'ils appartinssent, fussent désarmés [2]. « Encore » qu'il y ait un lieutenant du roi, ajoutait-il, l'office de la » Cour ne consiste pas seulement à dire droit, ains de » contenir les sujets du roi. » Si ce magistrat avait cru qu'il entraînerait la Compagnie à un tel sacrifice à la paix publique, il s'était trompé. Toutefois, avant de faire connaître le résultat de sa motion, comme c'est la première fois que nous prononçons son nom et qu'il se présentera désormais souvent à nous, il nous a paru nécessaire de revenir sur les faits qui le concernent, antérieurs à l'époque où nous sommes parvenus.

Jacques Benoît — il ne porta pas d'abord et ne signait même pas le plus souvent d'autre nom —

[1] *Chronique bordelaise*, 1561.
[2] *R. S.*, 9 juillet 1561.

était originaire d'Angoulême. On ne sait rien de sa famille. Ses débuts dans l'ordre judiciaire consistèrent dans une mission de haute confiance, puisqu'il commença par être juge des exempts ès cas royaux du duché d'Angoumois [1]. Connu particulièrement des rois François Ier et Henri II, dans l'apanage desquels il était né, son avancement dans la magistrature fut des plus rapides. En 1546, il est appelé au Parlement de Bordeaux comme conseiller. Peu de temps après, en 1551, il devint président. Son mérite de jurisconsulte, ses qualités personnelles, pouvaient sans doute justifier ces faveurs. Il paraîtrait que des services d'une nature particulière auraient contribué à sa fortune judiciaire. A peine président, on le voit chargé d'une mission secrète, à laquelle le premier président est seul initié. Ce mystère n'a pas été révélé. Il est permis de présumer que ce témoignage de confiance lui était donné à l'occasion d'une affaire importante qui se traitait alors dans l'ombre. C'était le projet imaginé par le Conseil de Henri II, d'amener le roi de Navarre à échanger ce qui lui restait de ce petit royaume dont l'Espagne s'était emparé en grande partie sous son beau-père, et sa principauté de Béarn, contre d'autres possessions moins belles, mais plus assurées. Cette proposition, à laquelle répugnaient naturellement Antoine de Bourbon et Jeanne d'Albret,

---

[1] Les *juges des exempts* étaient des commissaires qui avaient remplacé les *missi dominici* d'autrefois. (*Abrégé chronologique de l'histoire de France*, par le président Hénault, t. Ier, p. 180, édit. de 1768, in-12.)

sa femme, qui lui avait apporté en dot cette couronne, échoua. Le président Lagebâton avait-il été mêlé à cette négociation malencontreuse? On est tenté de le soupçonner, en voyant qu'il y avait entre lui et la Cour de Navarre beaucoup de mésintelligence. Garnier, dans son *Histoire de France,* l'attribue à des motifs peu honorables pour le magistrat, qu'il accuse de s'être fait l'instrument des rancunes du connétable de Montmorency, principal ministre de Henri II, à raison du refus d'Antoine de Bourbon de se laisser dépouiller de ses États. Le président Lagebâton, selon cet écrivain, aurait trempé dans la résolution de l'en punir, en lui suscitant devant le Parlement de Bordeaux des contestations sur sa souveraineté, en vexant ses sujets et les faisant poursuivre criminellement sous les plus futiles prétextes [1]. Nous n'avons pas trouvé trace de ces faits dans les archives du Parlement, et fussent-ils vrais, nous aurions peine à croire au rôle odieux qu'on y faisait jouer à l'un de ses chefs les plus illustres. La participation de ce dernier aux négociations dont nous avons parlé, ne trouve pas en nous la même incrédulité. Il n'est pas invraisemblable qu'elles l'aient exposé à des ressentiments de la part des successeurs de Henri d'Albret. Sous ce rapport, il est bon de le remarquer, le premier président Lagebâton — il avait été revêtu de cette dignité après la mort du titulaire, François de Laage, en 1555 — aurait souffert

---

[1] *Histoire de France,* t. XXVII, p. 293 et suiv.; t. XXVIII, p. 21 et suiv.

plus qu'un autre des froissements que le voisinage du royaume de Navarre amena souvent entre ses princes et le Parlement de Bordeaux. Nous en avons vu déjà un exemple dans les relations de ce Corps avec la reine Marguerite; ils se perpétuèrent sous son gendre, et nous les retrouverons aussi vifs et plus fâcheux encore sous son petit-fils, qui devint Henri IV. Ce qu'il y a de certain, c'est que l'un des lieutenants d'Antoine de Bourbon au gouvernement de Guyenne, Des Cars, reçu, en 1559 [1], dans cet office, où il alternait avec Burie appelé à guerroyer au dehors, y apporta les dispositions les plus hostiles contre le premier président. Nous en verrons plus tard la preuve. Il suffit de constater dès à présent que celui-ci, grâce encore à d'autres circonstances que nous expliquerons, comptait beaucoup d'ennemis et que plus d'une douloureuse épreuve de leurs ressentiments lui était réservée dans l'avenir. En attendant, il justifiait son élévation par sa gravité, son austérité même. Nul plus que lui ne savait mieux défendre la dignité de sa Compagnie, et elle n'aurait pas dû l'oublier, ainsi que bien d'autres titres qu'il avait à estime, lorsque, plus tard, le malheur s'appesantit sur lui. Parmi plusieurs circonstances dans lesquelles le premier président se montra attentif à conserver intacts les priviléges du corps, en voici une assez piquante pour que nous ne la passions pas sous silence.

Louis de Genouilhac, évêque de Tulle, avait

---

[1] *R. S.*, 11 mars.

comme tel séance au Parlement, non de droit, mais en vertu de concession royale, qu'il partageait avec plusieurs autres prélats du ressort. Il y venait le 10 juillet 1561, porteur d'une lettre de la reine-mère, Catherine de Médicis, par laquelle elle demandait à la Cour la prompte expédition d'un procès auquel elle s'intéressait. Il n'y avait rien là de contraire aux usages judiciaires alors en vigueur. Mais le prélat voulut faire ses propres affaires, en même temps que celle dont il était chargé. Il saisit donc l'occasion d'obtenir audience également au sujet d'un litige concernant la trésorerie de Tulle, et dans lequel, sinon comme partie, au moins comme évêque, il avait intérêt. L'indiscrétion de cette démarche, d'ailleurs formellement prohibée par les ordonnances de la Cour, lui ayant été remontrée par le premier président, l'évêque prit fort mal cet avertissement. Il insista pour le tour de faveur qu'il sollicitait; il exigeait que le procès fût plaidé en sa présence. Le premier président ayant éludé avec ménagement cette nouvelle demande, l'irascible prélat s'emporta au point de dire en pleine chambre du conseil qu'il n'était point homme de qualité pour mendier si souvent une audience. Sourd aux avis plus précis quoique toujours très modérés, que lui donnait encore le chef de la Compagnie, on le vit cette fois, le bonnet sur la tête, et tout ému de colère, se lever et, prenant à partie le premier président, déclarer qu'il ne serait jamais son juge, et incontinent sortir. Ce n'était plus cette fois une injure adressée à ce dernier seul, c'était la Cour entière offensée dans sa personne. Aussi, les gens du roi mandés et leurs conclusions prises tendant à ce que remontrances bien *âpres* fussent faites audit évêque de Tulle, la Cour, allant même au delà, y ajouta la condamnation à 100 livres d'amende envers le roi et 50 livres applicables au couvent de la petite Observance de Bordeaux. L'arrêt fut exécuté, et l'évêque dut entendre au bout du bureau, place ordinaire des magistrats traduits devant leurs pairs, de sévères admonitions de la bouche même de celui auquel il avait manqué de respect [1].

Le zèle du premier président à maintenir la dignité de sa Compagnie en toute occasion, car celle-ci ne fut pas la seule, joint au crédit dont il jouissait en haut lieu, aurait dû lui donner une influence de nature à assurer le succès de la proposition de désarmement dont il avait pris l'initiative. Il n'en fut pas ainsi, et elle rencontra une opposition là où elle eut dû le moins s'y attendre. Ce fut celle du lieutenant du roi lui-même. Burie, présent à la délibération, représenta avec beaucoup de force que les avantages de ce moyen d'empêcher les partis d'en venir aux mains, n'en compenseraient pas les inconvénients. « S'il arrivait du trouble dans la ville, comment les réprimer, dit-il, sinon à l'aide des *dixaines* — les compagnies bourgeoises, — quand on leur aurait enlevé leurs armes ? » Or, il n'avait pas d'autres forces à sa disposition. Croirait-on, en effet,

---

[1] *R. S.*, juillet 1561.

qu'il n'existait en ce moment, pour la garde de la cité, que trente soldats? La proposition n'eut donc pas de suite alors [1].

Cette garde elle-même était un sujet de rivalité entre les deux capitaines des châteaux Trompette et du Hâ, Vaillac et d'Auros; et les jurats, ainsi que le Parlement, avaient beaucoup de peine à assurer l'ordre, surtout au milieu de l'émotion qu'avait fait naître une nouvelle mutilation des saintes images à l'église Saint-André. Pour comble d'embarras, Burie avait été obligé de s'absenter, appelé qu'il était à Agen, pour s'y concerter avec Monluc, nouvellement investi du commandement supérieur d'une partie de la Guyenne. Au retour de Burie, autre sujet d'inquiétude. Les réformés avaient le projet de faire la cène, ce qui était contraire aux édits, et le Parlement en voulait l'exécution à la lettre. Le lieutenant du gouverneur, se fondant sur ce que le roi mandait à ses officiers en Guyenne de ne toucher aucunement à l'une ou l'autre des religions, permettait aux sectateurs de la nouvelle, par une bienveillante et cependant prudente interprétation, de communier aux Chartreux, quartier en dehors de la ville. On en référa à Monluc. Celui-ci n'était pas, il s'en fallait de beaucoup, favorable aux protestants. Il prit un terme moyen, en leur permettant de faire la cène, mais sans s'assembler, seulement en famille et dans l'intérieur de leurs maisons [2].

[1] *R. S.*, juillet 1561.
[2] *Id.*, 28 décembre.

Les mesures arrêtées par le Parlement à la fin de l'année 1561 avaient montré à quel point on redoutait à Bordeaux des attaques d'ennemis intérieurs. Peu après sa rentrée, les avocats et procureurs recevaient l'ordre d'aller à la garde des portes de la ville et de faire le guet à l'appel des jurats. Il était prescrit, le même jour, que chacun des présidents et conseillers et autres officiers de la Cour s'assureraient le plus qu'ils pourraient d'hommes et d'armes « pour en
» user comme officiers du roi en l'administration de la
» justice et pour le service dudit seigneur, tuition de
» la république, conservation de leurs personnes, et
» pour réprimer la force par la force [1]. »

Ce ne sont encore que des précautions; mais dès le début de l'année suivante, des préparatifs sont faits en vue d'une agression prochaine. C'est que l'horizon politique s'obscurcissait de plus en plus. « Vu l'éminent
» péril, porte l'arrêt du 8 avril 1562, le corps de la
» Cour, les officiers en Guyenne et autres soudoieront
» cent soldats sur trois cents à lever pour la garde de
» la ville, à soixante livres par soldat, par mois. » A cette occasion, un nouveau dénombrement de la Compagnie, composée alors de 6 présidents, 67 conseillers, 3 gens du roi, 1 payeur, les deux greffiers civil et criminel et des présentations, le notaire, le receveur des amendes, 15 huissiers, 6 secrétaires, 9 référendaires, réunis aux membres des juridictions inférieures, donnait pour résultat de la cotisation

---

[1] *R. S.*, 28 décembre.

destinée au paiement de soldats à lever pour la garde de la ville, la somme de 632 livres 10 sols, dont 600 pour les soldats et 32 pour le capitaine. Le clergé, en la personne de l'archevêque, et la ville furent invités à fournir deux cents soldats. La contribution devait être volontaire de leur part; mais dans la magistrature, les payeurs des gages avaient pouvoir de faire une retenue égale à la taxe individuelle.

Telle était l'intelligence de la situation déployée alors par le Parlement, que les autorités militaires et civiles, c'est-à-dire Burie, d'une part, et, de l'autre, Noailles, maire et gouverneur de la ville, ne crurent pas pouvoir mieux faire que de reproduire dans leurs propres règlements celui de la Compagnie. Il semble, à la vérité, que dans tout ce qu'elle avait arrêté pour le salut de la ville, le dernier degré de prévoyance fût atteint. En effet, réparations des brèches des murailles, expulsion des vagabonds, refus de congé à tous les magistrats, injonction à eux d'aller à la garde des portes quand la nécessité le requerra : jamais chefs militaires, ayant sous leur responsabilité le maintien de l'ordre dans une grande cité et sa défense, ne prirent des moyens plus efficaces et plus minutieux. Il en était encore un autre tout politique que le Parlement jugea qu'il fallait joindre à ceux-là : ce fut l'invitation expresse adressée à Burie d'unir sous son commandement tous ceux qui y étaient appelés par leur position, sans distinction de religion, et de *ne les diversifier* de peur de jalousie. Ceci regardait évidemment la noblesse, toujours empressée de se présenter dans les cas de péril public. Il y eut, en effet, des offres de sa part dans les deux partis. On se contenta prudemment de ces manifestations de bon vouloir sans les mettre à l'épreuve, ce qui, du reste, serait bientôt devenu impossible. Presque partout, en effet, l'épée était sortie du fourreau. Au signal de la guerre civile donné par l'échauffourée sanglante de Vassy, on se battait en Normandie et sur les bords de la Loire. Les circonstances justifiaient donc tout ce qu'avait fait le Parlement pour empêcher Bordeaux de subir le sort de Rouen et d'Orléans pris par les réformés.

L'opportunité de ses précautions ne tarda pas à être encore mieux prouvée. Le 29 juin 1562, on découvrit une conspiration qui avait pour but de surprendre le Château-Trompette. Les documents parlementaires et autres, en mentionnant cette grave tentative, sont malheureusement muets sur les détails. Tout ce que l'on sait à ce sujet, c'est que la Cour délégua six conseillers pour procéder à l'information. L'affaire, jugée à la Tournelle, eut pour résultat la condamnation et l'exécution de plusieurs individus impliqués dans le complot. C'étaient sans doute des gens obscurs, car leurs noms sont demeurés inconnus. Cependant celui de Duras, l'un des chefs des réformés en Guyenne, avait été prononcé, ainsi que ceux d'autres personnages d'une condition également relevée, puisqu'ils avaient des parents dans le Parlement. Mais, comme il arrive assez souvent dans ces sortes d'entreprises, les grands échappèrent, les petits seuls furent atteints et payèrent pour tous. Les autorités locales rivalisèrent, du reste, d'activité et d'ardeur dans cette conjoncture. Burie, qui avait eu les premiers avis, trouva de dévoués auxiliaires parmi les jurats et les magistrats. Pour ceux-ci, ce fut une nouvelle occasion de redoubler de vigilance. Le jour même où ils avaient été avertis de la conjuration, l'assemblée des chambres arrêtait que les présidents et conseillers iraient, deux à deux, à la garde de chacune des portes de la ville, ayant sous leurs robes longues telles armes que bon leur semblerait, moyennant que Burie leur accorderait le commandement de tous les corps de garde et enjoindrait aux jurats de leur obéir. Le lieutenant du roi accéda à ces désirs de la Compagnie, qui lui avait député à cet effet le président de Roffignac et l'avocat général Laferrière. Il avait mis pour seule condition que les délégués du Corps se rendraient en personne dans les postes militaires. Ce n'était pas seulement l'esprit belliqueux des magistrats qui s'exaltait en présence du danger, ils s'imposaient en outre de nouveaux sacrifices pécuniaires. Plusieurs offrirent de fournir chacun deux hommes bien armés. Quelques-uns allèrent même au delà de ce nombre : les conseillers Vergoing et Baulon le jeune s'obligèrent d'en donner trois; le greffier en chef Pontac, quatre. Quant aux absents, on les taxa chacun à deux hommes, et, pour le cas où ils manqueraient de s'acquitter, une retenue sur leur salaire devait assurer l'exécution de la décision.

Il semble qu'après tous ces gages donnés à la cause catholique, le Parlement n'aurait pas dû s'attendre qu'ils fussent jugés insuffisants. Cette injustice de l'opinion cesse d'étonner quand on envisage l'état général des esprits à cette époque. C'était assurément celui d'une très grande surexcitation des passions par l'antagonisme religieux. Il ne manquait donc pas d'exaltés trouvant les pouvoirs établis trop tièdes au gré de leur effervescence personnelle, ni d'ambitieux épiant l'occasion de se substituer à eux. D'un autre côté, les Guise avaient, dit-on, organisé de longue main dans plusieurs villes du royaume des associations dont l'attachement à la religion dominante était le prétexte ostensible, et le triomphe futur de leurs prétentions à la couronne, le but secret. Un célèbre historien [1] donne même déjà le nom de ligue à la société dont nous allons parler, et qui existait à Bordeaux, sans se cacher du reste. Elle y avait pour chefs, d'après Théodore de Bèze [2], Thomas de Ram, lieutenant général en la sénéchaussée, et l'avocat de Lange, qui avait été député aux États d'Orléans, enfin le président de Roffignac lui-même. Elle était redoutable rien que par le nombre seul de ses membres, s'il est vrai, comme le prétend encore le même écrivain, qu'elle comptait trois mille personnes de tous les états. Toujours est-il que la ville entière était émue des assemblées fréquentes que faisait Lange, et qu'elles donnaient une véritable inquiétude aux

[1] De Thou, *Histoire*.
[2] *Histoire ecclésiastique*, etc., t. II, p. 787.

jurats [1]. Que voulaient, que prétendaient donc ces zélateurs ? Sous prétexte du péril commun, et que pour le conjurer ce n'était pas trop de toutes les forces qu'on pourrait lui opposer, ils demandaient qu'outre les autorités ordinaires, les délégués ou mandataires de l'association érigée en Syndicat eussent avec elles le droit de dénoncer et de poursuivre les entreprises des religionnaires. On comprend quelles graves conséquences aurait eues le succès d'une pareille prétention pour le Parlement. Elle n'allait pas à moins que de lui donner des auxiliaires dans la principale de ses attributions, la justice. Son autorité, jusque-là unique et souveraine, aurait souffert de ce partage une mortelle atteinte. Qui peut douter, d'ailleurs, que des auxiliaires comme ceux qui se proposaient, ne fussent bientôt devenus des maîtres ? D'un autre côté, on était en pleine guerre civile, et jamais les protestants n'avaient paru si redoutables. S'il rejetait la mesure du Syndicat, le Parlement risquait de soulever contre lui la population catholique. Il n'était pas facile pour ce corps de sortir d'un pas si dangereux. On va voir avec quelle habileté il sut s'en tirer.

La demande du Syndicat avait été présentée le 15 juillet 1562 au sénéchal de Guyenne, à l'effet d'être convertie en lettres-patentes. Cette procédure était adroite de la part des réclamants et avait pour but de rendre plus difficile un refus du Parlement, après avoir

---

[1] Darnal, *Chronique*, 1561.

obtenu l'adhésion de la juridiction inférieure. Croirait-on d'ailleurs que la requête avait l'attache de Burie? de Burie dont le consentement était d'autant plus extraordinaire que, d'abord, il n'avait pas paru s'apercevoir que la création d'un pouvoir nouveau amoindrirait infailliblement le sien, et qu'ensuite toute cette affaire avait été créée et poussée par l'avocat Lange, dont il avait beaucoup à se plaindre, et que, dans sa correspondance avec la reine-mère Catherine de Médicis et le roi de Navarre, il représentait naguère comme son ennemi personnel [1]. Mais la prudence de ce brave officier avait été évidemment mise en défaut. Quoi qu'il en soit, la requête d'entérinement des lettres-patentes consenties par lui fut portée le 21 juillet au Parlement. Elle était signée d'un procureur nommé Lemeslon et avait pour rapporteur le conseiller Malvin, ardent catholique, qui comptait plus d'un collègue de son opinion. Mais la majorité était sur ses gardes. Voici, en effet, ce qui s'était passé dans l'intervalle du 15 juillet, jour auquel, comme nous l'avons dit, la demande du Syndicat avait été présentée au sénéchal, au 21 du même mois, où le Parlement en était saisi.

Dès le 17, toutes les chambres de la Cour se réunissaient en assemblée générale. Dans quel but?

En 1543, François Ier, pour opposer aux doctrines de l'hérésie celles de la vraie foi catholique, en avait fait résumer les bases fondamentales dans une

---

[1] *Archives historiques de la Gironde*, t. X, p. 35 et 38.

déclaration solennelle de la Sorbonne ou Faculté de théologie de Paris, et prescrit à tous ses sujets le serment d'en observer les articles. Ce fut cette déclaration, qui avait alors près de vingt ans de date, que le Parlement de Bordeaux pensa tout à coup à promulguer et surtout à faire exécuter dans son ressort. C'était donc là l'objet de la réunion du 17 juillet, que rien n'avait fait pressentir, et ce jour en effet, sur les réquisitions de l'avocat général Laferrière, la Cour ordonne qu'au premier jour tous et chacun de ses membres, plus les officiers qui lui sont attachés, feront une solennelle profession de foi, qu'ils en jureront l'observation, qu'ils ajouteront à leur serment la garantie de leur signature. Après un incident né d'une singulière prétention de l'archevêque, celle de recevoir le serment de toute la magistrature et que repoussa le premier président Lagebâton par cette remarque très judicieuse, qu'apparemment le prélat n'était pas le chef de la Compagnie, l'imposante cérémonie fut ordonnée pour le 25 juillet, à l'effet d'être entourée de toute la pompe et de toutes les solennités qui devaient en rehausser l'éclat.

C'est sous les auspices ou, pour mieux dire, sous l'influence de cette manifestation religieuse, et à la veille de sa consommation, que, le 21 juillet, vint devant le Parlement l'affaire du Syndicat. Malgré le grand nombre de ses adhérents, elle n'avait pas toutes les sympathies. Les jurats, on l'a déjà vu, craignaient ce nouvel élément de discorde et de trouble. Les gens du roi, savoir : les avocats généraux Laferrière et

Lahet, et le procureur général Lescure, sans se laisser imposer par le nombre et la qualité des signataires de la requête, déclarèrent unanimement « qu'ils étaient appelants de l'octroi des lettres du Syndicat; que c'était chose inouïe et nouvelle qu'[en présence d']une Cour souveraine, pourvue de tous officiers nécessaires faisant leur devoir, on introduisît un Syndicat qui servît d'accusateur public, ce qui était contre tous les priviléges accordés aux Cours souveraines. Le seul procureur général, en crimes publics, peut poursuivre réparation pécuniaire et punition corporelle, etc. »

C'étaient évidemment là les vrais principes, et les gens du roi auraient dû s'y tenir, au lieu d'offrir subsidiairement leur consentement à l'adjonction aux substituts du procureur général, de nouveaux officiers que nommerait la Cour : concession d'autant plus inutile qu'ils invoquaient un précédent tout récent en cette matière de syndicat et qui les dispensait de tout autre moyen à l'appui de leurs conclusions. En effet, quelque temps auparavant, des désordres ayant eu lieu dans l'église Saint-Remi de Bordeaux, à l'occasion d'inhumations, il paraît que le président Carles, chargé d'informer, avait fait emprisonner quelques catholiques. Là-dessus, grand émoi parmi ces derniers, se plaignant vivement d'être persécutés à cause des réformés et se coalisant pour résister à leurs ennemis. C'était une première tentative de syndicat, mais qui n'avait pas réussi, car un arrêt du Conseil du roi cassa la permission donnée alors de le former, avec inhibition d'en faire plus à l'avenir.

Il y avait là de quoi donner du cœur au Parlement. Toutefois, le 21 juillet, à la suite des débats oraux entre le ministère public et le procureur Lemeslon, aucune décision n'intervint, et l'affaire fut continuée.

Le 25, quatre jours après, s'exécutait la délibération du 21, relative à la déclaration de François I*er*. Après une messe célébrée et chantée à haute voix dans la chapelle du palais, tous les magistrats présents, savoir : 6 présidents, 54 conseillers, les greffiers, gens du roi, prononçaient individuellement le serment prescrit et le signaient. On saisit l'occasion de décréter que, désormais, nul magistrat ne serait reçu à l'exercice de son état que, préalablement, il n'eût fait et juré la profession de foi. Ceci était à l'adresse de treize absents, dont plusieurs peut-être avaient espéré se soustraire à une obligation gênante pour leur conscience. Mais on voit qu'il n'y avait pas à reculer. Enfin, tous les magistrats du ressort durent, sous les mêmes peines, se soumettre aux mêmes formalités.

Tel était donc le moyen auquel le Parlement avait eu recours pour sortir au moins momentanément de l'embarras que lui causait cette affaire du Syndicat. Fermer ainsi la bouche à ceux qui auraient osé élever des doutes sur son orthodoxie, voilà bien le but qu'il se proposait et qu'il avait atteint. Cependant, ce n'était encore qu'éluder, ajourner la difficulté, mais non pas en sortir définitivement. En effet, la requête des associés était toujours pendante devant lui; il fallait bien y répondre. La Cour s'en trouva dispensée par le motif le plus inattendu de la part du public, mais non sans doute pour les intéressés à mettre à profit le temps écoulé depuis l'origine de cette affaire. Le jour même où la cérémonie du serment s'accomplissait, le 25 juillet, Burie, le complice inconscient de cette intrigue par l'appui irréfléchi qu'il lui avait prêté, mais à qui, depuis, de sages représentations avaient sans doute fait ouvrir les yeux, se présentait en personne au greffe de la Cour pour y déclarer qu'il retirait l'autorisation par lui donnée aux membres de l'association de se former en syndicat; et il se la faisait remettre, en disant au greffier, selon ce que le greffier consignait sur son registre, qu'il ne l'avait accordée que pour savoir les forces des catholiques et que, maintenant, il allait en référer au roi [1]. Était-ce bien là la vraie raison de son changement de détermination? Qu'importait, après tout, au Parlement? Ce corps n'avait plus à s'occuper d'une affaire dont il cessait d'être saisi. Son rôle judiciaire était fini, et, grâce à sa savante diversion et au temps gagné, son autorité, son influence demeuraient intactes.

Il nous reste peu de chose à ajouter à ce que nous avons dit du personnage que cet épisode a introduit dans notre histoire, pour achever de le faire connaître. Lange était, en effet, un brillant orateur. Aux États Généraux, lors de la présentation des cahiers, ce fut lui qui porta la parole au nom du tiers état, et son

---

1) *R. S.*, 21-25 juillet 1561. Déclaration du greffier Pontac.

discours eut le plus grand succès, non seulement par l'éloquence, mais encore par la hardiesse des représentations qu'il développa. Ce succès l'avait fait choisir pour parler encore lors de la clôture des États, mais il paraît qu'il ne soutint pas sa réputation dans cette seconde action oratoire. On le trouva au-dessous de lui-même, et sous le rapport du talent, et sous celui de l'indépendance du caractère [1]. Les écrivains réformés l'ont accusé d'ambition. S'il en était ainsi, les effets s'en firent longtemps attendre, car ce n'est qu'en 1568 qu'il devint conseiller au Parlement, lors d'une crue de sept nouveaux membres. Depuis, et en 1572, la chronique fait mention de lui, en rapportant qu'à cette date François de Borgia, général des Jésuites, logea chez le conseiller de Lange, zélé catholique. Il portait alors le nom de Lange de Luxé [2].

Il est des succès qui obligent. Tel était celui qu'avait obtenu le Parlement dans l'affaire du Syndicat. C'est ce que cette Compagnie parut comprendre par diverses mesures qui en suivirent la solution. Elle s'empressa d'abord d'étendre l'obligation du serment à la profession de foi, non seulement aux fonctionnaires autres que les magistrats, mais encore à la population tout entière.

Sur la demande de l'archevêque, des conseillers

---

[1] Garnier, *Histoire de France*, t. XXIX, p. 105-197. — Delurbe, *De illustribus Aquitaniæ viris*. — Théodore de Bèze, *Histoire ecclésiastique*.

[2] R. E., B. 38, 1568-1572. — *Chronique bourdeloise*.

étaient commis pour assister dans chaque paroisse au serment des bourgeois [1]. Il était même ordonné plus tard que ceux qui n'auraient pas obéi seraient mandés à la Cour pour rendre raison de leur conduite et entendre les conclusions du procureur général. Les défaillants devaient être pris au corps. Il ne fallait assurément rien moins que l'état de guerre pour excuser des actes aussi contraires à l'édit de janvier ayant accordé aux réformés le libre exercice de leur religion. Le Parlement saisit l'occasion de recommander aux jurats de ne point élire pour les charges municipales des individus suspects de donner dans les nouvelles idées. En même temps, il arrêtait que certains conseillers — le Registre ne donne pas leurs noms — dont les femmes avaient été signalées comme suivant les prêches de la secte, seraient tenus de s'abstenir de tous procès concernant les séditieux [2]. Il continuait de veiller avec la plus grande sollicitude à la sûreté de la ville, d'où l'on expulsait les étrangers. Les religionnaires étaient personnellement exclus de la garde des portes, ce qui ne les dispensait pas de payer ceux qui les y remplaçaient. Enfin, douze conseillers, ayant chacun le commandement de 100 hommes, enrôlés et armés par eux, devaient se partager les douze quartiers de la ville. Les chefs en avaient sous leurs ordres d'autres commandant à 25 hommes. Ils pouvaient marcher de nuit et de jour, faire la police aux portes, chasser les étrangers

---

(1) *R. S.*, 22 juillet.
(2) *Id.*, 12 septembre.

et les vagabonds, ceux qui ne voulaient pas obéir aux arrêts touchant la profession de foi, prendre les fugitifs, désarmer les gens de la nouvelle secte [1]. Les noms de ces commissaires nous ont été conservés; c'étaient le président aux enquêtes d'Alesme, les conseillers Mabrun, Belcier, Faure, Merle, Mérignac, J. de Alis, Valier, La Boëtie, Poynet, Baulon le jeune et le procureur général Lescure. De telles dispositions étaient de véritables empiétements sur l'autorité militaire et la jurade. Celle-ci seule réclama par l'organe de Noailles, gouverneur de la ville. Mais le Parlement passa outre sans crainte d'élever un conflit. Que fût-il arrivé toutefois si, au milieu des dangers du dehors, des divisions intestines étaient venues ajouter à ceux du dedans?

Cependant les commandants des troupes royales en Guyenne avaient récemment remporté un avantage propre à rassurer pour quelque temps les esprits dans Bordeaux. Monluc avait battu, à Targon, Duras qui, à la tête des réformés, menaçait plusieurs petites places. Cette victoire ne contribua pas peu sans doute à porter le Parlement à des actes dont il se serait abstenu dans d'autres conjonctures.

Avant Monluc, la lieutenance générale du gouvernement de Guyenne avait été confiée au duc de Montpensier, en l'absence du roi de Navarre, qui était au siége de Rouen. Le prince avait reçu la mission de forcer les localités ayant embrassé la

---

[1] *R. S.*, 10 décembre.

réforme, à chasser leurs ministres et à se contenter de la seule liberté de conscience. Le Parlement, en enregistrant ces pouvoirs, ne craignit pas d'en retrancher la faculté donnée au duc de faire grâce et miséricorde aux rebelles, en cas de résistance, comme si c'eût été une atteinte aux droits de la justice [1]. Peu après, et en apprenant la prise de Rouen, de plus en plus encouragée dans ces hardiesses, la Compagnie ajournait, sur les remontrances des gens du roi, l'enregistrement des lettres d'abolition accordées à la sénéchaussée de Bazas, sous prétexte que ces lettres étaient *pleines de scandale* [2]. Elle ordonnait la communication de la délibération au duc de Montpensier, et députait au roi le président de Roffignac pour lui porter des remontrances, quoique, avant son départ, des explications fussent arrivées de la part du chancelier à l'appui des lettres. L'avenir réservait au Parlement l'expiation de ces entraves apportées à l'exécution des ordres du gouvernement.

En attendant, la meilleure entente régnait entre les magistrats et Monluc, qui venait de remplacer le duc de Montpensier au gouvernement de Guyenne pendant la minorité du jeune prince de Navarre, successeur, dans cette haute fonction, de son père tué au siége de Rouen; Monluc, reçu à Bordeaux avec les plus grands honneurs, mettait une parfaite courtoisie dans ses rapports avec le Parlement. En

[1] *R. S.*, 3 octobre 1562.
[2] *Id.*, 18 novembre 1562.

échange de l'appui qu'il y trouvait pour faire étendre son commandement, limité à la rivière du Lot, ce nouveau chef militaire, qui savait, au besoin, adoucir sa rudesse de soldat, demandait aux magistrats de lui donner un conseil composé de plusieurs d'entre eux, ce qu'ils lui accordaient avec empressement, lui laissant le choix des conseillers [1]. Tout concourait donc alors au maintien de la prépondérance politique du Parlement. Ce fut pourtant le moment que l'on choisit pour tâcher de ruiner celle de son chef.

Le premier président Lagebâton avait beaucoup d'adversaires, non seulement au dehors, mais dans le sein même de la Compagnie. Il y représentait les opinions modérées et conciliantes de l'illustre chef de la magistrature d'alors, le chancelier de L'hôpital. Ses fréquents voyages à la cour les avaient mis en rapport, et il n'est point douteux qu'une parfaite conformité de sentiments régnait entre eux. C'était déjà de quoi exciter la jalousie de ceux des collègues du premier président qui aspiraient secrètement à le renverser, et ils trouvaient de nombreux auxiliaires autour d'eux. Au premier rang étaient Des Cars, lieutenant du roi de Navarre dans le gouvernement de Guyenne, dont nous expliquerons bientôt l'animosité contre le premier président, et l'archevêque de Bordeaux, Prévost de Sansac, que certaines circonstances avaient aussi rendu son ennemi. Ce prélat était mécontent de ce que, à

---

[1] R. S., 13 mars 1562.

l'occasion d'une question de préséance à l'audience entre lui et le lieutenant du roi, on l'avait mis au second rang. Comme si ce n'était pas encore assez d'infériorité, à cette occasion, il avait été décidé qu'au palais, et même au dehors, les présidents de la Cour marcheraient avant lui. Ce n'était seulement qu'à l'église et dans l'exercice de son ministère sacré qu'on avait bien voulu lui donner le pas. Il semblait attribuer au premier président ces dispositions blessantes pour sa dignité, tandis qu'elles étaient bien l'œuvre du Parlement tout entier. Enfin l'archevêque n'avait certainement pas vu d'un bon œil l'échec éprouvé par le Syndicat. Il devait y avoir été d'autant plus sensible que, dans le ressort d'un parlement voisin, celui de Toulouse, le cardinal d'Armagnac avait réussi dans une semblable entreprise, à la tête de laquelle il s'était placé avec beaucoup de membres de la noblesse, du clergé et du tiers état. Là, le Parlement avait approuvé le Syndicat, et, sans attendre même l'approbation du roi, l'avait recommandé à tous les sièges de son ressort avec injonction d'y tenir la main [1]. Pour le dernier de ses griefs, l'archevêque de Bordeaux ralliait à sa cause la noblesse de Guyenne, signataire de la requête du Syndicat et non moins désappointée que lui de l'insuccès de cette tentative.

Toutes ces causes d'inimitié contre le premier

[1] V. le texte du traité d'association formée à Toulouse, dans une note des *Commentaires de Monluc.* Collection des *Mémoires sur l'histoire de France*, édit. Petitot, 1re série, t. XXII, p. 157.

président donnent l'explication de la dénonciation portée contre lui aux chambres assemblées le 17 mars 1562 [1]. Elle portait récusation, en toutes matières dépendantes de sédition et de religion, de plusieurs conseillers et présidents, et notamment du premier président, « qui a toujours été porté d'affection à la
» religion nouvelle jusqu'à leur ordonner des temples
» par son opinion; qu'il n'avoit voulu prendre les
» armes contre les séditieux lorsque la Cour, le
» lendemain de la conjuration faite de la prise de
» cette ville et Château-Trompette, ordonna qu'elle
» se mettroit en armes contre les séditieux; mais
» au contraire, ledit premier président estant en la
» grand'rue des Fossés-Sainct-Liége, armé et à
» cheval, avecq aucuns qui depuis se sont rendus
» fugitifs et qu'on savoit estre séditieux, et des princi-
» paux de ladite conjuration, lesquels consistoriaux
» estoient à cheval armés à armes découvertes,
» faisant ledit sieur président une bande à part avec
» lesdits conjurateurs, fust audit lieu rencontré par
» le corps de la Cour qui lors étoit en armes, sans ce
» que ledit sieur président se vint aucunement joindre
» au corps d'icelle Cour, etc. — Signé : Frédéric de
» Foix pour la noblesse de Guyenne, suivant l'avis
» pris en icelle, et Vignac. »

De telles imputations, qui ne reposent, il faut se hâter de le dire, sur aucun document contemporain, ne parurent émouvoir beaucoup ni le magistrat qui en

---

[1] *R. S.*, à cette date.

était l'objet, ni la Cour elle-même [1]. Le Registre est absolument muet sur la réponse qu'il aurait faite dès ce moment à la requête. Elle ne fut suivie, ce jour-là, d'aucune décision. Le 4 mai suivant, le comte de Candale, captal de Buch (c'était Frédéric de Foix), qui avait ses entrées au Parlement, vint lui-même apporter sa requête et déclarer qu'il avait assemblé la noblesse suivant son droit. La requête fut retenue, et l'on statua, ce jour-là, seulement sur des récusations proposées par les magistrats eux-mêmes. Le 30 juillet, enfin, l'affaire revint devant la Cour, sans qu'il apparaisse d'aucune instruction dans l'intervalle. Ce jour-là, le comte de Candale se plaignit avec amertume du premier président et s'emporta au point de le traiter d'imposteur dans les défenses qu'il avait fait parvenir au roi et à la reine contre l'agression de la noblesse. En l'absence de son chef qui, récusé comme on l'a vu, ne pouvait être là, la Cour s'indigne, car elle a compris qu'il y va de son propre honneur de ne pas laisser outrager celui qui marche à sa tête. Candale alors cherche à s'excuser et à retirer l'expression qui lui est échappée; mais, sur les conclusions des gens du roi, le Registre est arrêté tel qu'il est, c'est-à-dire comme contenant la preuve de ce qui s'est passé. Il est fait défense au plaignant, comme à ceux qui ont entrée en la Cour, d'y parler

---

[1] Le chanoine Syrueilh, fort hostile au premier président, met au nombre des causes qui le rendaient suspect à sa Compagnie ce fait, que sa femme était huguenote ainsi que toute sa famille. (*Archives historiques de la Gironde*, t. XIII.)

d'autre chose que de ce qui concerne le service du roi. Candale reproduisit plus tard sa requête, cette fois revêtue, outre sa propre signature, de celles des seigneurs de Montferrant, de Lure, Barrault, de Lisle et Camarsac, tant pour eux que pour beaucoup de gentilshommes. Il ne paraît pas qu'aucune autre décision que celle dont nous venons de parler ait été prise, ce qui démontre de plus en plus l'inanité des accusations dirigées contre le premier président. La haine de ses ennemis ne resta pas pour cela désarmée, et nous les verrons bientôt diriger une nouvelle attaque contre celui qu'ils avaient juré de perdre.

Mais les circonstances étaient devenues tout à fait défavorables à leurs desseins. En effet, la paix venait d'être signée, et le traité du 19 mars 1562-63 mettait fin à la première guerre civile. Il accordait aux réformés des conditions très avantageuses. Ce n'était donc pas le moment de récriminer contre ceux qu'on accusait de les avoir ménagés. Ce fut, au contraire, au Parlement, précisément parce qu'il était loin d'avoir encouru un pareil reproche, à recevoir le contre-coup des fluctuations de la politique. La première disgrâce qu'il éprouva, consista dans l'obligation on ne peut plus pénible pour lui de conserver parmi ses membres un hérétique. C'était le conseiller Jean Dupont, que nous retrouvons ici. Il avait pénétré, on l'a vu, dans la Compagnie, à l'aide d'une abjuration de ses erreurs religieuses, mais sans y renoncer sincèrement. Ainsi, en 1553, il était dénoncé par le procureur général pour avoir mangé de la chair un jour prohibé [1]. Une Commission, composée du président Lecomte et des conseillers Ancelin et Alesme, avait même reçu le mandat d'informer. On ne voit pas la suite de cette procédure. Une poursuite beaucoup plus grave fut dirigée contre lui en 1557. Cette fois, il était chargé du crime d'avoir tué sa femme. Les détails manquent sur cette affaire, jugée par les chambres, et qui se termina par un acquittement [2]. Dupont, quoique ainsi en butte à la malveillance de ses collègues, n'en persista pas moins à conserver son office, remettant à

---

(1) *R. S.*, 21 août.

(2) Il est digne de remarque que Dupont ne fut pas le seul membre du Parlement accusé d'un semblable crime. En 1557, le conseiller Mathieu avait été aussi sous le poids d'une imputation de même nature, pour laquelle il fut également jugé et acquitté par ses pairs. Ce n'est pas tout, et deux faits de ce genre se rencontrent encore dans les annales du Parlement, mais avec des suites bien différentes de celles qu'avaient eues les premiers. L'un sera rapporté par nous ultérieurement à sa date. Nous empruntons le récit textuel de l'autre au journal de Syrueilh (*Archives historiques de la Gironde*, t. XIII, p. 268) :

« Le mardy au seoir, environ l'heure de minuyct, xxiiiie jour de janvier audict an 1570, le sieur Du Plessis, conseillier en la court de parlement de Bourdeaulx, trouvant sa femme couchée avec un nommé le capitaine Hayraud, qui estoit de Monségur, dans sa maison, dans une chambre et dans un lict de camp, ayant fainct d'estre allé dehors pour les surprendre sur le faict, comme il fict, ledict sieur les massacra et homicida tous deux à coup de dague à travers de leurs corps, et le lendemain s'en alla présenter à la court et, luy ouy, la court dépputa deux de messieurs promptement pour aller vérifier le tout. Et furent les deux corps tout lendemain dans ledict lict veuz de tout le monde qui y vouloit aller, et sur le seoir ensepvelis à Sainct-Project, la femme dans l'esglize et l'home au cimetière.

» Ledict sieur Du Plessis obtint lettres de pardon et rémission de la chancellerie, qui furent leues en sa présence, le lundy xxxe janvier dudict an en l'audience, luy estant dans le parquet, teste nue et ung

des temps plus opportuns de faire acte ostensible de son attachement à la réforme. Il crut pouvoir le manifester dès le 5 décembre 1561, au milieu de la délibération par laquelle la Compagnie interdisait aux avocats et procureurs, à peine de suspension, « d'aller ouyr les prêches des ministres et de se trouver aux assemblées. » Il déclara alors hautement « qu'il ne devait être défendu d'ouyr les ministres, car ils prêchent la vraie, pure et simple parole de Dieu, ajoutant qu'il voulait que son opinion fût écrite, car il entendait la maintenir telle. » C'était certainement du courage, et il faudrait lui faire honneur de cette franchise, si elle n'eût pas été si tardive et si peu d'accord avec sa conduite d'autrefois. La Cour, du reste, répondit à cette protestation par une nouvelle défense à tous présidents et conseillers d'aller ouyr les ministres et de se trouver en leurs assemblées et consistoires [1]. Elle affectait de se croire encore sous l'empire des lettres du roi du 15 mars 1560, par lesquelles les officiers de Sa Majesté étaient nommément exceptés de l'amnistie alors accordée aux religionnaires. Cependant l'édit de janvier 1562 étant depuis survenu, Dupont se prévalut de la liberté qu'il leur donnait pour être parrain d'un enfant baptisé par un ministre. Nouvelle dénonciation contre lui, à la

---

genoil en terre. Et après la lecture desdictes lettres et ayant dict qu'elles contenoint vérité, ouy aussi les gens du Roy, par arrest lesdictes lettres furent intérinées, luy déclairé absoult et remis en ses honeurs, dignités et offices, et tout soubdain monta hault aux siéges, et tout incontinent après la court descendit et il s'en entra avec eulx. »

[1] R. S., 21 août.

CHAPITRE V.

suite de laquelle, et après une procédure pleine d'incidents, l'entrée de la Cour lui fut par provision interdite. Sans se décourager, il se pourvut au Conseil du roi, et, profitant du traité du 19 mars 1563 qui entre autres dispositions portait que chacun rentrerait dans ses biens et offices, il demanda, par requête du 13 mai, à être reçu en l'exercice de son état. Le procureur général lui opposa alors les récents arrêts rendus à l'occasion du Syndicat et lui demanda sa profession de foi. Dupont répondit en récusant toute la Cour, qui, embarrassée entre le nouvel édit et ses propres décisions, crut devoir renvoyer au roi, « pour être sur le tout pourvu selon le bon plaisir dudit seigneur [1]. » Elle ne pouvait guère prendre d'autre parti; car, peu de jours après, le 19 juin, délibérant sur la question de savoir si, lors de la réception de nouveaux officiers, on exigerait d'eux une profession de foi ou si on se bornerait à les exhorter à se convertir, sans les contraindre, vu l'édit de paix, vingt-deux voix se prononçaient pour la première opinion, vingt-trois pour la seconde [2]. L'affaire de Dupont restait donc indécise, mais elle devait finir d'une manière fâcheuse pour le Parlement.

Ce n'était pas, en effet, le seul tort que ce Corps se fût donné à l'occasion de l'exécution du traité. Sa conduite au sujet des ordres apportés par le duc de Montpensier et qu'il avait mis de côté, les plaintes réitérées des religionnaires, avaient comblé la mesure

---

[1] *R. S.*, 13 mai 1563.
[2] *Id.*, 19 juin 1563.

du mécontentement en haut lieu. Le gouvernement prit un parti décisif en envoyant à Bordeaux des commissaires chargés spécialement d'entretenir et faire exécuter en Guyenne l'édit de la paix. C'étaient Antoine Fumée et Jean Angenoult, conseillers, l'un au Grand Conseil, l'autre au Parlement de Paris. On leur déclara qu'ils étaient bienvenus comme collègues, mais non en qualité de commissaires. Ils répondirent, avec quelque hésitation toutefois, qu'ils avaient ordre de faire rayer des registres certaines délibérations, de brûler même quelques informations. Alors le premier président, contre l'avis duquel peut-être ces actes avaient eu lieu, mais trop généreux pour séparer sa cause de celle de sa Compagnie, eut un noble mouvement d'indépendance parlementaire. Il dit aux commissaires qu'ils « avaient très bien fait de surseoir » au *rayement* des registres pour la conséquence » grande que c'était à la justice; la Cour ne l'eût » jamais enduré, et, pour son compte, il eût mieux » aimé quitter son état au roi [1]. » Ému par ce langage, Fumée déclara renoncer à cette partie de sa mission. Il en avait une autre, consistant à faire restituer à la dame de Duras, veuve du chef des réformés, le château de Blanquefort. On s'empressa de l'y aider, en lui donnant pour auxiliaires le conseiller Ciret et le procureur général Lescure [2].

Cependant, Dupont n'était pas homme à ne pas profiter de la présence des commissaires pour sa

---

[1] *R. S.*, 24 septembre.
[2] *Id.*, id.

propre cause. Le 7 septembre, il se présentait de nouveau et réclamait son siége. Cette fois, on n'osa pas l'empêcher d'y remonter. La Cour mit seulement à cet acte, qui lui coûtait beaucoup, une sorte de restriction dédaigneuse dans la forme de son exécution. Elle fit signifier à Dupont, par le notaire du Parlement, qu'il pouvait rentrer, mais en arrêtant qu'aucune ordonnance par écrit ne serait rendue sur ce point. Le ressentiment d'un pareil procédé inspira-t-il au magistrat qui en était l'objet la demande d'une réparation plus complète, ou bien le pouvoir royal tint-il fermement à ce que les ordres par lui donnés fussent exécutés à la lettre? Toujours est-il que plusieurs années après, un nouveau commissaire, moins timide que ses devanciers, fit rayer sur le Registre la délibération du 16 juin 1562 et mettre en marge : « De l'ordonnance de nous, Jean
» Berthommier, conseiller du Roy, suivant lettres
» patentes de S. M., a été rayé ès registre ledit
» feuillet concernant et faisant mention dudit Dupont,
» le premier août mil cinq cens soixante-cinq.
» Signé : Berthommier (1). »

Une humiliation plus grande encore était réservée au Parlement. Les obstacles apportés par lui à l'accomplissement de la mission des premiers commissaires Fumée et Angenoult avaient déterminé le Conseil du roi à en députer d'autres : le sieur Decace, maître des requêtes, et un conseiller au Parlement de

(1) *Extraits des Registres secrets du Parlement*. Bibliothèque de la ville de Bordeaux, Mss., n° 370.

Paris, chargés d'ordres encore plus sévères. Délégués expressément pour apaiser les troubles existant en Saintonge, ils apportaient et firent signifier au Parlement la défense de connaître des faits de semblable nature qui s'étaient passés dans cette partie de son ressort. Il paraît — car nous n'avons pas trouvé la mention expresse de ce fait — que, sur des remontrances qu'elle adressa à ce sujet au roi, la Compagnie fut assez heureuse pour obtenir la révocation de cette interdiction partielle de sa justice souveraine. Aussi la ressaisissait-elle par une déclaration solennelle, en date du 20 octobre, signifiée aux commissaires et adressée à toutes les juridictions qui dépendaient d'elle, pour leur faire connaître qu'elle avait recouvré la pleine connaissance des contraventions à l'édit de pacification [1]. Quant à la contradiction que ce changement accusait dans les Conseils du gouvernement, on conçoit que nous n'essayions même pas de l'expliquer. Dans ces temps de continuelles tergiversations politiques, où sans cesse les ordres du lendemain venaient rétracter ceux de la veille, qui pourrait se flatter de découvrir les causes de tant de variations? Pour cette fois, le Parlement de Bordeaux avait réussi à détourner l'orage qui le menaçait. Cette bonne fortune, due peut-être au premier président Lagebâton, ne devait pas durer.

En attendant, la Compagnie semblait accumuler à plaisir contre elle les griefs par son mauvais vouloir

[1] *R. S.*, 20 octobre 1563.

persistant dans le mode d'exécution du traité de paix. En voici un nouvel exemple à ajouter à celui de Dupont. Un procureur, nommé Ménoire, rayé pendant la guerre pour fait de religion, rétabli dans son état par le commissaire Fumée, se présentait à la rentrée de 1564 pour prêter serment comme les autres. Il fallut, pour lever tout obstacle, que l'avocat général Laferrière, qui revenait de Paris, attestât que le chancelier de Lhôpital lui avait dit que Ménoire devait être rétabli, pour que le Parlement y consentît. Encore, et sur la réquisition du procureur général Lescure, ordonna-t-on que, pour l'exemple, l'officier ministériel ne prêterait pas serment avec les autres, et publiquement, mais seul, le lendemain, dans la chambre du conseil. Le chef de la justice n'épargnait pas, dès cette époque, ses avis au Parlement de Bordeaux. Un des substituts du procureur général, Romain de Mulet, rapportait, peu auprès, les communications verbales suivantes du chancelier à l'adresse des magistrats : « On a accou-
» tumé de bien entendre et recevoir en bonne part
» leurs remontrances; nonobstant ycelles, le Roy
» veut que tous les édits soient incontinent publiés
» sans difficulté, encore que les Parlements les
» trouvent étranges, parce qu'il est certain que ceux
» qui assistent près la personne du Roy aux délibé-
» rations de ses édits sont pourvues de bon sens et
» jugement pour prévoir toutes les difficultés; qu'en
» cela ils n'ont rien moins que les cours de parlement;
» mais ils voient, connaissent et touchent de plus près

» l'état et la disposition du royaume et la nécessité
» des affaires du Roy (1). » Il n'est pas sans intérêt
de trouver ici, dans la bouche d'un homme peu
suspect de prêcher les doctrines du pouvoir absolu,
la théorie constante des ministres de tous les temps
dans l'ancien régime sur la nature et les limites du
droit de remontrance et d'ajournement d'enregistrement des édits. Mais après l'homme d'État, écoutons
encore le magistrat expliquer comment il entend
l'administration de la justice, dans ces temps où la
diversité des croyances rendait de plus en plus
difficile l'impartialité des juges : « Chacun se doit
» dépouiller des particulières passions et affections
» qui président à la différence des religions et ne se
» ressouvenir aucunement quand il faut décider le
» procès du catholique et de celui qui se pense
» réformé, moins quand il faut délibérer des affaires
» d'État et de police. » Nobles enseignements que ce
grand homme allait répandant partout et qui étaient
alors si mal écoutés !

La question épineuse du désarmement revint, au
commencement de l'année 1564, compliquer de
nouveau les rapports du Parlement et du gouvernement. Le pouvoir voulait généraliser ce moyen
extrême, imaginé par lui pour empêcher le retour de
la guerre civile, et qu'il avait avec quelque succès
employé à Paris. Burie, qui, nous l'avons vu, s'était
opposé à ce qu'on l'appliquât à Bordeaux, dut, par

(1) *R. S.*, 21 avril 1564.

ordre supérieur, se charger d'apporter au Parlement les lettres-patentes prescrivant que les armes seraient ôtées à toutes personnes, excepté aux gentilshommes et aux prévôts de l'hôtel, archers et prévôts des maréchaux. Le premier président crut devoir dire que la Cour ne savait si le sieur de Búrie voulait y comprendre le corps d'icelle, alléguant que, représentant le roi, chef de tous les magistrats et qui parlait en elle, elle avait bien droit à être comprise dans l'exception. Pris à l'improviste, Burie répondit que le roi ne ferait sans doute aucune difficulté de laisser les armes à ses officiers, même à ceux de la Cour, en baillant chacun une description de celles qu'ils auraient vers eux. C'était là un tempérament que l'on aurait dû peut-être accepter, car il était suggéré évidemment par esprit de conciliation. Néanmoins, le lendemain, les chambres — tout en ordonnant l'enregistrement des lettres — arrêtèrent qu'il serait inscrit au registre secret que les ministres de la justice ne seraient compris ès dites lettres pour le regard de la dépossession des armes [1]. Cette revendication formelle d'un droit, lorsqu'il eût été si sage de se contenter d'une tolérance, ne pouvait manquer de soulever des contestations. Avec un homme aussi modéré que Burie, elles n'auraient pas eu peut-être des suites fâcheuses. Malheureusement, à la place de cet officier, appelé au loin par son service militaire, la lieutenance du gouvernement

---

[1] *R. S.*, 12 novembre 1563.

de Guyenne avait passé de nouveau entre les mains de Des Cars.

Ce dernier joignant à ce titre celui de membre du Conseil privé du roi, on n'avait pu se dispenser de lui donner voix délibérative dans les affaires politiques. Il était déjà animé de mauvaises dispositions contre le premier président. Il ne tarda pas à en montrer aussi envers le Parlement, par suite d'un sujet particulier de dissidence avec ce corps, et qui en excitait au plus haut degré la susceptibilité. Il s'agissait de la prétention de Des Cars, comme représentant le gouverneur, de se faire suivre de sa garde de hallebardiers jusque dans l'intérieur du palais, ce que le Parlement n'avait jamais voulu souffrir. L'irritation réciproque devint extrême, ainsi qu'il arrive toujours dans des questions où l'amour propre est principalement en jeu. Des Cars mit dans l'affaire du désarmement autant de roideur et de formalisme hautain que son prédécesseur y avait apporté de douceur et de ménagements.

Ces deux différends, qui, nés presque en même temps, suivirent une marche parallèle, occupent dans les Registres beaucoup plus de place que nous ne sommes disposé à leur en donner ici. Il faut seulement constater que le fardeau de ces luttes retomba presque tout entier sur le premier président. Elles n'étaient pas, d'ailleurs, les seules. Noailles lui avait aussi cherché querelle à l'occasion d'un conflit d'autorité avec Des Cars. Ce nouvel élément de division excitait de telles inquiétudes à Bordeaux, que

Monluc y avait été mandé à la hâte comme si la guerre civile allait y éclater [1]. La mort subite de Noailles coupa court à ces alarmes. Restait la question du désarmement. De quelque sang-froid que fût doué le premier président, il ne fut pas toujours maître de lui-même en présence des personnalités injurieuses de Des Cars. Celui-ci était allé jusqu'à le récuser dans l'affaire des hallebardiers, affectant d'en faire la sienne propre. Ce fut alors, et pour motiver ce qu'il appelait une inimitié personnelle entre lui et le magistrat, qu'il crut devoir apprendre à tous qu'en sa qualité d'officier et d'envoyé du roi de Navarre, il avait été chargé par lui, dans le temps, d'aller solliciter en cour le changement ou la révocation de Lagebâton. Il ne jugea pas cependant à propos d'expliquer pour quelles causes. Le premier président se laissa emporter à des récriminations trop peu mesurées, qui provoquèrent dans le sein de la Compagnie des discussions animées à la suite desquelles les récusations de Des Cars furent admises [2].

En même temps, le Parlement s'efforçait de faire ajourner la décision définitive des deux sujets de querelle. Cet atermoiement lui réussit, car le temps combattait pour lui. Sur la question des gardes, une déclaration du roi à la date du 15 mai 1564 donne pleinement raison à la magistrature, en statuant

---

[1] *Commentaires de Monluc. Collection de Mémoires sur l'histoire de France,* par Petitot, t. XXII, p. 160.
[2] *R. S.,* 10 et 18 décembre 1563.

que les gouverneurs et leurs lieutenants laisseraient leur escorte à l'entrée de la grande salle du palais, sans qu'elle pût pénétrer plus loin [1]. Quant au désarmement, les réclamations du Parlement, pour ce qui le concernait en particulier, ne rencontraient guère de faveur à Paris. La reine-mère faisait écrire « à la Cour de Parlement pour poser les armes, — » c'est-à-dire les livrer, — à l'exemple de ceux de la » ville, et pour qu'ils n'usassent plus de ces belles » remontrances dont ils voulaient remontrer [2]. » L'aigreur de cette réponse s'augmentait du choix de celui qui en était porteur, Des Cars lui-même. Catherine refusait même d'écouter un député de la Compagnie sur cet article [3].

Mais un événement tragique vint fournir au Parlement l'argument le plus décisif à l'appui de ses remontrances. Un de ses membres, le conseiller Henri de La Taste, se trouvant, pendant les vacations de cette même année 1563, à sa maison de campagne aux environs de Libourne, y fut assailli par sept individus de la religion réformée, qui le frappèrent avec tant de rage qu'il avait vingt-six blessures, dont une à la gorge lui donna la mort. Cette attaque avait eu pour cause, à ce qu'il paraît, la participation de ce magistrat à des arrêts de condamnation capitale prononcés par défaut contre quelques-uns des meurtriers. On parvint à en découvrir un, nommé Arnaud

---

[1] *Extraits des Registres secrets*, n° 370.
[2] *R. S.*, 10 décembre 1563.
[3] Ce député était le substitut Romain de Mulet. V. *R. S.*, id.

Légier, dit Le Vieux, soldat, né à Libourne. Son procès ayant été rapidement instruit par les commissaires du Parlement : de Vergoing, Baulon et de Merle, il fut condamné, par arrêt du 26 octobre 1563, à être rompu vif et à expirer sur la roue, après avoir eu le poing coupé devant la maison de sa victime à Bordeaux [1]. Tel était le fait que le Parlement exposait au roi dans une lettre du 4 décembre suivant [2]. Il répondait ainsi, et ce semble victorieusement, à un nouvel ordre royal apporté par Des Cars le 23 octobre aux magistrats, de déposer, aux châteaux de la ville, leurs armes nécessaires, disaient ils, plus que jamais à leur défense personnelle, comme le démontrait la catastrophe de leur collègue.

Quoiqu'on ne trouve pas, et non sans surprise, dans les documents contemporains d'autres traces d'un incident si grave et qu'il est impossible d'ailleurs de révoquer en doute, on ne peut guère hésiter à croire que l'impression produite par cet assassinat d'un magistrat catholique succombant sous les coups de réformés, par suite de l'accomplissement de ses devoirs, ait fait renoncer à l'exécution des lettres patentes relatives au désarmement des magistrats. Elle se serait bornée du reste à Bordeaux, pour la population, à une tentative que rien n'indique même avoir été sérieusement effectuée, tant elle était impraticable et presque ridicule. Elle consistait, en effet, à faire remettre par les habitants leurs armes

[1] Voyez l'arrêt à la liasse : *Minutes de 1563*.
[2] *Archives historiques de la Gironde*, t. XIII, p. 169.

entre les mains des dizainiers, qui devaient les leur rendre pour monter la garde et les leur retirer [1]. Comment, dans un temps où chacun pressentait qu'il pouvait être à chaque instant obligé de se défendre, se flatter de réussir à lui en ôter les moyens? Ah! c'étaient les cœurs et non les bras qu'il aurait fallu désarmer!

[1] *Chroniques bourdeloises*, 17 avril 1563-64.

CHAPITRE VI

1564-1571

Charles IX à Bordeaux. — Inquiétudes du Parlement. — Accueil qu'il reçoit du roi. — Questions d'étiquette. — Édit fiscal. — Insolence du connétable de Montmorency. — Entrée du roi à Bordeaux. — Comment y figure le Parlement. — Costumes. — Le roi de la Basoche. — Lit de justice. — Discours du chancelier de L'hôpital. — Ses remontrances à la magistrature. — Nouvelles attaques de la noblesse contre le premier président de Lagebâton. — Mort de Burie. — Ses successeurs : Noailles, Lansac et Monluc. — Conduite de ce dernier vis-à-vis du Parlement. — Exemple du danger pour les magistrats d'être les collaborateurs de Monluc. — Montferrand, maire et gouverneur de Bordeaux. — Reprise des hostilités — La reine de Navarre Jeanne d'Albret. — Monluc au Parlement. — Suite des victoires de Jarnac et de Moncontour sur les réformés. — Anecdote sur Louis Ier, prince de Condé. — Prise de Blaye et de Bourg par les réformés. — Nouvelles mesures du Parlement, sur l'invitation du roi, pour la sûreté de Bordeaux. — Cinq magistrats faits prisonniers par Pardaillan, gouverneur de Blaye. — Épisode du prédicateur La Godine. — L'archevêque et le procureur général au Parlement. — Arrêts de contumace contre un grand nombre de protestants. — Différends entre le Parlement et Montferrand. — Disgrâce et destitution du premier président de Lagebâton. — Conduite du Parlement dans cette affaire. — Le conseiller Gillibert ; Laferrière, Lahet, Laroche. — Réintégration du premier président. — Édit de pacification de 1570. — Notices sur le président de Roffignac et sur le procureur général Lahet. — Les *Grands-Jours* pendant le xvie siècle.

L'annonce d'un événement de nature à produire dans le royaume une vive sensation, et dont on se promettait de grands résultats, préoccupait à cette époque le Parlement. C'était le voyage du jeune roi Charles IX dans les provinces et notamment en Guyenne. On espérait que sa présence serait un gage de concorde et de paix. Louable dessein, s'il eût été accompagné des seules conditions capables d'en assurer le succès : l'unité et la droiture de vues, la suite dans les résolutions, la fermeté dans leur accomplissement. Il s'en fallait malheureusement de beaucoup que l'état de la cour promît un tel avenir. Elle était toujours le théâtre des intrigues, de la lutte des partis; l'indécision continuait d'y présider à la direction des affaires comme au choix des conseillers.

Dès les premiers jours de janvier 1564, le Parlement délibérait sur tout ce qui se rattachait à la prochaine arrivée du roi. On voit tout de suite qu'il était inquiet de ce que serait sa position vis-à-vis du monarque et de son entourage. « La Cour, dit le Registre, s'assemblait pour se recorder et savoir ce qu'on pourrait lui demander, pour répondre à ce dont on pourrait *l'incréper et l'insimuler* [1]. » Ces appréhensions ne furent pas d'abord justifiées. L'accueil du roi à la députation envoyée au-devant de lui à La Réole fut des plus gracieux. Au compliment que lui adressa le président de Fauguerolles, Charles répondit qu'il était content de la Compagnie, dont il n'avait pas reçu de plaintes comme des autres cours.

Il n'avait pas tenu, cependant, au Parlement d'y donner lieu par deux demandes tout au moins indiscrètes qui avaient précédé la réception de ses députés. La première avait pour objet le maintien de dispense de logement des gens de guerre et même

---

[1] *R. S.*, 24 janvier.

des étrangers, dont il jouissait depuis Charles VIII. Il semble que le moment était assez mal choisi d'invoquer un tel privilége, alors que la nombreuse suite du roi en rendait l'exercice si difficile. C'est ce que ce prince prit soin lui-même de faire entendre à la députation. La seconde prétention du Parlement touchait presque à la maladresse. Elle consistait à obtenir pour ses envoyés qu'ils ne fussent pas astreints, comme c'était l'usage en pareil cas, à se mettre à genoux devant le roi. En soulevant cette difficulté, le Parlement oubliait que déjà, en 1559, elle avait été préjugée contre lui lors du passage par Bordeaux de la reine d'Espagne, fille de Henri II. Il avait refusé à cette princesse ce genre d'hommage, sous prétexte qu'il ne le devait qu'au roi seul; mais Antoine de Bourbon, chargé alors d'accompagner la future reine jusqu'à la frontière et de lui faire rendre les plus grands honneurs, avait obligé le Parlement à s'acquitter de celui-là[1]. Comment donc pouvait-il espérer en être dispensé envers le monarque lui-même, sous le subtil prétexte qu'il n'y était tenu que lorsqu'il se présentait en corps et non par simple députation? Le roi fit répondre, non sans quelque ironie peut-être, que « la génuflexion ne le ferait pas moins roi qu'il était. » Il voulut bien ajouter que les envoyés du Parlement de Toulouse s'y étaient astreints; que puisque la Cour tout entière se mettait à genoux au palais devant lui, lorsqu'il y entrait, à plus forte

[1] *R. S.*, 5 décembre.

raison quelques membres devaient-ils le faire [1]. Le règlement de cette affaire de cérémonial avait été arrêté nécessairement avant l'admission des députés que signala une autre particularité digne de remarque. C'est qu'elle eut lieu par l'intermédiaire du jeune roi de Navarre, en sa qualité de gouverneur de Guyenne. Les députés constatent dans leur rapport que ce gouverneur de onze ans ne manqua pas de leur faire observer fort sagement, disent-ils, que le droit de les introduire auprès du roi lui appartenait exclusivement.

Si la prochaine arrivée du souverain dans la capitale de son duché de Guyenne était l'occasion de réjouissances publiques, elles ne devaient pas être sans mélange. Depuis assez longtemps, un nouvel impôt avait été établi sur le papier et avait donné lieu, de la part du Parlement, à des remontrances. Sans y avoir égard, le Conseil lui fit adresser des lettres de jussion de procéder à l'enregistrement, et on en rendit porteur le connétable de Montmorency, qui, à cet effet, précéda le roi à Bordeaux. Les plus grands honneurs lui furent rendus : quatre présidents, dont le premier, cinq conseillers et les gens du roi allèrent au-devant de lui. Reçu au palais le 29 mars par le corps entier, il présenta les lettres de jussion. La Cour voulut encore en délibérer et arrêta de nouvelles remontrances, qu'elle envoya au connétable le lende-

---

[1] La connaissance de ce fait aurait empêché M. Bastard d'Estang d'affirmer, dans son ouvrage d'ailleurs si estimable, *des Parlements de France*, t. Ier, p. 193, que les grandes compagnies judiciaires étaient exemptes de la génuflexion devant les rois. Rien, au contraire, de plus certain que cet usage.

main. Il paraît que, du reste, on s'en rapportait à son avis pour savoir ce qu'il y avait de mieux à faire. Mais il se montra moins sensible à cette déférence que blessé des délais apportés à la conclusion de l'affaire. Après avoir dit que le roi et lui « étaient bien marris d'imposer de nouvelles *daces* (taxes) et que la nécessité des affaires les contraignait à faire choses injustes pour satisfaire aux dettes de ses prédécesseurs père et aïeul; que le murmure du peuple était fort petit, » il ajouta qu'il « conseillait à la Cour de publier l'édit sans attendre la venue du roi, afin qu'elle ne reçût mauvais visage dudit seigneur et qu'elle se donnât garde, qu'après qu'il avait été en icelle pour la publication dudit édit, le roi n'envoyât un *chevaucheur d'écurie*. » Ces paroles presque grossières ne furent pas relevées comme elles auraient pu l'être. On s'étonne seulement qu'elles aient été relatées sur le Registre. Peut-être le Parlement voulut-il ainsi constater la pression qu'il subissait. Il suffisait, ce semble, pour atteindre ce but, de formuler, comme on le fit, l'arrêt d'enregistrement en ces termes : « Lecta, publicata et registrata, audito
» procuratore generali regis, et de expressissimo
» domini nostri regis mandato, multiplicatis vicibus
» facto et repetito, et misso in eamdem causam Anno
» de Monmorentis, magistro equitum ejusdem domini
» nostri regis, ad onus tunc quotannis supplicandi
» dominum nostrum regem et frequentius quoties-
» cumque occasio se obtulerit, de abolendâ daciâ
» vel impositione contentâ in dictis litteris. »

Le roi fit son entrée publique le 19 avril. Plusieurs mesures avaient été prises au Parlement en prévision de cette solennité. Ainsi, dès le mois de janvier, on avait pourvu à l'élection d'un roi de la Basoche. Il fut choisi sur une liste de trois candidats désignés par tous les procureurs anciens et nouveaux, tant de la Cour que des autres juridictions; son nom ne nous a pas été conservé. Il se présenta devant la Compagnie pour entendre, couvert, les recommandations de se comporter lui et sa troupe modestement, de *ne pas entrer en contrariété sur le fait de religion, de manière que le roi en puisse prendre contentement.* Le premier huissier l'installa dans ses pouvoirs, et pour aider à ce qu'il eût un équipage honnête, il lui fut alloué 75 livres, montant de la première amende prononcée depuis sa nomination.

Il fut pris ensuite certaines dispositions relatives au costume des magistrats tant au palais que dans la ville. Elles nous apprennent, — chose assez étrange! — que tous n'avaient pas leur robe rouge, puisqu'il fut prescrit à ceux qui étaient dans ce cas de se la procurer. Il leur fut ordonné également à tous, lorsqu'ils entreraient au palais, pendant le séjour du roi, de porter de grandes robes coupées au collet et à grandes manches; à ceux de la grand'chambre, d'avoir, les jours d'audience, leurs chaperons fourrés. Les présidents et conseillers allant par la ville devaient s'habiller de robes décentes portant cornettes, non de robes de chambre, ni de chausses grosses; n'avoir ni jarretières, ni petits chapeaux pointus, ni souliers découpés, ni mules, ni souliers de velours (1).

Tout le cérémonial du cortége ayant été minutieusement réglé d'avance entre le chancelier de L'hôpital et une commission du Parlement, grâce à ces arrangements auxquels on se conforma, le plus grand ordre régna dans l'exécution du programme.

Placé sur un échafaud élevé aux Chartreux (aujourd'hui les Chartrons), le roi vit défiler successivement devant lui tous les corps de la cité. A leur tête marchait le Parlement, tous ses membres à cheval, chacun dans son costume de cérémonie. Les présidents avaient leurs robes écarlates et des manteaux de même couleur fourrés d'hermine, avec l'épitoge, leurs mortiers de velours noir galonnés d'or sur la tête. Les conseillers étaient en robe rouge, à chaperons fourrés. Le greffier en chef, outre sa robe, portait aussi un manteau d'écarlate avec la fourrure et l'épitoge des présidents, mais sans mortier. Le costume du premier huissier consistait dans la robe rouge et un bonnet de drap d'or. Les gens du roi étaient tous vêtus comme les conseillers (2). Les magistrats avaient auparavant dîné au palais, aux

---

(1) *R. S.*

(2) L'abbé O'Reilly, dans son *Histoire de Bordeaux* (Ire partie, t. IV, p. 341), attribue aux présidents des enquêtes et au doyen du Parlement un costume spécial, consistant dans une épitoge de pourpre, bordée d'hermine, usage en effet conforme à ce qui avait lieu dans d'autres cours souveraines. (*Des Parlements de France*, par M. de Bastard d'Estang). On trouve seulement quelquefois sur les registres de celui de Bordeaux la mention des *guirlandes des présidents des enquêtes*, qui peut se rapporter à l'espèce d'ornement

dépens du roi, dit le Registre. Arrivés devant le monarque, les cinq présidents de la Cour mirent pied à terre et gravirent l'estrade où, tous étant à genoux, le premier président Lagebâton prononça une harangue, si grande et si longue, dit encore le procès-verbal officiel, que le roi, impatienté, *lui coupa le propos,* et, sans attendre qu'il eût fini, s'exprima ainsi : « Je loue ma justice du bon devoir qu'elle a fait, et s'il y a qui tienne encore les armes à la main, j'en ferai telle justice, qu'elle sera exemplaire aux autres. » La politique dominante en ce moment était évidemment la compression des partis sans distinction.

Le lendemain, le prince de Navarre, accompagné de ses oncles le cardinal de Bourbon et le prince de La Roche-sur-Yon, vint au Parlement. C'était une prise de possession de son gouvernement de Guyenne. Henri, tout jeune qu'il fût, assista à l'audience publique tenue devant lui et entendit la plaidoirie d'une cause. Une question d'étiquette s'éleva encore au moment d'aller aux voix. Les princes prétendaient que le premier président devait commencer par recueillir leurs votes. L'assemblée consultée décida, au contraire, que l'on prendrait d'abord ceux des présidents.

---

que nous venons de décrire. Il fallait du reste que ce fût là une distinction toute de tolérance, et non réglementaire, car il n'en est jamais question à l'occasion des costumes des magistrats dans les cérémonies publiques ou même d'intérieur, telles que les rentrées. Quant au doyen, nous n'avons trouvé nulle part le moindre indice qu'il eût un costume différent de celui des autres conseillers.

Une solennité bien plus imposante devait avoir lieu le surlendemain 12 avril : celle du lit de justice. Le roi était majeur, d'après la déclaration faite au Parlement de Rouen. Quelque mémorable que soit la séance de celui de Bordeaux, nous nous abstiendrons de la décrire, parce qu'elle l'a été déjà très au long [1], réservant pour une autre du même genre, tenue sous Louis XIII, des détails qui auront au moins le mérite de la nouveauté. Il est toutefois des particularités propres au lit de justice de Charles IX qu'il est indispensable de constater. Il n'y avait près de lui aucune des notabilités du parti de la réforme, tandis que l'autre y comptait toutes les siennes, et notamment le cardinal et le duc de Guise, l'un frère, l'autre fils de celui qui avait été assassiné au siège d'Orléans par Poltrot de Méré. Les paroles que prononça, à l'ouverture de l'assemblée, le jeune roi, semblent encore à l'adresse des religionnaires. « J'ai bien voulu venir voir ma Cour, dit-il, pour entendre comme sa justice s'administre... Je veux être désormais mieux obéi que je ne l'ai été, et qu'aucun de mes sujets ne prenne les armes sans mon congé. » Le chancelier se leva ensuite. Après quelques mots sur la nature même de la solennité dans laquelle le roi vaquait au fait de la justice, s'adressant aux magistrats, il leur dit : « qu'il avoit
» trouvé beaucoup de fautes en ce Parlement; que

---

[1] V. Dom Devienne. — La Roche-Flavin a donné les mêmes détails dans son *Histoire des Parlements*, sur le lit de justice tenu par Charles IX à celui de Toulouse, à la même époque.

» les ordonnances n'y étoient pas gardées; qu'ils
» estiment tant leurs arrêts qu'ils les mettent par
» dessus les ordonnances; que les présidents doivent
» requérir la publication des édits et ordonnances et
» les proposer, car ils sont présidents en la Cour;
» qu'il a été président en la chambre des comptes;
» mais, quand on vouloit mettre quelque chose en
» délibération contraire à l'ordonnance, il ne le
» permettoit point, et quant à eux ils ne le devoient
» pas faire; qu'ils croyoient être plus sages que le Roy,
» mais que leur prudence estoit limitée. » Aussy a
» parlé des divisions qui sont en ce Parlement. — Des
» violences; comme s'il y a quelque héritière, quand
» et quand c'est pour monsieur le conseiller. Que
» pendant ces troubles, il y en a qui se sont faits
» capitaines. — De l'avarice; qu'il y en a qui prennent
» pour faire bailler les audiences; qu'il n'y a pas un
» seigneur en ce ressort, qui n'aye son chancelier
» en ceste Cour; qu'ils font les procès des commis-
» saires tels qu'ils veulent; qu'il y en a qui baillent
» leur argent à l'intérêt aux marchands. — De la
» trop grande familiarité, même avec les parties
» de leur ressort; qu'ils sont timides et craintifs;
» qu'ils sont paresseux et qu'ils ne servent pas, et
» néanmoins signent leur *debentur* (on appelait ainsi
» alors les états de paiement des gages). — Qu'un
» ci-devant conseiller de Paris ayant assuré avoir
» servi trois jours qu'il n'avoit servi, fut condamné
» en grosses amendes et suspendu de son état, et
» pour conclusion, a dit que le Roy leur avoit baillé

» sa justice en garde et qu'ils la gardassent à la
» décharge de sa conscience. »

L'austère chancelier n'avait pas épuisé le chapitre de ses griefs contre la Cour. Non content d'un blâme dont la publicité même augmentait la rigueur, il vint quelques jours après, sans s'être fait annoncer, au Parlement le surprendre en quelque sorte à l'œuvre. « Entré en la grand'chambre, s'est assis le premier au banc des présidents et a parlé de l'office du juge qui est, hors les sacs, *situs viri boni :* « qu'il a entendu
» qu'il y en a en cette Cour qui font de mauvaises
» affaires en leurs négoces particuliers; qu'il y en a
» qui sont dissolus en leur vie, conversation et
» habillement; qu'il y a de la négligence à poursuivre
» les crimes et qu'on se décharge sur le procureur du
» Roy, bien que le juge ne soit pas déchargé pour
» cela, car il doit d'office informer lui-même et faire
» d'autres choses. Anciennement n'y avait point de
» procureur du Roy, et la première institution fut faite
» du temps du roi Jean, pour démêler et poursuivre
» le domaine seulement, et lors ne se mêloit des procès
» criminels. Touchant les absences sans congé, a dit
» que le Roy entend que les présidents et gens du
» Roy et autres en avertissent sa Majesté. A blâmé la
» vilité de cœur de ceux qui se rendent serviteurs
» et amis des grands seigneurs du ressort et qui
» sollicitent et se récusent d'eux-mêmes ès affaires
» desdits seigneurs, se rendant indignes de laisser le
» service de leur maître pour un autre; qu'encore
» qu'ils soient souverains, ne doivent trouver mauvais

» qu'on leur mande de rendre compte de leurs
» jugements, à cause que le Roy ne peut refuser les
» plaintes que l'on lui fait, et pour ne pas rompre
» aisément leurs jugements, on demande d'envoyer
» les raisons afin d'entendre ce qui vous a meu pour
» renvoyer les parties et leur faire connoître qu'ils ne
» savent ce qu'ils demandent. » Ce fait, ajoute le
Registre [1], ledit sieur chancelier est sorti et est allé
visiter les autres chambres, ensemble le greffe, et a
été conduit jusque hors de la salle du palais par le
premier président et autres. » On nomma ensuite une
députation nombreuse pour aller prendre congé du
chef de la justice, qui se disposait, avec la Cour, à
quitter Bordeaux.

Telles étaient les leçons d'intégrité, de dignité, que
Lhôpital adressait aux magistrats. On y trouve
malheureusement la révélation des abus, des vices
même, qui s'étaient déjà glissés parmi eux. La
Compagnie, du reste, ne se contenta pas de consigner
avec une abnégation très méritoire le texte de ces vertes
remontrances dans ses registres. Il paraît bien certain
aussi, quoiqu'elle ne s'y trouve point rapportée, que
le premier président y fit cette réponse, qui l'honorait
autant que ses collègues : « Monsieur, la Compagnie
vous remercie bien fort des honnêtes offres et
remontrances tendantes toutes à l'honneur de Dieu,
aussi au service du roi et au bien de ses sujets; et
quant à les prendre en bonne part, il n'y a aucun qui

---

[1] *R. S.*, 23 mai.

voulût songer de les prendre autrement, car vous êtes chef de justice et êtes de ceux qui honorent leur état. Il vous a plu de nous parler comme nous devons nous comporter en nos cérémonies privées et faire plusieurs autres bons et saints admonestements dont cette Compagnie vous remercie bien fort, lesquels vous ne les avez pas faits sans juste cause, parce que tout le monde se compose en notre exemple. Nous ne fauldrons tous les retenir en nos cœurs et un chacun s'évertuera en telle façon de les accomplir que le roi et vous en aurez contentement, vous priant nous vouloir toujours maintenir en vos bonnes grâces[1]. »

Celui qui tenait ce langage à Lhôpital venait de recueillir un éclatant témoignage de la protection du chancelier et de l'estime du roi. La haine et l'envie liguées contre le premier président avaient saisi l'occasion de la présence du souverain à Bordeaux pour recommencer contre lui l'attaque dont il avait été déjà l'objet. La noblesse de Guyenne, qui avait, cette fois, recruté le clergé, le maire et les jurats, adressèrent au roi une requête collective tendante à ce qu'il lui plût les « décharger de la présence de la personne de maître Jacques Benoît, premier président en son Parlement de Bordeaux, et ce en considération du repos et de la tranquillité de tout le pays, etc.[2] » Les ennemis de Lagebâton eurent encore une fois le dessous. Le roi, dans sa réponse donnée à Bordeaux

---

[1] Dom Devienne.
[2] Cette requête était signée du vicomte d'Uza, au nom de tous les autres dénommés. (V. *Archives historiques*, t. X, p. 461.)

le 27 avril, déclara « que si aucuns particuliers du clergé et de la noblesse avaient occasion de se plaindre de ce magistrat, ils se retireraient devant Sa Majesté, qui ferait telle justice que de raison; mais qu'il n'entendait pas, ains qu'il défendait très expressément que aucun se fît chef et représentant de tout le corps dudit clergé et de la noblesse, n'ayant les uns ni les autres autre chef que Sa Majesté, si ce n'est par sa permission ainsi qu'il s'est observé ci-devant. » La présence du chancelier, son influence, non moins que les vertus du magistrat calomnié, avaient pu le garantir de ce nouveau coup. Mais trop de passions étaient acharnées à sa perte pour qu'il pût toujours leur échapper.

Au moment du départ de Charles IX de la capitale de la Guyenne, l'état général du royaume n'avait pas changé. Grâce aux fluctuations continuelles de l'autorité royale, c'étaient tantôt des concessions aux réformés, des développements même de celles qu'ils avaient obtenues, tantôt des restrictions et des gênes. Pendant le séjour du roi en Dauphiné, qui avait précédé son arrivée à Bordeaux, il avait, sur la requête des religionnaires de cette ville, fait droit à leurs plaintes. La principale, qui regardait leur libre admission à tous les offices et emplois, sans égard à la diversité de religion, avait été bien accueillie. Mais comme, à une date rapprochée, l'histoire constate que le traité de pacification n'était déjà plus observé, il faudrait attribuer ces concessions partielles et purement locales au désir de se ménager une bonne réception à Bordeaux. Au surplus, la tentative du prince de Condé et de l'amiral Coligny pour enlever le roi en 1567, sur la route de Meaux à Paris, donna bientôt de nouveau le signal de la guerre. Cette entreprise avait été suivie de près par la bataille de Saint-Denis, dans laquelle fut tué le connétable de Montmorency. Ce n'était pas pendant cette reprise d'armes que le Parlement de Bordeaux pouvait se montrer moins vigilant à l'égard des religionnaires. Aussi, loin d'en être blâmé, recevait-il des félicitations de la part du roi. Le 11 octobre 1568, dans des lettres de créance que le maître des requêtes Belcier lui présentait, le souverain et la reine-mère assuraient la Compagnie « qu'ils étaient fort contents des bons et louables devoirs que la court de Parlement avoit fait et fairoit pour leur service, qu'on les prioit de continuer le même soin et diligence et de veiller à la conservation de leur ville et pays et aux entreprises de ceux qui ne cherchent qu'à la surprendre [1]. »

De tous les auxiliaires qu'il avait eus dans cette tâche ardue, celui avec lequel le Parlement avait entretenu les relations les plus utiles à son succès, comme aussi les plus agréables, venait de disparaître. Burie était mort peu après le départ du roi. La Compagnie tout entière assistait à ses obsèques le 15 juin, ce qu'elle n'avait pas voulu faire pour Noailles, ce qu'elle n'aurait certainement pas fait non plus pour Des Cars. C'est que Burie s'était

[1] R. S., loc. cit.

toujours attaché à marcher d'accord avec le Parlement, quoique sa prudence et les instructions qu'il recevait l'eussent porté à tempérer quelquefois l'ardeur des magistrats. On a vu que Des Cars avait tenu une conduite bien différente.

Il était à craindre que la bonne intelligence fût plus difficile encore entre le Parlement et le nouveau représentant de l'autorité royale en Guyenne. Porteur d'un nom et jouissant d'une réputation militaire qui le plaçait bien au-dessus de ses prédécesseurs, Monluc, qui déjà commandait dans la contrée intermédiaire entre Toulouse et Bordeaux, avait été investi en 1562 de la lieutenance générale de la province entière de moitié avec Burie, et il était venu le 12 mars de cette année faire enregistrer ses lettres de nomination au Parlement. On l'y reçut avec les plus grands honneurs. Le souvenir s'y était conservé, en effet, de l'empressement qu'il avait mis à offrir et même à apporter son concours dans les diverses crises, telles que la conspiration du Château Trompette et les divisions entre quelques autorités. Mais Monluc, habitué à la vie des camps, ne semblait pas disposé à beaucoup de ménagements envers des gens de robe, peu enclins eux-mêmes à plier sous un pareil joug. Il y avait lieu de redouter à ce contact plus d'un froissement préjudiciable au bien public. Ces pronostics, heureusement, ne se réalisèrent pas. D'abord Monluc, pour des raisons en quelque sorte stratégiques, préféra se tenir habituellement à Agen, pour être au cœur de la Guyenne, siége véritable d'un lieutenant du roi, et non à Bordeaux, encore qu'il fût la capitale. « Il y avait là, d'ailleurs, dit-il, un Parlement qui se mesle de tout[1]. » Cet homme de guerre, tout officier de fortune qu'il fût, ne manquait pas d'esprit de conduite. Il avait compris qu'il lui serait moins utile que désavantageux d'entrer en lutte avec le Parlement. De son côté, ce corps se rendit parfaitement compte du tempérament du nouveau gouverneur, vif quelquefois jusqu'à l'emportement, mais sachant, dans des moments plus calmes, reconnaître ses torts. Ce fut donc de la part des deux autorités un échange d'égards mutuels, moins affectueux que politiques, mais grâce auquel l'harmonie ne fut jamais sérieusement troublée entre elles. Si quelques nuages s'élevèrent, ce fut seulement lorsque Monluc faisait des demandes d'argent, par exemple pour tenter de reconquérir Blaye, ce poste si important à la sûreté et à l'approvisionnement de Bordeaux. Il se plaint, non sans aigreur, dans ses *Commentaires* d'avoir été promené de délais en délais, pour la réalisation de ce projet « par les gens de robbe longue qui sont de fascheuse desserre et nous battent toujours de leurs priviléges. » Il est certain que le Parlement qui supportait sa part des impôts généraux se multipliant depuis quelques années sous divers titres : une levée de 50,000 hommes en 1550[2], une nouvelle cotisation deux ans après[3], d'autres

(1) *Commentaires*, livre V, édit. de Petitot, t. III, p. 155.
(2) *R. S.*, 26 avril 1550.
(3) *Id.*, 7 mars 1552.

emprunts en 1557 [1]; non payé de ses gages, dont l'arriéré s'était monté jusqu'à 120,000 livres, n'était guère disposé à des sacrifices pécuniaires dans un intérêt purement local. Monluc échoua donc dans sa tentative. Rien n'indique qu'il ait jamais songé à se venger de cet échec autrement que par la saillie que nous venons de rapporter. Ce qui donne enfin la meilleure explication de la persistance de ses bons rapports avec le Parlement, c'est qu'ils se rencontraient ensemble sur un terrain commun : l'aversion de l'hérésie; non pas sans doute qu'il y ait jamais eu entre eux émulation de rigueurs barbares contre ses sectateurs. Et cependant, il était dangereux pour des magistrats d'être appelés à coopérer avec Monluc dans ses expéditions contre les réformés. On va en juger par un fait qu'il raconte et qui nous a paru avoir besoin d'explications.

Il lui avait été adjoint pour sa mission, qui consistait à pacifier les troubles en punissant leurs auteurs, deux juges, l'un pris dans le Grand Conseil, l'autre dans la prévôté de l'hôtel. Ils ne purent s'entendre avec lui, car ces deux hommes de justice la voulaient égale pour les deux partis et condamner indistinctement les coupables de violence. Monluc n'en voyait, lui, que parmi les religionnaires. Sur ses plaintes réitérées contre ces juges qui se refusaient à seconder sa partialité, on lui envoya deux membres du Parlement de Bordeaux, les conseillers d'Alesme

---

[1] *R. S.*, 22 mars 1557.

et Arnoul de Ferron, pour être joints aux deux premiers commissaires. Il prétend que, dans une affaire de réformés accusés de destruction d'églises dans le Rouergue, le tribunal s'étant trouvé partagé, les magistrats de Bordeaux, qui avaient été d'avis de la condamnation, lui donnèrent le conseil de n'en faire pas moins exécuter ces malheureux, quoiqu'il n'y eût pas d'arrêt définitif, conseil qu'il s'empressa de suivre en les faisant pendre aux fenêtres de leur prison(1). Il n'y a pour nous d'avéré dans ce récit que le fait de la mission donnée à d'Alesme et à Ferron(2). Quant à l'acte monstrueux dans lequel il les implique, cherchant même à s'en décharger sur eux, il faudrait, pour que nous consentissions à ajouter foi au rôle odieux qu'il leur attribue, un autre témoignage que celui d'un homme qui avait si peu besoin de prendre conseil pour disposer de la vie de ceux qui avaient le malheur de tomber entre ses mains, qu'il se vante lui-même de les avoir envoyés à la mort sans forme de procès.

Après Burie, qui le suppléa à Bordeaux et l'aida même au dehors, Monluc eut pour auxiliaires dans cette ville le comte de Lansac et le baron de Montferrand. Le premier, homme de cour et diplomate plutôt que guerrier, remplit temporairement diverses missions en Guyenne. Admis à son retour d'Espagne à saluer le Parlement, il s'abstint de s'y présenter

---

(1) *Commentaires*, liv. V, édit. Petitot, t. III, p. 10 et suiv.
(2) *Extraits des Registres secrets*. Bibliothèque de la ville, Mss., n° 370.

avec son épée, bien que cet honneur lui eût été offert. Il avait même donné, à cette occasion, des renseignements sur l'usage restreint de cette prérogative de la noblesse au Parlement de Paris, renseignements regardés comme tellement précieux qu'à Bordeaux on les avait consignés au Registre. C'était avoir pris la Compagnie par son faible. Plus tard, et lieutenant général par intérim, il avait avec elle des rapports tellement empreints de courtoisie, que lorsqu'il prit congé d'elle, le président de Roffignac, peu flatteur cependant de son naturel, lui adressait pour adieu ce compliment : « *Semper honos, nomenque tuum laudesque manebunt* [1]. »

Il n'en fut pas de même, tant s'en faut, à l'égard de Charles, baron de Montferrand, gouverneur de Bordeaux, où il joua un rôle que les événements eux-mêmes prendront soin de qualifier. C'était un gentilhomme de la province, distingué par sa naissance, ne manquant pas de valeur militaire, mais en même temps l'un des hommes les moins faits pour les emplois qui exigent avant tout l'empire sur soi-même et la fermeté d'âme dans les mauvais jours. Ses mœurs étaient corrompues et son désintéressement nul. Avec de pareils vices, Montferrand était fatalement prédisposé à commettre de grandes fautes dans les circonstances critiques où il allait bientôt se trouver.

La pacification qui avait suivi la bataille de Saint Denis, connue sous le nom de *petite paix,* à cause de

[1] *R. S.*, 13 janvier 1570.

son peu de durée, conclue le 27 mars 1568, était déjà rompue avant la fin de l'année. Le prince de Condé et l'amiral de Coligny faisaient de La Rochelle leur quartier général, ce qui exposait les provinces limitrophes et par conséquent la Guyenne à devenir le théâtre de la guerre. Comme pour en hâter l'éclosion, la reine de Navarre, Jeanne d'Albret, depuis longtemps gagnée à la foi et à la cause des réformés, se déclarait ouvertement pour eux. Avec le concours de ses sujets, parmi lesquels ils étaient nombreux, elle leur apportait un appui encore plus précieux, celui du jeune prince, son fils, élevé dans les mêmes principes, et dont les brillantes qualités se révélaient déjà.

A cette nouvelle, Monluc accourut à Bordeaux et se rendit au Parlement. Selon ses habitudes de prolixité oratoire et de jactance, il le harangua longuement, mêlant aux récits de batailles qu'il avait livrées autrefois celui de ses actions militaires récentes. Il déclara hautement que c'était lui qui avait averti le roi des mauvaises dispositions de la reine de Navarre qui n'avait pu le tromper, disait-il, malgré ses assurances de garder la neutralité. Il annonça que Monsieur, frère du roi, était sur le point de livrer bataille, et que lui-même venait à Bordeaux pour y pourvoir aux nécessités du moment. Puis, s'animant par degrés sur ce qui le regardait personnellement, il se plaignit que des remontrances eussent été faites contre lui, sous prétexte qu'il n'était si ardent contre ceux de la religion qu'il l'avait été. « Je vous prie,

Messieurs, s'écria-t-il, ne touchez point à ma loyauté! Ceux qui m'attaquent sont ceux qui désirent avoir un autre lieutenant du roi. Je ne demande sinon que le roi m'eût ôté. Mandez-lui hardiment que je suis vieux, incapable; mais ne touchez pas à ma loyauté. Je n'espère point être maréchal de France ni plus grand, car je n'ai aucun à la cour qui me supporte comme d'autres, et ne dépends du cardinal (de Guise) ni d'autres que le roi et la reine. » A quelles remontrances, c'est-à-dire dénonciations, Monluc faisait-il allusion? Quels ennemis cachés, soit dans le Parlement, soit au dehors, avaient essayé de jeter des doutes sur sa fidélité? Cette intrigue et ses auteurs sont demeurés inconnus. Le président de Belcier, qui ce jour-là présidait l'audience, répondit par les assurances les plus fortes d'estime et de confiance dans le représentant du roi. On n'avait point d'ailleurs attendu ses communications pour faire saisir les biens *périssables* de la reine de Navarre qui se trouvaient dans le ressort. Il allait être bientôt procédé à leur vente [1].

Peu après, le Parlement recevait encore directement de la cour l'avis d'inquiétudes sérieuses pour la sûreté de Bordeaux. Elle le faisait avertir par le sire de Quinsé, commissaire ordinaire des guerres, du dessein qu'avait l'ennemi de se saisir de la ville, l'exhortant de veiller à sa sûreté et lui recommandant la meilleure intelligence dans ce but avec M. de

[1] R. S., 23 décembre 1568.

Monluc, lieutenant du roi. Celui-ci avait donc réussi à dissiper les soupçons jetés sur son dévouement. En même temps, le duc d'Anjou mandait par écrit à la Compagnie de veiller à la conservation du Château Trompette. C'était la conséquence de bruits fâcheux semés, peu auparavant, sur la loyauté de Vaillac, commandant de cette forteresse, et qui n'étaient peut-être pas tout à fait dénués de fondement. Le prince terminait sa lettre, datée du camp de Verteuil, en annonçant qu'il serrait de près le prince de Condé et l'empêcherait d'exécuter ses desseins sur Bordeaux, en cas qu'il en eût. Deux jours plus tard, en effet, se livrait la bataille de Jarnac, dans laquelle le duc d'Anjou remporta la victoire. On sait que Condé, blessé et prisonnier, fut tué après l'action, de sang froid, par Montesquiou, capitaine des gardes du duc, comme si, dans ces temps déplorables, le meurtre déloyal eût dû souiller jusqu'aux champs de bataille! Ce prince, moissonné jeune encore, aspirait-il au trône, comme on l'a dit? Un fait, qui vient à l'appui de ces projets ambitieux, prouverait qu'au moins ses partisans y pensaient pour lui. Quinze jours après la bataille, le président de Roffignac montra à ses collègues un denier d'argent tout neuf autour duquel on lisait : *Ludovicus Dei gratiâ Francorum Rex,* et au revers : *Sit nomen Domini benedictum.* Cette pièce de monnaie provenait du camp du prince de Condé[1].

(1) *R. S.*, 28 février 1569.

La guerre continua, par suite de la négligence du duc d'Anjou à s'assurer les fruits de sa victoire et de l'habileté de l'amiral de Coligny à réparer ses pertes. Retiré à Cognac, il y avait préparé le siége de Poitiers que la belle défense du jeune duc de Guise le força de lever. Mais les armées ennemies, tenant toujours la campagne, ne pouvaient tarder à se joindre. C'est ce qui eut lieu, en effet, le 23 octobre, à Moncontour, où les réformés furent encore battus. Le vainqueur ne mit cependant pas plus d'activité à les poursuivre que la première fois. Il s'arrêta au siége de Saint-Jean-d'Angély, qui traîna en longueur, et où le roi, jaloux, dit-on, du succès de son frère, vint le trouver. Mais, après sept semaines d'attaques impuissantes dans la saison la plus rigoureuse, on fut obligé de se retirer.

Dans l'intervalle, Blaye, poste militaire très important par sa situation sur la Garonne, au-dessous de Bordeaux, fut surpris par Pardaillan, beau-frère de Vaillac, mais attaché à l'autre parti. Il avait réussi dans son entreprise à l'aide d'un corsaire anglais, car les religionnaires ne se faisaient pas faute de l'appui de l'étranger, et on les avait vus déjà livrer, pour l'obtenir, le Havre à l'Angleterre. En ce moment même, ils avaient dans leurs rangs de nombreuses troupes allemandes. Mais indépendamment de ce que la prise de Blaye était un fâcheux échec pour les catholiques, le Parlement eut particulièrement à en souffrir. Il avait envoyé au roi, pendant le siége de Saint-Jean-d'Angély, une députation composée du président La Chassaigne, des conseillers Gentils et Poynet, et de l'avocat général La Roche. Ces magistrats, pour éviter Blaye, descendirent à Mortagne, et y furent faits prisonniers par Pardaillan, qui les emmena dans sa forteresse et ne craignit pas non seulement de les y retenir, mais encore de les mettre à rançon. En représailles de cet acte de violence, aussi contraire au droit des gens qu'injurieux pour l'autorité royale, le Parlement fit arrêter les membres de la Compagnie qui professaient la nouvelle religion. C'étaient les conseillers Guérin, Bouchier et Arnoul. Ils furent déposés comme otages à la conciergerie du palais. En même temps, les meubles et marchandises des religionnaires de Bordeaux étaient saisis et mis à l'encan [1]. Mais la position des prisonniers de Pardaillan n'en fut pas moins pénible. Il n'était sorte d'avanies auxquelles il ne les soumît pour leur extorquer de l'argent. Tantôt il leur annonçait que s'ils ne payaient la somme à laquelle il les avait cotisés, ils n'avaient plus à attendre que la perte de leur vie [2]. Tantôt il les faisait menacer par son propre frère, ainsi que leurs parents, que, faute de paiement, un des quatre d'entre eux devait être noyé et que les trois survivants paieraient la rançon du mort. Quelque temps après, il feignait que les *souldarts* de la garnison de Blaye étaient sur le point de se révolter

---

[1] *R. S.*, 30 décembre 1569.
[2] Arrêt du Parlement, 11 juillet 1570.

et de mettre à mort les prisonniers, parce qu'ils croyaient que ceux-ci avaient versé entre les mains de leur commandant tout ou partie du prix de leur liberté, auquel ces soldats prétendaient bien avoir part. Il déclarait hautement dans une proclamation que, faute de s'exécuter dans les huit jours, chacun des parlementaires serait mis entre les mains de l'un des capitaines de compagnie pour le contraindre au paiement *par toutes les voies que bon lui semblerait*. Enfin, sous l'empire de ces diverses pressions, Pardaillan finit par arracher au président La Chassaigne 5,000 livres en déduction de 8,000, chiffre auquel avait été fixée sa rançon, pour sûreté du reliquat de laquelle il se fit remettre en otages les enfants de ce magistrat, la même sûreté ayant été exigée par lui des autres captifs. Les prisonniers, enfin libres, s'empressèrent de dénoncer au Parlement toutes ces violences et de demander des dommages-intérêts proportionnés à ce qu'ils avaient souffert. Ce fut l'objet d'arrêts du mois de juillet 1570, qui liquidèrent en effet les indemnités dues aux réclamants à des sommes assez considérables. En attendant, la Compagnie avait envoyé à Blaye une députation composée en majorité de membres religionnaires pour négocier avec Pardaillan. Cette députation aurait eu probablement de la peine à réussir dans sa mission, le commandant de Blaye ne voulant rien entendre; mais, sur ces entrefaites, survint un nouvel édit appelé de *pacification*, en date du 23 août. Il portait amnistie du passé et entre autres clauses, article 24, que tous les prisonniers faits de part et d'autre seraient relâchés sans aucune rançon, mais aussi sans répétition de celles qui auraient été payées. Il s'agissait de forcer de se soumettre à cet édit Pardaillan qui s'y refusait, ainsi qu'à rendre les enfants des magistrats. Pour l'y contraindre, le président La Chassaigne s'était emparé de ses neveux, fils du sieur Dupuch, et les détenait en otages de ses propres enfants. Un arrêt du mois de septembre 1570 enjoignit à tous les intéressés d'obéir à l'édit, chacun devant relâcher les otages qu'il détenait, ce à quoi le président La Chassaigne se déclarait prêt, tandis que Pardaillan, à qui on fit signifier l'arrêt, eut l'insolence de répondre à l'huissier qu'il en ferait autant pour cet arrêt que pour son mulet [1]. Il paraît néanmoins qu'il finit par céder à l'autorité. Cependant, il osait encore, deux ans après, se plaindre au roi que le Parlement lui interdît l'entrée de Bordeaux, prétendant ériger en fait de guerre, et pour le service de Sa Majesté, l'arrestation de magistrats se rendant auprès d'elle pour une mission toute judiciaire [2].

Les détails dans lesquels nous venons d'entrer sur ce fait singulier, nous ont paru commandés par l'intérêt qui s'y attache à plus d'un point de vue. Ils rendent raison, en effet, des désordres de cette époque; des excès auxquels se portaient ceux qui en profitaient pour satisfaire soit leurs ressentiments, soit leur

---

[1] *R. S.*, 7 octobre 1570. — Arrêts du Parlement, 11 juillet et 15 septembre 1570.
[2] *Archives historiques de la Gironde*, t. X, p. 354.

cupidité; de l'étrange confusion que l'état continuel de guerre civile apportait dans les notions les plus élémentaires du droit des gens; enfin, de la triste situation d'un gouvernement forcé de fermer les yeux sur tous ces attentats et, dans l'impuissance de les punir, de les couvrir du manteau de l'amnistie.

La prise de Bourg avait suivi de près celle de Blaye, nouvel avantage pour ceux qui voulaient affamer Bordeaux par la voie des rivières. Le cours supérieur de la Garonne était menacé du même sort, Coligny et les princes de Navarre et de Condé occupant Aiguillon. L'amiral avait jeté un pont de bateaux au port Sainte-Marie, qui le rendait maître des deux bords du fleuve. Monluc, tout occupé de sauver Agen, ne pouvait venir à Bordeaux. Les nouvelles de La Réole et de Langon n'étaient pas moins alarmantes. Cette dernière petite ville, après avoir vu ses environs ravagés par le nommé Calonge, partisan, et l'église de Preignac, ainsi qu'une maison de campagne appartenant à Montferrand, brûlées, finit par être prise elle-même. Un moine y fut massacré. Dans cette extrémité, le Parlement, d'accord avec Lansac, redoubla d'énergie. Il ordonna d'abord que « tous Messieurs » iraient à la garde des portes avec les bourgeois, sans aucune exception, les conseillers de Guyenne, les secrétaires du roi et jusqu'aux chanoines; ensuite que les plus robustes des membres de la Compagnie aideraient aux jurats à faire les rondes de nuit dans la ville. On décréta la création d'une compagnie de gens de pied, dont la levée fut faite aux dépens des magistrats et payée sur le quartier échu de leurs gages[1]. En même temps, les religionnaires dans la ville et aux environs furent désarmés. Grâce à cet ensemble de vigoureuses mesures, on put être rassuré au dedans. Les affaires ne tardèrent pas, du reste, à prendre au dehors une meilleure tournure. Monluc, en se servant de moulins établis sur la Garonne, qu'il abandonna au courant du fleuve, parvint à rompre le pont de bateaux de Sainte-Marie. Il put revenir à Bordeaux et, après l'avoir rassuré par sa présence, marcher contre un certain capitaine Piles, l'un des chefs des réformés les plus redoutés, et lui infliger à Sainte-Foy une défaite qui l'obligea à se retirer. En même temps, le capitaine catholique Dupleix, par un heureux coup de main, reprit Bourg. Ces avantages permirent au Parlement de donner toute son attention à une affaire qui, dans des temps plus calmes, ne l'aurait pas longtemps occupé, mais qui, à une époque aussi troublée, devenait un sujet d'inquiétudes sérieuses pour le maintien de l'ordre dans la cité et du respect des autorités.

Une des paroisses les plus populeuses, Saint Michel, avait pour prédicateur alors le nommé La Godine dont les discours remplis de diatribes furieuses contre les réformés, de censures au moins indiscrètes de la conduite envers eux des gouvernements

---

[1] *R. S.*, 6 et 7 décembre 1569.

local et même central, passionnaient ses nombreux auditeurs. Cet homme était un véritable aventurier comme l'expliqua Lansac, qui fit son histoire en plein parlement. Ancien cordelier, établi chez la comtesse de Tende, il avait, depuis, quitté le froc pour devenir soldat. A Rome, où Lansac l'avait eu dans sa compagnie, il trouva moyen de se faire relever de ses vœux; puis, de retour en France, s'étant insinué dans la maison du connétable de Montmorency, il y faisait l'office de bouffon et servait de jouet aux pages de ce seigneur et à ceux de la cour. Depuis ce moment, Lansac l'avait perdu de vue jusqu'à celui où il apprit qu'il prêchait à Saint-Michel. Tel était l'homme qui, à raison de son influence sur la multitude, était devenu à Bordeaux une véritable puissance. Le Parlement communiqua ces renseignements à l'archevêque, qui promit de prendre des informations et d'exhorter le fougueux prédicateur à se modérer. L'affaire qui aurait dû, ce semble, se terminer promptement par l'intervention de l'autorité ecclésiastique, se prolongea et se compliqua, au contraire, au delà de toute prévision. Soit timidité, soit calcul, l'archevêque agit mollement envers La Godine, devenu d'autant plus audacieux qu'il se sentait soutenu par une partie de la population. Une révolte ayant éclaté, sur ces entrefaites, parmi les forçats des galères, le peuple, croyant qu'elle avait été excitée par les réformés, se souleva et voulut les massacrer. Les efforts du président de Roffignac purent à peine calmer l'émotion publique, au milieu de laquelle on disait avoir vu La Godine à cheval et des pistolets à la main. Ce qui était certain, c'est que ses auditeurs l'accompagnaient en armes à l'église. Au milieu des hésitations des autorités, et tandis que les délibérations du Parlement lui-même n'aboutissaient pas, le procureur général Lahet montra beaucoup de fermeté. Dans un réquisitoire fortement motivé, il prit à partie l'archevêque au sujet de la continuation d'un pareil scandale. Enfin, après un nouvel arrêt, de l'exécution duquel Montferrand avait été chargé, et qui était encore demeuré sans effet à cause de l'état des esprits, arriva un ordre du roi de chasser La Godine, sous peine, s'il résistait, d'être traité en criminel.

Il n'est pas sans intérêt de constater les mesures de rigueur contre les religionnaires dont cette affaire amena la révélation. Au cours des explications souvent mêlées d'aigreur qu'échangeaient entre eux le procureur général et l'archevêque, ce dernier avait cru pouvoir, en réponse au reproche de faiblesse envers La Godine, se plaindre surtout de l'inaction des gens du roi à l'égard des ministres des réformés. Lahet lui répondit en lui citant les noms de plusieurs d'entre eux naguère poursuivis et pendus par les ordres du Parlement. C'étaient les nommés Neufchâtel, Moyse et Fromenté. Ces malheureux, après avoir été bannis une première fois du ressort pour infraction à l'édit qui leur interdisait d'y prêcher, étaient revenus, entraînés par l'ardeur de leur zèle à visiter leurs coreligionnaires. Ils avaient alors subi dans toute sa rigueur la clause de ce même édit applicable à leur état de récidive. Il en était même un à l'égard duquel la justice s'était montrée si cruellement expéditive qu'il n'avait demeuré que deux heures au palais [1].

Le procureur général avait eu seulement à cœur de réfuter l'objection à l'aide de laquelle l'archevêque essayait de couvrir son excessive indulgence envers un prédicateur séditieux. Si Lahet n'eût cherché que l'avantage de triompher du prélat, il pouvait lui opposer des preuves non moins concluantes du parti pris depuis quelque temps par la justice de sévir énergiquement contre les réformés. En effet, à partir du mois de mars 1569, plusieurs arrêts de condamnation à mort étaient rendus au Parlement contre une foule de personnages de la secte dont le nombre total, relevé dans les décisions de cette époque à celle de mars de l'année suivante, se monte à douze cent dix-sept [2]. Ce sont, il est vrai, des arrêts de coutumace et prononcés collectivement, mais désignant ceux qu'ils concernent par leurs noms, prénoms, professions et demeures. Dans cette longue nomenclature sont compris des individus de toute condition : gentilshommes, roturiers, militaires de tous grades, bourgeois, religieux, prêtres, magistrats, artisans, quelques femmes. A côté des La Rochefoucauld, des Durfort, des Ségur-Pardailhan, des

[1] *R. S.*, 6 février 1570, et Théodore de Bèze, t. II.
[2] V. le texte de ces arrêts, *Archives historiques de la Gironde*, t. XIII, p. 399, 420, 422, 429.

Montferrand, on voit de simples archers, des tambours, etc. : listes curieuses à tous égards à consulter, car elles prouvent d'abord ce que les protestants disaient avec orgueil depuis longtemps, qu'ils comptaient dans leurs rangs les premières familles du pays et qu'ils avaient des partisans dans toutes les classes de la société.

Une remarque importante doit trouver ici sa place : ce ne sont plus des hérétiques poursuivis et punis seulement comme tels que condamnent ces arrêts. Aussi n'est-il plus question de bûchers. Il s'agit de crimes communs. Les coupables sont déclarés rebelles et traîtres au seigneur roi, criminels de lèse-majesté divine et humaine, atteints et convaincus de sédition, sacrilèges, meurtres, voleries, sacs de villes et de châteaux, bourgs, bourgades, captures et démolitions commises ès églises, abbayes, couvent de mendiants et autres lieux religieux, assemblées à port d'armes et en forme hostile, brûlements, déprédations et dépopulations du plat pays, meurtres, homicides inhumainement commis et perpétrés ès personnes des officiers royaux,... violements et forcements de filles et femmes, — en un mot tous les faits de guerre civile et religieuse transformés en actes de brigandages. — Ainsi, la justice parlementaire est entrée dans sa seconde phase de répression contre les réformés. Elle les punit comme voleurs et assassins en bandes. Elle les condamne aux supplices des criminels de lèse-majesté parce qu'ils font la guerre au roi en même temps qu'à ses sujets. Ils devront tous avoir la tête tranchée et leurs corps coupés en quartiers pour être exposés, l'une sur des lances aux portes des villes, les autres dans des endroits à ce ordinairement destinés des provinces de Guyenne, Saintonge, Limousin et Périgord. Ces peines seront les mêmes pour tous, vilains comme nobles. Pour ces derniers, tandis qu'ils seront traînés sur la claie, leurs armoiries les suivront attachées à la queue d'un cheval. On lit au bas de ces arrêts les noms des présidents de Roffignac, de Laferrière, des conseillers Malvin, Mabrun, Gascq, Eymar, Auzaneau, Duduc, Cazeaux, Massiot, Fayard, Nort, Baulon.

La confiscation des biens des condamnés était ici une conséquence nécessaire de la nature de la peine; mais il s'en faut qu'elle soit purement de style. Ce que nous allons voir dans les délibérations du Parlement nous démontrera qu'au lieu d'être l'accessoire comme à l'ordinaire, la confiscation fut, dans l'espèce, l'objet principal; que c'était elle et ses effets qu'on s'était proposés avant tout dans la poursuite.

Ce qui faisait faute généralement alors et plus que jamais pour lever et entretenir des troupes, c'était l'argent, et l'on conçoit, en effet, que la perception régulière des deniers publics devenait à peu près impossible. Il fallait donc recourir à toutes sortes d'expédients pour subvenir aux frais de la guerre. Les commandants militaires, en Guyenne comme ailleurs, ne savaient qu'imaginer dans ce but. Lansac qui, rappelé à la cour, prenait, comme nous l'avons dit, congé du Parlement, lui faisait part d'un moyen nouveau de parer à la pénurie des finances. C'était la mise en vente des biens appartenant à ceux de la religion réformée qui avaient pris les armes [1]. Il s'agissait seulement de trouver des adjudicataires pour obtenir de quoi soudoyer quatre compagnies, dépense évaluée à un chiffre de 25,000 fr. au plus, de 15,000 fr. au moins. Montferrand appuie la motion de son prédécesseur, en ajoutant que ces quatre compagnies sont si nécessaires qu'il ne restera pas dans la ville si on ne les lui fournit pas. L'évêque de Valence, frère de Monluc, qui, en l'absence de ce dernier, veillait avec le plus grand zèle à ses intérêts, présent à la séance, ne manque pas d'intervenir en remontrant qu'il serait bien raisonnable que l'on saisît cette occasion de venir au secours de son frère pour ses troupes.

Ces réclamations suggèrent un appel au patriotisme des jurats, qui se trouvent là aussi, car on les avait fait venir pour entendre les plaintes de Lansac et de Montferrand sur leur négligence, ainsi que celle des bourgeois à garder la ville. « Ils sont les plus nonchalants qu'il soit possible, » ajoutait le président de Roffignac. Les officiers municipaux, ainsi exposés à des reproches et à des sollicitations dont les uns servaient de véhicule aux autres, commencent par s'excuser de leur mieux des fautes qu'on leur impute. Leur tâche de gardiens de la paix publique n'est pas

---

[1] R. S., 13 janvier 1570.

facile dans une ville dont la troisième partie consiste dans ceux de la nouvelle religion. Quant à la question d'argent, ils rappellent que les impôts, les charges, les subsides sont portés à l'excès; ils affirment que les emprunts forcés achèveront la ruine commune. Acheter des biens des huguenots! Mais si la paix se fait comme cela est déjà arrivé, on leur rendra leurs propriétés et ceux qui les auront acquises perdront leur argent, sans compter que ces biens sont grevés des hypothèques des femmes, des enfants, des créanciers. Sur quoi Lansac, moins légiste qu'homme d'épée, se récrie, ne comprenant pas que le domaine du roi, dans lequel sont tombés les biens confisqués, puisse être hypothéqué. Alors le président de Roffignac déclare qu'il se fait fort de trouver un prêteur de mille écus sur les 15,000 fr. dont on a besoin. Les jurats enfin, formellement interpellés de se porter adjudicataires, cèdent donc et promettent, savoir : Daisse, d'acheter la maison de La Graulet, huissier du Parlement, dont le nom figure parmi ceux des condamnés par contumace; Constantin, une de celles de Raymond Causse; Boucaut et Duvigneau, d'autres biens appartenant aux mêmes individus. On prend note de leur promesse, et, comme la chose presse, on prépare les formalités de la mise en vente pour le 1er février suivant, jour auquel elle a lieu [1]. Elle contient cette clause destinée à rassurer les adjudicataires contre

---

(1) *R. S.*, à cette date.

les appréhensions qu'ils avaient manifestées, qu'en cas de dépossession, ils seront remboursés de leur prix d'achat et de toutes les autres impenses légitimes. Plusieurs autres habitants de la ville suivent l'exemple des jurats et deviennent comme eux acquéreurs de biens de religionnaires condamnés. Tout se borne, bien entendu, à ceux qui habitaient Bordeaux ou les environs. Car, pour les propriétés hors de la banlieue, qui aurait osé les acheter? L'autorité elle-même ne le proposait pas. Du reste, les craintes des jurats n'avaient que trop de fondement. Sept mois n'étaient pas écoulés que l'édit d'août 1570 proclamait cette paix que leur prudence avait si bien prévue, et l'article 33 de cet édit déclarait expressément « toutes sentences, jugements, arrêts et procédures, *saisies, ventes* et décrets donnés contre lesdits de la religion réformée, à l'occasion de tumultes et troubles advenus depuis la mort de Henri II, ensemble l'exécution desdits jugements et arrêts, dès à présent cassés et révoqués [1]. »

Il n'y a pas à douter qu'il en fut ainsi, d'autant plus que, dans le ressort du Parlement de Bordeaux particulièrement, l'exécution de l'édit, par lettres patentes du 7 mars 1571, par défiance sans doute de la bonne volonté de ce corps à y veiller, fut remise à des commissaires, le maître des requêtes Du Guat et un membre du Parlement de Rennes, Mondoulat, avec attribution souveraine de juridiction,

---

[1] *R. E.*, B. 38, 1568-72. Archives départementales, *suprà*.

ce qui mécontenta les magistrats de Bordeaux, donna lieu de leur part à des remontrances, mais n'en fut pas moins suivi d'effet. Que les adjudicataires, quelque peu involontaires, du 1er février 1570, soient rentrés dans leurs deniers s'ils les avaient versés, c'est ce qu'il est permis de croire, car il n'y a nulle trace de leurs réclamations sur ce point. Voilà donc néanmoins à quoi aboutirent les condamnations capitales prononcées avec tant d'appareil contre les réformés et comment fut manqué le résultat principal que, selon toute apparence, l'on s'en était promis.

Le calme, rétabli dans Bordeaux, n'y fut plus troublé pendant quelque temps. On ne doit pas, en effet, considérer comme des agitations véritables quelques émotions causées par des conflits de pouvoir entre le Parlement et Montferrand. Ainsi, un soldat ayant osé souffleter un des jurats, les magistrats le condamnèrent à mort et le firent exécuter. Le gouverneur avait prétendu que cet homme était placé sous sa juridiction. Quelque temps après, il fit pendre un individu arrêté comme traître et qui était justiciable du Parlement. C'est ce que le président de Roffignac remontra à Montferrand en si bons termes que ce dernier dut faire des excuses à la Cour [1]. Il avait sans doute encore cette humiliation sur le cœur lorsque, peu de mois après, s'absentant de Bordeaux pour aller à Libourne, il

---

[1] R. S., 18 mai 1569.

imaginait de déléguer son autorité de gouverneur à l'archevêque. Nouvelle admonition du président de Roffignac qui, au nom de la Compagnie, lui représenta qu'il avait excédé ses pouvoirs. Le procureur général prit des réquisitions conformes en demandant que la Cour exerçât les fonctions de gouverneur. Par une sorte de transaction, les clés de la ville furent remises aux jurats. On croira facilement que ce nouvel échec essuyé par Montferrand lui fut très sensible. La haute influence dont jouissait le président de Roffignac dans le parti catholique mettait ce magistrat à l'abri de ses ressentiments. Il les fit retomber sur le procureur général, ainsi qu'on le verra bientôt.

Depuis quelque temps, le nom du premier président Lagebâton ne figure plus, comme on aura dû nécessairement le remarquer, dans les actes du Parlement. Le moment est venu de dire pourquoi. Ce magistrat n'avait pas assisté à la rentrée de 1568. La cause de son absence, sur laquelle se taisait le procès verbal de la séance, cesse d'être un mystère à la date du 4 décembre de cette année. Ce jour-là, le conseiller Gillibert, neveu du premier président, obtient la parole et remontre officiellement à la Cour ce qu'elle savait déjà sans doute à titre privé : qu'un ordre ou mandement de Monluc, donné à la sollicitation du clergé, inhibe aux maire et jurats de laisser entrer dans la ville messire Jacques Benoît de Lagebâton, « inhibition de pernicieuse conséquence, ajoute Gillibert, qu'un lieutenant du roi veuille entreprendre sur le chef d'une Cour souveraine (¹). » Ce peu de mots, quoique bien faits pour émouvoir la Compagnie, la trouvent presque insensible. Elle se borne à ordonner froidement la communication de l'ordre ou mandement donné aux gens du roi (²). Quelques jours après, le 2 janvier, Gillibert dénonce les violences dont il a été l'objet de la part d'un soldat de Tilladet alors gouverneur de la ville. Sur l'ordre d'informer, Tilladet est entendu. Le soldat, dit-il, s'est réfugié à Libourne et n'a pu être retrouvé. Mauvaise défaite; car on apprit plus tard que le fugitif avait été reconnu et trouvé nanti d'argent reçu de son chef. Quoi qu'il en soit, ce premier attentat demeure impuni. Il est donc naturellement bientôt suivi d'un second tout semblable, et au mois de février, le même magistrat est encore l'objet des insultes de la soldatesque sous les ordres de Montferrand, successeur de Tilladet dans le gouvernement de Bordeaux. Cette nouvelle agression n'est pas davantage réprimée. Il est donc bien évident que l'on voulait frapper de terreur, réduire au silence le seul défenseur qui restât au premier président. Les choses en demeurèrent là pendant toute l'année judiciaire 1569.

Les ennemis de Lagebâton ne pouvaient se

---

(1) Nulle part, dans ses *Commentaires,* Monluc n'a dit un mot de cette affaire. Nous n'en croyons pas moins qu'il s'en était chargé et que sa réticence à ce sujet s'explique par la réintégration du premier président Lagebâton qui eut lieu plus tard. On peut d'ailleurs reconnaître par plusieurs mentions qu'il fait de ce magistrat qu'il n'avait aucune disposition à le ménager.

(2) *R. S., loc. cit.*

contenter d'une situation qui ne donnait qu'à moitié satisfaction à leurs rancunes. Une fâcheuse circonstance vint les seconder. La ville d'Angoulême où se trouvait le premier président (c'était, comme on le sait, sa patrie), ayant été prise par les religionnaires dans l'intervalle, ils l'avaient fait prisonnier. Ainsi, tandis qu'on le réputait à Bordeaux dans les rangs des réformés, ceux-ci l'empêchaient de revenir là où il leur aurait, à coup sûr, été si utile, si en effet il avait été des leurs. Mais quand l'injustice s'est-elle jamais piquée de logique? Il fallait cependant que, pour réussir, elle eût encore besoin de temps puisque ce fut seulement à la rentrée de 1569 que la question, lors de la composition des chambres, s'éleva de savoir si l'on y comprendrait le premier président. Il y avait, disait-on, des informations contre lui, attendu qu'il était avec les ennemis du roi. L'avocat général Dussault parla de la procédure restée jusque-là secrète et requit l'ajournement personnel. Les charges étaient apparemment bien insignifiantes, car on n'alla pas cette fois encore plus loin. Jusque-là d'ailleurs, Lagebâton avait contre tant d'hostilités un défenseur qui les rendait impuissantes. Mais, cette année précisément, le chancelier de Lhôpital se retira. L'intrigue put donc se donner carrière contre son protégé et triompher enfin. Le 14 août 1570, le baron de La Garde, commandant des galères à Bordeaux, apporta au Parlement un arrêt du Conseil contenant privation de l'état de premier président dont était pourvu messire Benoît de Lagebâton et il en demanda l'enregistrement[1]. Après un aveu remarquable de la part des gens du roi, qu'ils avaient été divisés sur les conclusions à donner, l'avocat général La Roche exprimant l'opinion que l'exécution de l'arrêt du Conseil ne pouvait être différée, et le procureur général Lahet demandant un délai, attendu que c'était là une affaire de la plus grande conséquence qui fût encore venue à la Cour, le conseiller Gillibert obtint la parole. Son discours contenait d'abord une demande de sauvegarde pour lui-même contre le crédit tout-puissant du baron de La Garde et le retour d'outrages semblables à ceux qu'il avait déjà reçus des gens de guerre, dont la crainte toutefois, ajouta-t-il, ne l'empêchera pas de parler. Il développe ensuite la défense de son oncle. Elle s'appuyait principalement sur son état de captivité à Angoulême certifié par les chefs du parti des réformés. Il invoquait ensuite l'obstacle qui l'avait empêché de se rendre antérieurement à Bordeaux, né des inhibitions de l'y recevoir émanées du sieur de Monluc et suscitées par l'archevêque de Bordeaux. Nonobstant ces explications et les récusations nombreuses du premier président, la Cour ordonna ce jour-là l'enregistrement de l'arrêt du Conseil.

Restait l'entérinement des lettres qui donnaient un successeur au magistrat dépossédé, dans la personne de Laferrière, ancien avocat général et depuis quelque

[1] *R. E.*, B. 38, 1568-72.

temps *quart* président. Dans une requête d'opposition à cet entérinement, Lagebâton entrait dans de longs détails sur les manœuvres pratiquées par son successeur désigné pour avoir sa dépouille. Ce n'était pas seulement par des sollicitations appuyées du crédit de ses amis; il l'avait encore achetée à beaux deniers comptant pour 20,000 fr.! « Et ce même Laferrière n'avait pas craint de rester juge de l'exposant dans l'information dirigée contre lui; et pendant cette information même, il travaillait à se procurer l'état de ce dernier; chose digne d'animadversion exemplaire, tant s'en faut de promotion! » Malgré d'aussi énergiques moyens de défense, un arrêt qui dut appeler la rougeur sur plus d'un front écarta la requête, renvoya son auteur à se pourvoir comme il l'aviserait, et ordonna aux gens du roi de conclure sur la réception de Laferrière. Ce fut encore l'avocat général La Roche qui porta la parole et, dans un discours hérissé de latin [1], trahissant à chaque instant l'embarras de son auteur, requit l'admission de Laferrière, laquelle eut lieu le lendemain [2]. Triste exemple donné par le Parlement d'une insigne faiblesse par l'abandon de son chef à la merci de persécuteurs acharnés! Il y eut peut-être autre chose encore : l'exaltation religieuse chez ceux-ci; l'ambition, l'envie chez ceux-là. Pour être tout à fait juste néanmoins, il faut faire ici la part des torts du premier président.

[1] *R. S.*, 14, 16, 17 août 1570. — V. ce discours dans D. Devienne, 2ᵉ édition, note xv de la première partie.
[2] *R. S.*, id.

Absent pendant si longtemps, il laissait le champ libre à ses adversaires; présent, il leur eût imposé et ôté le principal prétexte de son remplacement : son éloignement. Eh! qui aurait osé l'arracher de son siége? Il oublia que, dans les épreuves de la vie publique, le parti le plus courageux est encore le plus sûr; que, pour faire reculer son ennemi, il suffit souvent d'oser le regarder en face; qu'enfin les grands périls sont la rançon des grandes dignités. Ce ne sera pas malheureusement la seule occasion dans laquelle nous aurons à constater que ce magistrat, si digne d'estime à tant d'autres titres, portait la prudence à l'excès.

Sa disgrâce avait cela d'extraordinaire qu'elle le frappait au moment même où la paix venait d'être signée, pour la troisième fois, à Saint-Germain. Elle fut apportée au Parlement le 23 août par un des valets de chambre du roi. Elle accordait aux réformés, entre autres avantages, celui de récuser dans leurs procès quatre magistrats de chaque chambre au Parlement de Bordeaux [1]. Était-ce une garantie accordée au grand nombre de justiciables de la secte, qui comptait alors dans cette ville un tiers de la population [2]? Un autre effet de la pacification fut la reprise de possession de leurs siéges par les magistrats de la nouvelle religion que l'état de guerre en avait éloignés. C'est ainsi que les conseillers

---

(1) Texte de l'édit, art. XXII à XXXVI. — V. *Mémoires sur l'état de la France sous Charles IX*, t. I, p. 5 et suiv.

(2) *R. S.*, 19 janvier 1570.

Guilloche, de Sevyn, Bouchier, Macanan, Guérin, Arnoul et Dupont reparurent au palais. Des difficultés suscitées par des questions de rang entre ces réintégrés et six nouveaux membres reçus en leur absence ne présentent pas assez d'intérêt pour nous y arrêter. Nous dirons seulement que si les protestants durent rentrer, les catholiques qui les avaient remplacés lors de leur expulsion restèrent [1].

Cependant la tranquillité relative dont jouit la Guyenne pendant près de deux ans après la paix de Saint-Germain et les réintégrations des magistrats religionnaires étaient autant d'arguments en faveur du premier président Lagebâton. Comment l'iniquité récente dont il avait été victime pouvait-elle subsister, lorsque aucun prétexte pris de ses opinions timorées en matière religieuse et du danger prétendu de le remettre à la tête du Parlement ne pouvait plus être invoqué? Il n'avait pas cessé de poursuivre sa réintégration. Ce ne fut toutefois qu'au bout d'un an de démarches et même de procédure, qu'il put l'obtenir. Sur son pourvoi au Conseil contre l'arrêt qui l'avait dépossédé de sa charge, l'affaire fut renvoyée au Parlement de Paris, dont la compétence en pareille matière est assurément une singularité. Lagebâton n'avait, du reste, qu'à se féliciter de voir un aussi éminent tribunal — à l'abri des influences — arbitre souverain de son sort. La question devait être simplement celle de son orthodoxie et l'appréciation

---

[1] *R. S.*, 30 septembre 1570.

des causes qui l'avaient retenu loin de son poste. Le procès se débattit entre lui et Laferrière, qui entendait d'autant plus s'y faire maintenir qu'ainsi qu'on l'a vu, il l'avait acheté. Chacun eut son avocat comme dans les causes ordinaires. Le 22 août 1571, un arrêt solennel annula la nomination de Laferrière et prononça la réintégration de Lagebâton, qui fut admis, en tant que de besoin, à faire profession de foi entre les mains du premier président Christophe de Thou, et, par honneur, à prendre place ensuite parmi ses propres juges, au-dessus des conseillers. Le 12 novembre suivant, il se présentait à la rentrée du Parlement de Bordeaux, porteur de cet arrêt et de lettres du roi qui en ordonnaient l'exécution.

Elle aurait eu lieu sans difficulté si Laferrière n'en eût soulevé une bien étrange. A l'aide de quelque équivoque dans le texte des lettres, il soutint d'abord qu'il avait droit de présider alternativement avec Lagebâton la Compagnie, qui aurait eu ainsi deux premiers présidents. Repoussé dans une prétention aussi inadmissible, il se rabattit à celle de rester le premier des présidents à mortier, tandis que ceux-ci voulaient, et avec raison, en se fondant sur toutes les règles usitées, le reléguer au dernier rang. Le moins animé de tous n'était pas assurément Roffignac que la demande de Laferrière aurait fait descendre de celui de second des présidents de la Cour auquel il tenait tant, comme on va bientôt le voir. Le Parlement crut devoir renvoyer au roi la solution de cette question. Le Conseil décida que Laferrière serait troisième, ou, comme on disait alors, tiers président, décision injuste à tous égards, car elle lésait les droits de ses collègues, tous plus anciens de nomination que lui. Était-ce un dédommagement pour les 20,000 fr. versés afin d'obtenir la place de Lagebâton? Quoi qu'il en soit, Laferrière dut au décès de Roffignac — qui arriva sur ces entrefaites — de devenir second président; mais il ne jouit pas longtemps de cet avantage, étant mort lui-même peu après. Aucun fait important n'avait, d'ailleurs, marqué sa courte gestion du poste supérieur auquel son ambition démesurée, l'intrigue et même l'argent, bien plus que son mérite, l'avaient fait monter.

Christophe de Roffignac, sieur de Cosages, dont le nom s'est déjà présenté plus d'une fois dans nos récits, remplit un rôle trop important dans le Parlement pour que nous n'achevions pas de le faire connaître par quelques détails biographiques. D'une famille ancienne du Limousin, qui, nous le croyons, n'est pas éteinte, ce magistrat avait commencé sa carrière publique par être conseiller clerc au Parlement de Bordeaux en 1537. Il le quitta momentanément pour appartenir, en la même qualité, à celui de Paris où il devint président aux enquêtes; puis il fut rappelé à Bordeaux avec le titre de président à mortier, en place de Lagebâton, lorsque celui-ci fut placé à la tête de la Compagnie. Sa réception fit naître un incident qui mérite d'être noté. Quoiqu'il y eût déjà dans la Cour deux présidents plus anciens que lui, il prétendit prendre rang avant eux en vertu de ses lettres de nomination, qui lui conféraient, en effet, cette priorité contraire à tous les usages et, de plus, à une ordonnance de François 1er, qui avait sagement établi l'ordre des préséances selon l'ancienneté des nominations [1]. Roffignac insista pour le maintien de l'exception dont il était l'objet, déclarant que si le roi, devant lequel il demandait le renvoi du débat, ne lui conservait pas rang de second président de la Cour, il entendait, ainsi qu'il l'avait déclaré au monarque lui-même, retourner à la place qu'il occupait au Parlement de Paris, et requit acte de sa protestation [2]. Il eut gain de cause au Conseil. On a quelque peine à concilier cette persistance à réclamer l'effet d'une faveur injuste avec l'éloge que lui décerne un de ses biographes [3], d'avoir eu toujours, entre autres qualités, le sentiment de l'équité la plus inflexible. Sa conduite lors du retour du président La Chassaigne prouverait aussi que la générosité ne lui était pas moins étrangère. Les écrivains protestants contemporains l'ont peint sous de noires couleurs. Ils le regardaient comme l'ennemi déclaré de leur secte. La vérité est que Roffignac, qui souvent remplaça Lagebâton à la tête du Parlement et remplit diverses missions judiciaires pour affaires religieuses, passait pour avoir sur ces matières des opinions fort différentes de celles de son chef. Nous avons eu l'occasion de le faire connaître dans une circonstance qui ne fait

(1) *R. E.*, B., 30 avril 1520.
(2) *R. S.*, 30 juillet 1555.
(3) *Biographie universelle*, art. *Roffignac*.

pas honneur à son impartialité. Il serait donc permis de croire, sous ce rapport, les accusations de Théodore de Bèze, qui attribue au président de Roffignac la plus grande part dans le supplice cruel subi par un marchand de Bordeaux, nommé Pierre Feugère, condamné au feu comme coupable de la mutilation de la croix de Saint-Seurin. Ce malheureux avait été bâillonné avant d'être brûlé vif, probablement parce que, dans sa défense, ayant parlé de l'idolâtrie de la croix, on craignit qu'il ne répétât ces paroles au pied du bûcher [1]. Quant aux imputations du même écrivain contre les mœurs de Roffignac, en termes dont le cynisme égale presque les vices qu'il lui prête, elles n'ont d'autre appui que son affirmation. Il est plus digne de foi lorsqu'il le représente comme un des plus ardents promoteurs de ce syndicat que le Parlement sut écarter si habilement. Ce résultat prouverait que l'influence de ce magistrat n'était pas toujours dominante quand il la mettait au service des passions de l'époque. Sa vie judiciaire renferme d'ailleurs plus d'un acte ayant droit à des éloges. Il savait, au besoin, exercer avec fermeté les devoirs d'un chef de Compagnie et se montrer rigide observateur de la discipline. C'est ainsi qu'il dénonçait à la grand'chambre la négligence de celle des enquêtes à tenir les audiences de quinzaine et provoquait l'annulation des arrêts rendus aux jours où elles devaient se tenir, pour punir les magistrats

[1] *Histoire de la religion réformée*, t. II, p. 209.

d'avoir préféré aux procès des pauvres le jugement de litiges plus fructueux en épices. Il y eut sur ce sujet des débats animés dans lesquels le président tint bon contre les représentations d'ailleurs peu satisfaisantes des enquêtes. La médiation des gens du roi concilia le différend, mais la mention de la mesure provoquée contre elles n'en resta pas moins, malgré leurs efforts pour l'en faire retrancher, consignée au Registre où elle existe encore, comme une preuve de la faute commise et de la fermeté du censeur. Dans une autre circonstance, Roffignac lutta contre Montferrand qui refusait de livrer un gentilhomme nommé La Roche Chalais, pris les armes à la main dans le parti des réformés. « La tête de cet homme condamné à mort pour rébellion ne vous appartient pas, dit le président au gouverneur de Bordeaux, ains au bourreau. » La vraie cause de la résistance de Montferrand n'était pas de sauver la vie du prisonnier, mais d'avoir part à la rançon, qu'il partagea avec Monluc, en tiers avec lui dans la capture [1]. Ce n'était donc pas l'humanité, mais l'intérêt qui animait ces dignes héritiers des seigneurs gascons que Froissart appelle *moult convoiteux* et qui ne voulurent pas permettre au Prince Noir d'envoyer le roi Jean en Angleterre avant qu'il eût compté leur part dans sa rançon.

Le président de Roffignac, magistrat laborieux, laissa plusieurs ouvrages de droit et d'histoire qui témoignent d'une grande érudition. Il joignait, dit

---

[1] *R. S.*, 10 mars 1570.

d'Alesme, un de ses éditeurs, à une mémoire prodigieuse un esprit pénétrant, une grande assiduité au travail. Ce dernier mérite n'est guère conciliable avec la vie d'un débauché, comme l'a représenté de Bèze. Ce magistrat mourut le 11 juin 1572 [1].

A la même époque, le Parlement perdit dans Lahet un procureur général dont le souvenir a droit également d'être conservé. Fils d'un avocat général du même nom qui l'avait fait recevoir en survivance de sa charge, dès qu'il eut vingt ans, il ne lui succéda cependant qu'en 1562 et devint procureur général deux ans après par la mort de Lescure. Né en 1534, il n'avait donc que trente ans. C'est à sa jeunesse sans doute que le président de Roffignac crut pouvoir adresser une leçon, à laquelle la résistance de Lahet prouve au contraire sa maturité. Comme il entrait un jour à la grand'chambre, le président lui dit ironiquement de s'informer si, au Parlement de Paris, le procureur général ne venait pas toujours accompagné des avocats généraux lorsqu'il avait à requérir quelque chose. Lahet répliqua qu'il croyait connaître ses attributions; que s'il avait à prendre des réquisitions sur un objet d'intérêt public, il devait, en effet, se faire accompagner de l'avocat du roi; mais que, dans la circonstance, comme il ne s'agissait que d'un objet dont il avait à répondre personnellement, il pouvait

[1] Le Journal de Syrueilh (*Archives historiques de la Gironde*, t. XIII) nous apprend que Roffignac mourut à Périgueux où il était tombé malade en revenant de Paris : voyage entrepris par lui pour se faire maintenir dans son rang de second président que lui disputait Laferrière.

venir seul. Roffignac lui enjoignit alors de sortir, répétant qu'il eût à s'informer de l'usage suivi à Paris en pareil cas; mais Lahet, sans s'émouvoir, répondit qu'il ne sortirait pas sur l'ordre du président seul, et que si la Cour le lui ordonnait, alors seulement il obéirait. Or, la Cour ne crut pas devoir lui adresser cette intimation, confirmant ainsi la distinction dont il s'était prévalu [1]. Ferme, comme on vient de le voir, il fut souvent aux prises avec Montferrand, auquel il ne passait rien en fait d'empiètements sur l'ordre judiciaire et de défaut d'égards pour les magistrats, que cet impérieux gouverneur ne se permettait que trop souvent. Mais Lahet ne fut pas toujours heureux dans cette lutte. Il était neveu du conseiller Guilloche, appartenant à la religion réformée et que Montferrand surveillait avec une attention très sévère parce qu'il lui reprochait de faire de sa maison de campagne l'asile de tous les séditieux. Dans une expédition que Montferrand dirigea en personne pour en faire la visite, il paraît qu'il eut le dessous. Plein de dépit de cet échec, il adressa au roi une plainte très vive contre Lahet, auquel il imputait de s'être renfermé dans la maison de son oncle pour la défendre à main armée. Il allait jusqu'à dire dans cette lettre que Lahet était non seulement indigne de sa charge, mais qu'il avait mérité de perdre cent têtes s'il les avait [2].

[1] *R..S.*, 23 juillet 1564.
[2] V. la lettre au roi contenant la dénonciation de Montferrand dans les *Archives historiques de la Gironde*, t. X, p. 344.

Cette plainte ayant été accueillie, Lahet fut suspendu de sa charge en 1569. Mais Montferrand n'avait pas attendu cette décision pour se venger personnellement. Dans une requête adressée au roi au mois de novembre de la même année, Lahet, après avoir exposé, sous un jour très différent, les faits qui avaient amené sa disgrâce, y ajoute le récit des inconcevables voies de fait dont il avait été victime de la part du gouverneur de Bordeaux. Selon ce qu'il raconte, le lendemain même de la tentative de ce dernier pour enlever Guilloche et tous ceux qui se trouvaient dans sa maison, comme lui procureur général se rendait au palais pour y faire son service, il avait été attaqué par Montferrand accompagné de plusieurs soldats, saisi, dépouillé de sa robe et de son chaperon et de tous les papiers dont il était porteur, en un mot « traité aussi ignominieusement et honteusement que s'il eût été la plus vile lie des abjectes personnes de toute la ville. » Telles auraient été les violences exercées publiquement sur le procureur général du roi par le maire même de la ville. Il n'y a qu'une chose plus difficile à croire que l'exactitude d'un pareil fait : c'est son impunité, et cependant rien ne dément l'une, et son auteur jouit complètement de l'autre. Que penser d'un gouvernement réduit par les désordres de ces temps et par sa faiblesse à la nécessité de laisser côte à côte des fonctionnaires entre lesquels existaient de tels sujets de ressentiment? Car ce fut ce qui arriva. Un arrêt du Conseil déchargea Lahet après l'avoir entendu en personne. Il fut rétabli dans sa charge, et seulement avec défense de s'opposer à une information ordonnée pour vérifier le différend entre lui et Montferrand. Quant à celui-ci, il conserva sa position. On le craignait sans doute plus qu'on ne l'aimait, car il avait un frère dans les rangs des réformés qu'il eût rejoint peut-être en cas de perte de son emploi. La procédure ordonnée n'eut, bien entendu, pas de suite. Elle n'avait été qu'un expédient pour couvrir la rétractation de l'arrêt du Conseil.

Lahet, remis en plein exercice de son office, continua d'y remplir ses devoirs comme il l'avait fait, de manière à y conserver l'estime de la magistrature, puisque, lorsqu'il mourut à Paris, au commencement de 1572, le Parlement assista en corps à son service funèbre célébré à Bordeaux : témoignage non équivoque de l'honneur qu'il portait à sa mémoire.

Il eut pour successeur Romain de Mulet, l'un de ses substituts; avancement notable à tous égards; car ces officiers, comme nous le verrons dans la suite, étaient à peine reconnus comme magistrats. Celui-ci, installé depuis peu dans ses fonctions, se montra vigilant justicier en provoquant la tenue de *grands-jours* dans le ressort du Parlement. En parlant des origines de ce corps, nous avons déjà rencontré le nom de cette juridiction, mais elle ne doit pas être confondue avec celle dont il est question ici. L'objet et la compétence de ces grands-jours tenus par un certain nombre de magistrats du Parlement pour aller rendre la justice dans son ressort, se bornait exclusivement aux matières criminelles. Ils constituaient des sortes de cours d'assises ou plutôt prévôtales, dont la mission s'explique par les circonstances dans lesquelles on y avait recours. C'était, en effet, presque toujours aux époques les plus tourmentées qu'elles fonctionnaient. L'étendue des ressorts des Parlements, la distance qui en séparait diverses parties de leur siége, l'audace de certains perturbateurs de la paix publique — parmi lesquels on comptait des seigneurs puissants et redoutés, possesseurs de châteaux-forts, d'où ils bravaient les magistrats locaux, — la faiblesse enfin et la timidité de ceux-ci en présence de tels délinquants, tout exigeait que, pour les atteindre, on prît des moyens extraordinaires. De là les grands jours. Tous les Parlements eurent les leurs; celui de Bordeaux autant au moins que les autres, car ils furent tenus jusqu'à quatre fois, au cours du XVIe siècle, savoir : à Agen en 1539, à Limoges en 1542, en Saintonge et en Périgord aux dates assez rapprochées de 1565 et 1572 [1]. Les désordres amenés par les guerres de religion justifient ces deux dernières expéditions judiciaires. Les lettres-patentes qui prescrivent la plus récente sont du 26 avril 1572, « rendues à la requête du procureur général dénonçant les grands et détestables excès, assassinats, voleries, rébellions, désobéissances à la justice du roi, contraventions à ses édits et ordonnances, singulièrement

---

(1) *R. S.*, à ces dates

à son édit de pacification. C'est pour remédier auxdits crimes et délits que la Cour des grands-jours se tiendra à Périgueux par un des présidents du Parlement, assisté de onze conseillers, d'un avocat général et d'un substitut [1]. » La session devait commencer le 1er juillet pour finir le 31 octobre. Toutes ces prescriptions reçurent leur exécution. Les travaux de la Cour furent des plus multipliés. Les crimes qu'elle avait à réprimer comprenaient des attentats de tous les genres, depuis la rébellion à la justice et les voies de fait contre ses agents subalternes, tels que sergents royaux, huissiers, jusqu'aux meurtres prémédités. Bon nombre de gentilshommes se virent impliqués dans ces diverses poursuites, et entre autres plusieurs membres d'une famille des plus anciennes du Périgord, les de Chapt de Rastignac. Par arrêt du 14 août 1572, trois accusés portant ce nom furent condamnés par contumace au supplice de la roue. L'exécution eut lieu par effigie. Il fut ordonné de plus que leur manoir ou château de Rastignac serait démoli et rasé. Comme néanmoins cette destruction d'une espèce de forteresse aurait pris beaucoup de temps, on trouva plus court d'y mettre le feu [2]. Les

---

[1] Ces magistrats étaient le président Sarran de Lalanne, les conseillers Pierre de Pomiès, Richard de Lestonnac, Joseph Aymar, Jehan Duduc, Jehan de Massey, Hugues de Cazaulx, Florent de Nort, François de Gaultier, Joseph Andrault, Antoine de Castéra, Pierre de Cruzeau, l'avocat général Charles Dusault, le substitut Jehan de Galopin.

[2] Journal de Syrueilh (*Arch. hist. de la Gironde*, t. XIII).

Rastignac étaient catholiques. Trouvèrent-ils le moyen de présenter plus tard les violences qu'on leur imputait comme amenées par des querelles religieuses ou bien profitèrent-ils seulement des amnisties qui suivaient presque toujours les pacifications dans ces temps de guerres civiles? La différence de croyance ne manquait pas alors de servir de prétexte à l'absolution de plus d'un crime commun, de même que de nos jours la politique, cause des dissensions actuelles, est invoquée pour en excuser de semblables. Toujours est-il qu'au commencement du xviie siècle on voit un Rastignac en grande faveur et revêtu du titre de maréchal de camp avec une pension de 3,600 livres[1], et en 1725, la terre de Laxion était érigée en marquisat pour un membre de cette famille que l'arrêt de 1572 avait dégradée de la noblesse. Il est vrai que, de tout temps, l'opinion plus forte que la loi n'a jamais considéré comme entachant l'honneur d'un nom les condamnations même suivies d'exécution pour causes semblables à celles qui avaient frappé les Rastignac.

(1) Moréri, *Généalogie des Rastignac.*

CHAPITRE VII
1572-1575

La Saint-Barthélemy à Bordeaux. — État de la population. — Sécurité des autorités y compris le Parlement. — Prédications du Père Augier. — Provocations. — Arrivée à Bordeaux de Montpézat. — Dispositions de Montferrand. — Massacres du 3 octobre. — Détails. — Assassinat des conseillers Guilloche et de Sevyn. — Le premier président de Lagebâton et le conseiller de Feydeau au fort du Hà. — Noble conduite de Merville. — Montferrand au Parlement. — Procès-verbal de la séance. — Suites des massacres. — Mesures du Parlement. — Hostilités aux environs de Bordeaux. — Siége de Villandraut. — Le conseiller Joseph de Vallier. — Le duc d'Anjou. — Vaillac et Merville. — Prise de Blanquefort. — Altercations entre le premier président et Montferrand. — Position de ce dernier. — Il est tué à Gensac. — Son successeur dans les fonctions de maire de Bordeaux.

L'apaisement amené par le traité de Saint-Germain dura assez longtemps pour faire espérer qu'il serait définitif. Cependant, pour les esprits clairvoyants, les dispositions pacifiques étaient plus à la surface qu'au fond des choses. De graves sujets d'animosité existaient toujours entre les divers partis qui déchiraient la France. Tout sembla néanmoins, jusque vers le commencement de la seconde moitié de l'année 1572, concourir à les rapprocher. Il y avait alors près de deux ans qu'on avait déposé les armes. Oubliant leurs anciennes méfiances, les chefs des réformés se trouvaient réunis à Paris avec ceux des catholiques. Les jeunes princes de Béarn et de Condé, élevés l'un et l'autre dans les nouvelles croyances, les pratiquant ostensiblement et librement, étaient tous deux à la cour alors occupée du mariage de Henri de Navarre avec Marguerite de France, sœur de Charles IX. C'est au milieu de la sécurité inspirée par tous ces gages de confiance, presque au lendemain des fêtes des noces royales, que retentit tout à coup le tocsin de la Saint-Barthélemy.

Les premières nouvelles du massacre des religionnaires dans la capitale arrivèrent à Bordeaux cinq jours après. Le 29 août, le Parlement recevait des lettres du roi « explicatives du meurtre du feu amiral de Châtillon, n'y ayant rien en cela, disaient-elles, de la rupture de l'édit de pacification [1]. » On sait, en effet, qu'une conspiration attribuée à Coligny avait été imaginée pour justifier sa mort violente et que le Parlement de Paris fit le procès à sa mémoire pour ce crime prétendu et attacher au gibet de Montfaucon ses restes traînés par les rues. La communication royale, renouvelée dans le même sens le 4 septembre aux magistrats de Bordeaux, dut y rencontrer beaucoup d'incrédules, quoique Montferrand, présent à la séance, et affectant de craindre un vaste complot, déclarât qu'il ne pouvait conserver la ville sous l'autorité du roi sans forces étrangères. On lui accorda donc l'autorisation de faire entrer 300 hommes réduits ensuite à 150. Cette garnison devait être à la charge des habitants, et chaque magistrat eut à payer 8 sols par soldat, outre le logement [2].

[1] *R. S., loc. cit.*
[2] *Id.,* 1er septembre 1572.

Montferrand, à ces premières précautions, en ajouta d'autres. Il commença par interdire aux réformés l'exercice de leur culte, qu'ils pratiquaient alors à trois lieues de Bordeaux, dans une plaine entre la Garonne et la Jalle. Il fit ensuite établir une garde aux portes, de manière que nul ne pût les franchir sans passeport. Rassuré par ces mesures et surtout par l'absence de tout symptôme de trouble, le Parlement crut pouvoir procéder à la composition de la chambre des vacations et, par conséquent, se séparer comme à l'ordinaire. Loin que la suspension de ses travaux encourageât des désordres, la tranquillité publique en éloignait jusqu'à l'appréhension. Les réformés, en effet, atterrés par les nouvelles de ce qui s'était passé à Paris et ailleurs, non seulement ne songeaient nullement à se lever, mais encore la crainte d'un sort pareil à celui de leurs coreligionnaires avait porté la plupart à se convertir. Le reste se soumettait sans résistance à toutes les gênes qu'on lui imposait.

Telle était la situation de Bordeaux plusieurs semaines encore après l'annonce des événements de Paris, et rien ne l'a fait mieux connaître qu'une lettre des jurats au roi à la date du 3 octobre [1], lettre dans laquelle ils attestaient le calme profond dont jouissait la cité. Quel motif donc pour croire qu'il pût s'y passer des événements de la nature

---

[1] *Archives historiques de la Gironde*, t. III, p. 204.

de ceux qui, six semaines auparavant, avaient ensanglanté la capitale et d'autres cités?

Il y avait alors à Bordeaux un prédicateur de l'ordre des Jésuites, qui n'y étaient établis que depuis le mois de mai de cette année [1], « le Père Edmond Augier, prêchant trois fois par jour dans diverses églises, avec torrents d'éloquence, grand fléau contre l'hérésie qui avait prospéré si avant que prélats et ecclésiastiques y vivaient en grande crainte [2]. » Si jamais, ce que nous avons peine à croire, cette assertion avait pu autrefois être vraie, on vient de voir qu'elle ne l'était plus, et que, depuis la Saint Barthélemy, la terreur avait passé d'un camp dans l'autre. Cependant le zèle fanatique du P. Augier ne connaissait plus de bornes. Il ne cessait de citer à ses auditeurs les exemples donnés à Paris, de les exciter à les suivre. Il blâmait ouvertement la pusillanimité du gouverneur Montferrand et du procureur général Mulet, reprochant au premier de s'endormir dans les bras de sa maîtresse (qu'il appelait d'un autre nom), se livrant à un jeu de mots injurieux sur le nom du second. Malgré ses emportements, cet orateur n'eût peut-être pas réussi à atteindre son but, sans l'arrivée à Bordeaux de Montpézat, gendre du marquis de Villars, Honorat de Savoie, depuis quelque temps lieutenant général au gouvernement de Guyenne et en grande faveur à la cour de Charles IX, qui venait de lui donner la charge d'amiral de France, vacante

[1] *R. S.*, 20 mai.
[2] Darnal, *Chronique bourdeloise*, 1572.

par la mort de Coligny. Quelle était la mission de Montpézat en Guyenne ? Tout ce qu'on sait, c'est qu'elle était postérieure au 24 août 1572 et qu'il avait le titre de lieutenant pour le roi dans la province en l'absence de son beau-père. C'est en cette qualité qu'il vint à Bordeaux, où rien n'indique cependant qu'il se soit présenté devant le Parlement. On sait encore qu'à son passage à Blaye plusieurs réformés y furent tués.

Son séjour à Bordeaux fut de courte durée. Il en était à peine parti que le signal du massacre fut donné par Montferrand. Est-il vrai, comme le dit la relation insérée dans les *Mémoires sur l'état de la France sous Charles IX,* que c'était Montpézat qui, à la sollicitation du prédicateur jésuite, avait fixé les irrésolutions du maire-gouverneur hésitant jusque-là ? Ce qui est certain, c'est que si l'un conseilla ou ordonna, l'autre exécuta. Ce fut le vendredi 3 octobre, ce jour même où les jurats expédiaient au roi la lettre dont nous avons parlé, que le carnage commença. Montferrand, toujours d'après la même relation, aux hommes qu'il avait fait venir du dehors, avait joint les dizaines que les jurats, par ses ordres, lui amenèrent [1]. Les égorgeurs portaient des bonnets rouges que leur avait fournis Pierre Lestonnat, l'un de ces jurats. Les victimes

[1] La *Chronique,* malgré ses réserves habituelles, s'exprime sur cette catastrophe en termes fort concis, mais remarquables : « Le » troisième octobre, le massacre des Huguenots se fait à Bordeaux, » estant le seigneur de Montferrand gouverneur des Bourdelois, » *assisté de plusieurs étrangers.* »

dévouées à leurs coups étaient tous les religionnaires, et notamment ceux qui avaient porté les armes. L'une des premières fut le conseiller Jean Guilloche de La Loubière. Montferrand est désigné comme ayant poignardé de sa propre main ce magistrat, objet particulier de sa haine. Un autre membre du Parlement, Pierre de Sevyn, périt de la même manière, ainsi que son secrétaire ou clerc, nommé Simounet, qui se fit tuer sur son corps, déclarant hautement qu'étant de la même religion, il voulait mourir avec lui. On cite encore, parmi les principaux personnages assassinés, La Graulet, un des huissiers du Parlement ; un ministre protestant arraché de la conciergerie du palais, où il était enfermé ; un ancien prêtre catholique ayant changé de croyance, tiré de son lit où il gisait très malade, traîné et immolé en pleine rue, sur son refus d'abjurer. Les meurtres continuèrent pendant trois jours, et l'on assure qu'ils s'élevèrent au nombre de deux cent soixante-quatre.

Ainsi qu'il arrive dans ces crises terribles où les hommes se montrent sous des aspects souvent divers, à côté d'exemples de cruauté et de lâcheté, se rencontrèrent des actes d'humanité courageuse. Tel proscrit implora vainement un asile de parents ou d'amis et s'en vit impitoyablement repoussé ; tel autre fut recueilli par ses propres ennemis. Il y en eut même de sauvés par des prêtres catholiques ayant horreur de ce qui se passait. Quelques personnages notables durent la vie à l'avarice des bourreaux, comme le conseiller Bouchier et l'avocat Guillaume

Blanc, qui se rachetèrent par de fortes rançons. D'autres, tels que le premier président de Lagebâton et le conseiller protestant de Feydeau, sachant bien que s'ils tombaient aux mains de Montferrand ils étaient perdus, trouvèrent un refuge au château du Hâ, dont Merville, grand sénéchal de Guyenne, leur ouvrit les portes [1].

Pendant trois jours, toutes les autorités, autres que celle qui avait ordonné les meurtres, demeurèrent frappées de stupeur et d'impuissance. Le Parlement, peu nombreux d'ailleurs, se reconnut sans force pour arrêter le bras des assassins. On dit même que la plupart des magistrats se cachèrent. Enfin, le dimanche, Montferrand fit publier à son de trompe l'ordre de ne plus tuer ni piller, et de lui amener ceux qui seraient pris. Trois jours après, le Parlement se réunit, et le gouverneur s'y rendit. Il faut ici laisser la parole au procès-verbal de la séance.

« Le 9 octobre (1572), le sieur de Montferrand,
» mandé venir en la Cour, entre autres choses
» dit : « qu'il avait été averti qu'il y avait aucuns
» de la Cour qui avaient écrit au sieur amiral de
» Villars, lieutenant du roi en Guyenne, qu'iceluy
» de Montferrand n'avait tué le jour de l'exécu-
» tion par lui faite le trois octobre, que dix à
» douze hommes, chose ô correction de la Cour, du
» tout fausse, car il y avait eu plus de deux cent

[1] François de Peyrusse d'Escars, seigneur de Merville, nommé à ces fonctions en place du sire de la Rochefoucault. — Lettres patentes du 13 mars 1566. — R. E., B. 36.

» cinquante occis [1]; qu'il en ferait voir le rôle à qui
» voudrait le voir. Et le même jour, le sieur de
» Montferrand envoya sommer le sieur de Merville,
» sénéchal de Guyenne et capitaine du château du
» Hâ, de déclarer ceux qui s'étaient retirés audit
» château. » — Ici sont mentionnés les noms des
réfugiés dans cet asile, tant huguenots que catholiques : parmi les premiers, le conseiller Joseph
Feydeau, et le premier président Lagebâton, seul
des seconds. — Puis le procès-verbal ajoute : « Du
» discours de ce jour appert que messires Jean de
» Guilloche et Pierre de Sevyn furent tués comme
» étant de nouvelle religion... »

Il est inutile, sans doute, d'insister sur la valeur
historique d'un semblable document. Il n'en est pas
de plus authentique. On a donc peine à comprendre
qu'en présence de la confession solennelle de celui
qui va jusqu'à y revendiquer, comme l'acte le plus
méritoire, le massacre de ses concitoyens, sa justification ait pu être tentée. « Montferrand, a dit cependant
un écrivain moderne, n'était qu'un fanfaron de
crimes, grossissant par jactance le nombre de ceux
tués par ses ordres. Ce n'est, dans tous les cas, qu'un
agent secondaire de ce drame lugubre, dont le vrai
coupable est Montpézat [2]. »

---

(1) *Deux cent soixante-quatre*, d'après la relation que nous avons
déjà citée, y compris quatorze ou quinze qui furent massacrés dans
une cave, « comme apparut par le rôle que Linan, capitaine, envoya
» au gouverneur. » On voit que le rapport de celui-ci était fait sur
des informations très exactes.

(2) O'Reilly, *Histoire de Bordeaux*.

Nous avons peu de goût pour la polémique en matière d'opinions exprimées à propos des faits de l'histoire. Ceux qui entreprennent de l'écrire doivent jouir, à notre sens, d'une entière liberté d'appréciation, et quand ils jugent avec leur conscience les hommes et les faits, ils ne relèvent que d'elle seule. Il est toutefois des réhabilitations impossibles. Toutes les relations contemporaines s'accordent à très peu près sur le chiffre des victimes, et quand c'est leur bourreau lui-même qui s'indigne, comme d'une calomnie, comme d'un tort réel fait à son zèle, qu'on lui réduise le nombre des gens qu'il a tués, il faut bien l'en croire. Qu'importerait ce nombre d'ailleurs ? S'agit-il ici de compter ? Quant au véritable rôle que remplit Montferrand, dans quel but le rechercher si, quel qu'il fût, il restait toujours des plus odieux ? Que Montpézat ait pu être pour quelque chose, pour beaucoup même dans la Saint-Barthélemy à Bordeaux, la part qu'y prit l'homme qui cumulait les titres de maire et de gouverneur de la ville, en est-elle moins criminelle ? Magistrat du peuple, il versait le sang du peuple ; instrument, si on le veut, du crime d'autrui, il ne faisait que se déshonorer de plus en plus, car il mettait son épée de soldat au service d'assassins. Qu'il ait donc été auteur principal ou complice, la postérité n'a que le choix du nom infamant dont elle a droit de flétrir sa mémoire. Mais elle glorifiera celle de Merville.

L'attitude du Parlement, lors de la communication qu'il recevait, la sécheresse de formule employée pour mentionner la mort tragique de deux de ses membres doivent causer moins de surprise que d'affliction. La peur régnait encore et paralysait la justice. Il en fut partout ainsi, à Paris, à Rouen, à Toulouse. Là, les magistrats, témoins de faits encore plus horribles qu'à Bordeaux, durent cacher aussi leur indignation et leur douleur. Cependant, s'il fallait s'en rapporter aux paroles de Montferrand, il se serait rencontré des collègues de Guilloche et de Sevyn au gré desquels il n'aurait pas encore fait couler assez de sang. Devant une aussi grave accusation, il faudrait des preuves pour l'associer à des noms propres. Tout ce que nous apprend la narration que nous avons jusqu'ici consultée et dont on connaît la source [1], c'est qu'il y avait parmi les membres de la Cour un certain François de Baulon si dévoué aux Jésuites, que c'était à ses largesses qu'ils devaient l'établissement de leur collége à Bordeaux, et qu'après les événements il tenait le rôle des nouveaux convertis et constatait entre autres choses s'ils assistaient à la messe. Sa mémoire est chargée par les mêmes auteurs de bien d'autres imputations, comme de suborner les témoins dans les procès des réformés et d'y être à la fois juge et partie [2]. Était-ce là le dénonciateur dont Montferrand se plaignait comme ayant amoindri ses exploits? Les mesures que le Parlement prit dans

---

[1] *Mém. sur l'état de la France sous Charles IX*, t. I, p. 380 et suiv.

[2] On peut voir dans le Journal de Syrueilh (*Arch. hist. de la Gironde*, t. XIII) le détail des dons considérables de Baulon en faveur de la Société de Jésus.

la séance même où avait eu lieu l'allocution de Montferrand, portent l'empreinte évidente de la pression exercée sur les magistrats. Ils ordonnèrent la visite des maisons des réformés et leur désarmement; la mise aux arrêts chez eux des membres de la Compagnie qui, étant de la religion, avaient eu le bonheur d'échapper aux meurtriers; enfin de nouveaux serments par les avocats et procureurs qui avaient récemment abjuré. On poussa le scrupule jusqu'à aller prendre à domicile celui des malades. Le procureur général Mulet pouvait donc écrire à cette époque à Paris : « qu'il ne savait personne en cette ville de Bordeaux qui ne se fût rendu catholique. » En présence des moyens pris pour arriver à ce but, rien n'était, en effet, plus facile à croire.

Cependant, par lettres-closes du 30 septembre, le roi avait ordonné la cessation des massacres. Malheureusement, on ne connaissait pas encore à Bordeaux ces lettres le 3 octobre. Dès qu'elles y furent parvenues, et sous la date du 16 de ce mois, le Parlement, sur les réquisitions du procureur général, en prescrivit l'exécution. Il fut défendu, sous peine de la vie, de plus attenter à celle des réformés et à leurs biens; permis aux veuves et héritiers des victimes de rentrer dans ceux qui leur appartenaient, et aux personnes qui avaient été enfermées dans les couvents de la ville, par mesure de précaution, d'en sortir [1].

---

[1] *R. S.*, 16 octobre.

La rentrée de 1572 se ressentit nécessairement des conjonctures dans lesquelles elle s'effectuait. Beaucoup d'absences furent constatées, on se montra facile à les excuser. Dans le nombre, on remarque celle du premier président de Lagebâton, qui avait allégué une indisposition pour se dispenser de venir prendre son poste; ce qui lui fut accordé *donec convaluerit*. Sa lettre était datée du fort du Hâ. C'est de cet asile également qu'il en avait adressé deux, l'une à la reine-mère et l'autre au roi, dans lesquelles on regretterait de trouver plutôt les accents de la plainte que ceux de l'indignation, si l'on ne réfléchissait que leur auteur avait dû croire qu'à Bordeaux comme à Paris, c'était sur des ordres partis d'en haut qu'on avait agi [1].

Il était facile de prévoir que, le premier moment d'épouvante passé, les réformés courraient à la vengeance. Montauban donna le signal, et la quatrième guerre civile commença. En Guyenne, la première action militaire fut une sortie de Villandraut, château fort dans les Landes, occupé par les religionnaires, d'où ils se portèrent à Uzeste, bourg du voisinage, y profanèrent le tombeau du pape Clément V et brûlèrent quinze maisons. Montferrand dut s'occuper de réprimer cette agression, pendant que l'amiral de Villars était appelé au siége de Montauban. Avant son départ, le maire de Bordeaux vint au Parlement pour lui communiquer les dispositions par lui prises

---

[1] *Archives historiques de la Gironde*, t. X, p. 365 et suiv.

pour la garde de la ville en son absence. Il avait chargé en même temps les jurats de transmettre à la Compagnie ses plaintes de la négligence que ceux de ses membres appelés à veiller aux portes apportaient à l'exécution de ce devoir; plaintes qui reviennent si souvent qu'il est difficile de croire qu'elles ne fussent pas fondées. A son retour de Villandraut qu'il prit par capitulation, Montferrand vint faire un récit pompeux de ce succès assez médiocre en soi, vu les conditions avantageuses qu'il avait accordées aux assiégés. Il entretint en même temps le Parlement d'un incident relatif à l'un des conseillers sur le compte duquel le commandant de Villandraut lui avait fait une révélation importante.

Ce magistrat était Joseph Vallier, homme plein d'expérience et protestant des plus zélés. Compromis gravement dès 1569 par son dévouement au parti, il avait été condamné par contumace comme criminel de lèse-majesté [1]. Rétabli dans sa charge, après la pacification de 1570, il fut chargé, au commencement de 1572, d'une affaire qui fait connaître à la fois et sa capacité et la grande confiance où il était tenu dans son parti. Elle consistait à répartir entre les réformés

---

[1] Arrêt du 5 janvier 1569, liasse B, 1569, Arch. départementales. Cet arrêt était motivé sur ce que Vallier avait suivi les troupes du prince de Condé lors des derniers troubles; il était donc de toute justice. Au mois d'avril de la même année 1569, Vallier fut fait prisonnier de guerre aux environs de Niort. Il eut le bonheur de se tirer de ce mauvais pas en payant une rançon de dix mille écus, autrement l'arrêt de mort rendu contre lui eût bien certainement reçu son exécution. (Journal du chanoine Syrueilh, *Arch. hist. de la Gironde*, t. XIII.)

de la généralité de Guyenne les sommes dues pour payer les troupes allemandes appelées en France par les chefs des réformés comme auxiliaires dans la dernière guerre, sommes que le roi avait avancées aux princes de Navarre et de Condé afin de renvoyer au plus vite ces étrangers. Cette mission n'était pas apparemment terminée lors de la Saint-Barthélemy, puisque Vallier ne figure pas parmi les magistrats protestants qui se trouvaient alors à Bordeaux. Ce serait comme réfugié en Béarn qu'il aurait donné des secours en munitions au commandant de la garnison de Villandraut. Que devint cette nouvelle accusation? Les registres n'en disent rien. Il en est de même des suites d'une procédure criminelle dirigée contre lui en 1574 pour certains faits et discours dont il était alors inculpé. Vallier, spécialement protégé, selon toute vraisemblance, par les princes dont il gérait les intérêts avec autant d'intelligence que d'ardeur, était en pleine jouissance de son office en 1578, puisque, à cette époque, on le voit choisi par le roi pour figurer dans la composition de la chambre mi-partie dont nous parlerons plus tard. Il y a donc tout lieu de croire qu'il mourut dans l'exercice de sa charge, mais qu'elle fut éteinte ensuite par suppression et que le prix en fut ainsi perdu pour ses héritiers.

Pendant les actions militaires dont la Guyenne fut le théâtre, une grande expédition avait été dirigée contre La Rochelle, sous le commandement du duc d'Anjou. Ce prince était trop près de Bordeaux pour rester étranger à ce qui s'y passait. C'est ainsi qu'il décida qu'en l'absence de Montferrand, le gouvernement de la ville serait confié à l'archevêque. Il en avisa par lettre le Parlement, qui, évidemment froissé de cette disposition, se borna à en entendre la lecture. En même temps, des soldats étaient introduits dans la ville, de l'ordre du duc d'Anjou, auquel on avait inspiré des craintes pour la sûreté des châteaux qui la défendaient : infraction aux priviléges de la cité et que le Parlement fut encore obligé de subir en silence. Peu après, l'invitation adressée à Vaillac et à Merville, commandants des forts, de se rendre au palais avec Montferrand, amenait entre eux des difficultés de préséance qui aigrissaient encore les esprits au moment où on aurait eu un si grand besoin de bon accord. Vaillac, toujours suspect, protestait de sa fidélité par des rodomontades assez peu propres à rassurer sur son compte. « S'il croyait, déclarait-il, que son bras gauche fût huguenot, il se le ferait arracher; si les chats et les chiens l'étaient, il les chasserait du château. » Du reste, loin de prendre La Rochelle, le duc d'Anjou conclut un accord avec les assiégés, ce qui amena une quatrième paix aussi peu solide que les précédentes.

Avant sa promulgation, le premier président avait repris possession de son poste, lorsqu'une altercation violente éclata entre lui et Montferrand en plein Parlement. Elle avait pour cause les explications données par ce dernier au sujet de la prise de Blanquefort par les réformés, au mois de juin 1573, événement alarmant pour la sûreté de Bordeaux dont ce château est très voisin. On reprochait à Montferrand le mauvais choix du commandant de cette place, qui l'avait laissée surprendre. Cet officier nommé La Plane était signalé comme un ancien huguenot ayant figuré parmi les auteurs des derniers pillages et massacres. Le débat était ainsi transporté sur un terrain brûlant, et peut-être le premier président n'évita-t-il pas avec assez de soin des souvenirs irritants. Le gouverneur commença par décliner la compétence de la Cour sur de pareilles matières à raison desquelles il n'avait, dit-il, à rendre compte qu'au roi et à Monsieur. Il ajouta que, dans tous les cas, et fût-il contraint à se présenter à la Cour, il ne consentirait jamais à le faire devant *ledit Benoît* qui lui était suspect de longue main et lui voulait mal. Après une réponse fort digne du premier président, Montferrand s'emporta au point de le traiter de calomniateur. Cette insolence ne pouvait être tolérée par la Cour. Il fut arrêté que l'entrée en séance serait interdite au gouverneur et qu'on informerait le roi de ce qui s'était passé. On nomma à cet effet les conseillers Andrault et Poynet, qui durent porter avec eux le Registre [1].

Les violences de Montferrand tenaient encore à d'autres causes que son caractère et sa mésintelligence avec le premier président. Sa situation politique était, en effet, à ce moment, des plus fausses. Un de ses frères, nommé Langoiran, suivait le parti

---

[1] *R. S.*, 15 juin 1573.

contraire au sien et apportait aux réformés le concours le plus dévoué, mais non le plus désintéressé, car, à l'exemple de Pardaillan et de tant d'autres, il cherchait dans la guerre civile le moyen de s'enrichir. Le gouverneur de Bordeaux avait déjà été souvent interpellé à ce sujet dans le Parlement, avant la scène scandaleuse que nous venons de rapporter. Depuis ce débat, de nouveaux excès de Langoiran, ses menaces d'attaquer le Château-Trompette, qu'il se vantait hautement de prendre, l'avaient fait décréter de prise de corps. L'exécution de l'arrêt, confiée à son frère, présentait, on le comprend, des difficultés. Il fallut encore adresser au roi un exposé de cet état de choses, ce qui n'était pas fait pour se concilier le frère du décrété. En attendant, et comme tout était en armes autour de Bordeaux, la Compagnie recourut aux mêmes précautions que celles qui déjà avaient été prises dans de semblables conjonctures : visite des châteaux par des conseillers désignés à cet effet, garde des portes, rondes de nuit, expulsion des étrangers, désarmement des religionnaires dans Bordeaux. Au dehors, les petites villes voisines furent inspectées par le président La Lanne et le procureur général. Blaye, notamment, reçut un gouverneur de nomination parlementaire : le conseiller de Mabrun.

Ce furent là les principaux résultats de l'activité infatigable déployée par les magistrats dans ces temps critiques. Nous disons les principaux, car ils sont loin d'être les seuls. Pendant les deux années 1574, 1575, les registres ne sont remplis que d'opérations militaires de toute nature, auxquelles le Corps donna son concours incessant et quelquefois contribua par des sacrifices pécuniaires personnels.

Le récit détaillé de tout ce qui se passa de semblable alors tiendrait plus du journal ou de la chronique que de l'histoire et n'aurait d'ailleurs qu'un intérêt secondaire. Il faut donc se borner à extraire de cette période quelques incidents utiles à retenir. Telle est la mort de Montferrand, tué le 10 juillet 1575, d'une arquebusade, au siége de Gensac, l'une de ces bicoques qu'il fallait bien assiéger pour détruire les repaires de l'ennemi. Monluc assistait à cette expédition, quoiqu'il ne fût plus lieutenant-général en Guyenne; mais il venait d'être fait maréchal de France, et l'on avait eu recours à sa vieille expérience. Du reste, la nécessité de s'entendre pour faire face au danger commun avait fini par rendre moins difficiles les relations du gouverneur de la ville et de la Compagnie. Après sa mort, les jurats recouvrèrent au moins temporairement le droit de gouverner eux-mêmes la cité et d'élire le maire, prérogative qu'ils n'avaient cessé, et avec raison, de revendiquer. Ils appelèrent à cette dernière fonction un des présidents de la Cour, d'Eymar, qui accepta. Le Parlement se garda bien, comme de raison, de le lui défendre. Ce fut sous son administration que l'on eut recours, pour aider au paiement de la garnison, à un expédient qui consista à vendre le droit de bourgeoisie à des étrangers. Ceux qui l'obtinrent ainsi étaient des Portugais.

CHAPITRE VIII

1576-1593

Le roi de Navarre quitte furtivement la cour. — La Guyenne menacée. — Appel de Henri III à la fidélité du Parlement. — Cinquième trêve. — Nouvelles concessions aux réformés. — Création des Chambres triparties et mi-parties. — La guerre civile recommence. — Bordeaux très exposé. — Accord de toutes les autorités pour empêcher le roi de Navarre et le prince de Condé d'y entrer. — Mésintelligence prononcée entre Henri de Bourbon et le Parlement. — Rupture des relations; déclarations du Parlement. — Arrivée à Bordeaux de la reine-mère et de la reine de Navarre, sa fille. — Questions d'étiquette. — Mécontentement de Catherine. — Sa semonce au Parlement. — Examen des griefs. — La cour de Nérac. — Situation du Parlement vis-à-vis du pouvoir royal. — Création de la Chambre des Requêtes. — Autre crue d'offices. — Conférences et traités de Nérac et de Fleix. — Le Parlement sacrifié. — Établissement de la Chambre de Justice; son organisation, sa compétence. — Attitude du Parlement. — Mort de Lagebâton. — Le maréchal de Matignon, lieutenant général en Guyenne. — Son caractère. — Commencements de la Ligue. — Vaillac renvoyé. — Conspiration à Bordeaux. — Pontac d'Escassefort. — Mort du greffier en chef Jean de Pontac. — Les Jésuites expulsés de Bordeaux. — Assassinat de Henri III. — Projet d'un Conseil d'État à Bordeaux. — Matignon au Parlement. — Arrêt du 17 août 1589. — Dans quelle situation se place le Parlement. — Ses actes vis-à-vis de la Ligue et du nouveau roi. — Politique d'expectative. — Henri de Bourbon et ses lettres au Parlement. — Délibérations; habileté de Matignon; négociations. — Correspondances des chefs du Parlement avec Henri IV. — Comment il est reconnu roi. — Événements à Bordeaux et au dehors. — Échecs militaires de Matignon. — Son influence maintenue. — Abjuration, puis entrée de Henri IV à Paris. — Sa réconciliation avec l'Église. — Son autorité entièrement reconnue à Bordeaux. — Incident du siège du château du Hâ par Matignon. — Le président Gentils de Cadillac. — Examen et jugement des rapports entre Matignon et le Parlement. — Ce qu'il faut penser des appréciations de certains biographes du maréchal. — Opinion de Dupleix. — Juste part faite aux deux autorités. — Solution de la question de savoir si le Parlement de Bordeaux a été ligueur. — Cette Compagnie devant l'histoire générale et l'histoire locale. — Ses titres à la reconnaissance de la ville de Bordeaux et à l'estime de la postérité.

Au commencement de l'année 1576, un fait

survenait, alarmant pour la tranquillité générale du royaume et celle de la Guyenne en particulier : le jeune roi de Navarre avait quitté furtivement la cour. Depuis la Saint-Barthélemy, alors que, menacé de mort, il avait abjuré, ce prince y était traité moins en beau-frère qu'en prisonnier. A peine réuni aux autres chefs de la Réforme, il s'empressa de reprendre publiquement l'exercice de cette religion. Sa naissance le plaçait naturellement à leur tête ; il allait bientôt faire voir qu'à tous les autres titres, ce rang lui appartenait.

Tout faisait présumer que ses premières entreprises auraient lieu dans la province où l'appelaient le voisinage de ses propres États, la possession de plusieurs villes et l'espoir d'en conquérir d'autres. Henri III, qui avait naguère succédé à son frère Charles IX, ne s'y trompa pas un instant. Aussi immédiatement après l'évasion du roi de Navarre, il adressait au Parlement de Bordeaux un message pressant. Son envoyé, de Lussan, venait en informer la Compagnie et lui représenter ce que le brusque départ de Henri de Béarn et son nouveau changement de religion donnaient lieu de craindre pour le maintien de la paix dans le pays. Le monarque priait les magistrats d'être toujours attentifs à veiller à la sûreté de la ville [1]. Le président de Villeneuve répondit par les plus fortes assurances de fidélité. Le roi avait droit d'y compter plus que jamais en

---

[1] *R. S.*, février 1576.

ce moment. Il n'y avait pas longtemps, en effet, que deux jurats, revenant de Paris, rapportaient au Parlement ces paroles de Henri III, prononcées en leur présence : « que ce corps lui avait fait plus de service en Guyenne que la plus forte armée [1]. »

Bientôt, cependant, par suite de nouvelles tentatives de conciliation, pour la cinquième fois depuis l'origine des troubles, la paix était signée au mois de mai. L'édit qui en contenait les stipulations fut apporté au Parlement par Monluc, qui, soit par singularité, soit par une sorte de signification de son message, se rendit au palais sans épée et un bâton à la main. Au nombre des concessions de plus en plus étendues faites aux religionnaires, figurait le rappel des magistrats de ce parti à l'exercice de leurs fonctions sans être assujettis à des formalités incompatibles avec leur croyance. Un conseiller, de Gascq, se hâta de se faire recevoir et remercia, à cette occasion, la Cour des bons traitements dont, en son absence, on avait usé envers sa famille. Il lui fut répondu qu'il y serait toujours traité lui-même en frère. Heureuses dispositions si elles eussent duré! Une innovation très importante en fait de garanties assurées aux réformés fut celle qui, pour le jugement de leurs procès, créait dans chaque Parlement des chambres mixtes appelées tantôt *triparties,* tantôt *mi-parties;* les premières parce que, sur douze conseillers, il y en avait huit catholiques et quatre ou *un tiers* au total protestants;

[1] *R. S.*, 22 janvier 1575.

les secondes, auxquelles on finit dans la suite par se tenir, formées moitié de magistrats d'une des deux religions et moitié de l'autre. Le 28 mai 1576, l'édit spécial concernant l'organisation et la nomination des membres de cette juridiction nouvelle fut présenté et enregistré au Parlement. Elle se composait, à Bordeaux comme à Grenoble, Aix, Dijon, Rouen et Rennes, de deux présidents et de dix conseillers selon les proportions indiquées [1]. En dehors de cet édit, des avantages particuliers avaient été assurés au roi de Navarre, sur lesquels nous reviendrons.

Mais quelques mois étaient à peine écoulés depuis la promulgation solennelle de cette convention qui semblait définitive, que — nous sommes condamnés par le retour des mêmes événements à ces redites — les partis reprenaient les armes. Les craintes, justifiées bientôt par les mouvements des réformés, commandaient au Parlement et aux jurats de nouvelles précautions pour la sûreté de la ville sans cesse menacée, car sa possession aurait été pour l'ennemi le poste militaire et politique le plus avantageux. Le désir de le sauver n'allait pas cependant jusqu'à accepter l'offre de Monluc de venir hiverner à Bordeaux. On la déclina par crainte de conflits

---

[1] *R. E.*, B. 39, à la date. — On essaya d'abord de la Chambre tripartie dont les membres à Bordeaux furent, savoir, pour les catholiques: le président de Villeneuve, les conseillers Mérignac, d'Alesme, Malvin, Destivalle, Grimard, Tarneau, d'Amalby, de Bavoliers; et pour les protestants: Vallier, Bouchier, Gascq, de Tustal, Feydeau, Grenier, les quatre premiers devant siéger comme plus anciens. — *R. S.*, avril 1578.

entre le vieux maréchal et l'amiral de Villars, *un peu pointés* l'un contre l'autre, dit la Chronique [1].

A cette époque commencèrent des cérémonies religieuses extraordinaires, prélude de celles qui devaient bientôt marquer la naissance et les progrès d'une association destinée à devenir fameuse. Le roi avait demandé des prières pour l'ouverture des États Généraux. Il y eut à Bordeaux communion générale précédée de plusieurs jours de jeûne indiqués par le Parlement, qui donna l'exemple de cette manifestation catholique. Les réformés y répondirent par la prise de La Réole. L'occupation de cette ville si voisine était bien faite pour motiver les mesures de salut public prises au début de l'année 1577 à Bordeaux, et pour lesquelles le Parlement déclarait vouloir unir ensemble tous les habitants « à l'effet de les acheminer à la commune défense et tuition de la ville [2]. » On nommait, sur l'invitation des jurats, vingt-quatre capitaines de quartier, et, sur ce nombre, douze devaient être pris dans le Parlement. Telles étaient, au surplus, les exigences du moment que, le 23 du même mois, la Cour se voyait obligée de diminuer les jours d'audience pour que les avocats et procureurs requis pussent satisfaire à ce devoir. Bordeaux sans doute n'était pas assiégé, mais n'avait jamais peut-être couru de plus grands dangers.

En effet, les princes, chefs des religionnaires —

[1] Darnal, *Chronique,* 1577.
[2] *R. S.,* 9 et 15 janvier 1577.

c'est-à-dire le roi de Navarre et le prince de Condé — aspiraient à s'en saisir pour en faire la base de leurs opérations. Dans ce but, ils cherchaient, sous différents prétextes, à y pénétrer, bien assurés que s'ils y entraient une fois, les nombreux partisans qu'ils y comptaient les aideraient à en rester les maîtres. Heureusement, ces projets n'étaient un mystère pour personne. Les jurats et le Parlement s'entendirent parfaitement pour détourner successivement le prince de Condé et le roi de Navarre de venir à Bordeaux sous prétexte de s'y rencontrer. Tous deux se montrèrent irrités de la méfiance qu'on leur témoignait, le roi de Navarre surtout, qui, en sa qualité de gouverneur de la province, devait être particulièrement offensé qu'on lui fermât les portes de la capitale. Pour l'apaiser, une députation lui fut adressée, composée des jurats et de plusieurs membres du Parlement, à la tête desquels se trouvait le premier président Lagebâton. Il représenta vivement au roi de Navarre combien il importait au bien public qu'il s'abstînt de venir à Bordeaux en ce moment. Henri manifesta sa mauvaise humeur de cette démarche, et de vive voix et par écrit[1]. Mais, ainsi que le dit la *Chronique* qu'il faut laisser ici parler, comme le meilleur organe de l'opinion, « tout cela n'arrêta pas les habitants de Bordeaux, n'ayant pas de plus fort objet que le service du roi et la

---

[1] V. Dom Devienne et la lettre du roi de Navarre aux jurats, rapportée tout entière dans les notes de la première partie de l'*Histoire de Bordeaux*.

conservation de la ville en son obéissance.⁽¹⁾ » Il y eut à cet égard unanimité de toutes les autorités. Ainsi, l'archevêque crut devoir venir solennellement à l'Hôtel de Ville donner aux jurats l'assurance particulière de son adhésion.

Les princes se virent donc obligés de renoncer à leurs desseins. Pour les conjurer de plus en plus, on avait eu recours, dans la ville, à une précaution extrême et de nature à amener de grands malheurs. Ce fut l'incarcération, au couvent des Jacobins, de tous les réformés sans exception dont on put s'assurer. Le peuple, excité sans doute par des meneurs ou cédant à des alarmes exagérées, voulut massacrer ces malheureux. Le Parlement, justement effrayé, réclama l'appui de l'amiral de Villars, qui promit de les protéger et sut, en effet, les garantir de tout danger⁽²⁾.

Cependant la mésintelligence était arrivée au dernier degré entre le roi de Navarre, toujours aigri de ce qu'on lui fermait les portes de Bordeaux, et le Parlement, bien décidé à ne pas les lui ouvrir. La Compagnie, comprenant toute la gravité de ce refus, mais n'en déclinant pas la responsabilité, s'attachait à justifier sa conduite en constatant sur ses registres les actes d'hostilité de Henri de Bourbon contre l'autorité royale. Ainsi, on y trouve successivement : la relation d'une tentative faite au commencement de 1577 par Langoiran de Montfer-

---

(1) Darnal, *Chronique*, 1577.
(2) *Id.*

rand et d'autres chefs des réformés pour s'emparer de Saint-Macaire, avec cette remarque que dix ou douze des assaillants *portaient la livrée du roy de Navarre* [1]. Ce dernier ne tarda pas à lever tout à fait le masque. Il avait adressé, le 27 mars, au Parlement une lettre que le premier président montra dans l'assemblée des chambres, qui décida qu'on ne l'ouvrirait pas et qu'il n'y avait lieu d'y répondre, attendu que le prince portait les armes contre le roi et assiégeait Marmande à coups de canon [2]. Il était d'ailleurs si bien tenu pour ennemi public, que son nom seul devenait un épouvantail dans le pays. Au mois d'août, en effet, le bruit de son arrivée s'étant répandu dans l'*Entre-deux-Mers* (c'est la partie des environs de Bordeaux comprise entre les deux rivières de la Garonne et de la Dordogne jusqu'à leur confluent), les habitants, effrayés, prenaient tous la fuite. Le Parlement chargea son chef d'informer de ces rumeurs les jurats et de les exhorter à redoubler de vigilance [3]. Ces divers faits concernant le roi de Navarre sont extrêmement importants à retenir, comme on le verra dans la suite.

Une nouvelle trève avait été conclue au mois de septembre de la même année 1577; et, quoiqu'elle mît à peine un terme momentané aux hostilités, elle facilita cependant l'exécution du projet que la reine mère Catherine de Médicis avait formé d'accompagner

---

[1] *R. S.*, 23 janvier. — *Mémoires de Sully*, t. Ier.
[2] *Id.*, 27 mars. — *Mémoires de Sully*, t. Ier.
[3] *Id.*, 13 août.

sa fille, la reine de Navarre, qui venait rejoindre son époux. Ce voyage, qui amena les deux reines à Bordeaux, sans résultat notable pour les affaires en général, ne fut pas tout à fait exempt de tribulations pour le Parlement. Il est vrai qu'il ne dut s'en prendre, à beaucoup d'égards, qu'à lui-même.

Nous avons déjà eu l'occasion de remarquer l'importance excessive qu'il attachait à des questions de pure étiquette. Il crut devoir, par une distinction difficile à comprendre, ne pas rendre aux deux reines les mêmes honneurs qu'au roi lui-même, en délibérant qu'il ne les accompagnerait pas jusqu'à la cathédrale où elles devaient venir lors de leur entrée. Catherine eut connaissance de cette délibération, et s'en trouvant offensée moins pour elle encore que pour sa fille envoya Des Cars signifier au premier président qu'on eût à traiter en tête couronnée la reine de Navarre, qui y avait droit, dit-elle, comme fille, sœur et femme de roi. Il fallut obéir, quoique, pour adoucir le regret de sa soumission, le Parlement eût mis sur son registre qu'il cédait à l'instante prière de ladite dame reine-mère, *sans tirer à conséquence* [1]. Si, comme tout porte à le croire, Catherine sut en quels termes les magistrats avaient ainsi motivé leur obéissance, on s'explique parfaitement et son mécontentement et son empressement à le leur faire sentir. Six jours après en effet, elle manda le Parlement tout entier aux Cordeliers. Sur la remontrance qui lui fut faite que

---

[1] *R. S.*, 21 septembre 1578.

la Cour ne s'assemblait en corps qu'au palais, elle consentit à n'en recevoir que la plus grande partie, mais y compris tous les présidents. Ceux-ci se présentèrent devant elle, avec huit conseillers et deux des gens du roi, ce qui était encore éluder l'ordre; mais la reine passa outre. Elle les admit à s'asseoir devant elle, puis, après leur avoir dit elle-même en peu de mots qu'elle était venue en ce pays pour l'exécution et entretenement de l'édit de pacification, premier objet de *sa volonté,* elle ajouta qu'elle avait reçu de grandes plaintes contre la Compagnie et qu'elle chargeait M. de Foix de les lui déclarer. Ce dernier prenant aussitôt la parole s'exprima ainsi : « Le roi avait entendu qu'en la
» Cour de Parlement de Bordeaux aucun édit n'était
» gardé; qu'on ne tenait pas les mercuriales comme
» c'était requis par les ordonnances; mais au contraire
» qu'on souffrait que les conseillers d'icelle sollicitassent
» ès procès y pendants l'un l'autre, et qu'on se prêtait
» les voix les uns aux autres, chose de pernicieuse
» conséquence et mauvais exemple. Et outre qu'il y en
» avait plusieurs qui commettaient sacriléges, tenant
» plusieurs bénéfices par moyens illicites; davantage
» que les édits faits par le roi envoyés en la Cour
» pour les vérifier selon son vouloir, la Cour les
» mettait en longueur et ne tenait compte de les
» publier, dont ledit sieur recevait grand déplaisir,
» ayant donné charge expresse à ladite reine, sa
» mère, de le remontrer à sadite Cour, aux fins de
» corriger ceux d'entre eux qui les commettent, à

» quoi faire elle n'avait voulu faillir (1). » La sévérité de cette semonce s'aggravait encore du caractère de celui qui en était l'organe. Paul de Foix, un des hommes d'État les plus illustres de ce temps, chargé des missions les plus importantes en France et à l'étranger, accompagnait la reine-mère pour l'aider à assurer l'exécution de l'édit de pacification. Il avait été conseiller au Parlement de Paris, et sa compétence en matière de discipline judiciaire n'était pas récusable (2). Tout se réunissait donc pour accabler le Parlement. Le premier président, néanmoins, soutint fermement cette attaque et y répondit avec présence d'esprit. Après avoir remercié ladite dame des admonestements par elle faits à ladite Cour, il ajouta : « que la Cour » de Parlement de Bordeaux représentait le roi, et » *attant* qu'elle la suppliait de nommer ceux qui » pourraient être coupables desdits crimes pour, après » leur procès fait, en faire faire punition, et que, aux » dites fins, la Cour garderait, comme elle faisait, de » tout son pouvoir les ordonnances. »

Cette réponse, quoique ne manquant pas de dignité, peut sembler quelque peu sommaire en regard de griefs dont quelques-uns étaient de la dernière gravité. Tel était assurément cet échange complaisant de voix entre les magistrats pour les plaideurs qu'ils se recommandaient mutuellement. C'était avec raison que le premier président traitait de crime une pareille prostitution de la justice : il

---

(1) *R. S.*, 29 septembre 1578.
(2) *Biographie universelle*, t. XV.

était fondé cependant à demander qu'on lui nommât les coupables pour les rechercher et les punir. Mais il semble qu'il était moins difficile de découvrir ceux qui cumulaient plusieurs bénéfices. Quant à l'inobservation des ordonnances sur la tenue des mercuriales, rien de mieux mérité que ce reproche. Peu s'en fallait qu'elles ne fussent tout à fait tombées en désuétude. Ce qui se passait à leur sujet est même assez curieux à observer. On savait bien qu'il fallait s'en occuper, et on prenait jour dans ce but; mais à ce jour indiqué, une affaire imprévue venait à la traverse, et la délibération disciplinaire se voyait ajournée, quoiqu'elle eût dû, ce semble, passer en première ligne [1]. Les registres abondent en cas semblables. Serait-ce qu'on reculât devant la censure parce qu'elle aurait eu trop de sujets de s'exercer ? On était donc bien loin des scrupuleuses observances d'autrefois, et quand même ce mal eût été général, quand il serait vrai que les mercuriales avaient fini par être négligées partout, la faute n'en était pas moins digne de blâme. Il en était de même du reproche des délais, équivalant à des refus, que subissaient les édits royaux présentés à la vérification. Très peu de temps avant l'arrivée de la reine-mère à Bordeaux, le procureur général avait été chargé de transmettre au Parlement l'expression du mécontentement du roi, pour le retard apporté à l'enregistrement de ses édits, par mépris de son autorité, ce qui ne se

[1] *R. S.*, 19 novembre 1564, 15 mai 1566, 7 février 1570, 13 février 1579, etc.

faisait dans aucun autre parlement du royaume. Or nulle délibération ne fut prise sur cette représentation — et celui de Bordeaux semblait avoir adopté un plan de désobéissance silencieuse aux volontés du législateur qui lui déplaisaient. Sous un gouvernement plus solidement établi que celui du faible Henri III, ce système, au moins étrange, n'aurait pas eu de succès. Mais l'état continuellement précaire des affaires, le besoin de pourvoir aux nécessités du présent, empêchaient d'insister sur le passé. Telle fut sans doute la raison pour laquelle le Parlement n'eut pas, alors au moins, à rendre un compte plus sévère des libertés qu'il prenait avec les actes de l'autorité royale.

Comme sa loyauté, d'ailleurs, n'était pas suspecte, ses autres torts ne diminuaient pas la confiance qu'on avait en lui, et il en recevait de nombreux témoignages en voyant le maréchal de Biron, qui venait de remplacer l'amiral de Villars dans le gouvernement de la Guyenne, et le conseiller Édouard Molé, du Parlement de Paris, délégués à cet effet, lui apporter des règlements faits pour la garde de la ville, au sujet de laquelle on avait toujours des inquiétudes[1]. Un comité, sous le nom de Conseil d'État, fut établi à Bordeaux pour l'exécution de ces règlements, et ce qui dut consoler le Parlement de ne pas les avoir faits seul, c'est que plusieurs de ses membres, les uns comme surintendants, tels que

---

(1) *R. S.*, 29 septembre 1577.

le président de Lalanne et le greffier Thomas de Pontac, et les conseillers Alesme et Duroy, comme capitaines, en firent partie. Ces nouvelles précautions démontraient assez que la paix ne régnait pas dans la contrée. En effet, des troubles à Tartas nécessitèrent l'envoi en députation au roi du président de Nesmond et de deux autres magistrats. Quelque temps après, malgré une nouvelle publication de l'édit de pacification par l'ordre de la reine-mère, Langon était, assiégé et pris par les réformés. En vain Catherine avait-elle fait un accord à Nérac avec le roi de Navarre, tout était en armes autour d'eux. Il n'y avait réellement de neutralisé que le lieu même où ils se rencontraient. Les fêtes s'y succédaient, il est vrai, nombreuses et brillantes; mais tout près de là les hostilités continuaient. C'était même à qui de la belle-mère et du gendre se joueraient l'un de l'autre, en faisant surprendre pendant un bal des postes appartenant à l'un d'eux dans le voisinage [1]. La petite cour de Nérac était d'ailleurs un théâtre d'intrigues et de désordres

---

[1] Voici un trait de ce genre, emprunté aux récits du temps : La Réole ayant été livrée aux catholiques par un officier huguenot épris d'une des filles d'honneur de la reine-mère, le roi de Navarre prit sa revanche en allant, pendant une fête qui se donnait à Auch et à laquelle il se déroba, s'emparer, à quelque distance, de la petite ville de Fleurance. Catherine fut bien surprise de cette expédition, qu'elle apprit le lendemain matin. Elle aurait juré que son gendre avait couché à Auch; mais elle prit le parti d'en rire la première. « C'est, dit-elle, la revanche de La Réole, et le roi de Navarre a voulu faire chou pour chou, mais le mien est mieux pommé. » (*Mémoires de Sully*, t. Ier, p. 117.)

incessants. La désunion entre des époux dont les nœuds furent toujours mal assortis, était le moindre des scandales qui y frappaient tous les yeux. Comment de pareils spectacles n'auraient-ils pas profondément déconsidéré ceux qui les donnaient! Quelle autorité morale pouvait, par exemple, se flatter de conserver la reine-mère, quoique parlant et agissant au nom du roi, sur de graves magistrats instruits de pareils faits? Ne s'explique-t-on pas dès lors que le Parlement de Bordeaux n'ait pas montré plus de respect pour ses ordres concernant les affaires publiques que pour des recommandations relatives à certains intérêts privés du roi de Navarre sur lesquels nous aurons plus tard à nous expliquer? Pendant son séjour en Gascogne, Catherine avait voulu faire renvoyer à la Chambre de l'Édit, à Agen — c'est ainsi qu'on nommait la chambre tripartie, — une poursuite criminelle intentée à Bordeaux contre un sieur Macanan, accusé de complot pour livrer la ville à l'ennemi, procès déjà pendant devant la grand'chambre et la Tournelle. Le Parlement résista sur ce point non seulement à la reine-mère, mais encore au roi qui lui avait fait signifier l'interdiction de connaître de l'affaire par le conseiller Molé. La Compagnie disait qu'il s'agissait d'un crime de lèse-majesté, hors de la compétence de la Chambre de l'Édit. Même opposition au sujet de séditions suivies de meurtre à Condom et que le Parlement entendait retenir. Il alla jusqu'à faire transcrire son arrêt sur les lettres mêmes d'interdiction et à les remettre en cet état au député. C'était une véritable lutte de puissance à puissance, soutenue, il est vrai, au nom de la justice, la première de toutes les souverainetés. On ne voit pas la suite de ce grave conflit. Mais il est bien permis de croire que le souvenir ne s'en perdit pas, et que plus tard le Parlement en porta la peine.

Une première et vive contrariété pour lui fut la création, définitive cette fois, de la Chambre des Requêtes, déjà tentée anciennement, évitée, comme on l'a vu, lors de la fusion de la Cour des Aides de Périgueux dans le Parlement, et depuis laissée de côté, grâce à cet expédient. Mais un édit du mois d'août 1580 la décréta. Les magistrats eurent recours comme toujours à des délais pour la vérification et l'enregistrement. Mais ces lenteurs s'accordaient mal avec l'impatience du roi. Dès le 22 décembre suivant, il y avait des lettres de jussion de procéder à la publication, et le maréchal de Biron venait la presser en avouant que c'était un édit fiscal, mais absolument nécessaire, puisque le produit en avait déjà reçu sa destination. Ce ne fut pourtant que le 14 avril 1581 que l'enregistrement eut lieu, trois mois après que de sérieuses remontrances avaient été apportées à la Cour par le conseiller d'État de Bellièvre, que le roi en avait chargé [1]. Le Parlement céda donc avec toute la mauvaise grâce qu'il mettait toujours à une augmentation

---

[1] R. S., aux dates indiquées.

de personnel. L'expression de son dépit alla plus loin.

Les Requêtes du palais — comme on les appelait — avaient pour attributions le jugement des causes personnelles, civiles et mixtes des personnes et établissements qui, en vertu de lois générales ou particulières leur conférant ce privilége, jouissaient du droit de *committimus,* celui d'être jugé par une juridiction spéciale. Les Requêtes ne prononçaient du reste qu'en première instance et sauf appel à la grand'chambre. Or, on a déjà vu à quel point le Parlement était jaloux de sa souveraineté judiciaire et voyait une véritable atteinte à l'unité, à l'intégrité de ce caractère dans l'existence, au milieu de ses rangs et faisant corps avec lui, d'une chambre ne statuant qu'en premier degré. C'est là certainement le motif principal, quoique dissimulé, de l'éloignement, pour ne pas dire du dédain que la Compagnie manifesta si longtemps à l'égard des Requêtes. Longue et fastidieuse serait l'énumération de toutes les humiliations que cette chambre eut à subir de la part de ceux qui ne voulaient pas voir dans ses membres des collègues et les traiter sur un pied d'égalité, quoique les lettres de création déclarassent formellement que la chambre nouvelle était unie et incorporée au corps de la Cour, et que les magistrats appelés à la composer auraient les mêmes droits que les autres conseillers et les mêmes gages. Nous aurons lieu de mentionner quelques-uns de ces mauvais procédés qui allèrent quelquefois jusqu'à l'outrage. Les registres en sont remplis [1]. Nous devons nous borner à y renvoyer pour la plupart des cas. Cet état de choses dura plus d'un siècle, et les Requêtes se virent ainsi pendant bien longtemps tenues à l'écart, dans une position secondaire, subordonnée et presque déconsidérée, de par cet orgueil encore plus implacable dans les corporations que chez les individus. Pourquoi s'en étonner? Ces errements n'étaient pas propres au seul Parlement de Bordeaux. En 1522, lors de l'établissement de la vénalité, vingt membres nouveaux ayant été créés dans celui de Paris, il n'y eut pas d'obstacles que ce corps n'apportât à leur réception, ni de dégoûts de toutes sortes dont ils ne fussent ensuite abreuvés, quand il fallut bien les admettre : jusqu'à les reléguer dans une chambre séparée, absolument distincte du reste de la Compagnie, dont ils ne faisaient pas partie, et à les exclure de toute délibération. Le roi fut réduit à les disperser dans les autres chambres, à mesure qu'il y vaquait des places, et à forcer les membres des anciennes à présider la nouvelle [2]. On peut être certain que ces précédents n'étaient pas ignorés à Bordeaux ni dans les autres cours souveraines. Enfin, celle-ci dut céder et renoncer à une

---

[1] *R. S.*, aux dates suivantes : 9 juin 1594, — 13 mars 1596, — 17 juin 1598, — 13 mars, 4 mai 1600, — 20 juillet, 27 novembre, 14 décembre 1601, — 13 février, 18 mai 1613, — 9 décembre, 10 décembre 1615, — 16 juin 1617, — 18 septembre 1620, — 26 mai 1631, — 12 et 16 mars et 11 mai 1632, — 11 août et 21 novembre 1633.

[2] *Histoire de France*, par Garnier, t. XXIII, p. 413 et suiv.

lutte d'autant plus déraisonnable que les Requêtes existaient déjà très anciennement dans les autres Parlements, notamment à Paris. Les premiers officiers de cette chambre à Bordeaux furent, comme présidents : Mathurin Gillibert, neveu, ainsi que nous l'avons dit précédemment, du premier président, et Fortis de Lavie; en qualité de conseillers : Louis de Gentils, Hélion, Voisin, Suduiraut et Bichon.

Le Parlement avait d'autant plus dû finir par obéir aux ordres du roi pour cette crue, que depuis plusieurs années il en combattait une autre plus considérable encore. Dès 1575, en effet, et jusqu'à son avénement, Henri III avait créé d'abord quatre nouveaux offices de conseillers lais que l'on faisait grande difficulté d'accepter. A ces premiers vinrent s'en joindre plus tard douze autres, ce qui portait le nombre à seize, sans déduction de ceux qui composaient la nouvelle Chambre des Requêtes. Le Parlement jeta les hauts cris, et il y avait de quoi, en présence de ce nouveau recours à une ressource dont il avait été fait déjà un usage immodéré. Il y eut lettres sur lettres de jussion, auxquelles la Compagnie ne se rendit pas encore. Enfin, en 1585, elle obtint la réduction des charges de nouvelle création à six et s'arrangea de manière à ne vérifier l'édit que pour quatre, nombre auquel, de guerre lasse sans doute, adhéra l'autorité [1]. Ainsi, la persévérance des magistrats avait fini par avoir raison de ses

---

(1) *R. S.*, 21 mars 1586.

exigences. Mais le moment approchait où ils allaient se voir atteints dans un endroit bien autrement sensible que l'intérêt : dans leur considération et peut-être même leur honneur.

Le résultat de l'accord de Nérac ayant été à peu près nul pour la pacification des troubles, des conférences dans le même but furent ouvertes à Fleix, près de Sainte-Foy, par le roi de Navarre d'une part, et de l'autre par le duc d'Alençon, frère du roi, qui portait alors les titres de duc d'Anjou et de Monsieur. Ces conférences avaient pour but d'assurer l'exécution de l'édit de 1576 et de ce qui l'avait suivi. Entre les deux princes, la partie n'était pas égale. Le dernier, outre sa médiocrité, manquait de convictions politiques comme de loyauté et avait déjà changé plusieurs fois de parti. Henri de Bourbon, chef du sien, joignant à ses qualités personnelles les lumières de ceux qui l'entouraient, apportait à la négociation des prétentions bien arrêtées, la ferme volonté de stipuler cette fois des conditions plus avantageuses et de prendre pour leur exécution des sûretés plus solides que jamais. Son succès fut complet. Entre autres garanties qu'il obtint, l'article 2 de la convention lui en donna une tout à fait inouïe et de nature à contrister au plus haut degré le Parlement de Bordeaux : ce fut l'établissement dans la ville même d'une Chambre de Justice composée de membres tirés des autres Parlements du royaume et du Grand Conseil, au nombre de quatorze, y compris, dans l'origine, deux présidents, réduits ensuite à un seul, avec un avocat et un procureur général. Cette Commission — car il faut bien appeler les choses par leur nom — avait pour charge de juger définitivement toutes causes, procès, différends et contraventions au dernier édit de pacification, dont la connaissance avait été précédemment attribuée aux Chambres triparties. Elle devait siéger pendant deux ans, tant à Bordeaux que partout ailleurs dans le ressort où elle jugerait à propos de se transporter afin de rendre sur place justice à chacun. Cette institution constituait donc le Parlement de Bordeaux en état de suspicion devant l'opinion publique, le mettait en véritable interdit à l'égard de certains de ses justiciables. Qu'il y eût là, de la part du roi de Navarre, une sorte de représaille des résistances apportées naguère par ce corps à l'exécution de ses plans militaires, c'est ce que l'on est bien tenté de croire. Mais il faut aussi reconnaître que les Chambres triparties n'avaient nullement atteint le but qu'on s'en était proposé, en Guyenne peut-être moins encore que partout ailleurs.

Quoi qu'il en soit, le Parlement eut le bon esprit de recevoir sans emportement le coup qui le frappait et de ne laisser percer son chagrin ni dans ses discours ni dans ses actes. Dès le 9 janvier 1581, il enregistrait les articles de Fleix, arrêtés le 26 novembre précédent [1]. On décidait, en même temps, que Monsieur serait averti de l'accomplissement de cette

---

[1] Édit du roi sur la pacification des troubles. *R. E.*, B. 40.

formalité. Le roi de Navarre s'y montra encore plus sensible que lui. De Castillon où il se trouvait, il adressa une lettre en date du 13 janvier, par laquelle il remerciait le Parlement de son empressement à publier la paix, et dont Constant, un de ses officiers qui en était porteur, paraphrasa le contenu en termes pleins de courtoisie. Le premier président lui répondit sur le même ton. Cet échange de bons procédés fut suivi d'une cérémonie religieuse dans laquelle figurèrent le duc d'Anjou et la reine de Navarre, ainsi que le Parlement. Henri de Bourbon n'y parut pas, ce qui est facile à comprendre. Il n'y a donc rien de plus invraisemblable que sa présence à Bordeaux à cette époque, quoiqu'elle soit relatée par un historien nous ne savons sur quelle autorité [1].

Cependant les conjonctures semblèrent favorables au Parlement pour tâcher d'obtenir par des négociations ce qu'il aurait été impossible d'emporter autrement. Mais en vain rallia-t-il à ses intérêts le duc d'Anjou pour faire prononcer sous divers prétextes le retrait de la Chambre de Justice. L'arbitre suprême de cette question était toujours le roi de Navarre, trop intéressé à la solution que lui avait donnée la conférence de Fleix pour prêter les mains à une concession aussi préjudiciable à tout son parti. Aussi, après des pourparlers qui durèrent

[1] D. Devienne, *Histoire de Bordeaux*, 1re partie, p. 177. Le Journal du chanoine Syrueilh (*Archives historiques de la Gironde*, t. XIII) confirme notre opinion sur l'absence du roi de Navarre de Bordeaux dans cette circonstance.

longtemps, mais sans aboutir à la modification si désirée, le Parlement dut y renoncer et se soumettre en définitive; ce qu'il fit, du reste, d'aussi bonne grâce que cela était possible.

La nouvelle juridiction fut installée solennellement le 26 novembre 1582. Elle était composée de magistrats choisis tant dans les Conseils du roi que dans le Parlement de Paris et dont voici les noms :

Président : Pierre Séguier, présid^t au Parlement de Paris.

Conseillers :
- Jehan Séguier, maître des requêtes.
- Estienne Fleury, cons^r au Parlement de Paris.
- Hiérosme Angenoust, id.
- Hiérosme de Montholon, id.
- Jehan Scarron, id.
- Guillaume Benard, id.
- Adrien Dudrac, id.
- Pierre Séguier, id.
- Lazare Coqueley, id.
- Jehan de Thumery, id.
- Claude Dupuy, id.
- Jacques de Thou, id.
- Michel Hurault de l'Hospital, id.

Avocat gén^l : Me Antoine Loysel.
Proc^r général : Me Pierre Pithou.

Le règlement donné à cette Chambre l'autorisa à s'intituler : « *La Cour de la justice établie par le Roy en son pays et duché de Guyenne suivant l'édit, pour juger en souverain et dernier ressort privativement à tous autres, et même à la Chambre tripartie naguère établie à Bordeaux, tous procès et défauts mus et à mouvoir, de quelque nature et qualité qu'ils puissent être, ès toutes matières tant civiles que criminelles, ès quels procès ceux de la religion prétendue réformée et autres qui ont suivi leur parti seront parties principales en demandant ou en défendant.* » Elle siégea au couvent des Jacobins, tandis que le Parlement continuait d'occuper son palais de l'Ombrière.

L'attitude du Parlement dans cette circonstance pénible fut pleine de prudence. Après avoir échangé avec la Chambre des députations dont l'initiative appartint à celle-ci comme *obligée envers des supérieurs,* ainsi que le reconnut Loysel, le Parlement s'abstint de toutes démarches pouvant trahir un mécontentement quelconque. C'est ainsi qu'il éluda la direction que les jurats sollicitaient de lui sur ce qu'ils devaient faire au sujet de l'annonce de l'ouverture de la Chambre et de leur assistance à son inauguration. Ils furent laissés maîtres d'agir comme bon leur semblerait. Même circonspection à l'occasion d'une dénonciation que, dans son zèle pour l'honneur de la Compagnie, le procureur général Desaigues lui avait faite de passages de la harangue de Loysel à l'entrée de la Chambre et qui lui avaient paru blessants pour le Parlement. Aucune suite ne fut donnée à cette plainte, qu'on laissa tomber. Nul conflit d'attributions réellement sérieux — et c'était là un écueil à craindre — ne s'éleva non plus entre les deux juridictions, l'une et l'autre souveraines. Il faut en faire honneur surtout à la modération du Parlement, puisque la Chambre de Justice, par un privilége excessif en matière d'hiérarchie judiciaire, avait reçu le pouvoir de prononcer elle-même définitivement sur sa compétence. Mais le Parlement, par un sentiment de dignité qui l'honore, sembla résolu d'éviter toute compétition. La Chambre fonctionna donc paisiblement pendant plus de deux ans que dura sa session, à Bordeaux, à Agen, à Périgueux, à Saintes. Elle statua sur un grand nombre de procès, et il faut reconnaître que l'œuvre de ce tribunal, quoique d'exception, porta d'heureux fruits. C'en était un déjà, et des plus précieux, que d'avoir enlevé aux justiciables qui étaient de la religion réformée tout prétexte de plaintes contre l'indépendance et l'intégrité de leurs juges. Ceux qu'on leur avait donnés venaient de trop loin et présentaient trop de garanties pour ne pas être à l'abri du soupçon d'épouser des passions locales. Il est à remarquer, du reste, que, parmi les décisions multipliées rendues par la Chambre de Justice, aucune n'a été relevée comme ayant réparé une erreur grave ou un déni de justice de la part du Parlement [1].

Ce fut au cours de l'existence de cette Chambre et le 25 septembre 1583 que mourut le premier président de Lagebâton, chargé d'années en même temps que de services. Nous compléterons ici ce que nous avons déjà rapporté de sa vie aussi agitée que

---

[1] La *Chambre de Justice de 1582* est le sujet d'une très intéressante monographie de M. E. Brives-Cazes. Ce travail, et surtout la manière dont il a été exécuté, nous aurait dispensé de le recommencer, si, d'ailleurs, par sa spécialité comme par le plan qu'a suivi l'auteur, il n'avait pas été en dehors du nôtre. [V. encore la *Chambre de Justice de Guyenne, en 1583-1584*, par le même.]

longue. Heureusement échappé, comme on l'a vu, aux périls du 3 octobre 1572, il avait repris son siége le 19 décembre suivant. Mais il paraît que de nouvelles craintes pour sa sûreté l'engagèrent à s'absenter encore pendant les années 1574 et 1575; car il se fit excuser lors de la rentrée de la première et ne vint pas pendant la seconde. C'était donner toujours beau jeu à ses ennemis. Rien n'indique que le procureur général fût du nombre; mais ce magistrat se croyait obligé à requérir, le 13 novembre 1574, qu'il fût donné suite à une procédure commencée contre le premier président depuis son départ, sans s'arrêter à sa lettre d'excuses. L'affaire, cependant, en resta là. Enfin, le 12 novembre 1576, Lagebâton reparut à la tête de sa Compagnie, cette fois pour ne plus la quitter. « Il signala son retour, dit le Registre, par une belle et notable remontrance. » Le meilleur de tous les enseignements n'eût-il pas été de demeurer toujours ferme et inébranlable à son poste? On aimerait à trouver l'héroïsme d'un Harlay, l'intrépidité d'un Molé dans tous ceux qui, occupant leur place, sont appelés à donner, dans des circonstances semblables, les mêmes exemples. De Thou, qui avait connu le premier président pendant son séjour à Bordeaux, l'appelle un vieillard vénérable par son âge et par sa profonde capacité. Vinet s'honorait d'avoir été son hôte à Montignac-Charente [1]. Il jouissait donc à bon droit de l'estime des hommes

---

[1] Élie Vinet, *Antiquités de Saintes*. — Bordeaux, 1571.

dont le suffrage seul est un éloge. On a rapporté encore à l'honneur de sa mémoire le trait suivant : quand il recevait des édits fiscaux, au lieu de les communiquer à sa Compagnie, il les gardait, après les avoir lacérés à coups de canif. « *Par saint Claude*, disait-il, *vous serez ganivetés !* » Les plaintes du gouvernement sur l'omission de la part du Parlement de Bordeaux de statuer sur plusieurs de ses règlements, rendraient ce fait assez vraisemblable. On peut remarquer, toutefois, qu'il y aurait eu de la part de Lagebâton plus de courage, en même temps qu'un plus strict accomplissement de ses devoirs, à faire connaître les édits qu'il avait reçus, sauf à en discuter l'enregistrement. Ce qu'il faut dire à sa louange, sans réserve, c'est qu'il mourut dénué de fortune, puisque son fils fut réduit à se faire jésuite. Cet homme respectable, qui, dans la plus paisible des carrières, éprouva tant de secousses parce qu'il s'était montré modéré en des temps de violence, tolérant lorsque tant d'autres étaient persécuteurs, est assurément une des illustrations du Parlement de Bordeaux. Quand on les connaîtra toutes, cependant, on pensera peut-être avec nous que la première place parmi elles ne lui appartient pas, et que la réunion de toutes les qualités du grand magistrat doit faire décerner ce rang glorieux à un autre.

La première présidence avait été donnée, peu après sa mort, à Gérard de Cotton, maître des requêtes. Le Parlement fit des remontrances fondées sans doute sur ce que ce personnage était étranger à la Compagnie. Elles ne furent pas accueillies. Néanmoins, le nouveau titulaire, conformément du reste à son acte de nomination, n'exerça que par commission temporaire et pendant deux ans, au bout desquels il fut remplacé par Guillaume Daffiz, avocat général au Parlement de Toulouse, dont le père avait été lui-même premier président de ce corps. Ce nouveau choix du monarque ne rencontra pas d'opposition.

La suite fera voir qu'il était judicieux, et le gouvernement de Henri III fut non moins bien inspiré dans l'envoi en Guyenne, comme lieutenant général dans la province, de Jacques Goyon de Matignon, maréchal de France. Il succédait dans cet emploi au maréchal de Biron, vaillant soldat, mais administrateur médiocre. Dans la Normandie, où il avait commandé en la même qualité, Matignon avait réussi à contenir les religionnaires sans les molester. A la différence de la plupart des hommes marquants de l'époque, au milieu des factions, il ne s'était déclaré pour aucune. Marguerite de Valois, dans ses *Mémoires*, le traite de dangereux et fin, Normand. Il sera permis d'appeler de ce jugement à celui d'arbitres plus graves qui ont parlé de sa sagesse [1]. Des esprits ou légers ou prévenus confondent souvent la prudence avec la fausseté, l'habileté avec la fourberie. Matignon ne trompait personne et ne trahissait pas un parti au profit d'un

---

[1] De Thou et le président Hénault.

autre, puisqu'il n'appartenait à aucun. Au surplus, on le jugera par ses œuvres.

Il allait rencontrer en Guyenne une tâche des plus ardues, car, en même temps que les lettres-patentes qui l'y envoyaient lui donnaient celle d'assurer l'entière exécution de l'édit de pacification [1], il y arrivait au moment même où l'autorité royale, à peine un peu plus tranquille du côté des religionnaires, voyait se dresser en face d'elle un nouvel adversaire non moins redoutable, la Ligue, cette confédération conçue, avec l'habileté la plus profonde, pour mettre la religion au service de la politique; faire, comme à leur insu, de catholiques sincères et de sujets fidèles encore d'ardents soutiens de l'ambition des Guise, et amener ainsi un changement de dynastie. Pour hâter ce dénouement auquel conspiraient les vices trop connus du dernier des Valois, les princes lorrains s'occupaient sans relâche de grossir le nombre de leurs partisans. Ils étaient assurés d'en rencontrer beaucoup dans un pays où le souvenir tout récent des luttes religieuses et la crainte de leur retour ajoutaient à l'aversion des catholiques pour les nouvelles doctrines.

Bordeaux, sous ce rapport, était assurément un sol fécond à exploiter. Les intelligences que s'y était ménagées le duc de Guise, lui avaient conquis dans la ville plus d'un affilié aussi utile que dévoué. Il paraît que dans le nombre se trouvait Vaillac, toujours commandant du Château-Trompette,

---

[1] *R. S.*, 4 décembre 1581.

dont la fidélité au roi avait résisté aux intrigues des réformés, mais ne tenait pas contre celle des ligueurs. Or, la défection de cet officier était de la dernière conséquence. S'il leur ouvrait les portes de sa forteresse, Bordeaux tombait infailliblement en leur pouvoir. C'est ce que le maréchal de Matignon entreprit de prévenir par un coup de main des plus hardis. Il convoqua une assemblée des principales autorités, à laquelle assistèrent beaucoup de membres du Parlement. Vaillac, mandé, s'y rendit sans défiance, mais il était à peine arrivé que le maréchal lui reprocha des liaisons contraires à la fidélité qu'il devait au roi, et, ne tenant aucun compte de ses protestations embarrassées, commença par s'assurer de sa personne. Il le somma ensuite de rendre le commandement du Château-Trompette, et, sur ses hésitations, le fit conduire devant le fort, en vue duquel il le menaça de le faire pendre s'il persistait dans sa résistance. Vaillac, effrayé, finit par ordonner à ses gens d'en ouvrir les portes, et le maréchal, après en avoir fait sortir la garnison, la remplaça par ses propres troupes. Ce récit est principalement tiré de la Vie de Matignon par d'Auvigny. Quoique les documents parlementaires n'en fassent aucune mention, nous n'avons pas vu dans ce silence une raison suffisante pour le mettre en doute. Si le Parlement ne concourut pas directement à cet acte d'autorité, il ne s'y montra pas non plus contraire. Il est vrai qu'il se trouvait dans les circonstances les plus critiques et à peu près en état de désorganisation.

La peste, devenue presque endémique à Bordeaux, y sévissait depuis quelque temps avec une nouvelle fureur. En 1585, elle y fit de tels ravages, qu'il périt, tant dans la ville que dans la banlieue, environ dix-huit mille personnes, dont quarante chefs des familles les plus considérables, et deux jurats. Il ne paraît pas qu'aucun membre du Parlement ait succombé au fléau, mais les magistrats étaient dispersés et le cours de la justice interrompu. C'est ce que fait connaître une note très importante placée sur les registres à la fin de l'année 1582, note empreinte de la plus grande tristesse et d'un profond découragement et qui expliqué la grande et regrettable lacune qu'ils présentent dans leur tenue, de cette date à celle de 1598. La note dit bien qu'on a pu y suppléer en partie par des mémoires sommaires émanés de plusieurs membres du Parlement de cette époque; mais l'interruption des documents officiels n'en est pas moins un grand préjudice pour l'histoire. Cependant, dès 1583, il est possible de reprendre la suite des faits. Des lettres-patentes du roi avaient transféré le Parlement à Libourne [1]. Elles restèrent probablement sans exécution, car des mentions d'enregistrement de plusieurs actes fort importants, postérieures à ces lettres, sont toutes datées de Bordeaux [2].

La situation de cette Compagnie, au point de vue

---

(1) *R. E.*, B. 41, 11 août 1585.
(2) *R. E.*, B. 41, *Déclaration du Roy sur la réunion de tous ses subjets en la religion catholique, apostolique, romaine*, enregistrée le 6 novembre 1585.

politique, était alors celle des serviteurs de l'État de tout ordre et de tout rang, pleine d'embarras et de perplexités. A Bordeaux, toujours en grande majorité catholique, la Ligue manquait d'autant moins de partisans, que l'étrange politique de Henri III contribuait à augmenter leur nombre et leur puissance. On ne peut certainement mettre sur le compte de l'aveuglement le parti pris par ce prince d'embrasser au moins ostensiblement lui-même celui de l'*Union*, nom officiel de la Ligue. Il s'était mis sans doute à la tête du mouvement dans le dessein de le dominer et de le diriger, et il avait dû, par suite, paraître vouloir y entraîner avec lui tous ceux qui lui étaient dévoués. Le premier effet de ce faux calcul était de le faire rompre de nouveau avec le roi de Navarre, proscrit lui-même par la Ligue et déclaré incapable de succéder à la couronne. De là, dès le 17 juillet 1585, un premier pacte qui, sous le nom d'*édit de paix* fait par le roi avec tous ses sujets orthodoxes, défendait tout exercice de religion autre que la catholique, apostolique et romaine, et révoquant toutes les concessions précédemment faites aux réformés depuis l'origine des troubles religieux, les replaçait exactement dans la même position que celle où ils étaient alors, de rebelles et d'ennemis publics [1]. Ce retour au passé, ces rétractations de ce qui avait été fait en leur faveur, les appelaient

---

[1] R. E., B. 41, *Déclaration du Roy sur la réunion de tous ses subjets en la religion catholique, apostolique, romaine.* — Enregistrement du 3 août suivant.

de nouveau naturellement aux armes, et c'est ce que voulait la Ligue. Mais en même temps elle ralliait à elle tous les amis des Guise, et le nombre s'en accroissait tous les jours. C'est sous de tels auspices que se faisaient les élections aux États de Blois, et que les partisans des princes lorrains y affluaient. Les villes filleules de Bordeaux [1] y députaient Thomas de Pontac d'Escassefort, greffier civil et criminel, dont on verra bientôt la conduite. Trois ans après, le roi chassé de Paris par la journée des Barricades, après avoir dénoncé à ses sujets la révolte des Seize, l'amnistiait cependant par un nouvel acte d'adhésion plus solennelle que jamais à la Ligue, prescrivant à tous ses officiers en général, à ses Parlements en particulier de l'imiter [2]. Ce nouvel édit, ainsi qu'un autre qui le confirma au mois d'octobre suivant, était enregistré en grande pompe à Bordeaux, la Cour séant en robes rouges. De là elle se rendit à Saint-André pour le *Te Deum*, et le 28 une procession générale mettait le sceau à cette imposante manifestation. C'est probablement à son assistance à cette cérémonie, au serment des magistrats d'être fidèles à jamais *à la sainte Union*, que le Parlement de Bordeaux a dû d'être rangé par quelques écrivains sous la bannière de la Ligue. On verra bientôt la preuve de leur erreur. Bornons-

[1] Ces villes étaient : Libourne, Bourg, Blaye, Saint-Macaire, Rions, Cadillac, Saint-Émilion, Castillon. (*Chron. bord.*, 1566.)
[2] *R. E.*, B. 41, enregistrement des 29 juillet et 1er décembre 1588.

nous maintenant à observer que ce corps ne se fit ligueur qu'avec le roi, ne le fut pas plus longtemps que lui, et, surtout, ne le fut jamais contre lui : différence profonde entre sa conduite et celle de presque tous les autres Parlements, et qu'il ne faudra jamais perdre de vue pour le juger en pleine connaissance de cause.

En attendant, il ne pouvait mieux faire que de marcher d'accord avec Matignon. Le maréchal n'avait pu lui-même se dispenser de joindre ses forces à celles du duc de Mayenne, pour l'aider à prendre sur les réformés quelques places en Guyenne et il avait amené au Parlement ce généralissime des armées royales. L'assistance qu'il lui donna fut assez médiocre, comme s'il se fût attendu à faire la guerre aux lieutenants de Mayenne un peu plus tard, et cette fois pour le roi. Était-ce aussi par pressentiment de l'avenir, comme on s'est plu à le supposer, que l'année précédente Matignon ne s'était pas pressé d'apporter à Joyeuse, qui venait combattre le roi de Navarre, un secours qui aurait pu être décisif, mais marcha, au contraire, avec une lenteur si bien calculée, que la bataille de Coutras fut livrée sans lui et perdue par Joyeuse avec la vie? D'autres ont dit que ce général se dépêcha trop de combattre et ne voulut pas attendre l'arrivée de Matignon. Le champ reste ouvert aux conjectures. Quoi qu'il en soit, à la fin de 1588, les événements prirent un aspect tout à fait nouveau et de nature à rendre plus que jamais incertains de la ligne de conduite qu'ils devaient suivre, ceux qui n'y assistaient pas comme simples spectateurs. Après l'assassinat des Guise, la Ligue furieuse déclara la guerre à Henri III qui n'eut d'autre ressource que de se retourner du côté du roi de Navarre. Les lettres que le monarque adressa à tous ses Parlements pour expliquer le drame de Blois, ne pouvaient être que très mal accueillies de ceux qui subissaient déjà le joug de l'Union. A Bordeaux, la Compagnie, libre de toute contrainte, se borna à ordonner l'impression et la publication des lettres du roi. C'était déjà beaucoup dans une circonstance aussi embarrassante [1].

Les Registres ne nous apprennent rien de plus sur ce qui se passa alors au Parlement. Ils se taisent absolument aussi sur la présence du maréchal à cette séance et sur la harangue que met dans sa bouche à cette occasion l'auteur de sa *Vie* [2], dans le but d'engager le Parlement à une éclatante approbation de tout ce qui s'était passé à Blois. Ce silence et le style même de cette allocution, empreinte évidemment d'une couleur moderne, nous empêchent de la rapporter ici [3]. Cependant, le fait lui-même et la réponse que l'on attribue au premier président Daffiz ne sont pas dénués de vraisemblance. Le Parlement n'était certainement pas ligueur ; mais aller aussi loin que le voulait Matignon, donner dès lors une formelle

---

[1] *R. S.*, 2 janvier 1589.
[2] D'Auvigny.
[3] *Id.*

adhésion à l'acte violent qui venait d'être commis sur les princes lorrains, c'est ce qu'il n'entendait pas. La réserve, en pareille occurrence, convenait au contraire à une Cour de justice. Elle n'était pas cependant moins décidée à continuer de tenir fermées à l'Union les portes de Bordeaux et à conserver cette ville sous l'autorité du roi. C'est ce que prouva un incident très grave qui arriva peu après.

Le 1er avril 1589, une procession, semblable à toutes celles que l'on multipliait à cette époque, dans les provinces comme à Paris, avait lieu à Bordeaux. Les partisans de la Ligue voulurent profiter de cette occasion pour se rendre maîtres de la ville. La sédition commença vers la porte Saint-Julien, et ses auteurs essayèrent de s'en saisir. Matignon, averti, arriva bientôt sur les lieux avec un petit nombre de soldats. Mais la noblesse accourut lui prêter main-forte, et, à la suite d'une lutte sanglante où deux cents séditieux restèrent sur la place, la victoire demeura à l'autorité. Deux des principaux d'entre eux, pris les armes à la main, furent jugés par la grand'chambre, condamnés et immédiatement exécutés, l'un devant les Augustins, l'autre devant la grande porte des Jacobins. C'étaient Achard, charpentier de barriques, comme on appelait alors les fabricants de tonneaux, riche de huit à dix mille écus, et un sergent de bandes, nommé Louis : le premier, convaincu d'avoir voulu faciliter l'entrée de la ville au chef de la conspiration; l'autre, d'avoir prémédité de tuer le maréchal. Une aussi sévère répression, et le souvenir du carnage qui l'avait précédée, découragèrent ceux qui auraient voulu recommencer une semblable entreprise.

Le chef occulte de cette tentative, dénoncé par les deux suppliciés, n'était autre, au moins d'après leur déclaration au moment de mourir, que Thomas de Pontac d'Escassefort. Député aux États de Blois comme on l'a vu, il s'y était dévoué aux Guise et, par conséquent, à la Ligue. Son procès lui fut fait par contumace, car il s'était empressé de disparaître, ce qui ne l'empêcha pas de récuser plusieurs des juges. Aucune trace de la procédure n'existe aux archives du Parlement. La disparition de ces pièces ne permet pas de vérifier si elle fut poussée jusqu'à la condamnation de l'accusé. Son état de contumace se prolongea pendant plusieurs années, car ce ne fut qu'en 1594 qu'il revint, non pour se faire juger, mais pour jouir du bénéfice de l'amnistie donnée à tous les ligueurs, et par suite de laquelle il fut rétabli dans ses états, honneurs et biens. Quelques jours seulement après le fait qui avait donné lieu à la poursuite, était mort à Bordeaux Jean de Pontac, son père, âgé de cent un ans, après avoir exercé son office de greffier civil et criminel sous les règnes des rois Louis XII, François Ier, Henri II, François II, Charles IX et Henri III. « Il succombait sans goutte ni gravelle, en bon sens, parole et entendement, jusqu'au dernier soupir, et le plus riche de toute la ville de Bordeaux [1]. » Outre d'Escassefort, Jean de Pontac avait

---

(1) *Journal de Cruzeau.* Nous commençons ici à faire des emprunts à une œuvre historique complètement inédite dont nous avons dû

encore pour fils : Arnaud, évêque de Bazas, savant prélat, ayant entrée au Parlement; un autre, président aux enquêtes, et un autre, conseiller au Grand Conseil. Cette famille dont Jean fut ainsi la tige parlementaire touchait presque aux origines du Corps, puisqu'il avait acheté le greffe en 1523, de François de Martillac, un des premiers titulaires [1]. Elle se perpétua au Parlement pendant presque toute sa durée et y occupa, dans la suite, les postes les plus élevés et avec une grande distinction.

En secondant Matignon dans la répression de cette levée de boucliers dont on vient de voir le récit, les magistrats avaient assez fait connaître qu'ils ne souffriraient pas de complots, même couverts du manteau de la religion. Un nouvel exemple de cette résolution suivit de près le premier. Les Jésuites, établis à Bordeaux depuis dix-sept ans, y donnaient certainement un très fort appui à l'Union. Déjà suspects de tenir des conciliabules dans un souterrain qu'il avaient obtenu de pratiquer entre leur collége

la communication à son possesseur, M. Jules Delpit, si libéral des trésors qu'il possède en ce genre. Étienne *du* ou *de* Cruzeau, conseiller au Parlement de Bordeaux de 1585 à 1616, est auteur de Mémoires sous forme de Journal, qui s'étendent jusqu'à l'année de sa mort. Malheureusement, le manuscrit présente plusieurs lacunes et de nombreuses ratures. Cependant, malgré cet état de mutilation, il contient encore, sur les hommes et les choses dont son auteur fut le contemporain, des révélations fort intéressantes qui reproduisent en traits accentués, et dans un style souvent original et piquant, la physionomie des magistrats et d'autres personnages de l'époque. Il est fort à désirer que M. Delpit se rende aux vœux des amis de la science, en livrant à la publicité ces curieux Mémoires.

(1) *Archives historiques de la Gironde*, t. I, p. 151.

situé sur les fossés de la ville et une chapelle voisine, ils ne craignaient pas de refuser de prier Dieu pour le roi. C'était se faire les échos de la Sorbonne de Paris, placée sous le joug des Seize. Par arrêt du 31 juillet 1589, le Parlement, après avoir ordonné que le souterrain fût comblé, fit fermer leur école et les expulsa de la ville. Mais ils n'allèrent pas bien loin et se retirèrent à Saint-Macaire, Blaye, Agen et Périgueux. Il n'est pas inutile de remarquer que cet arrêt fut rendu au moment où l'on apprenait à Bordeaux la mort du premier président Duranti et de l'avocat général Daffiz, massacrés à Toulouse par les ligueurs.

La fin tragique de Henri III arriva sur ces entrefaites. C'était, dans l'état des affaires publiques déjà si troublées, ce qui pouvait survenir de plus propre à les ruiner tout à fait. Cet événement opérait, en effet, la dévolution du trône d'une branche éteinte à celle dont le représentant immédiat était de la religion réformée. Il appelait un prince hérétique à occuper la place des rois fils aînés de l'Église catholique. Or, le cas avait été prévu, et le droit public du royaume changé dans cette éventualité. Une seule voie s'ouvrait donc pour faire cesser cette incompatibilité : le retour du roi de Navarre au catholicisme. Encore, dans l'état d'exaspération des esprits, cette conversion même lèverait-elle tous les obstacles? Il était permis d'en douter. Pouvait-on d'ailleurs raisonnablement espérer que le chef des réformés séparerait leur cause de la sienne, s'exposant ainsi à perdre d'anciens et fidèles amis pour des alliés aussi douteux que nouveaux? Combien, en attendant, la situation présente ne rendait-elle pas difficile, pour les autorités chargées d'y veiller, le maintien de la paix publique!

Malgré la sagesse avec laquelle il y avait pourvu jusque-là, le Parlement de Bordeaux n'avait pas envers Henri de Bourbon, d'après ce qui s'était passé entre eux quelques années auparavant, d'assez vifs sujets d'affection pour que ce prince pût le croire bien dévoué à ses intérêts. En supposant que celui de l'État fît taire ces ressentiments chez la majorité, il était certain que la Ligue comptait plus d'un affilié dans la Compagnie. On pouvait donc s'attendre à la diversité, peut-être même à l'antagonisme des opinions.

A la nouvelle de la mort de Henri III, les gens du roi voulurent engager la Compagnie dans une politique qui, bien que d'expectative en apparence, aurait pu l'entraîner dans une voie hostile au nouveau roi. Ils demandaient, par l'organe de l'avocat général Dussaut, la convocation des États Généraux pour le renouvellement du règlement déjà fait à ceux de Blois sur la succession à la couronne, c'est-à-dire l'exigence de la profession de foi catholique dans celui qui y serait appelé. Ils voulaient que, pour ce qui regardait Bordeaux, un Conseil d'État y fût créé, composé des présidents de la Cour, de quelques conseillers, de l'archevêque, du maréchal, de deux gentilshommes, de membres du clergé, et de l'un d'eux.

Ce plan de gouvernement local n'était nullement celui de Matignon.

Le maréchal ne se trouvait pas à Bordeaux lors de la catastrophe de Saint-Cloud. Il s'était vu contraint de s'éloigner momentanément pour aller en Agenais à raison d'affaires urgentes, malgré l'inquiétude que lui donnaient, pour le maintien de l'autorité royale dans la capitale de la Guyenne, les menées des ligueurs, inquiétude si vivement partagée par les magistrats qu'ils avaient été jusqu'à protester contre son départ [1]. Dès qu'il apprit, au cours de son voyage, la blessure, puis bientôt après la mort de Henri III, il se hâta de revenir à Bordeaux. Son dévouement aux intérêts de Henri de Bourbon l'y appelait, tout autant que les autres motifs de la nécessité de sa présence dans un pareil moment. On voit, en effet, qu'il était en correspondance avec Henri, du vivant même de son prédécesseur, ce qui s'explique tout naturellement et sans qu'aucun soupçon puisse ici atteindre sa loyauté; car, depuis l'alliance qu'il avait faite avec son beau-frère, le roi de Navarre avait intérêt de rallier à leur cause commune les serviteurs de ce dernier, et droit, par conséquent, de s'adresser à eux. Tel est bien le but de ses rapports avec Matignon et la façon dont celui-ci l'entend. Sa droiture n'hésita pas plus que son bon sens à lui montrer dans Henri de Bourbon le légitime héritier du trône, et c'est dans ces

[1] *Archives historiques de la Gironde*, t. IV, p. 202 : Lettre du maréchal de Matignon au roi de Navarre.

sentiments, et décidé à les faire prévaloir, qu'il se présenta au Parlement. Il commença par y combattre les propositions des gens du roi comme directement contraires à la dignité royale. « Il n'y a aucun interrègne en cet État où le mort saisit le vif, dit-il, et les rois y viennent par succession légitime, non électifs, prenant la fonction royale dès la mort de leur prédécesseur, comme il s'est toujours observé en tout temps, ce qui a été la conservation de cet État. » Un publiciste de profession aurait-il plus doctement parlé ? Le commandant militaire fit ensuite sa déclaration très explicite, protestant « qu'il resterait étranger aux propositions faites, et que si on voulait passer outre, il s'y opposerait pour le service qu'il devait à la couronne, ayant l'honneur d'être un des principaux officiers d'icelle. Mais en ce qui touchait le repos public et la conservation de la ville en l'état où elle était à présent, il offrait d'employer sa vie et ce qu'il avait de meilleur pour l'y maintenir [1]. »

A la suite de cette déclaration, fut rendu l'arrêt du 17 août portant : « que la Cour, avertie de la » triste et lamentable nouvelle du décès du feu roi » Henri IIIe du nom, ouï, et ce requérant le » procureur général dudit seigneur, présent et opinant » le sieur de Matignon, maréchal de France, exhortait » les archevêques, évêques, curés et prélats du » ressort, à faire prier Dieu pour l'âme dudit seigneur

---

[1] *Archives historiques de la Gironde*, t. IV, p. 206.

» roi défunt, bien, repos, conservation et manutention
» de cet État et couronne en la religion catholique,
» apostolique et romaine ; faire observer inviolable-
» ment les édits du mois de juillet 1588, et octobre
» dernier, faits aux États tenus à Blois, vérifiés en
» ladite Cour. »

Ainsi, les principes de l'Union, sous ce dernier rapport au moins, étaient maintenus. Il était résolu deux jours après qu'on ferait sortir de la ville ceux de la nouvelle opinion qui n'avaient pas abjuré [1]. N'était-ce donc pas là donner des gages à la Ligue ? Pour se convaincre dès à présent du contraire, il n'y a d'abord qu'à comparer l'arrêt du 17 août à ceux qui furent rendus par les autres Parlements, celui de Toulouse, par exemple, en date du 22 du même mois. La mort de Henri III y est qualifiée de *miraculeuse*. Des prières publiques y sont ordonnées en reconnaissance des *bénéfices* du 1er août. — On sait que c'était le jour du crime de Jacques Clément. — Enfin, Henri, prétendu roi de Navarre, est déclaré proscrit et à jamais incapable de succéder à la couronne de France, pour les crimes notoires et manifestes contenus dans la bulle du pape Sixte-Quint [2]. Que l'on rapproche de ces anathèmes le tribut de regret et de respect payé à la mémoire du roi défunt et l'abstention de toute allusion malveillante à la personne du roi de Navarre dans l'arrêt du 17 août, et l'on verra clair dans les

---

[1] Arrêt du 19 août. — Archives départementales.
[2] *Mémoires de la Ligue*, t. IV, p. 45.

intentions du Parlement de réserver l'avenir. Sans doute, ainsi que le font remarquer les *Mémoires de la Ligue,* qui lèvent ici bien des voiles, « Matignon aurait voulu davantage. Il aurait bien souhaité qu'on eût fait mention de Henri dans cet arrêt, mais il ne put jamais obtenir ce point du Parlement. Ce seigneur, ajoute le même ouvrage, qui cite ici de Thou, était persuadé que, dans les circonstances où l'on se trouvait, ce serait toujours rendre quelque service au roi régnant, en sa qualité d'héritier légitime de la couronne, que d'engager le Parlement de Bordeaux à rendre justice à la mémoire de son prédécesseur[1]. »

Malgré ce parti pris d'une prudente temporisation, il pouvait arriver telle circonstance qui mît le Parlement dans la nécessité, sinon de se prononcer définitivement, au moins de sortir d'une circonspection absolue. La première épreuve de ce genre fut une lettre du duc de Mayenne, chef de la Ligue depuis la mort de ses frères, par laquelle il engageait le Parlement de Bordeaux à ne pas adhérer à un prince hérétique. Elle devait être présentée par le président Eymar, qui, bien que ligueur déclaré, n'osa pas remplir sa mission [2]. Personne n'en demandant communication, elle demeura non avenue. Mais les cardinaux de Vendôme et de Lenoncourt, chefs du Conseil qui résidait à Tours, ayant adressé une déclaration tendant à la reconnaissance de Henri de Bourbon comme successeur du roi défunt, il était

---

(1) *Mémoires de la Ligue,* t. IV, p. 45.
(2) *R. S.*, 15 et 26 septembre 1589.

impossible de la laisser sans réponse. Après une longue délibération, qui occupa cinq séances, on s'arrêta à leur envoyer un député pour leur remontrer le *peu d'espoir* qu'il y avait de faire reconnaître pour roi dans le ressort Henri de Bourbon, qu'au préalable il ne fût catholique romain [1]. C'était une indication, un conseil peut-être; ce n'était pas cependant une condition.

Si les traités les mieux cimentés ne sont pas toujours très solides, à plus forte raison doit-on craindre la fragilité des compromis. Celui auquel avait abouti l'arrêt du 17 août ne satisfaisait guère l'impatience de Henri de voir ses droits à la couronne définitivement reconnus par une des Compagnies souveraines toutes-puissantes sur l'opinion, et la seule presque qu'il pût opposer à l'unanimité des autres. Il crut pouvoir hâter cette reconnaissance par l'envoi à Bordeaux d'un de ses gentilshommes, Frontenac, porteur de deux déclarations en forme de lettres-patentes. La première était un acte gracieux pour le Parlement, consistant dans la confirmation de chacun de ses membres dans son office, avec remise de la finance à payer pour cette formalité. Par la seconde, Henri ajournait la convocation des États Généraux, annulait celle que la Ligue avait faite à Paris, et accordait une amnistie générale à tous ceux qui se sépareraient de l'Union, pourvu qu'ils le fissent sans délai.

[1] *R. S.*, 15 et 26 septembre 1589.

A l'octroi de la confirmation avec dispense de la taxe, le Parlement fit une réponse plus fastueuse que reconnaissante. Il en ordonna l'enregistrement à telle fin que de raison, en ajoutant que « quoique les conseillers soient conseillers du roi, néanmoins les Parlements n'ont besoin de confirmation que pour faire partie de l'État, et ne meurent jamais, non plus que la royauté. » Sans doute, d'après l'ordonnance de Louis XI, en 1467, qui avait déclaré les offices conférés à vie aux titulaires, et surtout depuis la vénalité des charges, l'ancien usage de la monarchie les réputant vacantes par la mort du souverain qui les avait données, et soumettant les titulaires à une nouvelle investiture par son successeur, pouvait paraître aboli. Le Parlement de Paris l'avait ainsi soutenu pour les emplois de judicature en particulier. Celui de Bordeaux, au contraire, s'était toujours soumis à la confirmation et l'avait même sollicitée à chaque changement de règne [1]. Il était donc bien malvenu à la rejeter, avec une sorte de dédain et comme inutile, lorsqu'elle lui était offerte gratuitement. Mais peut-être ne faut-il voir dans sa réponse qu'un moyen de paraître conserver son indépendance vis-à-vis du prince et d'échapper au soupçon de l'aliéner par l'acceptation de son offre. Toujours est-il que le message de Frontenac plaçait l'affaire sur le terrain de la question de succession à la couronne et qu'il n'y avait pas possibilité de l'éluder.

[1] R. S., passim.

Mais quelle question que celle-là! Jamais Cour de justice, jamais même corps politique fut-il appelé à en discuter une plus transcendante? Qu'on ne s'étonne donc pas si la délibération fut longue. Elle tint huit séances, dont les dernières eurent lieu les 1er et 2 décembre 1589. Sur cinquante-quatre votants, vingt furent d'avis de l'enregistrement des déclarations du roi avec députation pour le presser de se faire catholique; vingt-trois opinèrent pour un sursis jusqu'à l'assemblée future des États; onze, enfin, pour qu'on envoyât vers messieurs les princes, c'est-à-dire les chefs de la Ligue. Le maréchal de Matignon assistait à ces longs débats. Après le vote, il dit qu'il se trouvait mal, et l'affaire, dit le Registre, fut remise [1]. Si cette indisposition ne fut pas feinte, il faut convenir qu'elle survenait bien à propos. Mais gagner du temps était la loi du moment.

Le mois de décembre tout entier se passa en effet en négociations dont les détails ont échappé à nos recherches, mais que les résultats révèlent assez. Entre la dernière séance des 1er et 2 de ce mois, dont nous venons de rendre compte, et le 4 janvier de l'année suivante, il n'y eut pas de nouvelle assemblée. Mais, à cette dernière date, il fut pris une décision très importante, et de la certitude de laquelle il n'est pas permis de douter, quoique nous n'ayons pu en découvrir la preuve dans les actes officiels du Parle-

---

[1] R. S., 1er et 2 décembre 1589.

ment. Cette décision consista dans la nomination d'une députation au roi pour lui porter le vœu le plus pressant de sa conversion. Ainsi l'emportait la première des trois opinions qui avaient partagé la Cour un mois auparavant, et les deux autres qui réunies formaient une majorité opposée, avaient fini par s'y ranger. Comment s'était opéré ce changement? Tous les chefs du Parlement, à l'exception d'un seul président, d'Eymar, étaient portés pour le nouveau roi. Il n'avait rien négligé pour s'assurer leurs suffrages, jusqu'à leur écrire en particulier. Il n'est pas douteux que leur influence fut le principal agent qui ramena la Compagnie tout entière à leur sentiment, car les documents récemment publiés, qui suppléent ici au silence des registres, constatent qu'il y eut unanimité dans la résolution prise de reconnaître **Henri de Bourbon pour légitime ayant-droit à la couronne, et sans la condition préalable de son abjuration**[1]. Dans celles de ces pièces qui émanent directement de lui, le Parlement donne l'explication la plus plausible des retards qu'il a mis à se prononcer, en les attribuant à l'état des esprits dans la province, au scrupule qu'éprouvaient plusieurs des

---

[1] *Lettre du premier président Daffiz à Henri IV*, 12 décembre 1589. — *Lettre du procureur général et des avocats généraux du Parlement de Bordeaux au Roi*, 20 décembre 1589. — *Lettre de Frontenac à Henri IV*, 2 janvier 1590. — *Mémoire présenté au Roi*, 4 janvier 1590. — *Lettre du Parlement de Bordeaux au Roi*, 10 janvier 1590. — *Lettre du maréchal de Matignon à Henri IV*, 12 janvier 1590. (*Archives historiques de la Gironde*, t. IV, p. 215 à 230.)

officiers du roi eux-mêmes à cause du serment qu'ils avaient prêté pour le maintien de la religion catholique et des dangers qu'elle pouvait courir. « Le meilleur et le plus assuré moyen pour le service du prince (ajoute-t-il) avait été de ne rien mouvoir et de donner à chacun l'occasion de revenir à soi. A quoi avait grandement aidé la modération et la prudence du sieur de Matignon. » Ce langage était assurément des plus sincères, et on voit qu'il n'en coûtait rien à personne, dans la Compagnie, de reconnaître dans le maréchal le principal auxiliaire de la grande mesure qu'elle avait prise. Matignon, de son côté, ne manquait pas d'annoncer au roi la nomination et le prochain départ de la députation. Elle se composait du premier président Daffiz, des conseillers d'Alesme, de Tarneau et Geoffroy de Montaigne. Elle ne partit pas cependant aussitôt que le faisait prévoir le maréchal. Les routes n'étaient rien moins que sûres, et les magistrats craignirent sans doute, et avec raison, un sort semblable à celui de Bonalgues député de la jurade, qui fut fait prisonnier par les ligueurs et forcé de payer une rançon de 1,100 écus [1].

Si le temps combattait si bien pour Henri de Bourbon, c'est que lui-même, par ses propres victoires, lui aidait singulièrement, et elles servaient, au moins autant que le zèle de ses lieutenants en Guyenne, à grossir le nombre de ses amis. Il venait de battre à Ivry, pour la seconde fois, le duc de

[1] *Chronique bordeloise*, 1589.

Mayenne. Faut-il croire que ce fut sous l'impulsion de Matignon, comme le prétend d'Auvigny, et entraîné par un discours de lui qu'il rapporte, que le Parlement se décida à aller en rendre grâces à Dieu? Le Registre et le Journal de Cruzeau sont muets sur la présence du maréchal à la délibération, comme sur un prétendu débat entre lui et certains ligueurs de la Compagnie. On voit seulement par ces deux documents que l'archevêque Prévost de Sansac ne voulait pas qu'on priât en faveur d'un prince hérétique. Cette opposition fut assurément la cause du motif par lequel le Parlement crut devoir expliquer son assistance au *Te Deum*. Il alla remercier Dieu, porte la délibération, « de ce que le roi avait triomphé par les armes catholiques, car il n'avait pas deux cents huguenots dans ses troupes. » Le Registre constate, en outre, que la Cour se rendit à l'église en robes noires [1].

La députation fut longtemps absente. Elle ne rendait compte de ce qu'elle avait fait que dans les premiers jours de juillet. Le premier président récita sa harangue au roi pour l'exhorter à se faire catholique, qui fut trouvée très belle et très docte, et dont il paraît que le monarque fut très touché [2]. Ni ce discours ni la réponse n'ont été conservés. Le temps n'était pas encore arrivé où Henri de Bourbon pouvait se convertir sans qu'il en coûtât rien à sa dignité ni à sa politique. Aussi la guerre civile continuait-elle en Guyenne comme partout. Plusieurs

---

[1] Cruzeau, *Journal*, 4 mars 1590.
[2] *Id.*, 11 juillet 1590.

villes y restaient au pouvoir de la Ligue, malgré les efforts de Matignon pour les reprendre. C'est ainsi qu'il échoua à Agen, à Marmande et à Rions. Lussan gardait Blaye, après de faux semblants de négociations pour restituer ce poste si important. Pour comble d'embarras, le duc d'Épernon, qui, après la mort de Henri III, s'était éloigné mécontent, se présentait dans la province et y faisait la guerre pour son compte. Il s'emparait de Bourg et en chassait également les ligueurs et les officiers du roi, prétendant garder pour lui cette ville. En apprenant cette nouvelle, Matignon était revenu en hâte à Bordeaux et sa présence y arrêtait les projets ambitieux d'Épernon, qui cherchait à s'en rendre maître pour jouer le même rôle que d'autres grands de cette époque, retenant les villes qu'ils occupaient pour les vendre ensuite à celui des partis qui l'emportait, ou pour s'y déclarer indépendants à la faveur des désordres publics.

Tout suspect que fût cet homme puissant, le Parlement se vit forcé de recourir à sa médiation dans une circonstance qui donne une idée exacte de l'état du pays. Un conseiller, Pierre de Barre, était à la campagne, où il se croyait en sûreté parce que le duc d'Épernon se trouvait lui-même dans le voisinage, au château de Vayres, près de Libourne, chez le trésorier de Gourgues. Un chef de partisans, connu sous le nom de capitaine Gascon, qui avait un frère, accusé de plusieurs crimes, dans la conciergerie du palais à Bordeaux, enleva de Barre et prétendit le garder comme otage de la sûreté du prisonnier. Il menaçait de faire un mauvais parti au magistrat, et on avait tout à craindre de sa brutalité. On eut donc beaucoup de peine, même avec l'appui du duc d'Épernon, à obtenir sa délivrance.

Les opérations militaires du maréchal de Matignon — celle qu'il dirigea contre Blaye particulièrement et qui échoua complètement — coûtaient nécessairement beaucoup d'argent. Il avait fallu créer des impôts de guerre, lourde charge qui pesait particulièrement sur la ville. Cruzeau estime que cette dernière expédition coûta 200,000 écus, sans compter 600,000 de plus auxquels il évalue la ruine du pays, théâtre de la guerre. En vain le Parlement faisait-il des remontrances. De par la nécessité, le gouverneur passait outre [1]. De là des dissidences entre eux, et des marques de vif mécontentement des magistrats. Le peuple aussi témoignait le sien, et un jour que Matignon partait, après avoir levé encore 8,000 écus, la foule lui souhaita bon voyage, mais sans retour. Ce n'étaient là pourtant que des nuages. Bordeaux sentait qu'il devait au maréchal d'échapper au sort de toutes les villes qui l'environnaient, c'est-à-dire d'être conquis

[1] Matignon était trop prudent pour ne pas se mettre en garde contre l'irrégularité flagrante de ses actes, dans cette circonstance et plusieurs autres de même nature. Il s'était fait délivrer des lettres du roi portant approbation et ratification des levées de deniers, impositions et emprunts, faites par ses ordonnances seules en Guyenne. Elles sont à la date du mois de janvier 1593. Il les avait donc déjà lors de l'incident de son conflit d'autorité avec le Parlement, qui eut lieu au mois de juillet suivant. Mais il ne les fit enregistrer qu'au mois de janvier 1594. — *R. E.*, B. 46.

par la Ligue, dont la domination lui eût assurément coûté bien plus cher.

La résolution bien arrêtée du Parlement de tout faire pour éviter un si grand malheur, ne lui avait pas fait abdiquer ses répugnances contre la Réforme. Elles se manifestèrent avec éclat dans une circonstance notable. Catherine de Bourbon, sœur de Henri, étant venue à Bordeaux au commencement de 1592, y avait été reçue avec les honneurs dus à son rang. Elle était protestante très zélée, et, n'imaginant pas que les règlements qui interdisaient l'exercice de la nouvelle religion dans la ville pussent s'appliquer à elle, un prêche eut lieu dans son domicile avec un grand concours de personnes empressées de profiter de l'occasion. Le Parlement s'émut : il fit faire des remontrances à la princesse, qui dut adresser des excuses. Un arrêt intervint, portant inhibitions à toutes personnes de manifestations quelconques de toute autre religion que le catholicisme dans le ressort de la Cour, et surtout dans l'enclos de la ville capitale, à peine de la vie. On ordonna d'informer contre ceux qui avaient assisté au prêche chez la princesse. Il y eut décret d'ajournements personnels, prise de corps même contre quelques-uns, injonction à plusieurs de sortir de Bordeaux [1].

Ainsi, le Parlement se montrait toujours attaché à ses anciennes opinions, et tout en faisant, par de fréquents rapports au roi, le plus triste tableau, très

[1] *R. S.*, 12 novembre 1592.

exact d'ailleurs, de l'état du pays, il ne cessait pas de lui présenter comme un remède à tant de maux sa conversion [1]. Elle se fit attendre, pourtant, plus d'une année encore, car ce ne fut que le 28 juillet 1593 que Henri abjura solennellement à Saint-Denis. Le 13 août suivant, sur le bruit de ce grand acte apporté par la voix publique, confirmé par une copie de la lettre close adressée à ce sujet à la portion du Parlement de Paris qui était à Tours, celui de Bordeaux n'hésitait pas à ordonner une procession solennelle suivie d'un *Te Deum* [2]. Pareille cérémonie avait lieu spontanément le 1er avril 1595, à la nouvelle de l'entrée du roi à Paris, suivie d'un pardon général accordé à tous ses ennemis, même aux Seize [3]. Enfin le 20 octobre de la même année, Henri IV ayant donné avis de son absolution par le pape, ce qui se trouvait du Parlement à Bordeaux dans ce temps de vacations, allait à la cathédrale rendre grâces à Dieu de cette suprême sanction de la réconciliation complète du souverain à la foi catholique et de l'abaissement de cette dernière barrière entre son peuple et lui.

Bien que tout ne fût pas encore pacifié en France par l'entrée du roi dans la capitale, que la Ligue n'eût pas désarmé partout, qu'il restât encore plusieurs grandes villes en son pouvoir, et enfin à chasser du royaume les Espagnols qu'elle y avait appelés, on n'aurait pas dû s'attendre que Bordeaux, jusque-là

(1-2-3) *Archives historiques de la Gironde*, t. VII, p. 209 à 218.

préservé de tous désordres intérieurs, en verrait éclater dans ses murs. C'est pourtant ce qui était arrivé à la fin de 1593.

L'événement dont il s'agit ne saurait être passé ici sous silence, car les registres le mentionnent spécialement, et le Parlement ne resta pas étranger à ses suites. Le 1er décembre de cette année, l'audience fut tout à coup interrompue à la nouvelle alarmante que le château du Hâ était assiégé, et par qui ? par le maréchal de Matignon lui-même. Merville, le gouverneur de ce fort, était absent, et le maréchal prétendait qu'il avait les ordres du roi pour s'en emparer, parce que Merville, gagné par Villars encore maître de Rouen, s'était engagé à ouvrir ses portes aux Espagnols. Cependant, le lieutenant de Merville résistait, et un pareil conflit pouvait amener les plus grands désastres, lorsque, par composition, il fut convenu que le château serait remis en dépôt entre les mains du président Gentils de Cadillac, qui le commanderait jusqu'à l'arrivée des ordres du roi à qui Merville était allé offrir sa justification, ou, selon sa déclaration, porter sa tête. Rien ne confirma l'accusation dont il avait été chargé, et il revint complètement justifié et confirmé dans son commandement.

Cet étrange incident donna lieu de soupçonner la bonne foi de Matignon. « On croit, écrit Cruzeau dans son Journal, que c'est une partie dressée par le maréchal pour établir un de ses enfants au château du Hâ. » L'auteur du Journal ne fait pas connaître son sentiment particulier sur ces bruits. Ils ne doivent pas être un sujet d'étonnement. Matignon avait certainement des ennemis, — un homme investi de hautes fonctions n'en manque jamais, — et ils purent saisir cette occasion de lui imputer une action mauvaise, comme ils l'avaient précédemment chargé du reproche d'exercer dans son gouvernement une police pleine de duplicité et de ruses, et de provoquer des complots pour se donner le mérite de les réprimer. Il est difficile et peut-être assez inutile de chercher à découvrir ce qu'il y aurait eu de fondé ou seulement de vraisemblable dans ces diverses rumeurs. Mais si Matignon eut parmi ses contemporains des envieux que la passion a rendus injustes, il a trouvé aussi chez ses biographes des admirateurs enthousiastes, qui ont voulu rehausser sa gloire aux dépens de la vérité.

C'est ici le lieu de soumettre à un examen attentif quelques-unes de leurs assertions. D'Auvigny, dans sa *Vie de Matignon*, parmi celles des hommes illustres, est celui, comme nous l'avons déjà remarqué, qui a cédé le plus au penchant d'y mettre le panégyrique à la place de l'histoire. Il est bon de rétablir les droits de celle-ci, méconnus principalement dans les rapports du maréchal avec le Parlement. On ne sait où d'Auvigny a pris, par exemple, que Matignon, après la sédition de mars et avril 1589, fit chasser de la ville ceux des officiers du Parlement qui lui étaient suspects. Il est vrai que Darnal, l'un des auteurs de la *Chronique*, parle d'une expulsion des suspects et des fauteurs de la Ligue, opérée en masse par Matignon. Mais d'abord il place cette mesure à une date différente, celle de la mort de Henri III, et encore s'exprime-t-il de manière à la faire considérer comme une simple menace non suivie d'effet. En second lieu, il n'y en a pas trace sur les registres du Parlement, et comment croire qu'elle eût été effectuée sans son aveu et que, si elle se fût étendue à quelques-uns de ses membres, il eût souffert une atteinte aussi violente à leur caractère et à ses prérogatives? Cruzeau n'y fait pas non plus la moindre allusion, lui qui tenait note jour par jour de tout ce qui se passait dans la ville et surtout dans sa Compagnie. Mais d'Auvigny est encore allé plus loin. A l'en croire, dans les derniers temps de son gouvernement, Matignon laissait tout à fait de côté le Parlement pour la répression des cabales des ligueurs; il ne demandait plus l'avis de ce corps : tout tremblait devant lui. Ces assertions, dont l'écrivain ne donne aucune preuve, sont démenties par tout ce que nous avons vu des bons rapports qui ne cessèrent pas d'exister entre le représentant de l'autorité royale et la Cour souveraine, qui avait tant d'influence dans la cité et au dehors. Ici encore nous invoquerons avec confiance le témoignage de Cruzeau, qui, excellent citoyen, mais parlementaire zélé, ainsi qu'il se montre dans plus d'un passage de son Journal, n'aurait certainement, pas plus en présence des dédains que des attentats de Matignon envers son Corps, fait de lui cet éloge lors de sa mort, arrivée en 1597. Après avoir dit qu'il mourut subitement dans son château de La Marque, en Médoc, il ajoute : « Dieu nous en doie un aussi bon et non meilleur! » Singulière oraison funèbre d'un homme qui aurait porté l'abus du pouvoir jusqu'à la tyrannie! Et le sentiment de Cruzeau était bien celui du public. Les obsèques de Matignon à Bordeaux furent des plus magnifiques. Son fils, le comte de Thorigny, fut élu maire par les jurats, en honneur de la mémoire de son père, dit la *Chronique* [1]. Serait-ce, enfin, à une Compagnie mutilée par lui et qu'il ne daignait plus consulter que le maréchal, lorsqu'il partait en 1593 pour Paris, où le roi le mandait, faisait, d'après son historien lui-même, les adieux que voici : « Je rendrai compte au roi du zèle que vous avez fait paraître pour son service et pour le bien de l'État. Vous avez été les plus fermes appuis de sa couronne; vous serez les plus tendres objets de son affection. »

Mais ce n'est pas seulement l'indépendance du Parlement qui a été atteinte par les allégations erronées du biographe de Matignon. Elles ont eu, pour l'honneur de ce corps, un autre résultat non moins fâcheux, celui d'accréditer l'opinion qu'il avait été ligueur : nouvelle atteinte portée à la vérité historique, acceptée avec empressement par certains écrivains qui en avaient besoin pour une polémique

---

[1] *Chronique,* 26 juillet 1597.

passionnée (1). Nous avons déjà commencé sa justification sous ce rapport; c'est ici le lieu de l'achever.

En 1589, un procureur au Parlement, nommé Arnauld de Bach, fut dénoncé par l'avocat Bonalgues, jurat de la ville, comme coupable d'avoir eu en sa possession, et écrite de sa main, une complainte sur la mort du duc de Guise. Traduit pour ce fait au Parlement, il y fut condamné au bannissement et à faire amende honorable, peines assurément bien sévères pour un tel délit, surtout si elles avaient été prononcées par des magistrats ligueurs. Devant des juges affiliés à l'Union, de Bach aurait, loin d'un châtiment, reçu des récompenses. On sait en effet avec quel fanatisme la mémoire des princes lorrains était glorifiée par leurs partisans (2).

Dès l'année précédente, le Parlement de Bordeaux recevait le serment d'un conseiller nommé à celui de Toulouse. Pourquoi cette dérogation manifeste à tous les usages, comme à la nature des choses? Les lettres-patentes du titre conféré à ce magistrat étranger nous l'apprennent. C'est que le Parlement de Toulouse, auquel il allait appartenir, était interdit comme suivant le parti de l'Union. Quelques membres attachés à celui du roi s'étaient, à la vérité, réunis à Béziers, mais ils étaient en nombre insuffisant pour recevoir le serment du récipiendaire. Est-ce que le Parlement de Bordeaux aurait été saisi de cette mission s'il eût été lui-même ligueur?

(1) Ravenez, *Histoire du cardinal de Sourdis*, passim.
(2) *R. E.*, B. 46, janvier 1595.

Cette Compagnie offrit-elle jamais un spectacle aussi triste que celui qui affligeait les regards dans tous les autres ressorts, sauf celui de Rennes, de la scission de ces corps en deux fractions, l'une ralliée au roi et jugeant en son nom, l'autre livrée à la Ligue et reconnaissant pour souverain ce fantôme de monarque qu'elle avait créé dans le cardinal de Bourbon sous le nom de Charles X? Ainsi, une portion du Parlement de Paris y siégea quelque temps sous les Seize; deux autres étaient établies à Tours et à Châlons. Rouen avait ses deux sections antagonistes, l'une dans cette ville, l'autre à Caen, se combattant à coups d'arrêts. Il n'y eut jamais qu'un seul Parlement de Guyenne résidant à Bordeaux.

A ces preuves en quelque sorte matérielles à l'appui de notre thèse, il est temps de joindre l'opinion d'un historien presque contemporain et d'autant plus digne de foi qu'il écrivait pour ainsi dire sur le théâtre des faits dont il parlait.[1]

« Ceux qui ont écrit, dit Dupleix, que le Parlement de Bordeaux donna des arrêts en faveur de l'Union, ont eu de mauvaises instructions et mémoires, et se contredisent eux-mêmes en ce qu'ils avancent aussi que, sans la crainte qu'il avait du maréchal de Matignon qui tenait le Château-Trompette, il se fût déclaré pour la Ligue, car c'était assez se déclarer pour la Ligue que de donner des arrêts

---

[1] Dupleix était de Condom.

en faveur d'icelle. Il est bien vrai que ce Parlement donna un arrêt par lequel il était enjoint à tous ceux du ressort de garder les édits faits par Henri III pour la manutention de la religion catholique, sans faire mention du nouveau roi, et même les lettres de chancellerie étaient expédiées sous le nom du même Henri III; mais tout cela se faisait par grande considération et seulement pour maintenir en devoir les villes catholiques du même ressort, lesquelles étaient tout émues du péril que la religion pouvait courir sous un prince hérétique, à raison de quoi le Parlement députa des commissaires vers elles, pour les exhorter à demeurer en paix et attendre les effets de la promesse du roi touchant sa conversion à la religion catholique.

» Il est certain que le maréchal l'ayant pressé d'ordonner que le roi serait dès lors reconnu, y trouva une grande résistance, et même aucuns lui parlèrent avec une merveilleuse franchise et hardiesse; mais cet auguste sénat, prévoyant que de reconnaître alors ouvertement le roi serait une occasion de rallumer la guerre civile par toute la province, refusa de le faire, joint que les villes catholiques sises sur le bord de la Garonne et de la Dordogne qui n'avaient inclination qu'envers la Ligue, eussent pris de là occasion de faire la guerre à celle de Bordeaux, lui eussent coupé les vivres, et en peu de temps l'eussent réduite en des extrêmes nécessités, tellement que le maréchal goûtant ces considérations fut bien aise de s'accommoder aux sentiments du

Parlement, voyant même que Guillaume Daffiz, premier président, Lalanne, second président, et François de Nesmond, aussi président, Jacques Desaigues, procureur général, et de Mulet, avocat général, lesquels il reconnaissait parfaitement zélés et passionnés au service du roi, étaient du même avis que les autres [1]. »

Il n'est pas besoin d'insister sur un tel témoignage dont la sincérité égale l'importance et que les renseignements particuliers confirment à l'envi des documents publics [2]. Il met désormais à l'abri de toute controverse la véritable voie que suivit le Parlement de Bordeaux, et permet de lui en maintenir devant la postérité le mérite d'autant plus louable qu'il fut plus rare et qu'il était surtout plus difficile.

Comment méconnaître, en effet, que de la longue et implacable guerre qu'il avait faite à l'hérésie, la transition à la Ligue aurait été toute naturelle de sa part et que la pente de l'une à l'autre était des plus glissantes? Ce fut un premier acte de sagesse que d'y résister. Il n'en fallait pas moins à de zélés catholiques pour se résoudre à déclarer héritier du trône un prince hérétique. Enfin, oublier la part principale qu'avait eue naguère le roi de Navarre à son humiliation, par la création de la Chambre de Justice, était un dernier sacrifice, et non exempt

[1] Dupleix, *Histoire de Henri IV*, t. IV, p. 21.
[2] *Journal de Cruzeau* et *Archives historiques de la Gironde*, t. IV et VII, déjà cités.

peut-être de quelque générosité, qu'il restait à faire au Parlement pour vaincre toutes ses répugnances et dominer tous ses penchants. Il faut en faire honneur, outre sa prudence, au patriotisme des magistrats émus à la vue de la France sillonnée par les armées étrangères, déchirée par les mains de ses propres enfants; aux grandes qualités de Henri de Bourbon; à la certitude morale enfin, pour des esprits pénétrants, de sa conversion qui n'était qu'une question de temps. Celui qu'ils mirent à l'examen de ces grands intérêts, la maturité de leurs délibérations, font assez voir qu'ils ne donnèrent rien à la précipitation ni à l'entraînement. C'est ainsi qu'ils s'élevaient à la hauteur de leur mission, et que ces légistes de profession surent la remplir en hommes d'État consommés; gloire qui appartient ici au Corps tout entier, demeuré un et homogène, tandis que dans les autres Parlements, en proie à des discordes intestines, quelques fractions peuvent à peine prétendre au même honneur.

Voilà ses titres à la première place parmi toutes ces Compagnies dans les annales générales de l'époque. Nous nous garderons d'omettre ceux qui lui appartiennent en particulier à l'estime et même à la reconnaissance d'une grande cité. Bordeaux ne saurait, en effet, oublier qu'il dut à sa haute magistrature d'échapper aux calamités dont étaient frappées alors plusieurs des premières villes du royaume qui virent leurs rues ensanglantées, leurs magistrats massacrés, et subirent toutes les horreurs de la guerre civile. Ces affreux malheurs furent épargnés à la capitale de la Guyenne.

Nous croyons donc fermement n'être que les justes organes de la vérité en disant que, dans les pages qui précèdent, nous avons retracé les plus belles de l'histoire du Parlement de Bordeaux.

CHAPITRE IX

1592-1610

Dissentiments entre Henri IV et le Parlement de Bordeaux au sujet du rappel des édits de 1577 et de l'enregistrement de l'édit de Nantes. — Établissement de la Chambre mi-partie. — Sa composition. — Les magistrats protestants. — Comment le Parlement élude leur réception et leur incorporation. — Son immixtion dans les affaires politiques devenue à peu près nulle. — Abus dans le mode d'examen des magistrats, nés principalement du *népotisme* parlementaire. — Mauvais choix. — Exemple : le conseiller Beaulieu devenu assassin de sa femme. Poursuite, dégradation, jugement définitif au Parlement de Rennes, condamnation, exécution. — Affaire du trésorier Pontac de Langlade ; familles de magistrats impliquées dans cet événement. — Le président Gentils. — La peste de nouveau à Bordeaux. — Le Parlement dispersé. — Lettre de Henri IV au duc d'Épernon : objet. — Le cardinal de Sourdis, archevêque de Bordeaux ; ses différends avec le Parlement. — Édit du *Parisis*. — Remontrances du Parlement. — Députation au roi. — Réponse de Henri IV. — Examen critique des graves imputations adressées par lui au Parlement. — Justification de ce corps. — Origine des griefs personnels du roi. — Démonstration de leur injustice. — Les bonnes relations rétablies entre ce prince et la magistrature bordelaise avant sa mort. — Tribut de regrets payé par elle à sa mémoire. — Poursuites des crimes de sorcellerie sous son règne. — Opérations judiciaires dans le pays basque. — Le conseiller Rostéguy de Lancre et le président d'Espagnet. — Jurisprudence du premier. — Application. — Appréciation.

La reconnaissance des droits de Henri de Bourbon à la couronne, de la part du Parlement, que les événements ultérieurs avaient pris soin de justifier, ne mettait pourtant pas — il s'en fallait même de beaucoup — un terme à toutes les difficultés nées de l'état général des affaires. Il en restait, au contraire, de nombreuses, de graves, et d'une telle nature qu'elles devaient amener, entre le nouveau roi et ceux mêmes qui l'avaient salué de ce titre, d'inévitables dissentiments. Les magistrats s'étaient-ils, par exemple, flattés de la certitude que la Réforme aurait tout à perdre à l'avénement d'un prince qui ne pouvait régner paisiblement qu'en l'abjurant? Ils ne devaient pas tarder à être détrompés. Il était évident en effet que Henri trouvait la politique d'accord avec la reconnaissance pour le porter à rendre au moins aux religionnaires les avantages que leur avaient conférés les derniers édits favorables à leur croyance et que lui-même avait tant contribué à leur faire obtenir. On ne s'étonne donc pas que, dès le mois de juillet 1591, par une déclaration donnée à Mantes, il eût ordonné la remise en vigueur de l'édit de 1577 consacrant les résultats des conférences de Nérac et de Fleix dont la Ligue avait arraché à Henri III la révocation. Au mois de février 1592, cette déclaration avait été apportée au Parlement de Bordeaux par Matignon. Elle y fut fort mal accueillie et écartée par la formule de refus la plus péremptoire [1]. Quatre ans s'écoulèrent pendant lesquels le roi prit patience; mais en 1596 Matignon revint, porteur, cette fois, de lettres de jussion des plus impératives pour l'enregistrement de la déclaration de Mantes. Elles étaient, dit Cruzeau, pleines d'outrages et de menaces, et le maréchal dut informer la Cour, si elle persistait dans son refus, de l'intention formelle du roi de la suspendre, de l'interdire et remplacer par d'autres magistrats pour

[1] Cruzeau, *Journal*, loc. cit.

rendre la justice [1]. Après une délibération prolongée pendant neuf séances, le Parlement céda, quoique avec un sursis jusqu'à ce que les réformés eussent rendu les villes catholiques, ainsi que les églises et les propriétés privées qu'ils détenaient encore [2].

La restitution aux protestants des bénéfices de l'édit de 1577 n'était que l'avant-coureur des dispositions législatives déjà arrêtées dans la pensée de Henri IV et destinées à asseoir leurs droits de toute nature sur des bases bien autrement larges. En 1598 fut rendu le célèbre édit de Nantes. Le roi avait dû s'attendre à tous les obstacles que rencontrerait dans les Parlements un acte aussi considérable, qui leur demandait à la fois le sacrifice de leurs opinions et de leurs sentiments. Mais ce prince, qui avait conçu et mûri la grande pensée d'une réconciliation entre ses sujets, n'était pas homme à reculer. En roi-soldat qui avait si souvent payé de sa personne, il disait au Parlement de Paris, allant dans ses remontrances jusqu'à lui faire pressentir le retour de la guerre civile : « Je couperai les racines de toutes les factions. » J'ai sauté sur des murailles de villes ; je sauterai » bien sur des barricades [3]. »

L'édit fut apporté à Bordeaux, le 15 juillet 1599, par le maître des requêtes de Pontcarré. Le Parlement en délibéra jusqu'au 21 août. Ainsi qu'on avait dû

---

(1) *R. S.*, 9 janvier et 24 avril 1596. — Cruzeau, *Journal*, 18 février 1596.
(2) *R. S.*, id., et Cruzeau, *Journal, loc. cit.*
(3) *Histoire du règne de Henri IV*, par M. Poirson, t. Ier, p. 390.

s'y attendre, des remontrances furent arrêtées avant l'enregistrement. Une députation devait les porter au roi. Elles reposaient sur trois griefs principaux : 1° l'*ampliation* de la religion réformée, c'est-à-dire l'extension donnée à son exercice; 2° l'admission de ceux qui la pratiquaient à tous les offices indistinctement; 3° le rétablissement des Chambres triparties ou mi-parties. Les commissaires nommés étaient le président de Nesmond, le conseiller Malvin, le procureur général Desaigues, et, à son défaut, le conseiller Lescure. S'ils ne pouvaient obtenir la modification de ces trois articles, ils avaient ordre de déclarer que « la Cour ne les recevrait jamais de son consentement, aimant mieux que le roi fît tout de son autorité que de se dégrader elle-même [1]. »

Le 26 janvier 1600, la députation était de retour et faisait un rapport très étendu, le président de Nesmond ayant jugé à propos de réciter sa harangue au roi, qui était fort longue, ainsi que la réponse du monarque. Henri blâmait les remontrances en termes sévères, avec menaces que si l'édit n'était pas vérifié, il suspendrait la Compagnie et la remplacerait. Des lettres du chancelier et du maréchal d'Ornano, nommé depuis peu pour succéder à Matignon, adressées au Parlement, l'exhortaient fortement à obéir au roi. Ces deux éminents personnages représentaient que Sa Majesté « avait baillé l'édit aux huguenots par traité et quasi par contrat, et qu'ainsi sa foi était engagée » :

[1] *R. S.*, 15 juillet 1599. — *Copie du Registre secret*, 22 août 1599. (Bibliothèque de la ville, Mss., n° 371). — Cruzeau, 7 juillet 1599.

langage très probablement concerté avec le prince lui-même et destiné à adoucir la dureté du sien. Le Parlement se rendit, non sans de nouvelles hésitations toutefois. L'arrêt d'enregistrement portait la formule dénonciatrice de l'espèce de violence faite aux magistrats : du très exprès commandement du roi et sans approbation d'autre religion que la catholique et romaine.[1].

Les dispositions de l'édit sur la Chambre mi-partie restaient à organiser, car il n'est pas besoin de dire que, sur le principe même de son rétablissement, le Parlement avait également dû renoncer à toute résistance. Il était d'autant plus urgent de pourvoir les réformés de cette juridiction, que depuis plusieurs années ils en étaient absolument privés. Après la clôture de la Chambre de Justice qui avait siégé à Bordeaux, le roi de Navarre en forma une à Saint-Jean d'Angély, composée entièrement de réformés et que Cruzeau appelle un anti-parlement. Elle était présidée par le conseiller de Feydeau, qui avait dû quitter son siége de Bordeaux depuis la réaction de la Ligue. Dès 1590, Henri IV avait fait au Parlement le sacrifice de ce tribunal, dont l'existence était pour lui un sujet d'irritation, et, en enregistrant sa suppression, la Cour s'était réservé d'en casser les décisions toutes les fois qu'il y aurait lieu. Lorsqu'il fallut reconstituer la nouvelle Chambre cette fois mi-partie, le Parlement fit tous ses efforts pour

---

[1] *R. S., loc. cit.*

atténuer les effets de cette institution, qu'il voyait toujours de mauvais œil. Il demandait que la nomination des membres catholiques destinés à en faire partie et pris dans son sein lui fût laissée. Il voulait que le roi prît l'engagement de supprimer la Chambre le plus tôt qu'il se pourrait. Il insistait enfin pour qu'au moins elle ne siégeât pas à Bordeaux, et il indiquait Agen ou toute autre ville catholique pour sa résidence. La plupart de ces réclamations furent rejetées. Le roi désigna Nérac, résidence de l'ancienne cour de Navarre, localité protestante, et ce choix était rationnel; car partout ailleurs les magistrats religionnaires eussent été fort mal accueillis.

Ceux qui furent désignés pour la première fois dans le Parlement à l'effet de composer la moitié catholique de la Chambre étaient : le président de Nesmond, les conseillers de Malvin, de Montaigne, de Tarneau jeune, de la grand'chambre, et de Blanc le jeune, de Lavergne et de La Chèze, des enquêtes. Quant à l'autre moitié, et en nombre égal de protestants, ce furent : le conseiller de Feydeau, avec le titre de président, et, en qualité de conseillers, les sieurs de Tuillet, de Rabar, de Rosanes, de Morin, de Festiveau, de Peyruqueau. Un avocat du roi huguenot et un procureur général catholique devaient compléter ce tribunal. Le premier seul nous est connu; il s'appelait Bacalan. C'est au Journal de Cruzeau que nous devons de connaître les noms de ces magistrats. Les registres du Parlement ne les contiennent pas, et les raisons de cette omission volontaire, qui se prolongea pendant toute la durée de la Chambre mi-partie, c'est-à-dire plus de soixante ans, sont trop remarquables pour que nous les passions ici sous silence.

Il était assurément dans l'esprit autant que dans la lettre de l'édit de Nantes, que l'admission des réformés aux offices de toute espèce fût appliquée sans réserve ni exception. Les Parlements, au moins celui de Bordeaux, ne l'entendaient pas ainsi. Les membres protestants de la Chambre mi-partie, nommés par lettres-patentes du mois de juin 1600, président et conseillers, l'étaient, portent-elles formellement, aux mêmes gages, honneurs, autorité et prééminence que les magistrats catholiques [1]. Mais le Parlement ne voulut vérifier ces lettres qu'à la charge que ceux qu'elles instituaient en qualité de réformés seraient appelés conseillers en la Cour et Chambre de l'Édit, sans que pour cela ils fussent censés du corps de la Cour [2]. Conformément à cette restriction, quand ils se présentèrent pour prêter serment en février 1601, ils en furent dispensés comme ayant déjà rempli cette formalité devant le chancelier [3]. Aussi leurs successeurs ne renouvelèrent-ils jamais cette démarche. En fait, ils ne figurèrent jamais non plus sur le tableau de la Cour appelé *faction des chambres,* dressé au commencement

---

[1] *R. E.*, B. 49, à la date.
[2] *Copie du Registre secret*, 22 juillet 1600. (Bibliothèque de la ville, Mss., n° 371.)
[3] *R. S.*, 19 décembre 1600, 3 février 1601.

de chaque année judiciaire, et, pour éviter de les y inscrire, on y omit même, pendant longtemps, les noms des membres catholiques qui rendaient avec eux la justice à Nérac. On subissait ces huguenots; on ne les acceptait pas. Tant il est vrai que les mœurs même fondées sur les préjugés sont plus fortes que les lois!

L'installation de la Chambre de l'Édit eut lieu en grand appareil à Nérac, le 22 mars 1601 seulement, probablement à cause des difficultés qui l'avaient retardée jusque-là. La cérémonie ne manqua pas de pompe même religieuse, puisque l'évêque de Condom célébra la messe dans la chapelle du château. Le président de Nesmond fit merveille, dit Cruzeau, par sa harangue. Celle de Bacalan fut ridicule, selon lui, et sifflée.

Pour épuiser ici ce qui concerne cette juridiction sur laquelle nous n'aurons plus guère occasion de revenir que pour mentionner son extinction, nous dirons qu'elle ne répondit pas à l'attente qu'on en avait conçue. Le même antagonisme religieux qui existait entre ses membres se retrouvait dans leurs décisions. Comme ils étaient en nombre égal, elles n'aboutissaient que trop souvent à des partages, et il fallait, pour les vider, recourir aux autres Chambres d'Édit composées des mêmes éléments, ce qui amenait de semblables résultats. Cruzeau, qui fit partie de celle de Nérac, en 1602, cite, en exemple de ce qu'il appelle scandales, un procès qui, ayant déjà partagé la Chambre de l'Édit de Castres, n'obtint pas davantage de majorité à Nérac, les six magistrats catholiques étant d'accord pour infirmer un jugement, et les six protestants, au contraire, pour le confirmer [1]. Il ne fait pas connaître ce que devint cet interminable litige qui donne lieu, d'ailleurs, à une observation que nous croyons utile, c'est qu'il n'y avait pas moins d'intolérance religieuse chez les réformés que parmi les catholiques. Ainsi, ce procès offrait l'exemple d'une fille de cette dernière croyance, déshéritée à cause d'elle par sa sœur protestante.

L'historien du règne de Henri IV que nous avons déjà cité remarque judicieusement qu'à partir de l'époque de son opposition sans succès à l'édit de Nantes, le Parlement de Paris résigna les pouvoirs politiques qu'il avait longtemps affectés, et se tint renfermé dans ses attributs de corps judiciaire et administratif [2]. La même observation peut s'appliquer au Parlement de Bordeaux comme aux autres. L'abdication ne fut pas entière, il est vrai, quant aux remontrances sur certaines matières, celles qui étaient fiscales, par exemple. Mais là encore, les Parlements devaient se heurter à un prince peu disposé à leur céder. Nous en rapporterons bientôt une preuve mémorable. Un fait particulier appelle auparavant notre attention et celle du lecteur. Il devait nécessairement trouver place dans nos récits, parce que, indépendamment de sa gravité, il s'y rattache quelques-unes des conséquences de la vénalité des offices.

[1] *Journal*, 1602.
[2] Poirson, t. Ier, p. 370.

Quoiqu'elle eût annihilé le droit de présentation aux emplois vacants, les Cours de justice n'avaient pas renoncé à celui de l'examen des candidats, sous le double rapport de la moralité et de la capacité. Mais des relâchements de sévérité, et même beaucoup trop d'indulgence pour l'une, de véritables manœuvres dolosives pour la vérification de l'autre, n'avaient pas tardé à s'introduire. Le mode ordinaire d'examen consistait d'abord dans l'étude approfondie et le développement d'une loi romaine communiquée au répondant; mais il devait ensuite satisfaire à des questions posées sur les trois livres du Digeste, l'un après l'autre, et à la fortuite ouverture du volume par lui-même, entre les mains du président de l'épreuve. Il devait, enfin, en subir une sur la pratique. Mais comment ces prescriptions, lorsque se présentaient pour y obéir — et il n'y avait plus guère d'autres récipiendaires — des fils, neveux ou gendres de membres de la Compagnie, s'exécutaient-elles? Par une supercherie facile à comprendre, les volumes présentés au candidat s'ouvraient toujours à des endroits marqués d'avance et étudiés par lui, de manière que ce n'était plus le hasard, mais le choix qui donnait la matière de l'examen. Il résultait de là qu'en le passant, « les répondants triomphaient tous, mais qu'aux opinions, ils n'entendaient ni le fait ni le droit [1]. » Pour remédier à ces fraudes, on décréta qu'à l'avenir les volumes du Digeste seraient présentés

---

(1) Cruzeau, *Journal*. V. aussi *Copie du Registre secret*, n° 370.

par le dos et non par le devant aux candidats, et que, de plus, il serait acheté de nouveaux livres de droit tout neufs et non marqués, que le premier président ou tel des autres qui dirigerait les épreuves tiendrait chez lui : précautions qui ne suffirent pourtant pas encore pour mettre un terme à ces *tricheries,* comme les appelle notre chroniqueur. Il ajoutait, non sans quelque malice, « que ces mesures, destinées à en prévenir le retour, avaient été prises au grand regret du président de Cadillac, pour l'amour de son gendre Beaulieu. » En remarquant qu'il fallait ou réprimer, ou *retrancher,* ou pour le moins refroidir l'ardeur de l'ambition, Cruzeau ne se doutait pas que bientôt les noms de ces deux personnages reviendraient sous sa plume mêlés à de tragiques événements.

Pierre de Beaulieu était fils d'un conseiller qui lui avait cédé sa charge, et il se présentait pour lui succéder au mois de juillet 1600, n'ayant encore que vingt-trois ans, mais pourvu de lettres de dispense d'âge. Admis à l'examen, il répondit fort mal, dit le Registre [1]. La Cour lui fit une sévère admonition, et néanmoins lui ouvrit ses rangs, par égard sans doute pour son père et son beau-père. Il est hors de doute que l'enquête de vie et de mœurs sur son compte n'avait pas été faite avec moins de complaisance, car un an s'était à peine écoulé que, le 17 décembre 1601, le Parlement voyait entrer

[1] *Copie du Registre secret,* n° 371.

dans la chambre du Conseil le président de Cadillac, beau-père de Beaulieu, qui, en proie à la plus vive douleur, venait demander justice de l'assassinat commis par ce dernier sur la personne de sa fille. Cette infortunée, mariée depuis quatre ans, lorsqu'elle n'en avait que seize, avait été étranglée, dans une maison de campagne des environs de Marmande où elle se trouvait avec son mari, par ce dernier aidé, à ce qu'il paraît, de ses domestiques. Les détails sur ce crime manquent, les pièces d'information n'ayant été retrouvées nulle part. Le procureur général s'étant joint au plaignant, l'instruction eut lieu contre les accusés, qui avaient pris la fuite. Elle ne fut ni longue ni difficile; les preuves abondaient. Dès le 11 janvier, Beaulieu et deux de ses valets furent condamnés par défaut; le premier, à avoir le poing coupé et la tête tranchée, et les autres, au supplice de la roue. L'arrêt ne put être exécuté que par coutumace. Il avait été précédé contre Beaulieu de la dégradation de son état, déclaré vacant par forfaiture et supprimé. A cet effet, sur un échafaud dressé dans la grande salle du palais, se voyait l'effigie du condamné revêtue de toutes les parties de son costume. Un huissier le dépouilla successivement de son bonnet carré, de sa robe rouge et de son chaperon, en disant à l'enlèvement de chacune : « Pierre Beaulieu, je te dégrade, et en signe de ce, je t'ôte... » Quand cette figure ne fut plus qu'en pourpoint, on la transporta, un chapeau sur la tête, par les carrefours, d'où on la ramena sur la place du palais pour y être livrée à l'exécuteur [1].

Beaulieu, comme nous l'avons dit, s'était soustrait à toutes les recherches. Il parvint pendant six ans à s'y dérober à Paris, où il était caché. Mais le président de Cadillac finit par l'y découvrir et le fit arrêter. Ramené à Bordeaux, il y parut, le 23 janvier 1607, les fers aux pieds, sur la sellette, devant la Cour qu'il récusa à peu près tout entière pour cause de parenté et d'alliance. Il tenait, en effet, par ces liens à presque tout le Parlement. Le procès-verbal de la séance constate qu'il soutint les débats préliminaires de ces exceptions avec la contenance d'un homme qui n'était nullement effrayé. L'affaire, que personne n'était sans doute jaloux de faire juger à Bordeaux, fut renvoyée devant le Grand Conseil pour règlement de juges. L'accusé y gagna de nouveaux délais, puisque ce ne fut que l'année suivante que le Parlement de Rennes, saisi définitivement, termina le procès par arrêt du 12 mars 1608, en vertu duquel Beaulieu eut la tête tranchée sur une des places publiques de cette ville.

Cette déplorable affaire suggère à Cruzeau des réflexions puisées dans ses sentiments religieux. Il y ajoute quelques remarques d'où l'on peut inférer que le mobile du crime de Beaulieu était la cupidité, dont il avait reçu, dit-il, des exemples dans sa propre famille. Né d'ailleurs avec les penchants les plus

[1] *R. S.*, 17 et 31 décembre 1601. — *Id.*, 11 janvier 1602. — V. également *Copie du Registre secret*, n° 371.

pervers, pour avoir foulé aux pieds tous les sentiments de sa condition, il aurait été, dans quelque état que le sort l'eût placé, le déshonneur et le fléau des siens.

Le malheur d'avoir eu un tel homme pour gendre ne fut pas le seul qui frappa alors le président de Cadillac. Il lui était réservé d'en éprouver un second, presque aussi cruel, dans la personne d'un autre de ses enfants. Son fils puîné, Gentils de Tirat, jeune conseiller commissaire aux requêtes du palais, fut impliqué dans un événement survenu peu après la condamnation de Beaulieu, et dont nous devons d'autant plus faire mention que des membres de plusieurs autres familles parlementaires s'y virent également enveloppés. Le 20 novembre 1611, Pontac de Langlade, trésorier de France, fut tué à quelques pas de sa demeure, au Chapeau-Rouge. Il avait reçu trois coups de pistolet dans la tête et quatorze coups d'épée dans le corps. La cause de ce meurtre prémédité est demeurée assez obscure, la Chronique ne la faisant pas connaître et Cruzeau ne la rapportant que très sommairement. Il paraît que Pontac avait enlevé une fille de qualité tenant à plusieurs familles distinguées de la ville, qui voulurent ainsi venger l'outrage qu'elles avaient reçu. Avec Gentils de Tirat furent inculpés d'avoir pris une part active à cet acte des jeunes gens portant les noms parlementaires de Lalanne, de Geneste, Martin et Duverdus. Ils étaient tous en fuite, lorsque la poursuite commença et fut ensuite déférée au Parlement de Paris. Un arrêt par coutumace ayant condamné tous les prévenus au dernier supplice, ils furent exécutés par effigie à Bordeaux le 7 mai 1613 [1]. Le fils du président Gentils y figurait nécessairement. La suite de cette grave procédure a échappé à nos investigations. Rien n'annonce qu'elle se soit terminée par une amnistie ou par des lettres de grâce en faveur des nombreux inculpés. Il est vraisemblable que ce procès était la cause des fréquents séjours du président Gentils à Paris, où il mourut en 1613.

Parmi les faits locaux dont l'intérêt se circonscrit uniquement dans la part qu'y prit le Parlement, et qui, grâce à la tranquillité dont jouissait le royaume, sont dépourvus de couleur politique, les uns n'ont droit qu'à une simple annotation; les autres exigeront plus de détails. Nous rangerons parmi les premiers les deux épidémies de 1599 et de 1604 qui sévirent à Bordeaux, mais avec moins d'intensité pourtant que vingt années auparavant. Cependant elles amenèrent encore la suspension des audiences et la dispersion des magistrats. En vain le roi assurait-il pour les retenir à leur poste, à ceux qui mouraient de la contagion, la propriété de leurs offices transmissible à leurs héritiers, tout comme s'ils les eussent résignés de leur vivant. La peur l'emportait sur l'intérêt. A la rentrée de 1599, il n'y avait de présents que trente-deux membres, et il fallut, pour faire le service, former une Chambre provisoire, où les

---

[1] Cruzeau.

magistrats devaient se remplacer de huitaine en huitaine. Cet exemple de regrettables défaillances ne sera pas malheureusement le dernier[1].

Les registres contiennent à la date du 20 mai 1600 la copie d'une lettre de Henri IV au duc d'Épernon, que ce dernier vint apporter lui-même au Parlement. C'est la relation familière que lui adresse le roi de la célèbre conférence entre le cardinal Duperron, évêque d'Évreux, et Duplessis-Mornay, conférence à laquelle le prince se vante d'avoir pris part et fait merveilles, dit-il. Nous ne reproduirons pas ici ce document déjà publié dans les *Mémoires* de L'Estoile et tout récemment dans le Recueil des lettres de Henri IV, comme inédit, quoiqu'il ne le fût pas. La communication qu'en faisait donner Henri IV au Parlement est toutefois remarquable. Il considérait comme de bonne politique de faire preuve vis-à-vis de l'une de ces Compagnies qui avaient souhaité si vivement sa conversion, non seulement qu'elle était sincère, mais encore poussée jusqu'à l'ardeur du prosélytisme. Le Parlement le comprit ainsi, puisqu'il fit transcrire textuellement la lettre du roi sur ses registres.

Prévost de Sansac, archevêque de Bordeaux, mort le 17 octobre 1591, n'avait pas été remplacé. Cette longue vacance eut sans doute pour cause principale la situation irrégulière du roi vis-à-vis du Saint-Siége qui ne voulait pas donner l'institution canonique à

---

[1] *R. S.*, 13 et 22 nov. 1599. — Cruzeau, *Journal*, nov. 1599.

des évêques nommés par un prince encore hérétique. Le successeur de Sansac fut François d'Escoubleau, plus connu sous le nom de Sourdis. Issu d'une famille du Poitou, peu citée avant le XVIe siècle, mais qui prit alors un assez grand essor, il était né en 1575. Il suivit d'abord le parti des armes et le quitta de bonne heure pour l'état ecclésiastique. Il n'y était entré que depuis bien peu de temps, puisqu'il n'avait pas encore reçu la prêtrise, lorsqu'il fut presque à la fois nommé à l'archevêché de Bordeaux et élevé au cardinalat, ayant à peine vingt-quatre ans. Cette haute et rapide fortune s'explique aisément. La mère du jeune de Sourdis était tante de Gabrielle d'Estrées, et indépendamment du crédit de celle-ci, on sait, d'après les mémoires du temps, que le chancelier Cheverni n'avait rien à refuser à Mme de Sourdis. Ce fut le 8 mars 1600 que son fils vint prendre possession du siége de Bordeaux. Il avait renoncé aux cérémonies pompeuses de l'entrée que ses prédécesseurs avaient coutume de faire en pareil cas. Son dernier historien nous apprend que ce ne fut pas une modestie exagérée qui lui fit ainsi éviter les hommages dus à son rang, mais le désir de ne pas déployer un appareil de fête dans une cité en deuil, car Bordeaux était alors ravagé par la peste [1].

C'est entre ce nouveau prélat et le Parlement que ne tardèrent pas à s'élever des démêlés aussi vifs que nombreux. Nous ne saurions les passer sous silence,

---

[1] Ravenez, *Histoire du cardinal de Sourdis*. Bordeaux, in-8º.

quoique ces querelles d'autorités locales soient bien peu dignes d'être recueillies par l'histoire.

Le premier différend eut une origine assez futile. Il existait dans l'église Saint-André, cathédrale de Bordeaux, deux autels sans ornements et dont aucune barrière ne défendait l'approche. Aussi, dans les jours de grande affluence, la multitude les envahissait-elle et s'en servait même comme de siége. Pour faire cesser ce qu'il considérait avec raison comme une indécence, l'archevêque s'était adressé plusieurs fois au chapitre, qui ne se pressait pas de faire droit à cette remontrance. Il est bon de faire remarquer que le chapitre de Saint-André, par un privilége fort singulier fondé sur une bulle du pape Pie II, avait non seulement la police, mais encore l'administration de la primatiale, à l'exclusion de l'ordinaire. Après plusieurs avis inutiles donnés aux chanoines, le cardinal, perdant patience, résolut de remédier lui-même au mal et n'imagina rien de mieux que de faire démolir les deux autels. Cette voie de fait en amena une autre de la part du chapitre, qui fit arrêter et jeter dans ses prisons les ouvriers. A cette nouvelle, l'archevêque se rendit sur les lieux où éclata une scène des plus scandaleuses. Après un échange d'interpellations violentes entre le prélat et quelques-uns des chanoines, il les menaça d'excommunication. Comme ils ne se rendaient pas, il alla jusqu'à en frapper deux, le trésorier Desaigues et un sieur Bureau et les chassa de l'église ; puis, se rendant aux prisons, il en fit enfoncer les portes et délivra ses ouvriers.

Cela se passait le 26 février 1602. Sur la plainte du chapitre, dès le 28, le Parlement ordonnait une information et déléguait les conseillers Amalbi et Duverdus pour dresser procès-verbal de l'état des lieux. Ils y étaient à peine rendus, assistés des jurats, du capitaine du guet et de ses archers, que parut le cardinal. Sur sa demande de ce qu'ils venaient faire là : « Nous y sommes de la part de la Cour, répondit Amalbi, pour visiter quelques démolitions. — Vous n'avez, répliqua l'archevêque, nulle charge ni puissance dans cette église; au contraire, elle est à moi comme votre palais est au roi. — Cette église est à Dieu et non à vous. — Allez, allez, vous êtes des harangueurs. — Ce sont ceux, observa Duverdus, qui ne font que des harangues. » — Le cardinal voulait les chasser de l'église, mais voyant qu'ils tenaient ferme, il les menaça d'excommunication. En vain lui objectèrent-ils que leur qualité d'officiers du roi et leur mission les mettait à l'abri de ses foudres, il persista à les en frapper. Sur le rapport immédiat des deux commissaires à l'assemblée des Chambres, et sans s'arrêter aux récusations générales du cardinal pleines d'injures atroces, dit le procès verbal, contre plusieurs de messieurs, il fut ordonné que les autels seraient immédiatement reconstruits et entourés de grilles. Quand il s'agit de faire opérer sous leurs yeux cette réparation, les commissaires eurent une nouvelle scène à essuyer de la part du prélat, qui quitta, pour la leur faire, dit le rapport, des confessions qu'il recevait en ce moment. Il renouvela du reste son excommunication, en la leur faisant signifier, cette fois, par son caudataire. Comme il avait pris soin de réunir chez lui les curés de la ville pour leur défendre d'administrer les sacrements aux deux excommuniés, le Parlement, par décision du 2 mars, fit, à son tour, défense aux prêtres de publier la sentence.

Mais le surlendemain était un dimanche. L'archevêque donnait la communion à Saint-André. Les hosties ayant manqué, il alla en chercher lui-même à l'église voisine de Saint-Projet, où les deux commissaires étaient venus pour entendre la messe. A leur aspect, faisant descendre de la chaire où il se trouvait en ce moment le curé de la paroisse, le cardinal se plaça dans un fauteuil sur les marches de l'autel, d'où il adressa à l'assistance un discours sur les pouvoirs que Dieu a donnés à son Église et aux successeurs de saint Pierre. Quatre cierges ayant ensuite été allumés par ses ordres, il dit : « Amalbi et vous Duverdus dit Bonneau, je vous excommunie, et en signe de ce... » il souffla alors les cierges. Les deux magistrats protestèrent de nouveau, et l'un deux, selon le dernier historien du cardinal, l'aurait même traité de fou [1]. Ce qui est certain, c'est qu'ils refusèrent encore de sortir comme il le leur intimait. Il fit alors cesser le service divin, et se retira, emportant toutes les hosties consacrées.

Ce nouvel incident provoqua le lendemain une

[1] Ravenez, *Histoire du cardinal de Sourdis*.

réunion générale du Parlement. L'archevêque s'y présenta inopinément, demandant à être entendu. Il paraît que le temps écoulé lui avait porté conseil, et le premier président savait que le prélat avait dessein de rétracter son excommunication. On l'admit, en effet, après le rapport des commissaires, et il termina un discours relativement modéré, contenant néanmoins l'apologie de sa conduite, en exprimant ses regrets de ce qui s'était passé. Cependant, il ne leva pas l'excommunication, quoique l'évêque d'Agen, qui l'avait accompagné, eût dit au premier président qu'il avait vu cette levée toute préparée dans les mains de son métropolitain. Mais, comme celui-ci sortit sans s'être expliqué à ce sujet, elle subsistait, et le Parlement acheva alors sa délibération. Elle portait que la sentence du cardinal était nulle et abusive, contraire aux principes de l'Église gallicane; injonction à celui qui l'avait rendue de la rétracter sous peine de la saisie de son temporel jusqu'à concurrence de 4,000 écus. L'entrée de la Cour lui était interdite jusqu'à ce qu'il eût obtempéré. En même temps la Compagnie députa au roi l'avocat général Dussault, le jurat Galatheau et un gentilhomme du maréchal d'Ornano qui, dans toute cette affaire, dit le Registre, avait fait merveilles. Le Parlement chargea ses envoyés de remontrer qu'il serait très expédient que monsieur le cardinal de Sourdis fût retenu auprès de Sa Majesté *à cause des folies qu'il a commises*. En présence de l'orage qui allait fondre sur lui, le cardinal se résigna enfin à lever l'excommunication contre le conseiller Duverdus. Quant à Amalbi, nous croyons qu'il était mort dans l'intervalle. Après cette démarche, le prélat ne crut pas tomber en contradiction avec lui-même, en écrivant de son côté au roi et au pape : au premier, pour se justifier ; au second, pour invoquer sa protection à la fois contre les entreprises du chapitre et ce qu'il appelait les usurpations du Parlement sur le pouvoir spirituel. Sur le vu de la procédure en son Conseil, le roi l'approuva et loua le Parlement de sa modération, ajournant seulement toute mesure contre le cardinal jusqu'à ce qu'il l'eût entendu. Ce serait prolonger beaucoup trop les détails de cette affaire que d'y ajouter les débats qu'elle occasionna à Rome et à Paris par suite du double recours de François de Sourdis. Il suffit de dire qu'en définitive il succomba et vis-à-vis du chapitre et du Parlement, puisque les autels rétablis subsistèrent. Les magistrats tenaient peu sans doute au reste des condamnations prononcées contre l'archevêque et dont le roi lui fit remise. Mais il importait que le pouvoir judiciaire fût reconnu comme ayant agi selon ses attributions, en réprimant un grand trouble apporté à la paix publique par un homme auquel le caractère dont il était revêtu faisait une loi particulière de la respecter. Quatre ans après, une nouvelle querelle éclatait entre le cardinal et le Parlement.

Les troubles religieux et civils, la vacance du siége et le relâchement des ecclésiastiques avaient engendré dans le diocèse de Bordeaux une foule de désordres dont, il faut le dire à son honneur, le cardinal de Sourdis poursuivait la répression avec un zèle infatigable. Malheureusement son impétuosité naturelle l'entraînait souvent à l'emploi des voies de rigueur. De là, des résistances, des luttes, dans lesquelles il dépassait les bornes, au point de violer même toutes les bienséances.

En 1606, un prêtre, nommé Premier, qui était à la fois bénéficier de Saint-Michel à Bordeaux, aumônier du maréchal d'Ornano et curé de Ludon, ne résidait pas dans sa paroisse. L'archevêque voulut l'y contraindre, et comme cet ecclésiastique ne tenait aucun compte de ses injonctions, il l'excommunia, et dans les termes les plus sévères. Premier, alors, se pourvut par appel comme d'abus devant le Parlement. La grand'chambre, par un arrêt du 20 décembre, ordonna la remise des pièces, et cependant enjoignit au cardinal d'absoudre ledit curé *ad cautelam,* à peine de 4,000 livres d'amende et de saisie de son temporel. Cette sentence lui fut signifiée le lendemain. Il l'accueillit en disant « qu'elle avait été donnée par des ministres du diable; qu'il n'aurait jamais cru que Satan aurait la présomption de commander à Dieu. » Voilà pour eux, ajouta-t-il, et il signa sa réponse sur le procès-verbal de l'huissier. Le Parlement ne voulut pas s'en rapporter à cette pièce. Il députa, le 22 décembre, deux commissaires, les conseillers de Guérin et Dubernet, qui vinrent en personne s'assurer de la vérité. Le cardinal répondit que, non seulement il avait fait cette réponse, mais que s'il ne l'avait pas faite, il la ferait encore et la signerait de son sang. D'ailleurs, et avant même cette démarche, il avait déjà pris envers la Cour un parti des plus hostiles. C'était de dresser une liste de tous les présidents et conseillers ayant assisté à l'arrêt et de défendre à tous les curés, vicaires et religieux auxquels elle fut communiquée, de leur donner l'absolution, déclarant qu'il retenait ce cas à lui seul et à son pénitencier pour en absoudre les coupables. Informé de ces faits, le Parlement arrêta que tous ceux de ses membres portés sur la liste s'abstiendraient de paraître le jour de Noël aux cérémonies de la primatiale. Ce même jour, l'archevêque monta en chaire, et prenant pour texte de son sermon les paroles de la Genèse : *Adam, ubi es?* il les appliqua aux magistrats absents. « Où sont-ils allés ? — Je ne les vois point. — Ils ont eu peur, » etc. Ces apostrophes, suivies du refus d'absolution et, par suite, d'admission aux sacrements, des membres portés sur la liste, avaient ému la population, et l'on craignait des troubles. Le maréchal d'Ornano, en ce moment absent, fut invité par une députation de la Compagnie à revenir. En attendant, elle rendit un nouvel arrêt, le 30 décembre, plus rigoureux encore que les précédents. Après avoir interdit aux curés et autres confesseurs de déférer aux défenses, sous peine d'être punis comme perturbateurs du repos public, elle prenait à partie l'archevêque lui-même, et à raison des injures contenues dans sa réponse à l'exploit de signification, et des scandales commis par lui, condamnait ledit cardinal de Sourdis à 15,000 livres d'amende, lui interdisait l'entrée en la Cour, sous peines plus graves encore en cas de nouveaux outrages au roi et à son Parlement.

Comme il l'avait fait une première fois, François de Sourdis écrivit au roi et au pape, et il répondit à l'arrêt par un manifeste affiché aux portes des églises. Pour mettre un premier terme à cette guerre ouverte, le roi évoqua l'affaire à son Conseil, puis, par la médiation du maréchal d'Ornano et de l'évêque de Bayonne, on entra en pourparlers de conciliation. Les négociations auxquelles ils donnèrent lieu se prolongèrent, et ce ne fut guère que vers la fin de l'année judiciaire, c'est-à-dire en novembre 1607, que le conflit fut définitivement apaisé. Des concessions mutuelles avaient eu lieu sur l'ordre du roi, qui reconnaissait aux deux parties des torts réciproques. Jugement fort sage; mais pour le trouver tel, il ne faut s'en rapporter ni aux archives du Parlement, ni aux archives ecclésiastiques. Or, c'est le reproche qu'on peut adresser à l'auteur de l'*Histoire du cardinal de Sourdis,* qui n'a voulu puiser qu'à cette dernière source, et que la passion a entraîné au point de dire, à propos de l'arrêt du Parlement dans cette affaire : « Il y a des jugements qui déshonorent ceux qui les rendent [1]. » On cesse de s'étonner d'un pareil langage quand on sait que cette histoire a été écrite en grande partie avec une vie

---

[1] Ravenez, *Histoire du cardinal de Sourdis,* p. 132.

inédite du cardinal, composée par un de ses chapelains nommé Bertheau, en d'autres termes par un historien domestique. Pour nous, si le Parlement, à notre avis, était incontestablement compétent dans ce procès, puisqu'il connaissait des appels comme d'abus, celui du curé de Ludon nous semble dépourvu de tout fondement. Il y avait au moins beaucoup de précipitation à enjoindre, comme le fit la Cour, à son supérieur d'absoudre ce prêtre en contravention à tous ses devoirs, en révolte ouverte contre son chef. Mais le cardinal, comme cela lui était déjà arrivé la première fois, gâta sa cause par sa violence et prit maladroitement, emporté par elle, le rôle d'agresseur. Dans ce regrettable débat, la justice et la religion furent également mal servies par leurs ministres, dont les fautes respectives justifièrent le parti pris par le roi d'évoquer désormais au Grand Conseil toutes les causes de cette nature. Mais comme cette évocation ne pouvait s'étendre à toute espèce de cas et prévoir tous les litiges qu'il pouvait plaire au cardinal d'entamer avec sa fougue habituelle, la mesure fut impuissante à prévenir une troisième incartade qu'il se permit encore à l'égard du Parlement.

Au commencement de l'année 1608, un sieur de Beaumont, personnage très considéré à Bordeaux, eut une poursuite à exercer contre un des domestiques de l'archevêque. Il présenta, selon l'usage, au Parlement, pour avoir permission d'informer contre cet homme, une requête qui fut accueillie. Averti de cette procédure, le cardinal, prenant fait et cause pour son serviteur, se rendit au palais le 26 janvier pour se plaindre de l'arrêt. Il y exhala son dépit en termes des plus injurieux pour le président d'Espagnet, dont la signature se trouvait précisément au bas de l'ordonnance portant permis d'informer, et pour le rapporteur de la requête, le conseiller Cruzeau. Le président répondit avec beaucoup de dignité à cette étrange sortie et se contenta de dire au prélat qu'il fallait qu'il apprît à mieux parler. Ce dernier était trop surexcité pour recevoir cet avis avec patience. Il récrimina, se répandant en invectives, et contre le président qu'il dit être son ennemi mortel, et contre la Compagnie tout entière, ajoutant qu'il lui était bien permis de répéter ce que le roi lui-même avait dit d'elle. On saura bientôt ce qu'il entendait par ces derniers mots. La grand'chambre, où se passait cette scène, avait arrêté qu'extrait du registre en contenant le récit exact serait envoyé au roi. Mais, le même jour, le cardinal alla chez le premier président lui faire des excuses, en avouant que la colère l'avait emporté, déclaration renouvelée par lui au maréchal d'Ornano, et le 1er février, devant toute la Compagnie, « il protesta être très marri d'avoir offensé la Cour en général et deux de ses membres en particulier, le président d'Espagnet et le rapporteur; qu'il avait cédé à une trop grande promptitude, etc. [1]. »

Ce n'était pas la première fois que François de

---

[1] R. S., 26 janvier 1608, et Cruzeau, *Journal*.

Sourdis se voyait réduit à l'aveu public des fautes auxquelles l'entraînait sa pétulance. Cette franchise l'honorerait sans doute si, dans un tel personnage, le tort de les avoir commises ne l'emportait pas de beaucoup sur le mérite de les reconnaître. Il en est encore d'autres du même genre que nous ne relèverons pas, parce que nous ne voulons pas encourir le soupçon d'épouser les querelles du Parlement avec lui. Nous aurions même passé sous silence ce dernier trait, s'il ne se rattachait pas, par l'allusion aussi indiscrète que malveillante que se permit le cardinal, à un traitement très sévère que la Compagnie venait tout récemment d'essuyer de la part du roi et dont le récit, dans l'ordre des temps, arrive naturellement ici.

C'est en 1608, en effet, que se place à sa date, dans l'histoire du Parlement de Bordeaux, un fait auquel des circonstances particulières, beaucoup plus que son importance même, ont donné les proportions d'un événement. L'histoire générale n'en a pas parlé et, selon toute apparence, elle l'a ignoré. L'eût-elle connu, il est fort probable qu'elle l'aurait passé sous silence, car il ne l'intéressait guère. Il n'en est pas de même de celle du Parlement de Bordeaux, dans laquelle il ne saurait être omis. La relation complète en est d'autant plus nécessaire, qu'elle n'a jamais eu lieu jusqu'à présent dans cette condition. Voici, en effet, ce qui s'est passé à ce sujet. Quelques écrivains qui ont pris connaissance des *Registres secrets* de ce corps, se sont bornés à publier, à titre d'extrait curieux de ce recueil, une réponse de Henri IV à des remontrances qu'il lui avait adressées, réponse contenant les imputations les plus fâcheuses [1]. Nul ne s'est donné la peine de rechercher si elles étaient fondées ou non. La situation du Parlement devant un tel procédé est donc restée celle d'un homme impliqué dans une affaire criminelle dont on se contenterait de publier seulement l'acte d'accusation. Il est résulté de là qu'une grande compagnie judiciaire est demeurée et se trouve encore sous le coup du blâme le plus attentatoire à son honneur et formulé dans les termes les plus durs qu'on puisse imaginer, en un mot d'une véritable note d'infamie. Et comme ce jugement était prononcé par un grand prince renommé par-dessus tout pour sa bonté, on a dû croire qu'il ne s'était montré, en cette circonstance, si sévère que pour des fautes impardonnables. Il est temps que la vérité se fasse jour. Le juge, l'arrêt, le condamné, tout fait ici la loi de l'examen le plus approfondi.

Voici donc, à partir de son origine, tous les éléments du procès.

En 1597 avait été rendu un édit fiscal, motivé sans doute par la nécessité des temps, mais il arrivait après plusieurs autres du même genre; il créait un nouvel impôt, et ceux-ci sont toujours les plus mal venus. On l'appelait l'édit du *parisis,* parce que son

---

[1] Ces écrivains sont : Laferrière, *Fragments d'histoire parlementaire* (Rennes, Marteville); Ravenez, *Histoire du cardinal de Sourdis;* Gergerès, *Bibliothèque de la ville de Bordeaux;* H. Chauvot, *Histoire du Barreau de Bordeaux;* l'abbé O'Reilly, *Histoire de Bordeaux.* Dom Devienne a gardé le silence sur ce grave incident.

principal objet était d'ajouter un denier parisis à la perception de tous les droits de greffe; quelque chose, comme l'on voit, d'analogue aux centimes additionnels d'aujourd'hui. « C'était, dit Cruzeau, une grande foule pour les pouvres plaideurs; car qui ne devoit payer que quatre deniers en payoit cinq. » Cette augmentation de tarif avait été d'ailleurs accompagnée de la remise aux enchères, et non pour la première fois, des greffes eux-mêmes, considérés comme partie du domaine royal, et que l'on revendait de loin en loin, au grand dommage des possesseurs : autre et sérieuse cause de perturbation d'intérêts se rattachant à l'ordre judiciaire. De là une vive opposition de la part des Parlements, et notamment de celui de Bordeaux, qui refusa net l'enregistrement de l'édit. De nombreuses lettres de jussion — il y en eut jusqu'à douze — furent impuissantes à vaincre sa résistance. L'une d'elles, en date du 19 avril 1606, était déjà conçue en termes pleins d'aigreur. Ce ne fut pourtant qu'après un nouveau délai de deux mois que la Cour ordonna des remontrances et députa au roi, pour les lui porter, les conseillers Dubernet et de Guilleragues. On n'en a pas le texte, et il y a lieu de le regretter, car le premier de ces magistrats était un éloquent rédacteur de doléances parlementaires. On voit seulement que celles-ci consistèrent dans le développement de cette pensée : que c'était fermer la porte à la justice que de la rendre si chère et la charger de tant de subsides. Il est, du reste, facile de le comprendre : après tant de refus, et si opiniâtres, la patience du roi était à bout. Mais on va voir que, sans entrer dans la réfutation des inconvénients reprochés à son édit, il semble, dès les premiers mots de sa réponse, céder à une irritation préconçue et s'y laisser entraîner en prenant tout de suite à partie le Parlement.

Cette réponse, la voici :

« Vous avez bien dit, Monsieur Dubernet, et en bon » orateur; aussi le papier souffre tout. Je vous répondrai en » grand roi, bon soldat et grand homme d'État. Vous dites » que mon peuple est foulé; eh! qui le foule que vous et » votre Compagnie? Oh! la méchante Compagnie! Eh! qui » gagne son procès à Bordeaux que celui qui a la plus grosse » bourse? Tous mes Parlements ne valent rien, mais vous » êtes les pires de tous. Je sais bien qu'il y en a de bons, mais » le nombre des méchants est plus grand. Mettez la main sur » la conscience; si je vous dis un mot à l'oreille, vous me » l'accorderez. Oh! la méchante Compagnie! Je vous connais » tous, je suis Gascon comme vous. Quel est le paysan dont » la vigne ne soit au président ou au conseiller? Il ne faut » qu'être conseiller pour être riche incontinent. Les pro- » cureurs, les clercs sont aussitôt riches. Voilà pourquoi les » offices y sont plus chers qu'aux autres Parlements. Quand » j'étais simple roi de Navarre, je sais bien les arrêts qu'on » rendait contre moi; je n'osais m'en approcher *(sic)* que » déguisé. Vous dites que la peste afflige Bordeaux; eh! qui » en est cause que votre méchanceté? Ce n'est pas moi. » Y a-t-il aucune requête présentée contre moi par mon » peuple en votre Parlement? Si fait bien contre vous en » mon Conseil. Je vous avais dit, Monsieur le Chancelier, » d'y mettre ordre. C'est ce que je veux que vous fassiez. »

Et, après plusieurs propos, ajoutent les députés dans leur rapport, le roi leur dit qu'il voulait être obéi; que l'édit fût vérifié, et, pour ce faire, leur donna une nouvelle jussion et des lettres pour la Cour [1].

Voilà ce qu'on lit textuellement sur le Registre du Parlement, et cette relation littérale de la réponse du roi n'y est suivie d'aucun commentaire, ni d'une explication quelconque. Une simple note marginale la qualifie de *très sanglante;* et, certes, le mot n'a rien de trop fort. Il n'existe, d'ailleurs, aucune raison de croire que la transcription ait eu lieu ici par ordre et par forme de punition disciplinaire. Elle n'est donc que l'observation de cet usage constant du Parlement d'enregistrer scrupuleusement tout ce qui se rattachait à ses actes, et auquel il ne dérogeait pas plus pour les documents faits, comme celui-ci, pour blesser cruellement son amour-propre, qu'à l'égard de ceux qui étaient de nature, au contraire, à le flatter.

Il est vrai que les Registres étaient secrets, excepté pour les membres de la Cour. Mais les paroles du roi avaient nécessairement fait grand bruit à Bordeaux et n'étaient un mystère pour personne. On pouvait s'en rapporter, d'ailleurs, pour leur divulgation, aux ennemis du Parlement, et il n'en manquait pas. Ainsi, le cardinal de Sourdis qui, à cette époque même, revenait de Paris, où l'avaient fait mander ses récents démêlés avec la magistrature, trouvait dans l'humiliation de celle-ci une revanche qu'il n'avait garde de négliger. Il avait donc, en pleine chambre du conseil, à la suite d'une nouvelle

---

[1] *R. S.*, 19 janvier 1608. (Biblioth. de la ville, Mss., n° 368.)

querelle avec la Compagnie, fait l'allusion la plus offensante à ce qui s'était passé dans le cabinet du roi au sujet de l'édit du parisis. A quoi le premier président Daffiz s'était borné à lui répondre, avec autant de modération que de dignité, que le roi avait pu parler en roi, et que ce qui lui était permis ne l'était pas à un autre. Cet incident prouvait au Parlement, s'il avait pu se faire illusion sur ce point, que sa disgrâce ne resterait pas ensevelie dans ses registres. Mais ceux qu'elle atteignait ne parurent pas s'en affecter beaucoup pour eux-mêmes, ni s'inquiéter de ce qu'en penseraient leurs successeurs. D'où pouvait donc leur venir cette sécurité portée si loin qu'il n'y aurait rien de téméraire à affirmer que la cause pour laquelle les magistrats d'une Cour souveraine venaient d'être ainsi flétris en masse, avait de quoi les consoler, sinon même les honorer à leurs propres yeux? Cette proposition, quelque hardie qu'elle paraisse, n'étonnera pas quiconque est familier avec les traditions parlementaires et avec l'esprit qu'elles transmettaient de génération en génération.

Appelés par leur institution même à enregistrer les lois, les édits, les ordonnances, en un mot tout ce qui constituait la législation, les Parlements ne séparèrent jamais de l'exercice de leur prérogative le droit de remontrances au législateur lui-même sur ses œuvres. Quelle que fût sur ce point l'idée juste ou fausse qu'ils se faisaient de l'étendue comme de la nature de cette attribution, ils saisissaient toutes les occasions de l'exercer, surtout à propos des édits fiscaux. Se posant alors en tuteurs ou défenseurs du peuple, c'était pour eux un point d'honneur de lutter à outrance contre les impôts que le gouvernement prétendait établir. Il faut convenir que la connaissance de certains abus dans l'emploi des deniers publics et de leur détournement, au profit soit de courtisans avides, soit d'autres personnes qui ne leur cédaient en rien de ce côté-là, en un mot de ces *harpies de cour,* comme les appelle Cruzeau, autorisait bien ces corps à se montrer difficiles sur l'accueil de nouvelles charges pécuniaires, quoique présentées comme momentanées, parce qu'ils savaient à merveille que ce n'était là qu'une qualification trompeuse et presque toujours démentie par l'événement. A Bordeaux, au moins autant que dans les autres Cours souveraines, les magistrats déployaient le plus grand zèle à repousser ces charges qu'ils regardaient comme la ruine des populations. Aussi, loin de se sentir blessés des blâmes, des outrages même qu'ils essuyaient quelquefois pour prix de leur résistance, ils en portaient légèrement le poids. C'était pour ainsi dire, à leur sens, moins un châtiment qu'une récompense. Lors donc qu'ils les consignaient dans leurs archives destinées à l'enseignement de leurs successeurs, ils croyaient de très bonne foi leur transmettre, non des monuments d'opprobre, mais des titres de gloire; dans tous les cas, des exemples de fermeté et d'indépendance; bien convaincus d'avance que nul de ceux qui viendraient après eux ne s'y tromperait. On peut donc être persuadé que, dans la circonstance mémorable dont nous nous occupons, il n'en coûta rien au Parlement de charger ses registres de sa propre condamnation.

Il n'en est pas moins nécessaire — car l'histoire ne saurait se contenter de semblables raisons — d'examiner, de discuter maintenant les imputations accablantes qui se pressent, qui s'accumulent comme à l'envi dans l'allocution du roi. Il faut les prendre successivement et n'en laisser aucune de côté.

La forme même dans laquelle elles se produisent serait peut-être tout d'abord matière à observation. Commencée avec emphase, la réponse tourne bientôt presque à la familiarité, comme si le naturel de son auteur l'emportât malgré lui et que sous le grand roi reparût bien vite le soldat, c'est-à-dire le Béarnais. Mais il n'est pas possible de méconnaître que le ton général est celui de l'indignation d'un souverain dont les mandataires au fait de la justice auraient déshonoré celle-ci par leurs prévarications. Il ne manque assurément ici rien de ce qui peut couvrir d'ignominie une cour de justice : vénalité des jugements, forfaiture de ceux qui les rendent; l'autorité du juge mise au service de son avarice, la terreur de ses arrêts devenue pour lui un moyen de s'enrichir. Le tableau est complet d'un tribunal infesté de tels vices que l'épithète de *méchant,* dont il est par deux fois flagellé, semble encore trop douce. Enfin, il est déféré par le monarque au chef de la magistrature, et son interdiction, sans excepter nul de ses membres, serait, en effet, la seule satisfaction à donner à la vindicte publique; car si certains d'entre eux ont violé à ce point leurs devoirs, que penser de l'indulgence des autres qui se sont abstenus de les punir? N'ont-ils pas tous encouru une même et solidaire expiation? Or, et c'est une première remarque qui a bien son importance, pas une seule poursuite ne fut intentée en vertu des recommandations du roi. N'est-ce pas déjà une forte présomption, que l'on ne doit voir ici qu'une de ces semonces collectives qui, par cela même qu'elles s'adressent à tous en général, ne frappent personne en particulier? On peut en dire autant de l'apostrophe : « Tous mes Parlements ne valent rien; mais vous êtes les pires de tous. » Nous osons affirmer que les hommes qui s'entendirent traiter aussi rudement n'en furent guère émus. C'est qu'ils étaient excommuniés en nombreuse et — nous ne craignons pas d'ajouter — en illustre compagnie, c'est-à-dire avec tous les autres Parlements. Défendre ceux-ci contre une attaque aussi injuste que passionnée serait faire croire qu'ils en auraient besoin. Le roi, rendu à lui-même, eût reconnu tout le premier qu'ils étaient une des gloires de la France et que, même à l'étranger, ils jouissaient de la plus haute renommée. Que dire des autres exagérations qu'un véritable emportement lui fait encore commettre? de ces banalités satiriques dont il se rend l'écho, qui, de tout temps, ont défrayé la malice publique contre l'ordre judiciaire accusé de faire gagner le procès à celui qui a la plus grosse bourse, propos bien connu de la part de tout plaideur qui a perdu le sien? Quant à ces paysans ou pauvres gentilshommes dont la vigne ou la terre aurait passé au président ou au conseiller, c'était encore une de ces rumeurs que les mécontents de la justice, et le nombre en a toujours été assez grand, se plaisaient à propager contre ses ministres, et cela non seulement à Bordeaux, mais ailleurs. En veut-on la preuve? Sous la minorité de Louis XIV, le Parlement de Rouen, en butte, lui aussi, à l'animadversion royale pour s'être opposé à des mesures fiscales, se plaignait de calomnies répandues contre lui. Des libelles diffamatoires l'accusaient d'usurper dans la province une puissance qui approchait de la tyrannie; ses membres, d'employer l'autorité de leurs charges, non pas à maintenir les lois, mais à s'emparer du bien de leurs voisins, à faire décréter les maisons des gentilshommes par des moyens incidents, à contraindre les ecclésiatiques de leur bailler la ferme de leurs dixmes à vil prix sous le nom de quelque valet, à ne payer jamais leurs dettes..., etc. [1]. Les mêmes faits, ou plutôt les mêmes crimes, comme on voit, articulés, à trente ans de distance, en Normandie comme en Guyenne, contre la magistrature! Mais, en vérité, qui pourrait croire à leur existence? L'histoire ne cite pas, dans une contrée comme dans l'autre, un seul exemple de répression.

---

[1] *Histoire du Parlement de Rouen,* par M. Floquet, t. IV, p. 642

Quoi! si de pareilles énormités eussent existé au point de passer en habitude, le cri public n'en eût pas fait justice avant même de monter jusqu'au trône! Et elles se seraient impunément pratiquées dans deux ressorts riches et populeux!

Pour en revenir à celui de Bordeaux, on a bien compris, avant même que nous le déclarions, que c'était pour nous une loi de rechercher avec le plus grand soin, en présence des objurgations dont le Parlement était l'objet, tout ce qui, dans ses archives, pouvait être de nature non seulement à les justifier, mais même à leur servir de prétexte. Nous n'y avons rien rencontré en fait de plaintes ou d'accusations de la nature de celles dont le roi se fait l'organe. Or, pour quiconque a consulté les Registres secrets, leur exactitude on peut dire inexorable à recueillir tout ce qui se disait ou se faisait, ayant trait à la Compagnie ou à quelqu'un de ses membres, ne saurait faire la matière d'un doute. Nos investigations n'ont pourtant pas été absolument sans résultats. Elles nous ont mené à la découverte d'un fait grave intéressant la discipline en général et l'honneur d'un magistrat en particulier.

En 1585, un conseiller, Bernard de Pichon, dénoncé par un de ses collègues pour un acte d'indélicatesse et d'exaction tout à la fois, fut traduit devant ses pairs et condamné par eux non seulement à une forte amende, mais encore à se défaire de sa charge. Sur son pourvoi, néanmoins, au Conseil d'État, il obtint la cassation de l'arrêt et sa réintégration. Forcée de la subir et, sans doute, convaincue qu'il ne la méritait pas, la Compagnie y mit cette restriction : que Pichon présiderait le moins qu'il se pourrait, et aussi signerait le plus rarement possible des arrêts sur requête. Il parvint encore à faire révoquer ces réserves humiliantes. La seconde sentence qui les supprima fut rendue en 1594 seulement, sous Henri IV par conséquent, car la procédure avait duré longtemps [1]. On voit que le Parlement avait lutté jusqu'au bout pour la punition d'un magistrat qu'il persistait à regarder comme indigne. Est-ce à lui que le roi voulait faire allusion en proposant à l'orateur des remontrances de lui nommer à l'oreille *ceux qui n'étaient pas bons?* Nous l'ignorons; mais si le conseiller Dubernet eût été admis par le prince à lui répliquer, n'aurait-il pas eu le droit de lui représenter que, si des fautes étaient commises, le Parlement les punissait, et que ce n'était pas de son côté, mais bien dans le Conseil, que se rencontrait l'indulgence pour des infractions à l'honneur judiciaire?

Jusqu'ici les accusations de cupidité, de forfaiture surtout, sont demeurées vagues et sans précision d'aucun fait, ce qui en rend l'examen et surtout la réfutation très difficile, pour ne pas dire impossible. En voici une plus nettement formulée. « Il ne faut qu'être conseiller (à Bordeaux) pour être riche incontinent. Voilà pourquoi les offices y sont plus chers qu'aux autres Parlements. » Cette fois, le roi

---

[1] *R. S.*, 8 janvier 1594. (Bibliothèque de la ville, Mss., n° 371.) — Cruzeau, *Journal*, novembre 1594.

était bien instruit. Ce qu'il dit du prix des charges est exact; mais il se trompe encore sur la cause de leur élévation. Des recherches auxquelles nous nous sommes livré, il résulte que les offices de conseiller au Parlement de Bordeaux valaient, au commencement du XVIIe siècle, 48,000 livres, tandis que, dans les autres, sauf celui de Paris, toujours hors ligne, elles n'en dépassaient pas 30 ou 36,000. A quoi tenait cette différence? Il serait difficile de répondre à cette question avec une parfaite exactitude. Ce qui peut aider à la résoudre, c'est qu'à Bordeaux le Parlement était le but de toutes les ambitions, le point de mire de toutes les vanités. On acquérait la noblesse en y entrant, par une sorte d'anticipation peut-être, mais que tolérait l'usage; car, dès le lendemain du jour où ils faisaient partie du Corps, les noms les plus plébéiens se paraient de la particule. Le haut commerce, la finance, la riche bourgeoisie recherchaient à l'envi des positions auxquelles s'attachaient de tels avantages et les mettaient ainsi en quelque sorte aux enchères. Existait-il, en outre, un attrait dans les profits de ces charges, qui les fît désirer avec tant d'ardeur? Ici, du moins, nous sommes en mesure de produire un document très précieux. C'est encore au Journal inédit du conseiller Cruzeau que nous le devons. Voici ce qu'on y lit, à la date de l'année 1608 : « Depuis le 12 mars 1607 jusqu'au 16 septembre 1608, mon état m'a rapporté mille livres. » Et les réflexions qui accompagnent cette annotation prouvent que c'était là un revenu extraordinaire. Admettons qu'il eût été plus fréquent. Qu'y avait-il d'excessif dans les produits d'un emploi dont les appointements fixes, ce qu'on appelait alors gages, n'étaient que de 375 livres à cette époque — le reste, pour atteindre 1,000 livres en dix-huit mois, se composant de perceptions d'épices — lorsque ce même emploi représentait un capital de 48,000 livres? N'était-ce pas un intérêt bien modique de ce capital? On trouve, au contraire, que les magistrats payaient assez cher l'honneur de le devenir. Enfin, et à propos de l'élévation du prix des offices, dont le roi fait un grief particulier au Parlement de Bordeaux, il n'est pas inutile de remarquer que lui-même avait contribué à le hausser. Ce fut Henri IV, en effet, qui établit l'impôt si connu dans l'ancien régime sous le nom de *paulette*. Il consistait dans le paiement d'une taxe annuelle que payait le titulaire de chaque charge de judicature, calculée sur le pied du soixantième de sa valeur. Par l'acquittement de ce droit, la propriété incommutable de l'office était transférée au profit du possesseur et de ses héritiers. A sa mort, elle leur passait de plein droit comme tout autre élément de sa fortune. S'il la vendait de son vivant, il n'était plus astreint, comme autrefois, à survivre quarante jours au marché pour qu'il fût valable. Ainsi, le bénéfice de l'hérédité se joignait désormais à celui de la vénalité. Mais on voit aisément que le cumul de ces avantages dut influer sur le prix des offices et l'élever au lieu de le diminuer. Henri oubliait donc la part qu'il y avait lui-même, en se récriant sur leur cherté au Parlement de Bordeaux. Il ne faut pas croire, d'ailleurs, que l'achat d'une charge se bornât au paiement de la finance ou du prix lui-même et du droit annuel. Indépendamment de ces sommes principales, il y en avait encore plusieurs autres accessoires à verser à différents titres. L'énumération en serait longue et fastidieuse, mais le total arrive encore à un chiffre considérable [1]. Nous nous bornerons à citer, parmi les dépenses obligatoires pour celui qui avait l'honneur de s'asseoir parmi les membres d'une Cour souveraine, celle du repas de réception ou de confraternité comme on l'appelait. Il pouvait coûter dans tel Parlement jusqu'à 1,200 livres, car les convives étaient nombreux. En résumé, et pour rester ici dans le vrai, la proposition du roi devrait être renversée; et, au lieu de dire, comme lui, qu'il ne fallait qu'être conseiller pour devenir riche incontinent, on est en droit d'affirmer, au contraire, qu'il fallait être déjà riche pour devenir conseiller.

Après avoir, comme chef suprême de l'État et premier dispensateur de la justice, pris en main la cause de ses sujets contre des juges iniques, Henri IV passe à des griefs qui lui sont personnels. Nous avons donc à le suivre sur ce nouveau terrain, et à compléter ainsi notre tâche entreprise pour leur justification. Elle sera, nous le croyons, encore ici plus facile.

[1] V. cette curieuse nomenclature dans l'ouvrage de M. le vicomte Bastard d'Estang : *Les Parlements de France,* etc. Paris, Didier, 1858, t. I, p. 110.

Un seul motif de mécontentement est produit par le royal censeur, mais il y en avait bien d'autres sur lesquels il ne juge pas à propos de s'expliquer. Il est très utile pourtant de les connaître, parce qu'ils serviront à faire apprécier dans quelle disposition pouvait se trouver Henri IV à l'égard du Parlement de Bordeaux, et si ce corps, dans le cas où il se serait jamais exposé à son ressentiment, était en droit d'en attendre une justice impartiale, exempte de toute fâcheuse influence.

Il est nécessaire, à ce sujet, de remonter un peu dans le passé et d'y replacer quelques faits à leur véritable date.

Les exemples de créations excessives d'offices, mal déguisées sous le spécieux prétexte d'utilité et de besoins du service, sont fréquents dans notre histoire judiciaire. C'était trop souvent une monnaie frappée par le roi dont les coffres étaient vides, pour gratifier soit des courtisans, soit de grands personnages, et on ne s'en cachait pas. Un cas singulier de semblables libéralités royales est celui-ci. En 1574, Henri III avait établi quatre nouvelles charges de conseiller au Parlement de Bordeaux, dont le prix était notoirement destiné à Catherine de Bourbon, sœur de Henri, roi de Navarre. Mais il avait compté sans cette Compagnie dont une telle mesure blessait à la fois l'intérêt et la dignité : l'intérêt, puisque l'augmentation du nombre des officiers existants en avilissait la valeur ; la dignité, puisqu'on dotait une princesse avec des charges de magistrature. L'affaire ayant échoué à son début, car le Parlement refusa l'enregistrement des lettres de création, les troubles politiques qui vinrent à la traverse la firent perdre de vue. Elle fut réveillée après la pacification de 1576. Le message du roi relatif à ce traité recommandait en même emps la création des quatre conseillers. Mis ainsi en demeure, le Parlement eut recours à tous les moyens dilatoires usités en pareil cas et pratiqués pour gagner du temps et traîner les choses en longueur, si bien qu'en trois ans de plus, celle-ci n'avait nullement avancé. Dans cet intervalle pourtant, l'occasion s'était présentée de députer au roi de Navarre et de tâcher de lui donner quelque raison de ces lenteurs sans fin. Il ne cacha pas son mécontentement, et après avoir déclaré que les charges dont il s'agissait étaient le premier présent qu'il eût reçu du roi, il ajouta, non sans humeur, que le Parlement s'en faisait accroire. Mais rien ne devait vaincre la force d'inertie calculée dont on usait envers lui, rien, pas même l'intervention personnelle de la reine-mère, Catherine de Médicis qui, vainement, envoya à Bordeaux un messager chargé de recommander de vive voix et par écrit les intérêts de la sœur de son gendre. Elle en fut pour sa peine. La ténacité des magistrats finit par avoir raison de l'insistance de tous ces hauts solliciteurs.

Cet échec, auquel il dut être certainement sensible, ne fut pas le seul dont Henri eut à se plaindre. En 1580, il avait été créé en sa faveur deux charges de maître juré de chaque métier dans toutes les villes du royaume. Présentées le 22 janvier 1582 au

Parlement, les lettres-patentes ne paraissent pas en être jamais sorties avec un *exequatur*. On pouvait dire que la maison de Bourbon n'était pas heureuse devant la Cour de Bordeaux; car le prince de Condé, cousin du roi de Navarre, qui avait obtenu le rétablissement, à son profit, d'une place de conseiller supprimée, ne pouvait pas non plus réussir à faire admettre son candidat. Ces mécomptes rappelaient désagréablement à la branche de la famille royale qui régnait en Navarre plusieurs autres causes anciennes ou récentes de mésintelligence : la tension continuelle des rapports religieux et politiques entre ce petit État et le Parlement qui l'étreignait en quelque sorte dans son territoire judiciaire, et dont les souverains étaient même ses justiciables à raison de leur duché d'Albret. Il y avait là des souvenirs irritants, tels que la saisie des biens de Jeanne, mère du prince de Béarn, ordonnée par le Parlement à la suite de ses actes de prosélytisme pour la Réforme. En vain ce tribunal n'avait-il fait que son devoir; ce n'était pas une raison pour qu'on lui eût pardonné.

Henri IV n'avait certainement pas oublié tous ces froissements. Assez maître de lui néanmoins pour n'en pas parler, il ne laisse percer l'amertume de ses ressentiments qu'à l'occasion de faits d'une date moins reculée en disant : « Quand j'étais simple roi de Navarre, je savais bien les arrêts qu'on rendait contre moi; je ne pouvais m'en approcher (de Bordeaux) que déguisé. » Il entend évidemment parler ici de ce qui se passa pendant les guerres de religion, et notamment à l'époque de la Ligue. Il ne pouvait être plus mal inspiré dans le choix de l'objet de ses plaintes.

Des arrêts contre lui! Est-ce qu'en effet le Parlement de Bordeaux aurait osé en rendre contre un prince du sang royal? Cette Cour, toute souveraine qu'elle fût, aurait-elle à ce point méconnu sa compétence et commis un tel excès de pouvoir que de prononcer quelque condamnation ou même de porter un simple décret à l'encontre d'une tête couronnée? Jamais rien de semblable. Nous avons ci-dessus scrupuleusement rapporté ce qui s'était passé à Bordeaux après l'évasion du roi de Navarre de la cour de son beau-frère Henri III, en 1576, ses tentatives réitérées pour faire de la capitale de la Guyenne le chef-lieu de ses opérations militaires contre l'autorité royale. Nous les avons vues échouer toutes contre la fidélité unanime des jurats, du Parlement et de la population tout entière au monarque légitime. On n'a pas oublié les alarmes causées à cette population par les entreprises de Henri de Bourbon contre des villes du ressort, entreprises si manifestes qu'elles avaient forcé le Parlement à rompre toute communication avec lui, en déclarant hautement la cause de cette rupture. Mais voilà tous les arrêts, les seuls arrêts qui furent jamais rendus au Parlement, non pas même contre le roi de Navarre nommément, mais à l'occasion de ses faits et gestes de guerre civile. Le roi de France était donc bien mal servi par ses souvenirs, s'il croyait qu'il fût intervenu contre lui d'autres décisions que celles-là. N'aurait-il pas été plus digne de lui et de la générosité habituelle de son caractère de se rappeler, au contraire, que de tous les Parlements de France, ceux de Bordeaux et de Rennes furent les seuls qui, après la mort tragique de Henri III, refusèrent d'associer à des malédictions contre sa mémoire l'exclusion du trône de Henri de Bourbon, parce qu'il était de la religion réformée, et réservant sagement l'avenir préparèrent son avénement à la couronne? Le Parlement de Bordeaux, grâce à la prudence duquel cette ville ne devint pas un de ces boulevards de la Ligue que Henri IV eut tant de peine à réduire, avait peut-être, à ce titre, des droits particuliers à sa reconnaissance, et bien faits pour racheter même de véritables torts, s'il en avait eu.

Nous pourrions clore ici cette discussion d'une thèse historique non dépourvue d'intérêt, s'il ne nous restait, à l'appui de sa démonstration, à invoquer un dernier argument, plus concluant encore que tous les autres, car c'est la justification du Parlement, au moins au point de vue politique, sortant de la bouche même que l'on a entendue le condamner.

Un des magistrats les plus éminents de l'époque des règnes de Henri III et de Henri IV, Claude Groulart, premier président du Parlement de Rouen, a laissé des Mémoires pleins d'intérêt, dans lesquels il rapporte ses conversations avec le second de ces rois qui l'admettait à son intimité. Il en est une qui se place en 1599, au moment où il était question du prochain mariage de Henri avec Marie de Médicis.

Groulart disait en plaisantant à son royal interlocuteur que, s'il épousait l'infante de Florence, il en serait comme de la lance d'Achille, qui blessa et guérit Télèphe, et que d'où le mal serait arrivé à la France le remède viendrait. « Quelques-uns m'ont déjà dit cela, répondit le roi; et il ajouta (ce que j'admirai) : Mais, je vous prie, qu'eût pu faire une pauvre femme ayant, par la mort de son mari, cinq petits enfants sur les bras et *deux familles* en France qui pensaient d'envahir la couronne, la *nôtre* et celle des Guise? Fallait-il pas qu'elle jouât d'étranges personnages pour tromper les uns et les autres; et cependant garder, comme elle l'a fait, ses enfants qui ont régné par la sage conduite d'une femme si avisée? Je m'étonne qu'elle n'ait pas fait encore pis. » Cela dit, *dedi manus,* ajoute le narrateur (1).

Nous ne saurions l'imiter dans cette adhésion. Si l'indulgence de Henri IV le porta à accorder à celle qui fut sa belle-mère ce qu'on appellerait aujourd'hui des circonstances atténuantes, la conscience du genre humain les refusera toujours à l'auteur de la Saint Barthélemy. Eh! qu'aurait-elle pu faire de pis? Mais on a déjà compris que si nous avons cité cette conversation peu connue, ce n'est pas pour traiter la question qu'elle semble soulever. C'est l'aveu qu'y laisse échapper Henri du rôle que sa famille et lui, par conséquent, jouèrent sous les règnes des

---

(1) *Mémoires de Claude Groulart,* dans la *Collection des Mémoires relatifs à l'histoire de France,* par Petitot, t. XLIX de la première série, p. 383.

derniers Valois, qu'il nous importait d'y relever. Or, les prétentions des Bourbons au trône, avant même qu'il fût vacant; les entreprises par lesquelles elles furent soutenues, ne constituaient-elles pas des attentats politiques que les grands pouvoirs de l'État, les Parlements dès lors, avaient charge et devoir de réprimer? Que les prétendants fussent Français ou Lorrains, il n'y avait nulle distinction à faire entre eux, tant que la couronne reposait sur la tête des fils de Henri II. Ajoutons que même au nombre des partis armés contre la branche régnante, il s'en trouvait un troisième, celui des réformés, que Henri a oublié de nommer et dont précisément il était le chef. Où donc avaient été les torts du Parlement de Bordeaux de le traiter comme tel? Il appartenait à celui qui était devenu depuis le roi légitime, de reconnaître noblement ces vérités, au lieu de céder à un emportement qui les bannissait de sa mémoire.

On voit maintenant pourquoi le Parlement crut inutile de placer aucune espèce de réponse ou d'explication à côté des violences de langage que lui avaient attirées son refus d'enregistrement de l'édit du parisis et ses remontrances. Il savait que son apologie était tout entière dans ses archives; qu'il suffirait de les interroger pour l'y découvrir, y trouver la défense en regard de l'attaque, le remède à côté du mal. Soit, en effet, que ces registres parlent, soit même qu'ils se taisent, ils ont leur éloquence. Leurs révélations érigent certains faits en vérités historiques; leur silence laisse dans le néant l'existence de certains autres. Assurés d'avance qu'une critique éclairée y aurait recours, les magistrats ont pu et dû se reposer avec confiance sur le jugement qu'elle dicterait à la postérité. A celle-ci donc désormais de le prononcer en pleine connaissance de cause et de dire si cette sécurité fut le résultat de l'erreur ou de la présomption, ou au contraire du calme de la conscience devant une censure imméritée !

Une dernière remarque sur cette affaire, que l'on jugera sans doute avoir fait plus de bruit qu'elle ne valait, grâce à des publications incomplètes et irréfléchies : c'est que rien n'indique qu'elle ait laissé des traces de mésintelligence, encore moins de ressentiment réciproque, entre le Roi et le Parlement. Rien n'accuse non plus un état de disgrâce pour ce corps, dans les deux années qui s'écoulèrent encore jusqu'à la fin du règne de Henri IV. Il y a plus. Ce prince, qui, par une rare exception, se vit rendre justice de son vivant, conserva dans ce Parlement même, si maltraité par lui, l'amour enthousiaste que lui avaient voué ses sujets. Nous n'en voulons pour preuve que la manière dont s'exprime sur son compte, pendant sa vie et après sa mort, le membre de cette Compagnie que nous avons souvent cité. Lors de l'attentat de Jean Châtel, en 1594, Cruzeau, en notant sur son Journal que la Cour devait aller rendre grâces à Dieu de la conservation du roi, ajoutait : « Aussi eût-ce été un grand malheur à notre France si décousue ! » Et lorsque le couteau de Ravaillac l'eut plongée dans le deuil, c'est en ces termes qu'il rapporte la catastrophe: « Le 16 mai 1610, des nouvelles furent portées que, le vendredi 14 du même mois, le roi Henri quatrième de Bourbon, roi de France et de Navarre, le *roi des merveilles* et la *merveille des rois,* avait été assassiné. Dieu veuille détourner le présage des plus grands malheurs ! » Dans ce dernier hommage rendu à Henri IV, il ne faut pas voir un jeu de mots dans le goût du temps. C'est une oraison funèbre dictée par le sentiment profond de la douleur publique comme de l'admiration générale, et, cette fois, vraie comme l'histoire.

La liberté de conscience, devenue loi de l'État par le ferme vouloir de Henri IV, semblait avoir fondé à jamais l'ère de la tolérance et fermé la porte aux persécutions religieuses. Ce fut pourtant sous son règne que les bûchers se rallumèrent, non pour cause d'hérésie, il est vrai, mais de sorcellerie, crime justiciable des tribunaux séculiers et ecclésiastiques tout à la fois. Le ressort du Parlement de Bordeaux fut particulièrement affligé du spectacle de sa répression la plus barbare, au commencement du xviie siècle.

Du fond d'une des contrées qui en dépendaient, et dans laquelle la superstition le disputait à l'ignorance, la terre de Labour ou pays Basque, des plaintes étaient arrivées au Conseil du roi « des grandes incommodités » et vexations que recevoient journellement les habitans » d'iceluy par le moyen des artifices diaboliques des » sorciers qui y étoient en grande multitude, tellement

» que la plupart des personnes et familles y étoient
» en continuelle appréhension et péril, tant pour eux
» que pour les fruits de la terre et bestail(1). » Le
roi, par lettres-patentes de 1609, avait donc décidé
d'expédier une commission à un des conseillers du
Parlement, Pierre de Rostéguy, sieur de Lancre, pour
procéder extraordinairement contre les délinquants,
avec faculté de juger définitivement et sans appel au
siège présidial des lieux, en appelant seulement au
jugement le nombre d'assesseurs suffisant. Ce droit
de vie et de mort conféré à un seul homme — car
son influence aurait été décisive — émut le Parlement,
qui fit des représentations. Il ne voulut enregistrer les
lettres-patentes qu'avec la restriction au pouvoir du
commissaire de ne prononcer que jusqu'à sentence
de mort ou de torture *exclusivement*. Mais le Conseil
persista, et une jussion confirma la délégation, sauf
qu'elle adjoignit à de Lancre le président d'Espagnet :
détermination toujours bien mauvaise à tous les
points de vue. A des populations affolées de terreurs
absurdes, en proie à une véritable épidémie morale, il
aurait fallu envoyer des prédicateurs éclairés ou
d'habiles médecins : on leur donnait des juges, et
quels juges (2) !

Le président d'Espagnet, magistrat lettré, s'occupait
principalement d'alchimie; il a laissé des ouvrages
sur la recherche de la pierre philosophale. Il semble
que ce penchant décidé vers les sciences supposait

(1) *R. E.*, 17 janvier 1609. (B. 52, 1607-1612.)
(2) *R. E.* (B. 52, 17 janvier et 18 février 1609.)

des lumières incompatibles avec la crédulité à la sorcellerie. Mais d'Espagnet était en même temps un esprit mystique. On en a la preuve dans des sculptures dont il avait décoré la porte de sa maison et qui ont été conservées[1]. Il avait essayé, à l'aide de divers emblèmes, d'y rendre sensible et de traduire, en quelque sorte, matériellement le mystère de la Trinité.

Le conseiller de Lancre, qui appartenait au Parlement depuis 1588, était un homme dont la dévotion excessive allait jusqu'à l'illuminisme. On l'avait vu, en 1599, solliciter et obtenir un congé d'un an pour visiter les lieux saints. Son pèlerinage se borna pourtant à Italie. Cette circonstance le fit sans doute choisir pour la mission dont il s'agit. Ce fut lui, du reste, qui malgré l'infériorité de grade occupa évidemment le premier rôle dans l'opération judiciaire dont il était chargé conjointement avec le président d'Espagnet. Sa foi ardente dégénérait en une crédulité aveugle, disposition des plus dangereuses à raison de la tâche qu'il allait exécuter.

Son collègue et lui remplirent les prisons d'une foule d'accusés de sortiléges et d'accointances diaboliques. Sous l'influence de l'appareil qui les accompagnait, de leurs pouvoirs sans limites, les dénonciations se multipliaient, la torture ou la crainte de la subir arrachaient aux individus soupçonnés des aveux

---

[1] Ces sculptures se voyaient récemment encore dans le jardin de l'Hôtel de Ville de Bordeaux. (M. Gustave Brunet, article *d'Espagnet*, dans la *Nouvelle Biographie universelle*.)

accompagnés des récits les plus circonstanciés, mais en même temps les plus incroyables, de leur assistance au sabbat et de leurs relations intimes avec le démon. Un grand nombre de ces malheureux — nous n'avons pu le relever exactement — fut envoyé au supplice, quoique la plupart se rétractassent au pied de l'échafaud. Mais plus leurs déclarations premières avaient été invraisemblables, plus il semblait que de Lancre, en son particulier, y ajoutait une entière créance. On jugera des écarts auxquels l'entraînait ce penchant, quand on saura qu'il allait jusqu'à croire que, même au cours de ses procédures, les assemblées infernales continuaient à avoir lieu; que les prisonniers y assistaient, et que le sabbat se tenait dans sa propre chambre, quoique son sommeil n'en fût pas troublé. Ces étranges rêveries, ainsi que les relations détaillées des scènes du sabbat et des obscénités qui s'y commettaient, au dire de ceux qui convenaient d'en avoir été les acteurs, étaient recueillies par lui soigneusement, et elles lui servirent à composer trois ouvrages qu'il publia plus tard et qui l'ont fait classer parmi les plus fameux démonologues. Mais dans ces livres, où son érudition vaste, quoique indigeste, accumule sans discernement une foule de citations empruntées aux histoires sacrée et profane, à l'appui de ses opinions, on voit aussi l'exposé de ses principes de jurisprudence en matière de répression de sorcellerie. Et quand on songe à l'application qu'il en a faite comme juge souverain, on ne peut se défendre d'une sorte d'effroi : « *Maleficos non patieris vivere.* » Ce principe, emprunté à la loi de Moïse, est tout à la fois l'épigraphe de son principal écrit et la maxime au nom de laquelle il n'a fait grâce à aucun accusé, de la peine capitale, sans distinction de ceux qui auraient usé de maléfices quelconques et des simples assistants au sabbat. Parmi les individus poursuivis se trouvaient plusieurs prêtres inculpés d'avoir parodié devant Satan le sacrifice de la messe. En vain demandaient-ils leur renvoi devant leurs juges naturels, les tribunaux ecclésiastiques; cette exception n'était pas admise. De Lancre en donne pour raison que cette juridiction se montrait trop indulgente, en se bornant à dégrader les coupables et à les condamner à la prison perpétuelle. Il faut l'entendre aussi, dans plus d'un passage, s'élever avec force contre les magistrats séculiers dont plusieurs, dit-il, « sont mécréants en fait de sorcellerie et la tournent en risée, juges lâches et mauvais chrétiens, qui ont quelque pain d'idolâtrie, d'athéisme, d'hérésie ou de juiverie. S'ils laissent évader les sorciers, ils ne siègent sur leur tribunal que pour maintenir le règne de Satan. » Enfin, tous les moyens lui étaient bons pour convaincre et condamner les sorciers. « *Omnes testes alioquin inhabiles admittantur,* » dit-il. Ainsi, des enfants peuvent être reçus à déposer et crus dans leurs récits même contre leurs propres pères, si ceux-ci les ont menés au sabbat; et il cite avec complaisance l'exemple d'un père brûlé vif sur un semblable témoignage.

La commission de de Lancre dura quatre mois et ne

prit fin que par l'obligation où fut son coopérateur, le président d'Espagnet, de se rendre à Nérac pour y présider la Chambre de l'Édit. Le Parlement, on l'a vu, était resté étranger à leurs assises, par suite des lettres qui les avaient organisées en juridiction sans appel. On voudrait qu'elles l'eussent dispensé de connaître lui-même d'affaires de ce genre; mais les autres parties de son ressort lui en déférèrent plus d'une. La première, rapportée par Cruzeau, concernait une sorcière du Limousin, condamnée à mort sur ses propres aveux par les premiers juges, et dont le Parlement confirma la sentence. La nature des détails dans lesquels entra cette malheureuse nous empêche de les reproduire ici. Dans le second procès, jugé le 6 septembre 1603, un jeune pâtre de treize à quatorze ans, des environs de Laroche-Chalais, était sous le coup du crime d'avoir, comme *loup-garou,* dévoré plusieurs autres enfants. On pense bien que ce fait ne fut nullement prouvé. L'arrêt, et de Lancre lui-même qui visita dans sa prison ce jeune homme, établissent que c'était un avorton de corps et d'esprit, un idiot dont l'imagination déréglée avait créé elle-même les actes qu'il s'imputait. Le Parlement le fit enfermer pour la vie dans un couvent de Bordeaux avec défense d'en sortir sous peine de mort [1].

---

(1) De Lancre a rapporté ce procès *in extenso* dans son ouvrage sous le titre de *Traité de l'inconstance des mauvais anges,* avec de grands éloges pour le premier président Daffiz, qui prononça en cette affaire un *arrêt présidental.* Cet arrêt étant cité tout au long, on peut, en le lisant, se faire une idée exacte de ce genre de décisions judiciaires et du luxe d'érudition indigeste dont elles étaient

Pour terminer ce qui a trait à de Lancre, il prit sa retraite dans un âge avancé, avec le titre de conseiller d'État. Les biographes le font mourir en 1630. Ce que la vérité impose la loi de dire à la décharge de sa mémoire et dont on est convaincu à la lecture de ses œuvres, c'est qu'il était de la plus entière bonne foi dans ses idées, car, chez lui, le juge c'est l'écrivain. Ce n'en fut pas moins un vrai malheur pour l'humanité qu'un tel homme eût pu devenir l'arbitre de la vie de ses semblables. Mais, qu'on ne l'oublie pas, le préjugé qui fut son guide était à peu près universel de son temps, et telle est sa vitalité, qu'aujourd'hui même il n'est pas entièrement extirpé et qu'il fait encore tache chez les peuples les plus avancés en civilisation.

l'occasion. C'est aussi en tête du même ouvrage de de Lancre que son collègue d'Espagnet et lui se congratulent réciproquement en vers sur l'expédition qu'ils ont accomplie de concert contre les fauteurs de sortilèges. Rien ne prouve mieux leur profonde et sincère conviction d'avoir ainsi travaillé pour l'honneur de leur nom et l'avantage de la justice.

CHAPITRE X

1610-1620

Régence de Marie de Médicis. — Le prince de Condé, gouverneur de Guyenne, à Bordeaux. — Le roi et sa mère se rendent dans cette ville. — Procès d'Antoine Castagnet, sieur de Haut-Castel. — Le cardinal de Sourdis l'enlève des prisons du Parlement. — Il est poursuivi criminellement pour ce fait. — Il obtient un sursis. — Remontrances du Parlement et députation au roi. — Résultat. — Mariage à Bordeaux de Louis XIII avec Anne d'Autriche. — Lit de justice tenu par ce monarque au Parlement dans le palais de l'Ombrière. — Notice sur cet édifice. — Cérémonial et détails du lit de justice. — Cause plaidée et jugée. — Traitement ignominieux fait à la Chambre des Requêtes. — Départ du roi. — Représentation du Parlement pour le retenir. — Nombre des protestants à Bordeaux à cette époque. — Reprise du récit des événements politiques. — Le Parlement obligé à des mesures militaires en l'absence de toute autorité compétente pour les prendre. — Premiers actes du premier président Marc-Antoine de Gourgues. — Retour du roi à Bordeaux; second lit de justice; édits fiscaux enregistrés en sa présence. — Louis le Juste. — Procès et condamnation d'Hercule d'Argillemont. — Création du Parlement de Pau. — Mécontentement du Parlement de Bordeaux. — Conflits entre les deux Cours; scandales judiciaires. — Les réformés reprennent les armes. — Opérations militaires en Médoc et ailleurs. — Magistrats qui y prennent part. — Procès, condamnation et exécution de Paul de Lescun, conseiller au Parlement de Pau.

Les craintes exprimées par le magistrat annaliste dont nous avons plus d'une fois reconnu le solide jugement, des malheurs où la mort funeste de Henri IV pouvait de nouveau plonger la France, ces craintes n'étaient pas chimériques. On sait quels désordres ne tardèrent pas à éclater sous la régence de Marie de Médicis. Violente et faible à la fois, livrée à des favoris, flatteurs habiles de ses passions pour élever l'édifice de leur fortune, elle se montra incapable de continuer et manqua presque de détruire l'œuvre fondée par la valeur et la sage politique de son époux. La guerre civile, éteinte avec tant de peine par lui, était sur le point de se rallumer.

En attendant qu'ils prissent les armes, les partis divisaient la cour et l'agitaient par leurs cabales. Parmi les grands disposés à se mettre à leur tête, on voyait le prince de Condé, que la régente, dans l'espoir bientôt déçu de le rallier à sa cause, s'était empressée de nommer gouverneur de la Guyenne. Il vint prendre possession de ce poste au mois de juillet 1611, et, pour sa réception, traita au palais tout le Parlement [1]. De Bordeaux, il poursuivit son voyage, en grand appareil, dans les dépendances de son gouvernement. Il n'avait pas, d'ailleurs, quitté cette ville sans y mettre à profit son séjour pour une affaire d'intérêt personnel : c'était la création ou plutôt le rétablissement en sa faveur d'une charge de conseiller dont le bénéfice ne lui était pas indifférent. Cinq jussions antérieures n'avaient pu faire céder le Parlement sur ce point. Malgré la présence du prince, la question n'alla pas encore toute seule. Cependant, après de longs débats et une délibération qui partagea presque les suffrages [2], la vérification de l'édit rétablissant la charge finit par l'emporter. Du reste, dès l'année suivante, le maréchal de Roquelaure remplaçait comme lieutenant

[1] Cruzeau, *Journal*, 1611.
[2] *Id.* — R. S., 23 décembre 1611.

général dans le gouvernement de Guyenne le prince de Condé qui s'était joint aux mécontents. On redoutait de leur part une levée de boucliers. Les événements qui suivirent ces appréhensions et les justifièrent, ne sont pas de notre sujet. Il nous suffit de constater que lorsque, en 1615, Louis XIII et sa mère se rendaient à Bordeaux pour le double mariage du jeune roi avec l'infante d'Espagne Anne d'Autriche, et de sa sœur Élisabeth de France avec le prince d'Espagne, il leur fallut toute une armée pour escorte.

Rien ne discrédite davantage l'autorité que l'opinion où l'on est de sa faiblesse; mais ce n'est pas seulement vis-à-vis de ceux qui aspirent à la dominer que son prestige est détruit; ses propres partisans se croient tout permis vis-à-vis d'elle. Telle était la position précaire du gouvernement à cette époque. Au nombre de ceux qui troublaient l'État par leurs menées ambitieuses, on aurait pu certainement mettre un homme que le souvenir des bienfaits de Henri IV, auteur de sa haute fortune, devait enchaîner au successeur de ce monarque par des liens assez forts pour qu'il ne se montrât pas mécontent à l'excès du refus d'une nouvelle faveur. Mais le caractère altier du cardinal de Sourdis, son extrême susceptibilité qu'on a déjà pu juger, joints à une fougue qu'il était incapable de maîtriser, l'emportaient souvent au delà des bornes, et il lui était réservé d'en donner un nouvel et bien fâcheux exemple. Cette fois encore il eut pour antagoniste le Parlement de Bordeaux. On va voir que, du reste, ce fut lui qui, en bravant audacieusement la justice, donna à ses ministres l'occasion de la défendre avec une fermeté et une indépendance qui leur firent le plus grand honneur. Si leurs efforts pour la faire triompher demeurèrent stériles, il n'y eut assurément pas de leur faute.

Au moment de l'arrivée de la cour à Bordeaux, il y avait dans les prisons du Parlement un criminel dont le procès se terminait. Antoine Castagnet, sieur de Haut-Castel, gentilhomme du Quercy, habitant Lauzerte, n'était pas chargé d'un de ces faits politiques dont le caractère varie selon les temps et devient titre de glorification ou de proscription au gré du triomphe ou de la défaite d'un parti, mais de ces crimes vulgaires justement punis à toutes les époques et sous tous les régimes. Débiteur depuis dix ans d'une somme importante envers la dame de Mauvezin et condamné à la rembourser, il avait vu saisir et vendre une de ses métairies dont sa créancière s'était rendue adjudicataire. Quand il fallut exécuter le jugement, Haut-Castel se mit en révolte ouverte contre la justice, battit et blessa les huissiers, ainsi que le vice-sénéchal appelé pour les secourir. Mulcté de fortes amendes, il n'en continua pas moins une résistance telle, qu'on dut, pour le réduire, l'assiéger à coups de canon et le prendre de vive force dans son château. Quatorze meurtres lui étaient imputés, ainsi que des actes de pillage et d'incendie. Son procès avait été renvoyé au Parlement de Bordeaux, quoiqu'il fût justiciable de celui de Toulouse, parce que sa partie adverse était fille du sieur de Saint-Jorry, premier président de ce dernier corps. C'est à raison de tous ces attentats qu'il avait été condamné par arrêt de la grand'chambre, le 16 novembre, à avoir la tête tranchée. Mais cet homme tenait à des familles considérables. Tout fut donc mis en œuvre pour le sauver. La présence du roi à Bordeaux favorisait singulièrement les démarches dans ce but. Les parents du condamné rencontrèrent sur les lieux mêmes l'appui de deux personnages puissants, le maréchal de Roquelaure et le cardinal de Sourdis, dont les sollicitations eurent d'abord du succès. Le roi accorda la grâce, et lorsque Haut-Castel, qui allait être exécuté, se trouvait déjà entre les mains d'un confesseur, le grand prévôt se présenta pour le réclamer au nom du roi. Mais le concierge du palais refusa de le remettre à cet officier, jusqu'à ce que le Parlement eût été averti. A la première nouvelle qu'on lui en donna, les présidents de Lalanne et Daffiz, le conseiller de Massiot et le procureur général Desaigues s'empressèrent de se transporter chez le chancelier, qui les renvoya au prince et à la reine-mère, chez lesquels les accompagna le maître des requêtes, de Marillac. Les magistrats n'eurent pas de peine à démontrer la nécessité de laisser à la justice son libre cours. Ainsi la grâce étant rétractée, le procureur général fit procéder immédiatement aux préparatifs du supplice. Mais le jésuite confesseur de Haut-Castel déclara que ce pénitent avait tant de péchés sur la conscience qu'il lui fallait plus de trois heures pour le préparer à la mort. D'ailleurs, on avait fait cacher le bourreau qui ne fut trouvé qu'à dix heures du soir dans une taverne et tellement ivre qu'il était hors d'état de remplir son office.

Le lendemain matin, la grand'chambre étant réunie, le président Lalanne lui faisait rapport de ce qui s'était passé la veille, lorsque survint le maréchal de Roquelaure. En sa présence, on arrêta quelques mesures propres à assurer et hâter l'exécution, telles que la suppression du parcours de la ville par le condamné traîné sur la claie, et la fermeture de la porte de la place du Palais. Le maréchal, invité à seconder ces dispositions, y mit beaucoup de mauvaise grâce et se prit même de querelle avec le président Daffiz [1]. Rien cependant ne faisait pressentir ce qui allait arriver. Aussi, les audiences étaient levées, les portes du palais closes, les magistrats retirés, et l'échafaud attendait le patient, lorsque l'on vit tout à coup paraître sur la place une troupe de trente ou quarante cavaliers ayant à leur tête, à cheval lui-même, botté, éperonné et en manteau rouge, le cardinal de Sourdis précédé de son porte-croix. Il tenait à la main un papier qu'il agitait en criant : *Grâce ! grâce ! Vive le roi ! c'est le roi !* Les portes du palais et de la prison demeurant cependant fermées, il envoya chercher

[1] Cruzeau, *Journal*.

à la Monnaie, située dans le voisinage, deux de ces grands marteaux dont on se servait alors pour frapper les espèces, et, à l'aide de ces puissants engins, fit enfoncer les clôtures. Malgré cette violence, comme le concierge, nommé Castex, se refusait à livrer la clé de la chambre du prisonnier, un de ceux qui accompagnaient le cardinal donna à Castex un coup d'épée à travers le corps dont il mourut dans la journée. La clameur publique désigna comme auteur de ce meurtre le sieur Le Moulin d'Arnac. Haut-Castel, ainsi tiré de son cachot, fut immédiatement conduit sur le bord de la rivière, où on le mit dans un bateau. Le cardinal l'y rejoignit et l'emmena au château de Lormont, appartenant aux archevêques de Bordeaux, et situé de l'autre côté du fleuve, en face de la ville et dans une position très forte. Il paraît que, dans le trajet, il fit mettre à genoux l'homme qu'il venait ainsi d'arracher à la justice, le confessa et lui donna sa bénédiction. Le bruit courut également qu'en soupant avec lui, le prélat dit qu'il donnerait cinquante mille francs pour que Castex ne mourût pas. Vains et tardifs regrets et qui ne pouvaient rien réparer ! La troupe qui avait aidé le cardinal dans cette expédition s'était d'ailleurs sur-le-champ dispersée, et avant qu'on eût pu songer à le poursuivre, chacun avait gagné au pied et trouvé asile dans les divers châteaux des environs [1].

On se figure aisément l'émotion excitée par une

[1] Cruzeau, *Journal*. — *Procès-verbal de ce qui s'est passé à Bordeaux*, etc. Bibliothèque nationale, *Hist.* 36, L. 6-671.

semblable transgression de toutes les lois et l'indignation qu'en ressentit surtout le Parlement. Pendant qu'il délibérait, le roi envoya un de ses gentilshommes pour l'inviter à lui adresser une députation. La Compagnie s'empressa de se rendre tout entière auprès de lui. La reine-mère s'y trouvait avec le chancelier. Leurs Majestés et le ministre s'exprimèrent dans les termes les plus forts sur l'action du cardinal et témoignèrent adhérer d'avance aux poursuites qu'elle méritait. Il n'y eut qu'une voix parmi tous les assistants, courtisans, ambassadeurs, et, dit-on, jusqu'au nonce du pape, dans ce premier moment au moins, pour blâmer une telle conduite. L'information judiciaire commença donc sur-le-champ. Un premier arrêt, visant la déclaration de la volonté du roi que justice fût faite, et rédigé dans les termes les plus énergiques, appelait toute personne témoin des faits qualifiés crimes de lèse-majesté, violence, force publique et assassinat, à venir déposer devant les commissaires de la Cour, et ordonnait la promulgation à son de trompe de cet appel solennel à tous les renseignements propres à éclairer la justice [1]. Le lendemain, autre arrêt qui décrétait de prise de corps le sieur cardinal de Sourdis et plusieurs individus désignés comme ses complices, parmi lesquels ne figurent pas seulement des gentilshommes, mais un tourneur, un savetier et des laquais [2].

(1) Biblioth. nationale, *loc. cit.* Arrêt imprimé du 18 nov. 1615.
(2) *Id.* du 19 novembre 1615.

Tandis que la procédure se suivait ainsi par contumace contre les prévenus, le plus compromis de tous ne perdit pas de temps pour faire agir en sa faveur. Son protecteur le plus influent était naturellement le nonce du Saint-Père, Ubaldini, personnage très en crédit auprès de la reine-mère, et qui, d'abord, en apparence peut-être, très prononcé contre le cardinal, ne tarda pas à manifester d'autres sentiments, quand il vit qu'un prince de l'Église allait être livré au bras séculier. Mais, il faut bien le dire, le meilleur appui de l'archevêque de Bordeaux c'était la faiblesse du gouvernement et les embarras où il se trouvait. Néanmoins, tant que la cour resta à Bordeaux, occupée des préparatifs du mariage du jeune roi, tant qu'on fut sur les lieux mêmes où l'attentat de François de Sourdis était flagrant, on n'osa pas arrêter le cours de la justice.

A peine le roi était-il parti, ce qui eut lieu dans les premiers jours de décembre, que sous la date du 18 arriva une lettre de cachet portant ordre de surseoir à l'information. Sans tarder, le Parlement ordonna des remontrances et nomma, pour les porter aux pieds du trône, les conseillers Jean Dubernet et Léonard de La Chèze. Leur rédaction et le départ des députés s'effectuèrent sans perte de temps.

Le compte détaillé et plein d'intérêt que ces conseillers rendirent de leur mission à leur retour, le 4 janvier 1616, met en lumière les causes qui la firent échouer. Il doit nécessairement trouver place ici avec les remontrances, aussi remarquables par la forme que par le fond, lues au roi par les commissaires [1].

Du 4 janvier 1616.

Les Chambres assemblées pour ouyr Messieurs Jean Dubernet et Léonard de La Chèze, conseillers du Roy, et estant lesdits de La Chèze et Dubernet au bureau, ont dit :

« Messieurs, suivant le commandement qu'il vous pleut nous faire d'aller vers Sa Majesté pour lui faire les remonstrances ordonnées par vostre arrest, nous partismes le second jour après votre députation pour aller à Libourne. Mais ayant trouvé que le Roy estoit parti le mesme jour, nous feumes obligés de le suivre.

» Nous rencontrâmes à Coutras M. le cardinal, qui nous dit que le Roy lui avoit baillé une dépêche par laquelle Sa Majesté nous déchargeoit du voiage pour le danger qu'il y avoit, et commandoit à la Cour de lui envoyer les remonstrances par écrit, et à lui de venir en ceste ville faire la fonction de sa charge. Il nous proposa les incommodités des chemins et la difficulté du retour, mais nous luy répondismes que la Cour nous ayant honoré de ceste charge, nous continuerions nostre voiage, quelque incommodité qu'il y eust, au péril de nos vies.

» Nous passasmes donc outre et suivismes jusques à Aubeterre.

» Incontinent après notre arrivée, nous allasmes saluer M. le chancelier de la part de cette compagnie, et, après l'avoir assuré de la continuation de son très humble service et du désir qu'elle avoit de lui en témoigner les effets, nous luy fismes entendre qu'elle nous avoit députés vers Sa Majesté pour luy faire ses très humbles remonstrances sur l'importance des lettres de surseoiance que Sa Majesté lui avoit envoyées pour surseoir le jugement du procès criminel fait au sieur cardinal de Sourdis ; qu'il trouveroit ces remons-

[1] *R. S.*, 4 janvier 1616.

trances pleines de justice; qu'elles ne tendoient qu'à la conservation de l'authorité du Roy et à la manutention de la justice, et qu'en estant le chef, nous espérions aussy qu'il les favoriseroit et appuyeroit de son authorité.

» Il nous répondit qu'il remercioit cette compagnie du témoignage de sa bonne volonté, qu'il l'estimoit et honnoroit, et seroit bien ayse de la servir en quelque bonne occasion; et pour le regard de nos remonstrances, qu'il les embrasseroit volontiers si elles regardoient l'authorité du Roy et la dignité de sa justice; qu'il advertiroit le Roy de nostre arrivée le soir mesme pour savoir de luy le jour qu'il luy plairoit de nous ouyr, et que ce ne pourroit pas estre le lendemain, jour de la feste, parce que le Roy et la Reyne faisoient leurs dévotions.

» Le jour de la feste se passa en dévotion. Toutefois, sur le soir, nous prismes l'occasion de revoir M. le chancelier, pour savoir de luy quand il plairoit à Sa Majesté de nous ouyr, lequel nous fit réponse qu'il nous en tiendroit advertis.

» Nous vismes Monsieur le président Janain et de Ponchartrain de la part de la Cour, et leur dismes le sujet de nostre délégation. Le lendemain, comme nous estions à la messe, M. le chancelier nous manda par un des Sieurs que Sa Majesté nous voulloit ouyr, que nous nous réunissions au chasteau, ce que nous fismes, mais la Reyne-mère n'estoit pas encore habillée, qui feust cause que nous feumes remis à l'après-dînée.

» Incontinent après le dîner de Leurs Majestés, nous allasmes au chasteau. M. de Ponchartrain nous attendoit au bas du degré. Nous le suivismes jusqu'à la chambre de la Reyne, où le Roy estoit assisté de la Reyne sa mère et de M. le chancelier, de Messieurs de Nevers, d'Elbœuf doyen, de Messieurs le maréchal de Souvré, de Villeroy, le président Janain et des quatre secrétaires d'Estat et autres conseillers d'Estat et d'un grand nombre de seigneurs et gentilshommes.

» Le Roy commanda à M. de Ponchartrain de nous faire approcher, et, après avoir salué Sa Majesté, nous lui parlasmes en ces termes:

« Sire, vostre Cour de Parlement de Bordeaux nous a
» depputés vers Vostre Majesté pour vous représenter les

» justes motifs qu'elle a eus de ne procéder pas à l'enregistre-
» ment des lettres d'État et de surseoyance qu'il a plu à
» Vostre Majesté leur envoyer pour arrester le jugement du
» procès criminel fait à la requeste du procureur général
» contre le sieur cardinal de Sourdis.

» Ce n'est pas qu'ils n'ayent tous un très grand zelle de
» recueillir toutes vos vollontés avecq une profonde sou-
» mission, mais comme vous leur avés déposé la plus chère et
» précieuse partie de votre authorité, qui est vostre justice
» souveraine, vous leur avés aussi imposé une loi rigoureuse
» d'honneur et de conscience qui les oblige à veillier conti-
» nuellement pour la conservation de ce sacré dépôt.

» Ils ont jugé, Sire, que ces lettres estoient directement
» contraires à vos ordonnances et n'alloient qu'au mépris de
» votre justice et authorité royalle.

» Les ordonnances nous enjoignent expressément de vaquer
» diligemment à la confection et jugement des procès crimi-
» nels, et affin que rien n'en eschappe à la Cour, elles ont
» expressément défendu l'expédition de toutes lettres d'Estat
» et de sursoiance pour ces procès, et si elles sont obtenues
» pour quelque cause que ce soit, nous commandent, sur
» peine d'estre corrigés et punis, de n'y avoir aucun égard.

» S'il y eust jamais lieu de pratiquer ces ordonnances, c'est
» en ce fait, Sire, où Vostre Majesté est si fort et tellement
» offencée, qu'après les cas qu'on met au premier chef, il ne
» s'en trouve pas de si graves.

» Le sieur cardinal de Sourdis est accusé d'avoir viollé les
» lois les plus sacrées, d'avoir forcé le temple sacré de justice,
» rompeu vos prisons, enlevé à main armée un prisonnier
» condamné à mort, et d'avoir fait répandre le sang innocent
» du concierge de vos prisons et secoureu le meurtrier et
» l'assassin.

» Vostre présence, Sire, n'a pu arrester ces violences; au
» contraire, à tous ces crimes on a emploié vostre nom, et
» qui pis est, et dont Dieu vous demande vengeance, on a
» abusé avecq impiété des marques vénérables de nostre
» Rédemption.

» Surseoir, Sire, la punition de ces crimes, c'est attirer et
» enflammer l'ire de Dieu sur nous, assujétir les loix et la

» justice à la violence, oster le respect dheu à Vostre Majesté
» Royale, et en effect establir et authoriser le désordre que
» nous voyons à nostre grand regret s'élever partout, mais
» en cette province avec plus d'audace qu'ailleurs.

» Nous avons trouvé encore ces lettres estranges, parce que
» par nostre ordonnance toutes lettres d'Estat doivent être
» restreintes à certain temps, celles-ci sont indeffinies, qui est
» en effect le moyen de couvrir par le temps et estouffer tous
» ces crimes.

» De plus, quand nous avons considéré la contumace du
» sieur cardinal de Sourdis, nous l'avons trouvé par les
» mesmes ordonnances indigne de toute grasce et faveur.

» Les loix ont toujours été sourdes et inexorables aux
» contumaces et défaillants.

» Mais, Sire, on nous veut éblouir les yeux et opposer la
» dignité du cardinal de Sourdis, comme s'il ne devoit pas
» y avoir de justice au monde pour la personne de cette
» qualité, comme si vos loix n'estoient que des toilles
» d'araignée qui n'enveloppent que les petits.

» La justice souveraine est comme la foudre; elle n'épargne
» personne et frappe sur tous, mesme sur les plus grands, et
» il n'y a dignité si eslevée qui les puisse affranchir de sa
» souveraineté.

» Voudriés-vous permettre, Sire, qu'il y ait des personnes
» en vostre Estat qui commettent des crimes de lèze-majesté
» pour lesquels il n'y ayt point de loix, de juges ni de peines, et
» la justice forcée par eux sera-t-elle si faible qu'elle ne puisse
» se deffendre et vanger l'oppression qui lui aura esté faite?

» Cella seroit trop préjudiciable à vostre Estat de voir ainsi
» un homme élevé par dessus les loix de l'Estat.

» Les Évesques de vostre Royaume n'ont pas eu la hardiesse
» sous les Roys vos prédécesseurs de soustraire leur empire
» et juridiction non seullement aux crimes de lèze-majesté,
» mais aux autres délicts publics et privilégiés; ils se sont
» soumis à vos Parlements comme les autres Ecclésiastiques.

» Pour une légère désobéissance commise par le cardinal
» de Constance contre un arrest de vostre Parlement à Paris,
» le Parlement, sans s'arrester à sa qualité, lui fist le procès
» jusques à condempnation deffinitive.

» Louis onzième, Prince le mieux informé de ses droits et
» affaires de son Estat que l'histoire nous marque, ne
» considéra pas la qualité du cardinal de Balue et n'usa
» d'aucune sursoiance, mais luy fist faire promptement le
» procès, quatre commissaires laïques furent députés par
» lesquels il fut confiné en une prison l'espace de onze ans.

» Le cardinal d'Yorcq ne demanda point de sursoiance du
» décret décerné contre lui par le Parlement d'Angleterre,
» mais au péril de sa vie se mit en chemin pour rendre
» l'obéissance qu'il devoit à son prince souverain.

» Les Empereurs, en pareil crime, ont jugé leurs Évesques
» sans nulle distinction et les ont faict condempner par leur
» Sénat à des peines corporelles.

» Les Papes mesmes n'ont pas sursis et arresté les procé-
» dures et jugements donnés par leurs juges laïques, lorsque
» les cardinaux ont attenté contre leur authorité.

» Les cardinaux de Sienne, de Voltere, Caraffa et Innocent
» du Mont ont éprouvé la justice des papes Adrien, Léon
» et Pie quatrième. Ils ne leur ont pas fait le procès comme
» pontifes de l'Église universelle, car en cette qualité ils
» n'eussent peu les punir capitalement, n'ayant en main
» que les peines spirituelles et ecclésiastiques, mais comme
» princes souverains ils ont, sans aucune sursoyance ny
» respect à leur dignité, uzé contre eux du glaive temporel.

» Suivés, Sire, l'exemple que les Rois vos prédécesseurs et
» les Saints Pères eux-mesmes nous ont laissé, et où il y va
» de l'intérest de vostre Estat et du soutien de vostre justice;
» n'ayez égard à dignité quelconque. Usés sans aucune
» sursoyance de la juridiction que la loy de Dieu, les loix
» de vostre Royaume et les Papes mesmes, vaincus par la
» force de la raison, ont advoué vous appartenir à juste titre.

» Voilà, Sire, ce qui regarde la qualité de Cardinal et la
» dignité de laquelle ont s'est voulleu servir principalement
» pour donner quelque couleur à vos lettres.

» Vous témoignés de plus, Sire, par icelles, et Vostre
» Majesté nous l'a espliqué de vive voix, que son intension
» est de surseoir le jugement affin que la vérité soit nothoire,
» et que chacun soit informé de la qualité de l'excès, et
» mesme le Saint Père auquel vous voullés renvoyer la

» procédure. Ce ne sera pas, Sire, par une procédure imparfaite
» que vous informerés Sa Sainteté ny les autres princes et
» alliés. Ils n'en peuvent estre plainement esclairés et
» informés que par la confection des procédures et par un
» arrest donné sur icelles solennellement selon vos loix.

» Puisque le crime a fait tant d'esclat dedans et dehors le
» royaume, il est nécessaire que chacun voyant les procédures
» voye aussi que vostre justice l'a suivy de près.

» C'est la coustume des princes souverains d'envoyer dans
» telles occasions, avecq les procédures, les jugements donnés
» par leurs officiers, n'ayant jamais usé de sursoyance, et
» lorsque les Saints Pères, comme princes souverains, ont
» fait faire les procès aux cardinaux de Sienne, de Volterre et
» autres l'histoire nous apprend qu'ils n'ont pas sursis le
» jugement pour en advertir les Roys vos prédécesseurs et
» autres princes alliés.

» Il seroit plus convenable à la grandeur et dignité de
» Vostre Majesté d'uzer premièrement de ses droits, et après
» avoir fait juger le procès à vostre Parlement, d'envoyer
» avecq la procédure le jugement qui en aura esté sur ce
» donné; et quand le Saint Père aura veu le tout, il ayme
» tant la justice qu'il approuvera, sans doute, la justice de
» Vostre Majesté, et suivra l'intégrité et fermeté de vostre
» Parlement.

» Ainsy, Vostre Majesté rendra le respect qu'elle désire à
» Sa Sainteté, et avecq plus de fruict pour la véritté et plus
» d'honneur pour Vostre Majesté.

» Que sy Vostre Majesté en uze autrement, ce sera lui
» rendre compte de la dispensation de vostre justice, et sera
» par nécessité, une soumission que Vostre Majesté faira
» pour son temporel, ce que les loix fondamentales de l'Estat
» ne peuvent souffrir, vostre authorité qui ne relève que de
» Dieu seul ne peut être subalterne à celle du Saint Père.

» Nous ne pouvons donc, Sire, enregistrer ces lettres,
» consentir à cette diminution de souveraineté, sans violler
» les loix les plus sacrées de l'Estat, trahir l'honneur de nos
» charges, et nous rendre indignes de l'authorité dont Vostre
» Majesté nous a honnorés.

» C'est pourquoy, Sire, vostre Parlement supplie très

» humblement Vostre Majesté de les renvoyer et n'empêcher
» le cours de la justice. Elle vous supplie aussy d'avoir
» agréable le dernier chef de son arrest par lequel elle a
» ordonné que les décrets seroient exécutés, et implore sur ce
» vostre authorité, et que vous fassiés puissamment exécuter
» contre tous les arrests qui porteront sur leur forme vostre
» image et vostre nom.

» Nous vous proposons, Sire, l'exemple de ce grand Charles,
» vostre prédécesseur, qui avoit son sceau gravé sur le
» pommeau de son espée, pour monstrer à ses sujets que son
» espée valeureuse exécutoit ce que sa justice avoit ordonné.

» On a voulleu donner à Vostre Majesté quelque impression
» qu'il pouvoit estre utille à vostre service..... *(Cette phrase
n'est pas complète, et il manque ici quelques mots sur le
Registre.)*

» La seuretté et conservation de la ville de Bordeaux
» deppend tout à fait du soin et fidélité de M. le maréchal
» de Roquelaure, que vostre Parlement assistera toujours de
» son authorité.

» Le sieur cardinal de Sourdis qui a attiré sur luy l'aigreur
» de vos bons et fidelles sujets par les attentats par luy
» commis contre Vostre Majesté, ne nous apporteroit que
» trouble et confusion.

» Pourrions-nous souffrir, Sire, qu'un prévenu de lèze-
» majesté triomphât à la face de vostre Parlement, de vos
» loix et de la justice? Il faut, Sire, qu'il cédde à la justice
» royalle ou que la justice derechef opprimée par sa présence,
» lui fasse place.

» Sy vostre Parlement enduroit cet outrage, il seroit
» comptable devant Dieu de ces crimes desquels il n'auroit
» fait justice, et odieux à vos bons sujets qui ne trouveroient
» plus d'azille en icelle, et blasmable de lascheté par toutes les
» companies souveraines de vostre royaume.

» Ne permettés pas, Sire, cette indignité. Conservés l'hon-
» neur et l'avantage à vostre justice et nous redoublerons
» nos affections et nos courages pour l'exercer avecq honneur
» et intégrité, et demeurons jusqu'au dernier souffle de nos
» vies vos très humbles, très fidèles et très obéissants servi-
» teurs, officiers et sujets. »

» Le Roy nous répondit qu'il avoit entendu nos remontrances, qu'il en communiqueroit à la reine sa mère et à ceux de son conseil, et nous fairoit réponse.

» Nous creumes que Sa Majesté en délibéreroit sur le champ, mais il remist au lendemain.

» Nous allasmes voir cependant Messieurs d'Espernon et de Villeroy, et les suppliasmes de nous appuyer de leurs faveurs près de Leurs Majestés, ce qu'ils nous témoignèrent tenir à honneur.

» Nous retournasmes encore chez M. le chancelier pour luy dire que le jugement de ceste affaire déppendoit principalement de luy, et que nous le suppliions de relever l'honneur de la justice et du Parlement que M. le cardinal avoit si outrageusement foullé aux pieds.

» Il nous répondit que Sa Majesté, par le commandement qu'il nous avoit fait de faire le procès au sieur cardinal de Sourdis, et par l'approbation de toutes nos procédures, avoit assez témoigné combien l'entreprise du Sieur cardinal contre son authorité lui avoit depleu; qu'il falloit advouer que cet attentat estoit sans exemple et digne de punition, mais que les mouvements desquels on estoit enveloppé et plusieurs autres considérations d'Estat avoient obligé le Roy d'en surseoir le jugement; que toutefois il croioit que Sa Majesté mettroit en quelque considération nos remonstrances, et pour cette considération ordonneroit que le sieur cardinal de Sourdis s'abstiendroit de venir en la ville, bien que les jurats accompagnés de plusieurs bourgeois luy eussent fait grand instance pour le remettre, asseurant qu'il estoit utile pour le repos et conservation de la ville, bien que les trésoriers eussent fait la mesme supplication, et qu'encore aucuns de nostre companie eussent rendu ce mesme témoignage.

» Sur quoy nous répartismes que c'estoit pendant ces mouvements que la justice avoit plus de besoin d'exemple, et qu'il estoit périlleux de différer la punition d'une entreprise sy hardie faicte contre l'authorité du Roy et de la justice, mais qu'il estoit plus dangereux et plus honteux pour le Parlement de voir à sa face M. le cardinal triomphant de la justice, et que ceste Companie ne souffrirait jamais ceste indignité; que ceux qui croiroient sa présence nécessaire pour la conservation de la ville estoient grandement trompés; que la supplication faite par les jurats avoit été briguée et mendiée par l'un d'eux qui estoit sa créature, son advocat et son pensionnaire, et qui avoit esté placé en jurade par son entremise; que l'intervention des trésoriers avoit esté aussy pratiquée par aucuns de ses confidens, et que la conservation de la province et de la ville deppendoit entièrement de la bonne intelligence qui devoit estre entre ceste companie et M. le maréchal.

» Monsieur le chancelier, après ce discours, nous commanda de nous trouver l'après-dînée au chasteau pour entendre la vollonté de Sa Majesté.

» Mais sortant du logis de M. le chancelier, nous fusmes advertis par des personnes de créance que M. le cardinal avoit eu promesse de Leurs Majestés d'avoir son congé pour retourner en cette ville.

» Cet advis nous fist résoudre de parler à la Reyne après son dîner. Nous luy dismes que cette compagnie nous avoit particulièrement chargés de luy faire la remonstrance et la supplier très humblement de l'asseurer qu'elle ne se despartiroit jamais de l'obéissance de son commandement.

» Nous la suppliasmes aussy de mettre en considération les très humbles remonstrançes que nous avions faites au Roy le jour précédent. Nous luy représentasmes qu'elles regardoient particulièrement l'intérest de Sa Majesté et la dignité de sa justice; que le devoir de nos charges et de nos consciences nous obligeoit à nous affermir au refus; que nous avions esté advertis que M. le cardinal, nonobstant nos remonstrances, importunoit Leurs Majestés de luy permettre de retourner en ceste ville et y faire la fonction de sa charge, voullant persuader qu'il estoit grandement nécessaire pour la seureté et le repos de la ville; que nous suppliions très humblement Sa Majesté de croire que sa présence ne pouvoit qu'offenser derechef l'honneur de la justice du Parlement et mettre la division parmi nous; que la bonne intelligence et correspondance qui estoit entre ceste companie et M. le maréchal tiendroient toujours la province en bon estat, et qu'au péril de nos vies nous conserverions la ville en l'obéissance dhue à Sa Majesté.

» Sa Majesté nous répondit qu'elle estoit bien informée et asseurée de l'affection et fidellité que nous avions toujours témoignée au service du Roy son fils, que Leurs Majestés restoient fort satisfaites de ceste Companie et voulloient mestre en considération nos très humbles remonstrances et pour ceste raison commandoient à M. le cardinal de les suyvre et s'abstenir de venir en ville; que cependant nous pourrions continuer les procédures, non pas donner le jugement pour certaines considérations qui regardoient le bien de l'Estat, nous exhortant de continuer à servir fidellement le Roy et de vivre en bonne intelligence avec M. le mareschal, et maintenir tous les ordres, chacun en sa fonction, et que Leurs Majestés reconnaistroient nos services, en général et en particulier, et nous commenda d'attendre la réponse du Roy.

» Nous nous rettirasmes à quartier dans la mesme chambre attendant l'arrivée du Roy, et cependant le père Cotton et après luy Monsieur le cardinal parlèrent à la Reyne.

» Le Roy vint bientôt après et se mist à la fenestre de sa chambre, où nous prismes l'occasion de parler à Sa Majesté, et la prier de se ressouvenir des très humbles remonstrances que nous luy avions faites le jour précédent, et de considérer l'importance d'icelles. Il nous dit qu'il le fairoit et s'approcha de la Reyne sa mère.

» Quelque temps après, Monsieur le chancelier arriva avec Messieurs de Nevers, d'Espernon, de Villeroy, Janin et les quatre secrétaires d'Estat, et incontinent après la Reyne commanda de faire sortir tous les autres. C'estoit pour résoudre la response que Sa Majesté voulloit faire à M. le prince [1]. Ils y résolurent aussy la nostre, et après le Roy commanda de nous faire entrer, et nous dit que la Reine sa mère nous avoit fait la réponse qu'il voulloit estre suivie. Nous lui répondismes que la Reine nous avoit dit que Sa Majesté nous fairoit entendre sa vollonté sur nos très humbles remonstrances, et lors il nous dit que M. le chancelier nous expliqueroit.

» Ce feust à peu près ce que la Reine nous avoit dit, que

[1] De Condé.

Sa Majesté entendoit que les procédures estant parachevées, le jugement du procès feut sursis par plusieurs considérations qui importoient au bien de son Estat, et pour cet effet on feroit expédier des lettres de jussion, et cependant que Sa Majesté commandoit à M. le cardinal de s'abstenir de venir en ceste ville.

» Nous répartismes que telles lettres de surséance estoient sans exemple, et que peut-être les procédures estant parachevées, cette companie, par le désir qu'elle a d'obéir à toutes les vollontés de Sa Majesté, pourroit tirer en longueur le jugement du procès, pourveu que Monsieur le cardinal ne vinst point en la ville, et lors, Monsieur le chancelier nous dit qu'il devoit nous suffire que la Reine nous l'eust ainsi déclaré, et nous présenta à la Reine pour nous le faire confirmer, ce qu'elle fit.

» Après, nous nous retirasmes, et Monsieur le chancelier estant de retour en son logis, nous fusmes prendre congé de luy, lequel nous chargea de vous dire qu'il estimoit et honoroit cette Companie et désiroit la servir; tous ces Messieurs nous témoignèrent le même désir, particulièrement M. d'Espernon; M. de Nevers nous pria d'asseurer cette Companie qu'il l'honoroit grandement et estimoit sa fermeté, et seroit très aise de la pouvoir servir.

» Nous receumes nos dépêches, et voyant notre retraite pleine de hazars et de périls, sur les advis qu'on nous donna des desseins que les ennemis avoient sur nous de tous costés, nous priasmes Monsieur le comte de Courson, qui retournoit en sa maison, d'agréer que nous allassions en sa companie. Il nous témoigna qu'il recevoit cette prière à honneur et faveur, et qu'au péril de sa vie il nous mettroit en lieu de sûretté, ce qu'il a fait, grâces à Dieu, et nous avons creu, Messieurs, vous devoir marquer ce bon office pour vous faire voir combien il nous a honnorés et avecq quelle affection il a embrassé cette occasion d'obliger et servir cette Companie.

» C'est, en effect, ce qui s'est passé en cette délégation. Nous eussions désiré qu'elle eust réussy avec plus d'avantage pour cette Companie, mais nous la supplions de croire que nous y avons apporté tout le soin et dilligence qui nous a esté possible, et particulièrement M. de La Chèze, à qui je dois ce témoignage d'y avoir contribué vigoureusement et prudemment en tout ce qui se pouvoit désirer, escusés, s'il vous playst, les deffauts qu'il y a eu de mon costé. »

De Mullet, advocat général du Roy, a demandé et requis la communication des lettres, et cependant les procédures seroient continuées.

A esté arresté que le procureur général du Roy aura communication des lettres, et cependant que les procédures seront continuées.

Ces éloquentes et courageuses représentations demeurèrent infructueuses devant le parti pris de laisser impunie la conduite du cardinal de Sourdis. Il resta, toutefois, bien entendu que le sursis ne concernait que l'archevêque et qu'à l'égard de tous autres, l'information continuerait : scandaleuse distinction, puisque le plus coupable, sans contredit, était soustrait à la rigueur des lois, tandis que ses complices y furent seuls exposés. Mais l'égalité devant la justice n'était encore qu'une règle trop souvent violée. On ne voit pas, du reste, sur les registres ce que devint la procédure contre les auxiliaires du cardinal. La destinée ultérieure de Haut-Castel est de même demeurée inconnue. Il faut croire qu'il finit sa vie en exil et sous le coup de son arrêt de mort. Quant au cardinal, dès le 4 août de la même année 1616, il vint reprendre tranquillement son siége au Parlement et y voter même en qualité de juge, comme s'il ne fût jamais descendu au rôle d'accusé. Son procès avait été, disait-on, réservé à la cour de Rome, où aucune condamnation, aucune censure, au moins connue, ne furent jamais prononcées contre lui. Cette réserve et l'impuissance de faire révoquer l'inqualifiable faveur dont il était l'objet, jointes au sentiment d'avoir épuisé toutes les voies pour en empêcher l'effet, enfin le désir de ne pas ajouter, par de nouvelles complications, à tout ce qu'avait de pénible l'état général des affaires publiques, peuvent seuls expliquer l'inaction du Parlement. Le temps n'était pas venu encore où le grand ministre dont la vigueur remplaça l'épée du Béarnais, devait refréner les entreprises des grands contre l'autorité souveraine et les forcer de plier sous le joug de la justice.

Tandis que François de Sourdis pouvait, grâce aux circonstances, revenir triomphant dans sa ville archiépiscopale, c'était pour les commissaires du Parlement une entreprise pleine de périls que de regagner leurs siéges. Les routes étaient encore le théâtre d'attaques à main armée. Il leur fallut, comme on l'a vu, pour y échapper, la compagnie d'un gentilhomme et de sa suite. Telle était la vie militante des magistrats d'autrefois. Plus d'un de ces nobles que leur justice faisait trembler jusque dans leurs châteaux forts, eût été charmé d'user de représailles envers eux. On n'a pas oublié non plus les exemples de leur cupidité. Ainsi, au commencement du xviie siècle, non seulement l'inviolabilité des ministres de la justice ne les mettait pas à l'abri des dangers, mais leur titre seul les y exposait. Quand donc nous les voyons les braver pour faire leur devoir, ils ont droit à tous nos éloges et même à notre admiration.

On voudrait croire que cette dernière épreuve des extrémités auxquelles l'entraînait son tempérament aurait appris au cardinal de Sourdis à le dompter. Il n'en fut rien cependant, et l'histoire locale révèle encore plusieurs démêlés entre lui et le Parlement et même avec le maréchal de Roquelaure, dans lesquels la modération ne fut pas de son côté. Les premiers (1618) furent assez vifs pour que le Parlement décidât de nouveau qu'on ne lui rendrait ni visites, ni honneurs quand il viendrait au palais. Les secondes ne sont pas de notre sujet. Nous ne croyons pas non plus devoir entrer ici dans l'examen critique du récit fait par le dernier historien du cardinal, de sa conduite dans l'affaire Haut-Castel. Il y a trouvé — ce qui paraîtra peut-être étonnant — matière à louer, bien plutôt qu'à blâmer. Mais il est des actions pour le jugement desquelles il suffit de donner la parole aux faits. Après avoir exposé ceux-ci dans toute leur vérité, nous laisserons les lecteurs désireux de connaître cette apologie, la chercher dans l'ouvrage indiqué et prononcer sur le mérite des efforts tentés pour la faire [1]. Nous aimons d'ailleurs à le reconnaître: quelques années après leurs derniers débats, les rapports entre le cardinal et le Parlement avaient fini par s'améliorer; car le temps use jusqu'aux ressentiments et cicatrise toutes les blessures. En 1626, François de Sourdis étant au palais, le président Daffiz le complimentait en pleine assemblée des

---

[1] V. *Histoire du cardinal de Sourdis*, par Ravenez.

chambres et ne trouvait aucun contradicteur. Il faut le dire aussi à son honneur : dans les derniers temps de sa prélature, le cardinal était revenu aux sentiments et aux œuvres de son état, et à sa mort (en 1628) il laissa de véritables regrets.

Cependant, le brevet d'impunité obtenu par lui dans l'affaire Haut-Castel n'était pas arrivé assez tôt pour lui permettre de jouir d'un honneur dont la privation dut lui être fort sensible : la bénédiction du mariage de Louis XIII, qui avait eu lieu dans la cathédrale de Saint-André le 25 novembre. Dans cette cérémonie, ainsi que lors de l'entrée publique des nouveaux époux à Bordeaux, le 29 du même mois, le Parlement occupa le rang qui lui appartenait.

Une solennité d'un bien plus grand intérêt pour ce corps, car elle était exclusivement judiciaire, fut celle du lit de justice que le roi vint tenir le 10 décembre au palais de l'Ombrière, avec tout l'appareil usité en pareil cas.

Nous n'avons fait jusqu'ici que mentionner le nom de cet édifice vénérable par son antiquité, mais qui ne se recommandait guère par aucun autre titre. Sa fondation remontait à l'époque de la réunion de la Gascogne au royaume des Francs. Il faisait partie des fortifications qu'ils élevèrent à Bordeaux, et bornait, à l'est, l'enceinte de cette époque reculée. Depuis lors, il servit aux résidences des ducs d'Aquitaine. On en agrandit les dépendances quand leur héritière, Éléonore, épousa Louis VII. Ce ne fut, toutefois, que sous le règne d'Édouard III, roi d'Angleterre (de 1270 à 1307) que cet ensemble de constructions, connu jusqu'alors plutôt sous le nom de château, reçut celui de Palais de l'Ombrière, à cause d'une plantation d'arbres qui existait en cet endroit [1]. Formé de bâtiments irréguliers [2], son unique avantage consistait en locaux assez spacieux pour servir aux audiences d'une cour de justice. Aussi le sénéchal, le plus ancien des tribunaux de la cité, et le prévôt dit de l'Ombrière y tinrent-ils leurs séances. Aucun lieu ne convenait donc mieux au Parlement. Comme celui de Paris, qui siégeait de toute ancienneté dans le palais des rois, le Parlement de Bordeaux se montra jaloux d'occuper leur vieille résidence en Guyenne. Cette tradition ajoutait, dans sa pensée, au prestige de sa propre grandeur, et il faut sans doute lui attribuer la permanence de son séjour, pendant tout le temps de son existence, dans un édifice aussi dénué d'élégance que de commodité. Plusieurs incendies partiels, des réparations assez fréquentes à raison de sa vétusté ne paraissent pas avoir jamais suggéré au Parlement le dessein de l'abandonner et de demander à son ressort, assez riche pour l'en doter, une demeure plus digne à la fois de l'une des plus belles cités de France et de sa haute destination.

C'était, comme on le voit, pour la seconde fois que les magistrats de Bordeaux étaient honorés d'un lit

---

[1] Rabanis, *Commission des monuments hist. de la Gironde*, t. II.
[2] V. la reproduction à l'eau-forte d'un ancien dessin de cet édifice, par M. Leo Drouyn, *Archives histor. de la Gironde*, t. XII.

de justice royal. Les formes en furent exactement les mêmes que celles du précédent qui remontait à cinquante ans auparavant, sous Charles IX.

Dès le point du jour, le palais fut occupé par les archers de la garde du roi, sous les ordres du comte de Termes, capitaine des gardes du corps [1]. Les portes, soigneusement gardées, ne s'ouvrirent, avant l'arrivée du cortége royal, que pour les magistrats qui se rendaient au palais en robes rouges. On refusa ceux qui n'avaient que des robes noires. La Cour se réunit à la chambre du conseil, ayant à sa tête le président Redon de Pransac, qui remplaçait le premier président de Nesmond, gravement malade. Le président Sarran de Lalanne manqua aussi à la cérémonie par un semblable empêchement. Les chefs de la Compagnie présents n'avaient que leur robe. Le président de Pransac, seul, portait le reste du costume de son rang, c'est-à-dire le manteau, l'épitoge et le mortier. Il prit place avec ses collègues dans la salle d'audience ou du *plaidoyé,* au banc des gens du roi dans les audiences ordinaires; les conseillers occupèrent le barreau.

Avertie que le chancelier Brûlart de Sillery venait d'arriver au bas des degrés du palais, une députation de la Cour, composée du président Pichon et de quatre conseillers de la grand'chambre, alla l'y recevoir. De là il fut conduit à la chambre des huissiers, où l'attendaient le président Daffiz et quatre

[1] Toute cette relation est empruntée au *Journal* de Cruzeau, plus détaillée que celle du Registre secret, mais du reste conforme.

autres conseillers des plus anciens pour lui faire un nouvel accueil. Le chef de la magistrature, à son entrée dans la salle, fit deux ou trois grandes révérences à la Compagnie, puis s'assit seul, tout près et au-dessus du président de Pransac, sans en être séparé par aucune barrière.

Avec le chancelier s'étaient rendus au palais le président de Thou, premier conseiller d'État, MM. de Vic, de Commartin, le président Jeannin, Dupré de Beaumont, doyen des maîtres des requêtes, de Marillac, de Lœuillier, d'Espagnet, de Lucmajour, de Trenard et plusieurs autres qui prirent place sur deux bancs posés au milieu de la salle, en avant des conseillers et à gauche du trône. A droite et au bas du siége destiné à la reine-mère, étaient assis les sieurs de Mange et de Pontac de Sales, maîtres des requêtes, en robes et chaperons écarlates. Devant le trône, sur un banc séparé, se tenaient les sieurs de Thémines, chevalier des ordres, de La Curce, capitaine de la compagnie des gendarmes de la reine-mère, et plusieurs autres seigneurs. Au-devant d'eux et du même côté étaient assis les six évêques de Carcassonne, de Bayonne, de Dax, de Rieux, de Tulle et de Bourges. Enfin, au fond de la salle, sur un autre banc, se trouvaient MM. de Loménie, de Bel-Œil et autres personnages dont la qualité n'est pas indiquée.

On annonça l'arrivée du roi. — Une nouvelle députation, composée cette fois des présidents Daffiz et Pichon, et de douze des plus anciens conseillers de la grand'chambre, alla au-devant de lui et de la reine-mère jusqu'au bas du grand escalier du palais d'où elle les conduisit à l'entrée de la salle. Le roi monta sur son trône, élevé au-dessus et à l'endroit du siége ordinaire du premier président et placé sous un dais de velours violet semé de fleurs de lys d'or, avec les coussins et les oreillers de même étoffe, sous les bras et sous les pieds. Au bas du trône se tenait assis le duc d'Elbœuf, faisant les fonctions de grand-chambellan. Le chancelier quitta alors sa place pour aller occuper celle du greffier en chef du Parlement, sur une chaise garnie de coussins de velours violet, mais sans fleurs de lys.

A la droite du roi et à deux ou trois pas de lui, se mit la reine-mère; non loin d'elle se tenaient le comte de Saint-Paul, duc de Fronsac et baron de Caumont, le duc d'Épernon, puis les maréchaux de Brissac et de Souvré. Il n'y avait personne du côté gauche du roi, et l'on ne voyait là que le comte de Termes, capitaine des gardes, debout, tête nue, et son chapeau à la main.

Le roi, après s'être assis, prit la parole et annonça son désir de faire garder la justice. Il dit qu'il reconnaissait la fidélité de sa province de Guyenne; que, persévérant dans cette conduite, il continuerait aussi de l'aimer; puis, il commanda au chancelier de dire le reste, permettant aux magistrats de s'asseoir. Le discours du chancelier dura environ une demi-heure. Il prit pour texte la réfutation des injustes griefs des mécontents et de leurs plaintes mal fondées contre le roi et son conseil. Il paraît que ce ministre mit plus de gravité que de talent dans son allocution.

L'huissier appela ensuite la cause qui avait été choisie pour être plaidée devant le roi. Elle était simple, mais non dépourvue d'intérêt. En voici le sujet : Les habitants de la vallée de Mauléon, située près des Pyrénées, possesseurs de nombreux troupeaux de bétail de toute espèce, leur principale richesse, les envoyaient au pacage, pendant la belle saison, dans la montagne et les ramenaient dans la vallée lors de la chute des neiges. En vertu des ordonnances spéciales et selon les dispositions de la traite foraine [1], les agents du fisc prélevaient une taxe par chaque tête de bétail; ils prétendaient y soumettre les petits nés pendant la transmigration et la percevoir au retour. C'est cette perception que les propriétaires attaquaient comme excessive et dont ils demandaient à être déchargés pour le passé comme pour l'avenir. Leur cause avait été confiée au meilleur avocat de l'époque, Bonalgues, dont on espérait, dit Cruzeau, « quelque beau plaidé ». Cette attente fut trompée. L'orateur fit très mal, continue notre auteur, qui siégeait lui-même parmi les juges. Au contraire, l'avocat général de Mulet gagna tous les suffrages de l'assistance, surtout par son exorde, qui fut *très gentil*. Après ses conclusions

---

[1] On appelait ainsi la douane dont les droits se percevaient autrefois, non seulement aux frontières, mais encore aux limites des provinces entre elles, ce qui en faisait autant d'États séparés.

le chancelier recueillit les voix dans l'ordre suivant : celle du roi d'abord, ensuite celles de la reine mère, des princes et maréchaux, des présidents du Parlement, des conseillers d'État et maîtres des requêtes, des conseillers de la Cour assis au premier banc, des évêques et seigneurs assis derrière eux, et enfin des autres votants. Revenu à sa place, il prononça ainsi l'arrêt : « Le roi, séant en son lit de justice, a remis et remet aux demandeurs le droit contre eux demandé qui devra être aboli, sans dépens [1]. »

On a souvent blâmé, et non sans raison, l'orgueil parlementaire. Ce défaut aurait cessé d'en être un, s'il n'eût consisté que dans le sentiment de juste fierté inspirée aux magistrats d'autrefois par des solennités du genre de celle dont nous achevons le récit. Quoi de plus propre, en effet, à leur donner la plus haute idée de leur mission? Dans un temps où l'adage que *toute justice descend du trône* n'était pas une fiction, puisqu'on voyait quelquefois le monarque, en souvenir et en témoignage de cette origine, venir lui-même la rendre à ses peuples, assisté de ses conseillers, il était peut-être permis à ceux-ci de ne rien mettre au-dessus de leur profession et de se

---

[1] Après la séance, remarque Cruzeau, *Mathurine* (personnage légendaire de l'époque, sur le compte duquel on mettait les facéties et brocards qui avaient cours dans le public) accourut dire à *M. d'Elbœuf* qu'il pouvait se réjouir puisque *les frères des veaux* avaient gagné leur cause. Ce jeu de mots, tout médiocre qu'il fût, avait donc eu un grand succès, puisque l'annaliste avait cru devoir le recueillir.

croire revêtus, quand ils l'exerçaient, de la première de toutes dans l'État. Heureux s'ils n'avaient jamais perdu de vue que leurs devoirs s'élevaient au niveau de cette grandeur elle-même; que le seul moyen de la faire pardonner était de n'y jamais mêler une insupportable arrogance! Pourquoi fallut-il que ce fût précisément un exemple contraire que le Parlement donnât à l'occasion de la séance royale? On a vu avec quel mécontentement il avait accueilli la création de la Chambre des Requêtes. Cette juridiction n'avait jamais cessé d'en ressentir les effets. Elle éprouvait constamment, et malgré ses tentatives réitérées pour être traitée sur le même pied que le reste de la Compagnie, des refus plus ou moins humiliants. Ses membres crurent pouvoir trouver dans la cérémonie du lit de justice le moment opportun d'y mettre un terme. Après une nouvelle et vaine réclamation d'y être admis comme faisant partie du Parlement, repoussés encore par un arrêt [1], ils essayèrent d'emporter par surprise ce qu'ils ne pouvaient obtenir de bon gré. Ils se présentèrent donc en costume, le président Lavie à leur tête, à l'entrée de la salle d'audience. Une scène étrange se passa alors. Les archers de la garde, prévenus sans doute, non seulement les repoussèrent, mais, sur leur insistance, les chargèrent de coups de hallebarde dont le président reçut une grande part [2]. On ne voit pas qu'aucune suite ait été donnée à leurs plaintes, si

(1) *Extraits des Reg. secrets*, 9 nov. 1615.
(2) Cruzeau, *Journal*.

toutefois ils en firent. Il est bien vrai que, ne jugeant qu'en premier ressort, d'après leur compétence, ils ne pouvaient participer à un arrêt souverain comme celui qu'allait rendre le Parlement; mais en étaient-ils moins membres de la Compagnie, en faisant essentiellement partie et marchant avec elle dans les cérémonies publiques? N'y avait-il pas autant de dureté que d'injustice à les en exclure dans une conjoncture si honorable pour le corps tout entier et à les exposer à un traitement ignominieux?

Le roi et la cour ne quittèrent Bordeaux qu'après un séjour de deux mois. Comme ils partaient dans la plus rigoureuse saison de l'année, par un très mauvais temps, et que ce voyage, entrepris au milieu de troubles politiques, n'était pas exempt de périls, on aurait voulu, à Bordeaux, le retarder, et le Parlement se distingua par la vivacité de ses instances pour persuader au roi de différer son départ; mais la raison d'État l'emporta. Il était urgent, en effet, de pourvoir à ses exigences. Les réformés, jusqu'alors contenus, commençaient à s'agiter. On avait des inquiétudes sur leurs dispositions, même à Bordeaux, puisque, lorsque le roi s'y trouvait encore, le Parlement lui proposait leur désarmement [1]. Les représentations qu'il fit à ce sujet contiennent ce renseignement remarquable sur leur nombre qui, dans cette ville, s'élevait alors à trois ou quatre cents familles. La proposition fut, du reste, agréée, et l'on

---

[1] 11 décembre 1615, *Extraits des Registres secrets*, n° 371.

procéda au désarmement sous la surveillance de douze conseillers au Parlement. Il fut convenu que les armes mises en dépôt seraient rendues après la cessation des mouvements séditieux. On défendit même toute insulte contre les réformés. En même temps, les membres catholiques de la Chambre de l'Édit, qui se tenait à Nérac, reçurent l'ordre de s'y rendre, comme si on eût voulu donner par là une satisfaction au parti, en dédommagement des précautions que les circonstances avaient commandées.

Le traité de Loudun — conclu l'année suivante avec le prince de Condé — n'ayant été qu'une courte trêve, les mouvements recommencèrent. Bientôt une révolution de palais éclatait, à la suite de laquelle la reine-mère était reléguée à Blois. Elle s'en échappa deux ans après pour venir se réfugier à Angoulême avec l'aide du duc d'Épernon. Elle adressa de là au Parlement de Bordeaux une lettre que la loyauté de ce corps le porta à envoyer au roi sans qu'elle eût été ouverte. Il avait déjà agi de la même manière au sujet d'une missive du prince de Condé [1]. Cependant, les craintes qu'on avait en Guyenne, à raison de la proximité du foyer des intrigues des réformés, qui était à La Rochelle, prescrivaient des actes de prudence. Il fallait surtout s'assurer de la fidélité du gouverneur de la province. Ce poste important, depuis la démission qu'en avait donnée le prince de Condé, était occupé par Henri de Lorraine, duc de

[1] 17 juillet 1620, *Extraits des Registres secrets*, n° 371.

Mayenne, fils du célèbre chef de la Ligue, sincèrement réconcilié avec Henri IV. On avait des raisons de redouter que la fidélité de ce neveu des Guise fût chancelante. Mis en demeure de se prononcer, après avoir vainement eu recours à des réponses évasives, il se vit enfin pressé de s'expliquer plus clairement et obligé de protester de son dévouement au roi. S'il tint mal cette promesse, s'il embrassa plus tard le parti de la reine-mère contre le roi son fils, le duc de Mayenne n'en dut pas moins renoncer à l'espoir de soulever Bordeaux. Il s'en éloigna au contraire. L'honneur de ce résultat, fort important dans l'état des choses, revint à peu près tout entier au magistrat que le Parlement avait alors à sa tête, Marc-Antoine de Gourgues, depuis peu premier président et dont nous aurons bientôt l'occasion de parler plus au long. Peu après, la nécessité de rétablir la religion catholique en Béarn, où, sous ses derniers princes, elle avait subi de rudes atteintes, motiva un nouveau voyage du roi en Guyenne. Il arrivait à Bordeaux le 12 septembre 1620, après avoir reçu à Saintes une députation du Parlement. L'accueil bienveillant qui fut fait à ce corps est attesté par la confirmation d'un des priviléges que les magistrats avaient le plus à cœur, celui de l'exemption du logement des personnes de la suite du roi lorsqu'il serait à Bordeaux.

A peine rendu en cette ville, ce prince fit connaître sa volonté de tenir au Parlement un nouveau lit de justice. Mais ce n'était pas cette fois, comme la première, pour la rendre dans des circonstances ordinaires. Le but de la séance était uniquement l'enregistrement de plusieurs édits fiscaux destinés à pourvoir aux besoins du moment. On le savait d'avance, et pour prévenir aussi les demandes du gouvernement, la ville, dans une assemblée des Cent-Trente, arrêta d'offrir 100,000 écus; mais le roi en voulait le double. Le Parlement, désireux d'éviter l'enregistrement forcé, en présence du monarque, des édits annoncés, fit représenter par le premier président que, d'après les ordonnances, ils devaient lui être communiqués préalablement pour qu'il pût en délibérer. Or, c'était précisément ce qu'on ne voulait pas, en tenant un lit de justice. La démarche du chef de la Compagnie resta donc sans résultat. Dès le 24 septembre, le grand-maître des cérémonies, de Rode, vint la prévenir que la séance royale aurait lieu le 28 du même mois. Ce jour-là, en effet, le roi se rendit au palais avec la même suite, et y fut reçu avec le même cérémonial que l'année précédente. Après les harangues du garde des sceaux Duvair et du premier président, le greffier en chef Étienne de Pontac, par ordre du ministre, donna lecture de quatre édits. Le premier portait l'aliénation de certaines parties du domaine; le second, l'augmentation du droit de présentation ou mise au rôle des affaires; le troisième, le renouvellement de la perception du *parisis,* toujours éludé et toujours exigé; le quatrième, l'établissement de nouvelles taxes locales sur diverses denrées et marchandises. Tous ces expédients financiers devaient atteindre le chiffre de 450,000 livres, dont le roi voulut bien se contenter. Comme adoucissement à ces sacrifices, il fut convenu que l'arrêt d'enregistrement porterait cette clause, que « Sa Majesté se réservait de pourvoir au soulagement de ses sujets dès que l'état de ses affaires le permettrait. »

Louis XIII a reçu le surnom de *Juste,* et il faut reconnaître que son penchant naturel le portait à laisser aux lois leur libre cours. Il en donna l'exemple avant son second départ de Bordeaux. Le Parlement lui avait dénoncé un abus trop fréquent dans ces temps de désordre et en réclamait fortement la répression. Il s'agissait de ces exactions tyranniques que commettaient certains gouverneurs ou commandants de places fortes à l'égard des voyageurs ou des marchands passant sous le canon de leurs châteaux. L'homme désigné à la justice du roi, comme coupable de faits semblables, était un sieur Hercule d'Argillemont, gouverneur, pour le comte de Saint-Paul, du château de Fronsac près de Libourne. Profitant de la situation de cette forteresse qui commandait absolument le cours de la Dordogne, il forçait les maîtres de bateaux naviguant sur cette rivière à lui payer certaines sommes par tonneau de vin. Deux fois déjà, en 1600 et en 1617, d'Argillemont, bien protégé, avait réussi à obtenir des lettres d'abolition pour des actes de ce genre par lui exercés aux environs du château de Caumont, autre terre du comte de Saint-Paul. Le Parlement n'avait enregistré les dernières qu'après jussion et en prescrivant à l'impétrant de se présenter en personne, ce qu'il n'avait eu garde de faire, car il était condamné à mort par contumace. Cette double impunité l'avait enhardi à d'autres excès. Par ses ordres, la garnison de Fronsac en était venue à exercer sur Libourne une véritable oppression. Les habitants mis à contribution, les femmes et les filles insultées, cela ne suffisait pas à l'insolence de d'Argillemont. Avait-il quelque demande à faire à la ville, c'était à coups de canon tirés contre une des tours qu'il sommait les maire et jurats de se rendre au château. Non content de ces brutalités, il osait augmenter les fortifications de Fronsac, malgré un arrêt du Parlement qui le lui défendait, et lorsque cette interdiction lui fut signifiée, il poussa le mépris de la justice jusqu'à faire porter la hotte à l'huissier. Tant d'audace devait avoir un terme. D'Argillemont ayant eu l'imprudence de venir à Bordeaux avec le comte de Saint-Paul, le Parlement le fit arrêter et commença son procès. Le comte et le duc de Mayenne, profitant de la présence du roi, lui demandèrent encore sa grâce. « Je lui ai donné de bons juges, » répondit le monarque. Par arrêt du 22 septembre 1620, de la grand'chambre et de la Tournelle réunies, d'Argillemont fut condamné à être décapité. Après l'exécution, qui eut lieu sur la place du palais, la tête du supplicié, envoyée à Libourne, fut attachée à la tour même que ses boulets avaient atteinte plus d'une fois. Ce sévère mais juste exemple ne fut certainement pas étranger à la démolition des deux châteaux de Fronsac et de Caumont opérée six ans après, mesure devenue presque générale en

France sous l'administration de Richelieu, avec l'approbation au plus haut degré des Parlements et des populations, qui applaudissaient de concert à la destruction des forteresses féodales, ces repaires de contempteurs des lois. Dans la circonstance dont il s'agit, on peut juger si Libourne s'applaudit d'être délivrée d'un si dangereux voisinage [1].

Le Parlement n'avait pu être que satisfait du libre cours laissé à la justice contre un grand criminel, mais il éprouvait en même temps une vive contrariété par la création du Parlement de Pau [2]. Des considérations d'un ordre très élevé suggérèrent au gouvernement de Louis XIII cette

---

[1] Dans la savante Histoire de cette ville par M. Guinodie, on lit que la trop longue impunité de d'Argillemont aurait été due en partie à l'appui d'un magistrat du Parlement, seigneur de Vayres, château situé de l'autre côté de la Dordogne, non loin de Fronsac. Selon cet auteur, le commandant de ce dernier lieu aidait le propriétaire de l'autre à maintenir des priviléges honorifiques, tels que le salut des navires passant sur la rivière. La protection de ce magistrat, devenu ensuite premier président, n'aurait fait qu'enhardir d'Argillemont à commettre ses brigandages jusqu'à ce que, blessé de l'arrêt du Parlement qui lui interdisait de continuer les ouvrages de Fronsac, il eût porté un capitaine flamand à tirer sur le château de Vayres un coup de canon à boulet, ce qui devenait une insulte. De là la colère du magistrat et l'abandon de d'Argillemont aux sévérités de la justice. Ces faits graves, s'ils étaient prouvés, inculperaient un des hommes les plus éminents et des plus illustres de la magistrature bordelaise, car il s'agit du premier président Marc-Antoine de Gourgues. Il est donc très regrettable que l'historien de Libourne n'ait pas fait connaître les sources auxquelles il a puisé une semblable anecdote. Il y a tout lieu de croire qu'elle ne repose que sur des traditions locales, souvent plus malveillantes qu'exactes, et que la critique historique ne saurait adopter sans un examen approfondi.

[2] Édit de 1620.

disposition, conséquence de la réunion du Béarn à la couronne, et comme compensation de la restitution aux catholiques des biens ecclésiastiques dont les protestants s'étaient emparés depuis soixante ans. Le roi avait sagement composé la nouvelle Cour de membres pris par moitié dans chacune des deux religions. Mais le Parlement de Bordeaux voyait son ressort diminué de dix-sept paroisses, et, pour comble de chagrin, sa demande de retour au sien des parties qui en avaient été depuis longtemps distraites, telles que La Rochelle et le pays d'Aunis, écartée. Cet échec n'ajoutait pas peu à son mécontentement et explique l'espèce de dédain avec lequel il parle de ce Parlement de Béarn ou de Navarre, qui n'égale pas, dit-il, la moindre sénéchaussée de celui de Bordeaux [1]. La contiguïté des ressorts amena entre les deux Cours des conflits de limites et de compétence, et une irritation réciproque telle qu'elles cassèrent mutuellement leurs arrêts. A Bordeaux, la polémique judiciaire alla jusqu'à faire décréter de prise de corps des conseillers de Pau, et même à lancer contre le premier président de Lavie une assignation pour être ouï, lutte indécente qui se prolongea juqu'en 1626. Il est vrai que, par représailles, le pays de Soules, dont tous les habitants professaient le catholicisme, à

---

[1] *R. S.*, 13 septembre 1624. — Ce n'est pas seulement à Bordeaux que l'exiguité du ressort du Parlement de Pau était un sujet d'épigrammes. A Paris, dans le monde judiciaire, on l'appelait le *Parlement de peu*.

cinq ou six familles près, ayant été maintenu dans le ressort de Bordeaux par arrêt du Conseil, les Béarnais exercèrent des voies de fait très répréhensibles sur ces mêmes habitants. Le besoin de les réprimer justifie jusqu'à un certain point les moyens énergiques pris dans ce but par le Parlement de Bordeaux, tels que l'ordre de courir sus, au son du tocsin, comme à des pillards, aux agresseurs. Un dernier arrêt souverain du Conseil d'État termina ce nouveau différend et rétablit la paix.

Les concessions faites aux réformés du Béarn ne les avaient pas suffisamment contentés. Il leur en coûtait surtout de restituer les biens dont les évêchés de la contrée avaient été anciennement dépouillés. Ils se soulevèrent en 1621 sous les ordres des Rohan et Soubise, leurs anciens chefs. Cette guerre, qui recommença jusqu'à trois fois, ne devait finir qu'en 1629 par la prise de La Rochelle, le plus fort boulevard du protestantisme. Elle eut des retentissements en Guyenne, et même elle amena des conflits armés jusque dans le Médoc. A cette époque, Bordeaux était sans chef militaire, le duc de Mayenne se trouvant au siége de Montauban. Le soin de pourvoir à la défense du pays retombait tout entier sur le Parlement. Heureusement, outre ses traditions en pareils cas, il avait alors à sa tête le magistrat dont nous avons déjà constaté la fermeté ainsi que le dévouement. Grâce à la présence d'esprit et à l'activité du premier président de Gourgues, les moyens de repousser l'invasion des réformés furent rapidement organisés. Les habitants des campagnes, armés pour la garde des côtes; levée de 2,000 hommes par les conseillers Jean de Gauffreteau et Henri de Massip, préposés à cet effet, pour aller rassurer Libourne et Saint-Émilion; emprunts aux bourgeois et corporations de Bordeaux pour frayer aux dépenses; établissement d'un conseil de guerre composé des chefs du Parlement, des trésoriers, des jurats; désarmement des réformés à l'intérieur et armement des catholiques; renouvellement des capitaines des douze compagnies urbaines dont la plupart n'étaient pas sûrs : voilà ce que, sur les propositions successives du premier président, le Parlement décréta et fit exécuter. Ses membres en portèrent la peine, car les ennemis ravagèrent les terres que possédaient en Médoc quelques-uns d'entre eux. Le capitaine Favas, l'un de leurs chefs, déjà condamné à mort par coutumace, se vengeait de cette manière. Cet officier eut d'abord quelques succès par suite de la soudaineté de son attaque. Par des mouvements bien combinés, deux hommes braves et intelligents, à la tête des forces bordelaises, La Salle et Sainte-Croix-d'Ornano, réussirent à réduire les assaillants à la défensive. Un combat heureux, livré à Saint-Vivien, à l'extrémité du Médoc, les contraignit à repasser en Saintonge, où de nouveaux échecs les attendaient. L'expédition commandée par les conseillers Gauffreteau et Massip eut aussi des succès. Sous les ordres du duc d'Elbœuf, qu'ils joignirent, ils assistèrent à diverses actions militaires, entre autres à la prise d'assaut de Montravel, où ils eurent plusieurs de leurs hommes tués. Il n'en est pas moins vrai qu'un temps assez long s'écoula qu'ils n'étaient pas encore payés des frais avancés par eux et qu'ils se plaignaient d'avoir fait la guerre à leurs dépens [1].

Après avoir ainsi, pour le salut commun, si bien suppléé à l'absence d'un chef de guerre, le Parlement eut à reprendre son rôle ordinaire, en statuant sur un procès criminel né de ces événements.

Un des membres les plus influents de l'assemblée de La Rochelle était Paul de Lescun, conseiller au Parlement de Pau et ardent religionnaire. Pendant six ans, député et solliciteur des congrégations du Béarn, il s'opposa de tous ses efforts au rétablissement des évêchés d'Oléron et de Lescar, dont les dotations devaient être restituées. A La Rochelle, il était accusé d'avoir pris part aux délibérations les plus attentatoires à l'autorité du roi. Il servait aussi son propre parti de sa plume, en excitant par ses écrits les Béarnais à la révolte. Enfin, il avait pris les armes et assisté à l'affaire de Saint-Vivien, puis à d'autres en Saintonge, où il fut fait prisonnier à Coses. On le trouva porteur de vingt-quatre commissions, signées de sa main, pour des levées de soldats et établir des maréchaux et un lieutenant général des Églises. Il allait rejoindre le marquis de La Force, général des réformés. Son jugement fut

---

[1] *R. S.*, 14 mai 1622 (Recueil Verthamon).

attribué au Parlement de Bordeaux, et il comparut devant la grand'chambre et la Tournelle. Il essaya de se défendre en légiste, prétendant d'abord que si, quoique prisonnier de guerre, on voulait le juger en prisonnier de justice, il devait être renvoyé devant la Chambre de l'Édit. L'avocat général de Mulet lui répondit qu'il était accusé de crime de lèse-majesté, pour lequel les Parlements étaient seuls compétents d'après plusieurs déclarations du roi. Il soutint alors que ces déclarations, n'ayant pas été enregistrées à Pau, ne pouvaient lui être opposées. Débouté de ces fins de non-recevoir, il ne put présenter, sur le fond même du procès, que des justifications insuffisantes contre les charges qui l'accablaient. Parmi celles qu'invoquait l'avocat général, se trouvait l'imputation d'avoir voulu former à La Rochelle une république. Sur le rapport des conseillers Thibaud de Camain et Jacques de Mons, après sa confrontation aux témoins, il fut condamné à mort. L'arrêt portait qu'il serait traîné sur la claie jusqu'à l'échafaud, où il aurait la tête et les quatre membres coupés. On ne lui fit même pas grâce de la question préalable, rigueur assurément bien superflue. Sa tête devait être exposée à Royan, et sa postérité était déclarée déchue de noblesse. Lescun entendit ces terribles condamnations et les subit en homme qui ne les avait pas redoutées. On a raconté qu'un religieux jésuite s'étant présenté pour le préparer à la mort, il l'écarta en lui disant « qu'il en avait plus oublié qu'il n'en savait. » Selon d'autres, il l'aurait seulement prié « de le laisser mourir en paix. » Tout Bordeaux, ajoutent les relations du temps, et la plupart de la Cour étaient venus pour assister au supplice, pensant qu'il dût dire merveilles à son dernier moment. Mais il trompa cette attente, et l'on ne vit « qu'un homme mourir assez constamment [1]. »

---

[1] *Mercure françois,* t. VIII, 1621-1622. — *R. S.*, 18 mai 1622 (Recueil Verthamon).

CHAPITRE XI

1617-1628

Les successeurs du premier président Guillaume Daffiz : de Nesmond de Chézac, Marc-Antoine de Gourgues. — Famille ; alliances de ce dernier. — Le duc d'Épernon, gouverneur de Guyenne. — Motifs de son inimitié à l'égard du premier président. — Faits par lesquels il la manifeste : les courriers ; la *clie* ou marché au poisson. — Ses entreprises contre le Parlement. — Logement des gens de guerre et de ses gardes. — Le maire de Libourne. — Abus d'autorité et exactions. — Les marchands de blé du Pays-Haut. — Insolence du gouverneur. — Son animosité personnelle contre le premier président. — Fière réponse de ce dernier. — Autres démêlés avec le Parlement pour la publication de la paix. — Les violences du duc d'Épernon amènent la suspension du cours de la justice. — Le Parlement désapprouvé. — Reprise des audiences. — Intervention de l'autorité royale pour le rétablissement de la bonne intelligence. — Mission du conseiller d'État Brûlard de Sillery. — Résultat. — La concorde rétablie par la médiation du cardinal de Sourdis. — Appréciation de la conduite du premier président de Gourgues pendant tous ces démêlés. — Sa défense de l'ancienneté de rang du Parlement de Bordeaux sur celui de Grenoble à l'assemblée des notables de 1626. — Il harangue le roi au camp devant La Rochelle. — Commencement du conflit entre le Parlement et l'intendant Abel Servien. — Politique du cardinal de Richelieu à l'égard des Parlements. — Envoi plus fréquent de commissaires extraordinaires. — Entreprise de Servien sur les attributions du Parlement. — Arrêt qui la réprime. — Cet arrêt est cassé par le Conseil du roi. — Magistrats du Parlement interdits et mandés pour rendre compte de leur conduite. — Première députation du Parlement, sans succès. — Deuxième députation pour présenter des remontrances. — Marc-Antoine de Gourgues se place à sa tête. — Incidents de l'audience royale. — Emportement de Louis XIII. — Vive émotion du premier président. — Texte des remontrances. — Maladie et mort de de Gourgues. — Rapport du président de Pontac à l'assemblée des chambres. — Hommages à la mémoire du premier président. — Il est loué même par l'historien du duc d'Épernon. — Rang qu'il doit occuper parmi les grands hommes du Parlement de Bordeaux.

Depuis la mort de Henri IV, la première présidence du Parlement avait changé trois fois de titulaires.

Guillaume Daffiz, qui occupait encore cette charge en 1610, mourut cette même année, le 4 août. A l'art peu commun de conduire les hommes, il joignait, au témoignage de ses contemporains, une grande capacité judiciaire. Il passait pour le premier homme de son siècle en savoir et en affaires [1]. On doit donc le compter parmi les chefs qui se distinguèrent le plus à la tête de cette Compagnie. Il avait eu pour successeur le président de Nesmond, appelé aussi de Chézac. Celui-ci, originaire d'Angoulême, commença par être conseiller au Grand Conseil. Ses services étaient déjà fort anciens lorsqu'il fut promu à la première présidence. Il y jouit d'une grande considération, puisque après sa mort, arrivée le 5 janvier 1616, ses collègues prirent une délibération pour demander au roi qu'on nommât à sa place un homme *aussi suffisant* qu'il était. Ce vœu, très probablement suggéré par le désir d'obtenir que le choix fût effectué dans le corps même, parce qu'on appréhendait le contraire, avait à peine eu le temps d'être formulé, que déjà le défunt était remplacé par un étranger. Le poste fut donné, en effet, dès le 25 janvier, à Claude Mangot, alors conseiller d'État. Au point de vue du mérite, cette désignation devait réunir tous les suffrages. Elle s'arrêtait sur un homme d'une grande valeur, car peu de temps après, il était nommé secrétaire d'État et garde des sceaux. Il ne prit donc jamais possession de son siége à Bordeaux, mais il dut avoir une grande

---

[1] Cruzeau, *Journal*, et *Chronique bordeloise*.

part à la nomination de celui qui y fut appelé : Marc Antoine de Gourgues, installé le 2 janvier 1617.

Ce magistrat était fils d'Ogier de Gourgues, président des trésoriers de France dans la généralité de Guyenne, titre auquel il joignait ceux de conseiller d'État et maître des requêtes. Il jouissait d'une grande fortune et d'une grande considération égale, car, lorsqu'il mourut (en 1594), on vit à ses funérailles le Parlement et la noblesse [1]. On ne connaît pas la date de la naissance de son fils. Elle devait remonter néanmoins assez avant dans le XVIe siècle, puisque lorsqu'il fut nommé président à mortier au Parlement de Bordeaux, en 1613, il comptait déjà dix-sept années de services au Conseil d'État. Son alliance avec une des premières familles de la magistrature du royaume — il avait épousé une Séguier — ne pouvait que venir en aide à ses titres personnels aux plus hautes dignités. On a dit que tout jeune encore deux missions importantes lui avaient été confiées par Henri IV, l'une en Suisse, l'autre sur la frontière d'Espagne, pour surveiller et organiser le passage en France des Maures que le roi d'Espagne Philippe III venait d'expulser de ses États [2]. Nous puisons à la même source, en regrettant de n'avoir pu en chercher la trace dans les registres du Parlement, qui manquent à cette époque, la mention d'un mandat confié à

---

[1] *Chronique bordeloise.* — *R. S.*, n° 371. — Cruzeau, *Journal.*
[2] *Le premier président de Gourgues ; sa vie et son temps.* Discours prononcé par M. Ch. Daguilhon, avocat général, à la rentrée de la Cour impériale de Bordeaux, le 3 novembre 1860. (Bordeaux, Gounouilhou, in-8°.)

Marc-Antoine de Gourgues par sa Compagnie : celui d'aller défendre l'hérédité des charges judiciaires vivement attaquée aux États Généraux de 1614. On a vu sa conduite dans les circonstances critiques où se trouva la Guyenne en 1620, après son élévation à la place de premier président. Il donnait, en même temps, d'autres gages de son dévouement à la cause du gouvernement royal, en y rattachant le marquis de Castelnau, qui commandait à Mont-de-Marsan. Ce seigneur, à l'exemple de bien d'autres à cette époque, mettait aux enchères sa fidélité, en ne consentant à livrer cette place qu'à prix d'argent. De Gourgues, pour faciliter l'arrangement, se porta caution d'une partie de la somme considérable exigée [1].

Dans ces divers actes de sa carrière politique et judiciaire, il avait fait preuve de qualités qui lui assuraient déjà un rang élevé parmi ceux qui la parcoururent avant et après lui. Les événements allaient lui donner l'occasion de se placer encore plus haut, en l'appelant à déployer les vertus dont il était éminemment doué : un caractère fortement trempé, l'indépendance du magistrat poussée jusqu'à ses dernières limites, et cela dans des luttes engagées contre le plus orgueilleux des gouverneurs [2] et le plus puissant des ministres.

Après la mort de Mayenne, tué en 1621 au siége

[1] *Mercure françois*, t. VIII.
[2] Balzac, qui avait beaucoup connu le duc d'Épernon que désigne cette épithète, le peint ainsi : « Qui dit M. le duc d'Épernon, dit quelque chose de plus que le Grand Turc, le Grand Khan et le Grand Mogol. » *(Lettres de Balzac.)*

de Montauban, le gouvernement de la Guyenne avait été donné au duc d'Épernon.

Ce qui appartient à la vie de ce personnage avant l'époque où il apparaît dans notre histoire, y est étranger. Nous ne parlerons donc ni de sa grande fortune politique et militaire due à la faveur de Henri III, ni de sa conduite équivoque à l'avénement de Henri IV, ni même des soupçons qui planèrent sur lui lors de la mort de ce prince. Ce n'était pas sur les champs de bataille qu'il avait conquis le grade hors ligne dont il était revêtu, de colonel général de l'infanterie française. Il passa toujours pour un très médiocre général; mais sa bravoure personnelle était incontestable, genre de mérite difficile peut-être à concilier avec ses débuts dans le monde, mais qui appartint aussi à ceux qu'on appela comme lui les mignons de Henri III; ce qui cessera peut-être d'étonner dans un temps aussi fertile en contrastes que le xvie siècle. Jamais homme, du reste, plus gâté que d'Épernon par la fortune, ne se montra en même temps plus enivré et plus avide de ses dons. Il ne lui manquait rien du côté des dignités, puisqu'il joignait à celle dont nous avons parlé le titre de duc et pair. Ce qu'il aurait pu désirer en opulence, il le trouva dans son mariage avec Marguerite de Foix, unique héritière de la principale branche de l'ancienne et illustre maison de ce nom, qui possédait de grands biens en Guyenne. Cette union le rendit le seigneur le plus considérable de la contrée. Rien n'égalait le fastueux état qu'il tenait dans son château de Cadillac, reconstruit par lui à grands frais et devenu une résidence princière, digne d'avoir, comme il arriva plusieurs fois, pour hôtes des personnes royales. On croira aisément que le possesseur de tant d'avantages de tout genre devait ambitionner le titre destiné à mettre le sceau à sa prépondérance en Guyenne. Avant même de l'obtenir, il avait été pour ceux qui le portaient un rival redoutable, témoin sa querelle avec le maréchal d'Ornano, commandant pour le roi à Bordeaux, qui s'était offensé, et avec raison, de ce que d'Épernon voulait venir en cette ville dans un appareil destiné à le braver. Il était facile de pressentir qu'avec un tel caractère et de si hautaines prétentions, une fois revêtu de la première dignité de la province, le duc d'Épernon voudrait y faire tout plier sous son autorité. Mais il devait rencontrer de sérieux obstacles dans un Corps habitué à ne souffrir de la part de qui que ce fût des excès de pouvoir, et qui avait alors à sa tête l'homme le plus capable de le diriger et de le seconder dans cette résistance. Tel que nous l'avons déjà vu et tel surtout qu'il va se montrer à nous, le premier président de Gourgues joignait à une inébranlable fermeté un véritable culte pour les prérogatives de la magistrature. Entre un chef aussi déterminé à les préserver de toute atteinte, et un gouverneur disposé à les méconnaître, la guerre était inévitable.

L'origine de leur mésintelligence aurait été, selon Girard, secrétaire et historien du duc d'Épernon, un tort personnel du premier président envers ce dernier. A l'en croire, Marc-Antoine de Gourgues se serait en quelque sorte déclaré adversaire du duc dès avant son arrivée à Bordeaux, en contestant la nature et l'étendue des honneurs à lui rendre lors de son entrée dans cette ville. La fierté du gouverneur aurait été d'autant plus blessée de ce procédé, qu'il avait lieu de croire, au contraire, par des relations antérieures avec le premier président, celui-ci on ne peut mieux disposé pour lui. Y eut-il, en effet, de la part de la Compagnie quelque difficulté à traiter le duc d'Épernon sur le même pied que le duc de Mayenne, qu'il remplaçait et qui avait fait une entrée presque royale? Quelle fut l'attitude du premier président à cette occasion? Nous n'avons découvert aucune délibération à ce sujet. Ce qu'il y a de certain, c'est que le duc d'Épernon fut reçu exactement de la même manière, avec une solennité et une pompe égales à celles déployées pour son prédécesseur [1]. On ne s'explique donc pas son ressentiment contre le premier président en particulier, bien que, comme on le verra, il éprouvât à son endroit une animosité qui ne tarda pas à se manifester. Il n'y a non plus aucune raison d'ajouter foi à une autre assertion du biographe d'Épernon adoptée par D. Devienne, et qui représente le premier président comme préoccupé du soin de lutter avec avantage contre le duc et ayant cherché, dans ce but, un appui dans sa Compagnie à laquelle il aurait persuadé qu'elle avait tout à redouter

---

[1] *R. S.* et *Chroniques bourdeloises,* publiées par M. Tamizey de Larroque. In-4º, 1873.

du nouveau gouverneur. Ce calcul ne s'accorde guère avec le caractère d'un homme tout d'une pièce comme Marc-Antoine de Gourgues, et aussi étranger à l'intrigue qu'incapable de dissimulation. Ce ne fut d'ailleurs ni lui ni le Parlement qui commencèrent les hostilités.

Le duc d'Épernon prétendit d'abord priver le premier président d'un droit dont il avait toujours joui, celui de recevoir ses dépêches à l'arrivée des courriers, qui les lui portaient avant de se rendre à la poste. Descendant à une attaque encore plus personnelle, il avait fait fermer l'entrée de la *clie,* ou marché au poisson, aux pourvoyeurs du premier président en possession du privilége, partagé avec tous les autres grands fonctionnaires et même avec les membres du Parlement, de s'y approvisionner avant le public. Enfin, le gouverneur n'avait pas craint de réveiller une prétention déjà condamnée contre ses prédécesseurs, celle de se faire accompagner lorsqu'il venait au palais, jusqu'à la salle d'audience, par ses gardes avec leurs mousquets, mèche allumée. Il devait avoir le dessous et succomba, en effet, devant le Conseil d'État, où elles furent jugées, dans ces diverses entreprises. Et s'il avait pu croire qu'il isolerait le premier président de sa Compagnie, il s'était complètement trompé. Leur cause fut toujours commune.

Il ne devait pas être plus heureux dans la tentative de loger les gens d'armes aux environs de Bordeaux — à Créon par exemple et à Saint-Loubès. C'était une violation flagrante des vieilles franchises de la cité, qui portaient l'éloignement à dix lieues de ses murs de toute garnison. A cette transgression évidente, d'Épernon ajoutait la vexation préméditée de cantonner ses gardes dans les maisons de campagne des membres du Parlement, qui jouissait du privilége spécial d'en être exempt à la ville et au dehors. Le Conseil le rappela encore à la légalité sur cet article. Il dut être d'autant plus sensible à tous ces échecs, qu'il avait cru devoir aller en personne soutenir sa cause devant ce tribunal suprême.

Mais bientôt on eut à lui reprocher des faits d'une nature plus fâcheuse, parce qu'ils constituaient de sa part de véritables empiètements d'autorité. C'est ainsi qu'il avait voulu mettre obstacle à l'élection du maire de Libourne sous la surveillance du Parlement, en obtenant d'abord par surprise un ordre du roi d'y surseoir. Comme, malgré ce sursis et par des considérations tirées du bien public, le Parlement avait passé outre, le gouverneur, irrité de voir le nouveau maire nommé et installé, ne craignit pas de faire incarcérer cet officier. Il alla jusqu'à en nommer lui-même un autre à sa place. Après avoir résisté à de premiers ordres supérieurs de rendre la liberté au prisonnier et de renvoyer l'intrus, il dut subir l'humiliation d'être témoin de l'exécution de ces mesures par un maître des requêtes expressément chargé de cette mission.

Jusque-là l'orgueil et la mauvaise humeur contre

les magistrats avaient pu égarer le duc d'Épernon; il ne tarda pas à s'exposer au soupçon de céder à des suggestions encore plus blâmables. Les marchands de farine d'Agen qui approvisionnaient Bordeaux portèrent plainte au procureur général que l'agent chargé de percevoir à Langon les droits de péage accoutumés sur la rivière y avait exigé d'eux, au nom du gouverneur, une taxe inusitée de 7 sols 6 deniers par pipe de farine. Sur le rapport de ce magistrat, le Parlement, après avoir entendu les plaignants, ordonna une information, mais en invitant le procureur général à écrire au duc pour faire cesser les plaintes du peuple. On saisit cette occasion pour renouveler aux seigneurs justiciers et autres, ainsi qu'à leurs fermiers, la défense de lever aucun droit sur les farines ou autres denrées, et particulièrement sur les rivières. Peu de temps après, le procureur général faisait part à la Cour de la réponse du duc, qui prétendait avoir le droit d'exiger le péage. Il avait, en même temps, déclaré au substitut porteur de la lettre de son chef, que toutes les causes de la maison de Foix étaient évoquées au Parlement de Paris, et plus tard il se donna le plaisir d'exhiber à un huissier qui lui signifiait l'arrêt portant défense au percepteur de Langon de continuer à exiger le droit sur les farines, le titre même de cette évocation [1]. Que devint cette affaire, la plus sérieuse sans contredit

---

[1] *R. S.*, 31 mars 1626.

de toutes celles qui excitèrent alors la sollicitude du Parlement? Elle ne figure plus parmi les autres difficultés que règle une décision royale dont nous parlerons plus loin. On y voit seulement cette observation que la levée des deniers pouvait se terminer par une conférence, comme si l'intervention officieuse du procureur général n'avait pas été un acte de ménagement, un préalable à toute mesure de rigueur et que le duc avait rejeté avec une sorte de mépris! Il est à croire, du reste, que l'exaction cessa, car il n'en fut plus question, et si elle eût continué, le Parlement ne l'aurait certainement pas soufferte.

On voit que dans ces divers sujets de contestations le duc d'Épernon avait été constamment l'agresseur, surtout dans ceux qui regardaient personnellement le premier président. Il était à l'égard de celui-ci rempli de dispositions si hostiles qu'il ne pouvait les dissimuler. Au mois d'août 1625, étant venu au Parlement se plaindre de ce que ce corps avait ordonné de chanter le *Te Deum* à l'occasion de victoires sur les Rochelais, avant l'arrivée de l'ordre du roi, ce qui était, disait-il, empiéter sur sa charge, il imputa ouvertement ce fait au premier président. A une réponse très mesurée de ce magistrat qui excipait des usages constamment observés en pareil cas, d'Épernon répliqua avec emportement qu'il respectait la Cour, mais qu'il ne considérait pas le premier président qui n'était pas son ami. Alors Marc-Antoine de Gourgues répartit « que nul autre qui ait tenu le rang du sieur d'Épernon n'avait jamais parlé de la sorte dans la Compagnie; que les princes lui cédaient pour la dignité de la charge; qu'au surplus il ne se souciait pas d'être considéré d'autre que du roi [1]. » Après l'échange de telles paroles qui pouvaient passer pour un défi réciproque, il importait assez peu que le 13 janvier de l'année suivante, à l'occasion du retour de Montauban du duc d'Épernon, le Parlement l'ayant fait complimenter, il fût venu l'en remercier et que le premier président lui eût répondu dans les termes les plus polis. Si la bonne intelligence avait été rétablie alors, ce que nous ne croyons pas, elle ne dura pas longtemps.

Au mois de mars de cette même année, en effet, la paix ayant été conclue avec les protestants, le Parlement se disposait, après l'enregistrement de l'édit qui la déclarait, à le faire publier dans la forme ordinaire, lorsqu'il fut prévenu dans cette promulgation par le duc d'Épernon, qui y fit procéder par les jurats. Sur les remontrances qui leur furent adressées à cette occasion, ils excipèrent de l'ordre du gouverneur. Comme la Cour voulait faire publier de nouveau l'édit, ils se retranchèrent dans l'impossibilité d'obéir, parce que le duc s'était fait remettre les trompettes d'argent appartenant à la ville et qui servaient ordinairement pour ces sortes de cérémonies [2]. Selon

[1] *R. S.* (Recueil Verthamon).
[2] L'existence des trompettes d'argent et leur emploi pour les publications importantes remontaient très loin. Elles étaient

eux, il n'y avait pas d'apparence de l'accomplir sans l'emploi obligé de ces instruments. Le Parlement, dédaignant cette raison puérile, ordonna que l'on se contenterait des trompettes d'airain. Mais alors se révéla pleinement le véritable obstacle à l'exécution de ses arrêts. Le gouverneur, pesant de toute son autorité sur les jurats, leur défendit d'obéir. Le premier d'entre eux, Minvielle, recevant des ordres contraires du Parlement et n'y obéissant pas, est condamné par arrêt à l'amende et bientôt destitué de sa charge pour avoir persisté à suivre les défenses du gouverneur [1]. Alors celui-ci s'empressa de le remettre en possession de sa charge et le réinstalla avec éclat. Cependant le Parlement avait résolu de faire de nouveau publier l'édit par ses officiers et avec l'assistance accoutumée de quelques magistrats de la sénéchaussée. De son côté, le gouverneur s'était bien promis de l'en empêcher. Le jour où la publication devait avoir lieu, on le vit parcourir la ville à la tête de quelques membres de la noblesse, de ses gardes, du capitaine et des archers du guet. Les huissiers du Parlement purent exécuter ses ordres dans quelques rues; mais, arrivés au Chapeau-Rouge, le quartier

---

longues de six pieds et ornées de pennons aux armes de la ville. Renfermées dans les hautes armoires de l'Hôtel de Ville, remises solennellement aux nouveaux officiers municipaux à leur entrée en fonctions, avec les autres objets relatifs à leur dignité, une sorte de consécration légendaire leur était attachée. (Rabanis, *Administration municipale, etc., de Bordeaux pendant le moyen âge,* dans la *Revue historique de droit français et étranger,* 1861.)

[1] *R. S.* (Recueil Verthamon), 22, 23 avril et suiv.

le plus populeux et le plus riche, des carabins du duc sortirent d'une maison où ils étaient en embuscade, le pistolet à la main, criant : *Tue! Tue! Retirez-vous, canailles!* Effrayés de ces démonstrations, les huissiers descendirent de cheval et se retirèrent. En même temps, le Parlement, réuni au palais, y était en quelque sorte assiégé par un détachement des gardes du duc qui avaient fait retirer les carrosses des magistrats et formaient la haie sur la place, avec leurs mousquets mèche allumée. Le gouverneur y parut lui-même jusqu'à trois fois, comme pour s'assurer de l'exécution de ses ordres. Cet appareil inusité, la retraite précipitée des huissiers, les démarches du gouverneur, ses propos : *Je leur apprendrai bien à publier la paix,* avaient fait appréhender de sérieux désordres. La population était alarmée; des attroupements considérables avaient lieu; les boutiques se fermaient partout. Les magistrats ne purent quitter le palais que fort tard.

Le lendemain, ils se réunirent en proie à une telle émotion, que la délibération ne pouvait être calme. Les gens du roi, par l'organe de l'avocat général de Mulet, se bornaient à requérir que le roi fût supplié de faire respecter sa justice. Mais le Parlement alla plus loin. Il rendit un arrêt portant « que la justice ne pouvant plus s'exercer par les officiers du roi, avec la sûreté et la dignité convenables, Sa Majesté serait suppliée d'agréer la cessation d'icelle jusqu'à ce qu'il lui eût plu faire réparer avec honneur les outrages faits à la Cour. » En même temps, on ordonnait la continuation de l'information commencée sur les faits de la veille. Il était procédé à une enquête devant les chambres assemblées et défendu aux membres de la Cour de visiter le gouverneur pour quelque cause et sous quelque prétexte que ce fût [1].

L'exemple de la suspension du cours de la justice était donné ici pour la première fois par le Parlement de Bordeaux, et il faut regretter qu'une résolution de cette nature fût prise sous la présidence de Marc-Antoine de Gourgues. C'était suivre, il est vrai, l'exemple du Parlement de Paris, qui y avait eu recours plus d'une fois. Mais, comme le faisait remarquer l'avocat général de Mulet, une pareille extrémité n'avait pas, au siége du gouvernement et sous l'œil de l'autorité royale qui pouvait immédiatement apporter le remède au mal, les mêmes inconvénients qu'à une distance aussi éloignée. Comme pour justifier ce prudent avis, les suites fâcheuses du parti adopté par le Parlement ne se firent pas attendre. La première fut l'encombrement des prisons où des maladies se déclarèrent. Il s'y trouvait, de plus, trois condamnés pour fait de religion et amnistiés, ayant droit à être mis en liberté sans délai, et qui virent prolonger leur captivité sous prétexte de l'*intermission* de tout exercice de la justice. On refusa même de procéder à la réception de magistrats qui se présentaient, leur nomination à la main. Étrange moyen que prenaient les Cours

[1] *R. S.*, 12, 20 mai 1626.

souveraines d'autrefois pour venger leurs propres injures, que de se refuser à l'accomplissement de leur mission; de faire porter aux justiciables la peine de torts qu'on pouvait avoir eus envers elles; d'abdiquer enfin les devoirs de juges, parce que leur dignité ou leur amour-propre avait éprouvé quelques atteintes!

Une prompte réprobation de l'autorité supérieure frappa la décision du Parlement. Dès le 30 mai, l'avocat général Dussaut apportait des lettres du roi lui enjoignant de reprendre ses audiences. Il différa de se soumettre et sursit à l'enregistrement jusqu'à l'effet de remontrances par son député à Paris. Mais le 10 juin, ce dernier transmit lui-même l'ordre réitéré de rendre la justice comme par le passé, et cette fois il fallut bien obéir [1].

(1) Le nom de ce député, que nous rencontrons ici pour la première fois, est devenu trop fameux pour que nous ne le fassions pas connaître. C'était Laubardemont. Originaire d'une famille de Guyenne qui s'appelait Martin, il prit d'abord la particule en entrant au Parlement de Bordeaux, où il fut successivement conseiller, puis président aux enquêtes. Plus tard, il obtenait par lettres-patentes l'autorisation de changer la dénomination d'une terre qu'il avait, en celle de Laubardemont, qu'il porta lui-même depuis. Doué de beaucoup d'habileté et de souplesse, il dut à ces qualités d'être chargé plusieurs fois d'aller défendre à la cour les intérêts de sa Compagnie. Ces missions le firent connaître sans doute du cardinal de Richelieu, dont la faveur lui valut la première présidence de la Cour des Aides de Guyenne, après son rétablissement à Bordeaux, et, dans la suite, l'intendance de la généralité de Touraine, Anjou et Maine. C'est à ce dernier titre qu'il dirigea le procès d'Urbain Grandier. Bientôt, devenu conseiller d'État, il fut membre de la Commission qui jugea Cinq-Mars et de Thou, et l'on sait quelle triste renommée ces deux procès ont attachée à sa mémoire. Le duc d'Épernon le détestait et le dénonça au Parlement comme altérant sciemment la vérité dans les

En même temps qu'il rappelait ainsi le Parlement à l'accomplissement de ses devoirs, le ministère envoyait à Bordeaux le conseiller d'État Brûlart de Sillery, prieur de Léon, avec la double mission de régler les différends entre les parties adverses et de tâcher de les réconcilier [1]. Il apportait avec lui la réponse aux doléances de la Compagnie contre les diverses entreprises du gouverneur. Elle donnait raison aux magistrats sur tous les points à peu près, sauf sur la destitution du jurat Minvielle, dont elle faisait pressentir le rétablissement. L'organe du gouvernement termina une allocution remarquable à beaucoup d'égards, où il peignait de vives couleurs les fâcheuses conséquences pour le bien public de la continuation de ces dissensions, par la recommandation du roi que les contendants se disposassent mutuellement à l'oubli et à la concorde. Cette recommandation ressemblait beaucoup à un ordre. Le discours du premier président, qui reprit un à un tous les griefs de son Corps, n'était pas, il faut le reconnaître, dans le sens

---

rapports qu'il faisait au ministère de ce qui se passait à Bordeaux. On n'eut alors aucun égard à ces plaintes, et Laubardemont eut même l'honneur d'être défendu par le premier président devant ses collègues. Il faudrait avoir sous les yeux les accusations mêmes dont il était l'objet pour savoir jusqu'à quel point elles étaient fondées, et les Registres n'entrent point à ce sujet dans des détails suffisants pour pouvoir les apprécier. (*R. S.*, 13 janvier 1626 et *passim* pendant cette année.)

[1] Dom Devienne a confondu ce personnage avec le chancelier Brûlart de Sillery, mort deux ans auparavant et dont celui-ci n'était qu'un parent éloigné: homme, du reste, de science et de talent, et qui était, lorsqu'il mourut, doyen des conseillers d'État. (*Biographie universelle*, art. *Sillery.*)

bien prononcé d'une réconciliation. Il finit néanmoins par déclarer, au nom de tous, que « la Compagnie obéirait aux volontés du roi, mais que d'accepter d'elle-même des choses *disconvenables* à sa dignité et la rendre coupable d'avoir *relâché* honteusement après tant d'offenses et de diffamations, cela serait trouvé de mauvais exemple. » Ces derniers mots exigent une explication. Ils font évidemment allusion à des propos du duc d'Épernon, qui, dans une assemblée de divers corps d'État tenue chez lui, avait hautement annoncé qu'il délivrerait le pays de la tyrannie du Parlement. Informé que le conseiller Duduc avait été chargé par ses collègues de répondre à un mémoire outrageant pour la magistrature rédigé par ses ordres, le gouverneur n'avait pas craint de menacer Duduc de toute sa colère, ce qui avait obligé ce dernier de se mettre sous la protection de la Justice. Il faut avouer que ces faits étaient bien de nature à justifier les ressentiments du Parlement, et l'on ne s'étonnera pas si le prieur de Léon, malgré toute son habileté, échoua dans ses tentatives de rapprochement entre des autorités aussi aigries l'une contre l'autre. L'irritation des magistrats contre le duc était encore si vive, que le président Pichon, pour avoir eu avec lui des rapports de simple politesse, et malgré ses protestations qu'il n'en avait pas dépassé les bornes, se vit privé de participer aux délibérations dans lesquelles les intérêts du gouverneur se trouveraient en jeu. Plus tard, ayant, dans une circonstance où cette dernière question pouvait paraître douteuse, réclamé vivement contre un tel ostracisme et refusé de se soumettre, il fut frappé d'une interdiction de trois mois. Il n'en obtint, à grand'peine, la levée qu'après les plus humbles excuses de sa part et une admonestation prononcée par le président de Pontac, si sévère qu'elle pouvait passer à juste titre pour une nouvelle peine [1]. C'est au sujet de cette défense de communiquer avec lui, maintenue avec tant de rigueur, que le duc d'Épernon se plaignait hautement qu'on le traitait en apostat et en excommunié. Peut-être trouvera-t-on, en effet, que cette rupture des rapports les moins suspects, cette sorte de mise en quarantaine, au point de vue des plus simples bienséances sociales, était poussée bien loin. Enfin, soit de guerre lasse de part et d'autre, soit parce que d'autres intérêts plus sérieux firent diversion à ceux là, ces longs démêlés eurent un terme. La médiation adroite et sincère du cardinal de Sourdis y fut pour beaucoup. En 1627, aux approches du siége de La Rochelle, on craignait que les flottes anglaises ne vinssent insulter les côtes de Saintonge et de Guyenne. Les autorités étaient donc excitées à redoubler de vigilance et de soins pour la défense. L'archevêque de Bordeaux prit texte des circonstances pour démontrer qu'elles exigeaient le concours et par conséquent la bonne harmonie entre tous les pouvoirs locaux. Il sut ménager dans son entremise tous les amours-propres, et réussit enfin à amener, à la suite

---

[1] R. S., 12 février 1627.

d'un rapprochement, une réconciliation durable. Le gouverneur et le Parlement, par l'organe du premier président, échangèrent des paroles pleines de courtoisie dans lesquelles l'oubli du passé, fut réciproquement promis et observé. A dater de cette époque [1], le duc d'Épernon reçut de la part des magistrats tous les honneurs auxquels il avait droit, et il se montra, de son côté, attentif à user envers eux des mêmes égards.

Pendant toute cette polémique presque quotidienne et si prolongée, le premier président avait été constamment sur la brèche, infatigable à apporter dans les délibérations le contingent de ses informations particulières et ouvrant presque toujours la discussion. Cette persistance a été attribuée moins à l'ardeur de son zèle pour les intérêts de sa Compagnie qu'à la jalousie excessive des siens propres et à une animosité personnelle contre le gouverneur. L'esprit de corps tout seul, les traditions qui se perpétuent dans la plupart d'entre eux — et l'on sait si les Parlements obéissaient à de tels mobiles — suffisent à expliquer ce qui se passa alors dans celui de Bordeaux. Mais ici les procédés souvent outrageants et toujours hautains du duc d'Épernon absolvent les magistrats de les avoir énergiquement combattus. Quant à celui qui se montra toujours si digne de marcher à leur tête dans cette conjoncture, il allait être bientôt appelé à d'autres combats bien autrement périlleux pour

---

[1] *R. S.*, juillet 1627.

lui-même. Avant d'en commencer le récit, nous mentionnerons ici deux actes notables de sa vie publique.

Le premier, que nous avons eu déjà l'occasion d'indiquer, est la contestation de préséance qu'il soutint à l'assemblée des notables en 1626, en faveur de sa Compagnie, contre les chefs du Parlement de Grenoble. On sait comment elle se termina. Il ne dépendit pas des efforts de Marc-Antoine de Gourgues qu'elle eût une autre solution. Sachant combien cette affaire était prise à cœur par le Parlement, il l'en entretenait et dans sa correspondance et à son retour [1].

En 1627, Louis XIII se rendant au camp devant La Rochelle, le Parlement, de l'avis du garde des sceaux, nomma une députation pour le complimenter. Elle était présidée par de Gourgues, qui harangua longuement le roi. On se ferait une idée erronée de son talent si on le jugeait d'après son discours, qui fait partie du compte rendu par lui aux chambres assemblées de son voyage au camp devant La Rochelle. L'éloquence du premier président ne devait pas tarder à rencontrer un sujet plus digne d'elle que des compliments d'apparat. Les circonstances qui amenèrent de sa part des développements oratoires d'une nature bien plus sérieuse, exigent ici quelques détails préliminaires.

Le ministre qui tenait alors les rênes ou plutôt le sceptre de l'État, poursuivait sans relâche le but

---

[1] *R. S.*, à cette date, et *suprà*, p. 15.

auquel n'avait pas cessé de tendre sa politique : l'élévation de l'autorité royale au-dessus de tout ce qui pouvait en limiter l'exercice. Pour un véritable niveleur, comme l'était, dans son genre, Richelieu, les Parlements ne portaient pas moins d'ombrage à ses desseins que les grands eux-mêmes. On peut voir dans son *Testament politique,* ce manuel de la monarchie sans contrôle, ce qu'il pensait des embarras que les grandes Compagnies judiciaires donnaient à la royauté et des moyens à prendre pour l'en affranchir [1]. Le plus efficace était sans contredit l'emploi des intendants, déjà connus avant lui, mais mis en œuvre seulement par intervalles, et qu'il entendait rendre permanents. Ce n'étaient donc plus désormais des conseillers d'État ou le plus souvent des maîtres des requêtes investis de missions temporaires ayant des objets définis ; c'étaient des commissaires départis, comme ils allaient en prendre le nom, mais qui, revêtus du titre d'*intendants de police, justice et finances,* avaient ainsi le droit de s'immiscer dans toutes ces matières, soit concurremment avec ceux qui en avaient l'administration, soit même à leur exclusion.

On conçoit l'instinctive aversion des pouvoirs ordinaires pour ces nouveaux venus et pour leurs attributions aussi redoutables que vagues. De tout temps, les Parlements en particulier s'étaient montrés hostiles envers eux, même quand ils se présentaient

---

[1] *Testament politique,* t. Ier, Ire partie, chap. IV, sect. II.

avec des missions définies, et ils exigeaient constamment l'exhibition des actes qui les leur conféraient. Les registres du Parlement de Bordeaux sont remplis d'exemples de ce genre. Pour s'en tenir à l'époque où nous sommes, Richelieu semblait avoir multiplié ces envois de maîtres des requêtes dans le ressort de Bordeaux, ainsi que dans les autres, mais ne faisant en quelque sorte qu'y passer, comme pour préluder à la désignation de ceux qui devaient y rester définitivement. C'est ainsi que le Parlement avait vu venir successivement les membres du Conseil : de Pontaire, de Nesmond, Lalanne, Viguier, et en dernier lieu, Dautri, de Bellebat, de Fortia et Séguier. La plupart s'étaient soumis à la condition de l'exhibition et de l'enregistrement préalable de leurs commissions. Fortia seul s'en étant dispensé, le Parlement le somma d'y satisfaire, et sur son refus, ordonna une information. On en était là lorsque, le 21 mai 1627, se présenta devant le Parlement le conseiller d'État et maître des requêtes Abel Servien, qui déposa sur le bureau, spontanément, plusieurs commissions dont il se déclara porteur. L'une concernait la vente de vaisseaux capturés; l'autre, le règlement des épaves du naufrage de plusieurs navires de guerre espagnols au Cap-Breton, qui avait soulevé de sérieuses difficultés entre le roi, le gouverneur et les riverains. Une troisième commission, conçue en termes plus généraux, donnait pouvoir au titulaire de faire le devoir de sa charge sur les plaintes qu'il recevrait des sujets du roi, suivant et conformément aux ordonnances royaux et le *département sur ces faits* par M. le garde des sceaux. Le procureur général, sur la communication à lui faite des commissions, conclut d'une manière énigmatique. Le Parlement déclara qu'il n'était pas besoin d'un arrêt d'enregistrement et fit remettre les commissions. Il est vraisemblable qu'il voulait rester dans l'expectative, en présence d'une mission aussi peu précisée et qui laissait soupçonner l'existence d'attributions plus étendues. Il est, en effet, hors de doute, comme la suite va l'apprendre, qu'outre ces pouvoirs ostensibles, Servien en avait de secrets qu'il ne devait déployer qu'à l'occasion, lui conférant pleinement le titre et les fonctions d'intendant de justice, police et finances. Quoi qu'il en soit, il se montra d'abord plein de réserve. Il opina dans une affaire de peu d'importance, car les maîtres des requêtes avaient séance dans les Parlements. Quelques jours après, il offrit même son entremise pour l'arrangement définitif de l'affaire des courriers qui n'était pas encore complètement terminée. Le calme de ces premières relations ne devait pas durer. Abel Servien n'était pas, il s'en fallait de beaucoup, sans expérience des affaires. D'une famille ancienne de magistrature du Dauphiné, ayant même exercé les fonctions de procureur général au Parlement de Grenoble, il savait parfaitement se guider dans les affaires judiciaires. Mais son caractère était fier, susceptible et de nature à l'emporter quelquefois au delà des bornes. Il va en donner des preuves dans son premier différend avec le Parlement.

Le gouverneur avait fait déposer à la conciergerie du palais un individu nommé Lussianet, dont le crime ou délit, demeuré inconnu, rentrait, selon toute apparence, sous la juridiction du Parlement. Le 10 mars 1628, Servien, de sa propre autorité, se fit remettre cet homme qui fut transféré au fort du Hâ. A peine instruite de cette entreprise, la Cour envoya un huissier pour le réclamer. Cet officier trouva à l'entrée du château un archer qui, le pistolet à la main, non seulement le reçut fort mal, mais même au refus de lui délivrer le prisonnier joignit des expressions grossières contre les magistrats. Sur le rapport de son huissier, le Parlement allait délibérer lorsque Servien se présenta. Il déclara qu'il avait appris avec beaucoup de déplaisir le mécontentement de la Cour, protesta contre toute intention de l'offenser et qu'il ne se départirait jamais de l'honneur et du respect qu'il lui devait. Le prisonnier, qu'il n'avait interrogé, dit-il, que par considération pour le service du roi, était déjà réintégré dans la conciergerie. Quant à l'archer insolent, il le désavouait et offrait même de le constituer prisonnier également à la disposition de la Cour, tout attaché qu'il fût aux gardes du corps du roi. Il y avait, certainement, dans des explications si modérées, pour ne pas dire si humbles, de quoi désarmer le Parlement, et si ce corps eût su combien elles avaient dû coûter à l'orgueil naturel de celui qui les offrait, il s'en serait très probablement contenté.

Mais il n'en fut pas ainsi. On crut nécessaire de réprimer sévèrement ce qu'on regardait comme une sorte d'attentat à la justice souveraine. Le premier président remontra en termes fort durs à Servien ce que l'acte qu'il s'était permis « avait d'inusité, sans exemple, d'irrespectueux pour l'autorité de la Cour. » Un arrêt fut rendu, par lequel, avant faire droit de la nullité et cassation de la procédure faite *par ledit Servien* contre ledit Lussianet, le greffier dudit Servien devait remettre cette procédure au greffe, à peine de 2,000 livres; néanmoins inhibé audit Servien d'exécuter aucune commission dans le ressort de la Cour concernant la justice, sans, au préalable, l'avoir présentée à icelle, à peine de nullité, cassation de procédure, dépens et dommages-intérêts des parties [1].

L'intendant ne perdit pas un instant pour dénoncer cet arrêt au Conseil du roi. S'il s'en fût tenu là, attendant patiemment une cassation inévitable, il eût conservé sur le Parlement l'avantage que lui donnait son attitude devant lui. Mais, en écoutant trop son ressentiment, il mit au contraire les torts de son côté. A quelques jours de la décision du 11 mars, un huissier du Parlement ayant été chargé de signifier des actes de son ministère à Servien, alors à Bayonne, y était descendu à l'hôtellerie. L'intendant survint tout à coup avec des gens armés, se saisit de lui, le traitant d'espion rochelais, de criminel de lèse-majesté, et après l'avoir fait fouiller et dépouiller

---

[1] *R. S.*, 11 mars 1628.

CHAPITRE XI.

des papiers constatant son identité et sa profession, l'emmena prisonnier à travers la ville, le retint captif pendant deux jours et ne le renvoya qu'avec une ordonnance des plus irrespectueuses pour le Parlement, en le contraignant de signer un procès-verbal destiné à couvrir ces violences. Il en usa de même envers un autre huissier du sénéchal de la même ville. Ces représailles, exercées sur des agents subalternes de la justice, étrangers à ce qui s'était passé, rapportées au Parlement, servirent de texte à ses récriminations contre Servien lorsque cette Compagnie fut appelée à délibérer sur les suites de l'arrêt du 11 mars. Il avait été cassé le 29 juin par le Conseil du roi, qui, de plus, par mesure disciplinaire, prononça l'interdiction de trois magistrats du Parlement: le président Geoffroy de Pontac, le conseiller de Pomiers, rapporteur, et le procureur général Jean de Pontac. Ils étaient appelés en outre à aller rendre en personne raison des décisions du Parlement au roi, en son camp devant La Rochelle. Il était ordonné en même temps au premier président de se rendre aussi dans le même délai, c'est-à-dire dans un mois, auprès de Sa Majesté.

Dès le 5 juillet, délibérant sur ces rigueurs contre la Compagnie et quelques-uns de ses membres, le Parlement arrêtait qu'une députation, composée du président Daffiz, du président aux enquêtes Gilles de Geneste, des conseillers Jean de Briet, Jean de Loyac et Guillaume de Geneste, se rendrait auprès du roi à l'effet de remontrer à Sa Majesté « la forme extraordinaire de la commission donnée à M. Abel de Servien pour être intendant de la justice et police en Guyenne, et juger souverainement, etc. [1] » Nous ne citerons pas plus au long cet arrêt, dont les développements, quant aux griefs de droit et de fait invoqués contre Servien, se retrouveront dans les remontrances qu'on va lire bientôt. Nous dirons cependant qu'à l'envoi de la députation et aux instructions qu'il lui donnait, ce même arrêt ajoutait la dispense pour les magistrats interdits et mandés d'obéir jusqu'à nouvel ordre et sous le bon plaisir du roi : dispense réitérée sur l'offre qu'ils avaient faite eux-mêmes de se soumettre. Les députés se mirent donc en route sans perdre de temps, et dès le 28 du même mois de juillet, ils étaient de retour et rendaient compte de leur mission.

Elle avait complètement échoué. Vainement frappèrent-ils à toutes les portes pour obtenir audience du roi. Le garde des sceaux, le secrétaire d'État, le favori Cinq-Mars, Richelieu enfin, avaient unanimement répondu que le monarque se refusait à rien entendre jusqu'à ce que les magistrats mandés se présentassent en personne. L'attitude et le langage du cardinal dans cette circonstance sont dignes de remarque. Dominant son maître, mais se gardant bien de laisser voir son empire absolu sur lui, il affectait de s'effacer et de faire croire que la volonté royale était seule arbitre dans le gouvernement. Lors d'une première audience où il avait accueilli les envoyés avec beaucoup de

[1] R. S., 5 juillet 1628.

courtoisie, il répondit qu'il ne se mêlait pas de la justice, et alla jusqu'à blâmer les procédés de Servien. Dans la seconde entrevue, il dissimula moins son opinion personnelle, réfuta l'assimilation que le Parlement établissait entre les pouvoirs des gouverneurs et ceux des intendants, ajoutant que, à la différence des premiers, les seconds, délégués directs et personnels de l'autorité du roi, n'avaient pas à communiquer leurs commissions; et comme les députés parlaient des registres, il répondit que les Parlements faisaient les leurs comme ils voulaient. « Retournez, dit-il en les congédiant, faites hâter ceux qui doivent venir rendre compte de leur conduite; eux venus, tout s'accommodera [1]. » Il n'y avait plus qu'à se soumettre. Tout en s'y préparant, le Parlement résolut de recourir à un dernier moyen de protester en faveur de ses droits méconnus. Ce fut de charger une députation nouvelle de faire des remontrances. On espérait que ses membres s'adjoignant ceux qui devaient obéir au *veniat,* ces derniers pourraient être considérés comme compris dans les députés et échapper ainsi à une situation humiliante. Les conseillers Jean de Briet, Jacques Lecomte, Fronton de La Roche composèrent la nouvelle mission. Le premier président partit en même temps qu'elle. Il n'était pas, comme on l'a vu, du nombre des magistrats interdits, mais seulement mandé. Ne l'eût-il pas été, cet homme magnanime regardait leur cause

---

[1] *R. S.*, 28 juillet 1628.

comme étant la sienne et n'entendait pas les séparer, prêt à les défendre l'une et l'autre au risque de tout ce qui pourrait advenir.

On ne saurait douter d'ailleurs — et l'événement ne le prouva que trop — qu'il avait moins consulté ses forces que son courage pour se charger d'une tâche pénible par elle-même et qui, dans l'occurrence, devait le devenir de plus en plus. Toujours est-il que, lors du retour de la députation, qui eut lieu dans les premiers jours de septembre, Marc-Antoine de Gourgues manquait à sa tête; et ce fut en son lieu et place, et devant celle qu'il venait de laisser vide pour jamais au Parlement, que le président de Pontac fit à l'assemblée générale du 15 de ce mois le récit de ce qui s'était passé dans ce voyage, terminé par une perte si grande pour la magistrature.

Les députés avaient été reçus par le roi à son quartier général de Surgères devant La Rochelle. Ce monarque était évidemment mal disposé pour eux, car ses premières paroles furent qu'il les avait mandés pour rendre raison des arrêts qui blessaient son autorité. Le premier président ayant voulu, dès ce moment, présenter les remontrances dont il annonçait que le Parlement l'avait chargé, le garde des sceaux Michel de Marillac s'y opposa, en prétendant que l'on voulait ainsi éluder l'exécution de la mesure disciplinaire prise contre les magistrats interdits, qui devaient avant tout rendre compte de leur conduite. Une contestation aussi vive que prolongée s'éleva alors entre le premier président et le ministre insistant toujours pour que les magistrats mandés commençassent par fournir leurs explications. Cette discussion sur la forme avait dû causer de l'impatience au roi, lorsque de Gourgues, cédant lui-même à un semblable mouvement s'écria : « Sire, il est bien étrange et sans exemple que, par deux fois, les députés de votre Parlement se soient présentés pour faire leurs remontrances, sans être ouïs... » A ces paroles, Louis XIII ému, se leva de son siège, prit le premier président par la manche et lui dit : « A genoux, petit homme, devant votre maître ! » ajoutant qu'il savait bien comment les Parlements l'avaient traité pendant sa minorité, et qu'avec un morceau de parchemin il les pouvait changer. « Sire, répondit de Gourgues, sous le coup lui-même de la plus vive impression, la mort me sera bien douce, pourvu que Votre Majesté apaise son courroux. » Puis, prenant la défense des arrêts et les justifiant par les provocations de Servien, il le fit avec tant de succès que le roi ne put s'empêcher de dire : « Voyez ! s'ils avaient dit cela au commencement. » La séance fut alors interrompue, mais reprise bientôt après pour les remontrances proprement dites. On fit entrer de nouveau les magistrats mandés, auxquels se joignirent cette fois les députés chargés d'accompagner le premier président qui, reprenant la parole, s'exprima en ces termes :

« Sire,

» Toutes les fois que le ciel fait entendre la voix de son courroux, qui est le tonnerre, sur la tête des hommes, ils ne murmurent pas, ains ils dressent leurs vœux et leurs prières. Vos très humbles sujets et officiers de votre Parlement de Bordeaux ont cru devoir approcher de Votre Majesté avec le même respect, et, appuyés de cette confiance en votre bonté royale et de celle de leur innocence, vous faire leurs très humbles remontrances, estimant que si la supplication est la seule réconciliatrice des hommes avec Dieu, elle l'est aussi des fidèles sujets envers leur souverain.

» Une des principales fins et des plus utiles effets de l'érection de vos Parlements, même de celui de Bordeaux, a été de ne rendre plus la justice à vos sujets par commissaires qui dès lors furent révoqués, mais par des officiers résidant actuellement dans les provinces, ce qui les lie plus étroitement à leur bien et repos, leur donne une plus parfaite connaissance de ce qui y peut servir, et plus de créance et d'autorité pour le promouvoir.

» Ainsi que chez les astronomes, tandis que les astres de continuelle apparition sur l'atmosphère y versent plus puissamment leur influence et ont des aspects plus favorables, les commissaires envoyés passent comme éclairs dans les provinces, paraissant souvent considérés des peuples comme comètes de sinistres présages ; c'est pourquoi les états assemblés ont souvent fait plainte des commissaires extraordinaires, qui privent les juges naturels de leur juridiction. Vos plus saintes ordonnances les ont révoqués et défendus à l'avenir.

» Bien que les Parlements, en leur conservation comme en leur être, viennent de la puissance des Rois qui n'est liée par leurs propres mains et moins par celle des rois leurs prédécesseurs, et si Votre Majesté peut à volonté supprimer les Parlements, les dépouiller en partie de leur juridiction et l'attribuer à d'autres, Sire, les bons rois dont Votre Majesté est le parangon, imitent celui duquel ils sont la vive image en terre, qui n'a jamais anéanti aucun de ses ouvrages.

» La puissance, disent les politiques, plus elle est absolue, plus elle veut être ménagée et tempérée par la raison, pour la faire durer.

» Les pouvoirs extraordinaires, dit un ancien, sont de mauvaise conséquence à l'État. Qu'eût-il dit du vôtre, Sire, qui contient nombre plus que suffisant d'officiers pour administrer la justice et les finances de toute l'Europe? Sans doute il eût jugé les pouvoirs extraordinaires fort inutiles.

» Par respect envers Votre Majesté et ses principaux ministres, nous avons souffert l'an passé, sans faire de plainte, que les sieurs Fortia et Servien, maîtres des requêtes de votre hôtel et qui étaient vos officiers, exerçassent à la vue de votre Parlement et avec sa faveur et support, diverses commissions, et aucunes pour juger souverainement, et possible en plus grand nombre qu'il n'en a été auparavant exécuté en vingt années de paix.

» Le sieur de Servien a pris avantage de notre patience et respectueux silence pour obtenir une commission d'intendant de la justice, police et finance dans la généralité de Guyenne pour l'observation et infraction de vos dites ordonnances, pour le règlement de vos officiers, villes et communautés, faire vivre vos sujets en paix. Ainsi, elle lui donne tout le pouvoir souverain attribué par vos édits et ordonnances à votre Parlement, et vos officiers subalternes, nonobstant récusations, prise à partie, voies reçues par le droit des gens romain et français....

» Sire, si dans notre ressort ou dans ceux des Parlements de Paris ou de Toulouse à l'instar desquels nous sommes créés, il s'y trouve exemple d'une semblable commission, nous supplions Votre Majesté que la punition qu'elle nous ordonnera serve d'exemple; nous nous soumettons encore, Sire, à la même rigueur s'il se trouve que, depuis l'établissement de votre Parlement, autre que le sieur de Servien ait entrepris d'exercer une commission d'intendant général de justice dans la Guyenne sans l'avoir présentée à votre Parlement.

» De notre mémoire, les sieurs Depontaire, Nesmond, Lalanne, Viguier, et naguère les sieurs de Bellebat et Séguier, maîtres des requêtes, la naissance et la fidélité desquels n'étaient moins considérables que celles du sieur de Servien, ont cru honorer et autoriser leurs commissions, rendant cet honneur à votre Parlement de les lui présenter et s'unir avec lui de bonne intelligence pour servir votre Majesté plus utilement : Parlement auquel sont présentés tous édits et déclarations concernant la justice, la police, la guerre, les trèves, la paix, les pouvoirs de vos gouverneurs, lieutenants généraux d'armée, et naguère le pouvoir de M. le Prince, quoiqu'il ne soit entré dans notre ressort, et naguère celui de M. d'Epernon pour le dégât de Montauban qui est dans son gouvernement.

» Si toute commission concernant la guerre est présentée à votre gouverneur ou lieutenant général en province, et si l'on en prend l'attache d'autant qu'en l'étendue de sa charge il représente la personne de Sa Majesté au fait des armes, qui peut douter que votre Parlement dans son ressort ne représente autant et plus expressément Votre Majesté en ce qui concerne la justice et police? C'est pourquoi celui qui, en votre absence, tient votre place y préside ; Monsieur, votre frère unique, et en présence de Votre Majesté, y opine avant lui ; le trône le plus auguste de la majesté de nos rois est leur lit de justice.

» Nos Registres font foi qu'on a présenté à votre Parlement de Bordeaux les commissions concernant les affaires des religionnaires, la connaissance desquelles leur était interdite, même en 71 et 72, et les sieurs Fortia et Servien, sachant ces préjugés, y ont présenté quelques-unes de leurs commissions moins importantes.

» Et quand l'ancienne observance et les déclarations particulières n'auraient établi cette loi, la raison l'établirait, puisque les rois se sont déchargés de l'administration de la justice dans la Guyenne sur leur Parlement. N'est-il pas responsable à Votre Majesté si aucun usurpe ce sacré ministère de juger souverainement sans pouvoir légitime, s'il n'est extraordinairement fondé en titre ou en commission particulière ; s'il n'en appert à Votre Parlement, comment les peut-il présumer ni déférer aux procédures et jugements desdits commissaires; faire que vos juges subalternes et autres sujets s'y soumettent, tenir la main qu'en l'exécution de leur commission, l'intention de Votre Majesté soit suivie ou, s'il y a quelque préjudice pour votre service, le lui représenter?

» Nous ne nions pas, Sire, que le secret et célérité requises ont dispensé quelques commissaires de présenter leur commission. Ç'a été pour quelques occasions passagères et particulières et en quelques recoins de la province, non pour les commissions qui s'exécutent dans Bordeaux et toute la province sans limitation de temps, de pouvoir et d'affaires, comme est celle du sieur de Servien, de laquelle si la substance et la forme ont blessé et diminué votre autorité en celle de votre Parlement, l'exécution lui en a paru plus injurieuse.....

(L'orateur faisait ici le récit des violences exercées sur les huissiers par Servien, telles que nous les avons reproduites.)

» Commises à la vue des étrangers dans une ville frontière, laquelle a plus besoin souvent qu'autres du ressort d'être maintenue en repos par le respect qu'elle rend aux arrêts de votre Parlement qui règlent les officiers et magistrats entre eux, et eux avec le peuple;

» Commises en ce temps que votre justice a besoin de plus de rigueur et d'autorité pour contenir vos sujets et les faire jouir du bonheur de la paix qui est le prix de vos victoires, n'est-ce pas, par de telles offenses, desservir Votre Majesté et tâcher de fouler aux pieds et rendre méprisable à vos sujets votre justice?

» Si le contre-coup du mépris et des offenses faites à vos Parlements frappe votre autorité royale, dont ils sont simples dépositaires, et obligés de la conserver aussi entière qu'elle leur a été consignée par les Rois vos prédécesseurs, à peine de se rendre criminels, vos ordonnances plus anciennes et nouvelles ne leur permettant de souffrir le moindre vitupère, Sire, seront-ils criminels en leurs arrêts pour n'avoir pu souffrir et dissimuler ces mêmes offenses et outrages? Auront-ils entrepris contre votre autorité pour avoir tâché de les réprimer, ces violences, actions pures privées du sieur de Servien, faites par lui de gaieté de cœur pour faire injure à votre Parlement, s'élever, en le réprimant, hors l'exécution de sa commission et arrêt de votre Conseil auquel, Sire, on ne peut nous imputer d'avoir manqué de respect, n'étant jamais venu à notre connaissance, ni apparence qu'il soit venu à celle des particuliers; desquelles violences par conséquent votre Parlement est juge, étant commises dans son ressort, et les violences faites aux ministres de justice, huissiers et sergents, par vos ordonnances sont punies capitalement.

» Avons-nous, Sire, prononcé, comme autrefois aucun de vos Parlements, sans avoir égard ou sans s'arrêter à l'arrêt du Conseil; avons-nous décrété, informé contre ceux qui les ont obtenus; avons-nous retenu un jour prisonnier aucuns maîtres des requêtes de votre hôtel pour s'être ingéré d'exécuter à sa vue un arrêt ou commission de votre Conseil sans l'avoir présenté; avons-nous décrété contre aucuns présidents pour avoir continué dans leurs ressorts l'exécution d'une commission non présentée et qui ne concernait la justice, ains les finances? On peut dire qu'en l'exécution, le sieur de Servien ne s'est servi de sa commission d'intendant qui ne s'y étendait, ni de l'arrêt du Conseil reçu après l'exécution du jugement, ains d'une lettre de cachet qu'on ne doit expédier ni déférer en telle matière selon les lois de ce royaume.

» Sire, nous ne nous plaignons pas tant de l'arrêt de votre Conseil, puisque c'est l'excès de notre zèle et jalousie à conserver votre autorité qu'il condamne pour crime, que nous nous plaignons de ce que, pour le donner, votre Conseil s'est départi des formes de tout temps observées d'ordonner à votre procureur général de lui envoyer les arrêts dont on faisait plainte, avec les raisons et motifs; à quoi ne satisfaisant pas de notre part, ou nos raisons ne satisfaisant pas Votre Majesté, lors nous ayant laissé libre défense, qui est de droit divin, naturel et positif, Votre Majesté aurait prononcé sur nos arrêts: Dieu a voulu que l'éclair précédât toujours le tonnerre, et la défense la condamnation.

» Il semble aussi, Sire, que l'arrêt de votre Conseil nous expose à une nouvelle disgrâce et à défaillir au respect que nous lui devons, si nous ne rendons raison de nos arrêts comme il nous prescrit, et encore plus si nous rendons de bonnes raisons, car les voulant justifier et faire subsister, nous semblerons aussi vouloir faire rétracter l'arrêt de votre Conseil qui a déjà cassé le nôtre et, de plus, interdit dans leurs charges aucuns de vos principaux officiers et les oblige d'en interrompre l'exercice au temps qu'il semble plus nécessaire pour le bien de votre service et de vos sujets, non pour avoir proposé, requis ni présidé, mais seulement opiné en leurs consciences selon que les ordonnances, qu'ils jurent de garder, leur prescrivent, pour avoir fait fonctions de juges, opiné avec la liberté requise à un arrêt, lequel sans doute leurs suffrages n'ont pu fournir ni empêcher.

» Cette interdiction, Sire, a été suivie de celle de la voix de nos députés qui nous a semblé le comble de rigueur, comme il a été celui de notre douleur.

» Vous leur avez fermé, Sire, cette oreille royale qui n'éconduit personne et qui est toujours ouverte, comme était jadis le temple de la déesse Horta, surtout aux très humbles remontrances de vos Parlements, lesquelles, comme par le passé, seront toujours utiles à votre État et n'auront pour but et objet que la prospérité de votre personne et grandeur de votre couronne dont vos Parlements, Sire, ont toujours fidèlement conservé et défendu de leur pouvoir les droits et prérogatives contre les entreprises des puissances temporelles et spirituelles, étrangères et domestiques.

» Sire, vos Parlements sont reconnus pour être les sphères plus prochaines du premier mobile de votre État qui est la royauté et qui, par une suite inévitable, suivront toujours son mouvement, sans avoir un contraire. Ce sont facultés et puissances qui dépendent et coulent de la vôtre, qui communique la vie et mouvement à tous les membres de cet État; ce sont influences des rayons qui procèdent immédiatement de leur astre et ne peuvent souffrir l'entrejet et juxtaposition d'aucune puissance entre celle de la personne sacrée de Votre Majesté et celle que vous leur communiquez sans défaillance.

» Nous espérons, Sire, que comme la justice vous est naturelle, vous la rendrez à votre Parlement et ce qui lui est dû et lui appartient par votre grâce et commission et celle des Rois vos prédécesseurs, confirmé par la paisible possession de plusieurs siècles, par la fidélité qu'il a toujours conservée sans tache parmi la contagion des maladies de l'État, quoique éloigné de la présence de Votre Majesté, mais jamais du respect et fidélité qui lui est due, quelque calomnie qu'on lui veuille impropérer; et que vous ferez gloire de vous laisser vaincre à nos très humbles supplications et de perdre en cela seul le titre d'invincible pour relever celui de Juste et le consacrer à l'éternité. Cette faveur royale nous obligera davantage d'employer nos vies, nos fortunes, nos souhaits les plus ardents pour la prospérité de votre personne, pour le progrès de vos victoires et le comble de vos triomphes ([1]). »

Le roi, pour toute réponse, se borna à dire qu'il consulterait son Conseil, qui ferait savoir sa volonté.

Deux ou trois jours s'écoulèrent en démarches pour obtenir une solution favorable. On ne devait guère y compter. Richelieu, que la députation vit le dernier, répondit évasivement : « Je ne sais ce que nous pourrons faire, car nous devons conserver l'autorité du roi. » Il avait certainement dicté la réponse définitive de ce prince, qui, au moment où ils furent reçus par lui, congédia les magistrats, en la formulant ainsi : « Je veux que la puissance que je vous ai donnée, vous l'employiez pour la mienne. » Dans cette dernière visite, ils n'étaient plus accompagnés du premier président. A la suite de l'audience royale un mal subit et violent l'avait frappé. Cette âme si forte avait pour enveloppe un corps débile. En proie à la plus vive émotion après les paroles emportées du roi, il lui avait fallu la surmonter pour poursuivre jusqu'au bout son œuvre et parler lui-même deux fois consécutives avec la plus grande animation. Ces efforts achevèrent de l'épuiser. Il reprit fort malade le chemin de Bordeaux, où il succomba quelque temps après son arrivée. C'était mourir au lit d'honneur [2].

---

[1] *R. S.*, 15 septembre 1628.
[2] C'est par erreur que presque tous les écrivains qui ont raconté ces événements font mourir Marc-Antoine de Gourgues le jour même où il avait prononcé les remontrances du Parlement. Il est incontestable qu'il put revenir à Bordeaux et qu'il y succomba le

Ses obsèques eurent lieu le 13 septembre avec la plus grande solennité, au milieu de la douleur et du deuil universels. Le Parlement n'avait pas attendu le jour de ce dernier devoir pour rendre hommage au dévouement de son chef. Dès le 10 août, le Registre, en mentionnant son absence pour cause de maladie, ajoutait qu'il l'avait rapportée de La Rochelle, où il était allé soutenir l'honneur et l'autorité de la Cour. A l'assemblée des chambres du 15 septembre, surlendemain de la cérémonie, le président de Pontac, en faisant le rapport détaillé qu'on a lu, rapport qu'il termina, du reste, en émettant l'avis qu'il était nécessaire de se soumettre, jugea prudent de s'abstenir de tout éloge direct du défunt : tâche bien superflue d'ailleurs. Eh! quelle plus belle oraison funèbre du magistrat mort à la peine de la défense de sa Compagnie, que la simple relation de cette même défense? Jamais les Parlements n'avaient protesté avec plus de force et d'éloquence contre des innovations suggérées à la royauté, non pas seulement pour limiter leurs attributions, mais encore pour changer et altérer les principales garanties de la justice. Un juge unique, un juge révocable investi des mêmes pouvoirs que des tribunaux dans lesquels le nombre des suffrages n'était pas moins que l'indépendance de ceux qui les émettaient une sauvegarde de la valeur des décisions; — celles-ci livrées à l'arbitraire, non pas même de commissions,

9 septembre. (V. *Chronique bourdeloise* (Pontelier) et *Registre d'enregistrement* B. 53, 1617-1625.)

mais d'un seul commissaire ! La conduite de l'intendant Servien, tantôt cauteleuse en dissimulant ses pouvoirs, tantôt poussée jusqu'à l'audace lorsqu'il en usait, était dénoncée avec une courageuse indignation. Enfin, l'interdiction de magistrats punis uniquement pour avoir opiné selon leur conscience, obligés de venir rendre compte de leur avis, comme s'ils avaient trahi leurs devoirs : tous ces griefs avaient été développés avec une énergie que n'affaiblit pas un instant, dans celui qui la déployait, la crainte de nouveaux emportements d'un monarque d'autant plus irascible qu'il était plus faible, ni de la vengeance d'un ministre qui ne pardonnait pas qu'on lui résistât.

Quand on se rappelle que ces récits étaient faits au lendemain de la mort de celui qui avait bravé ces dangers ; dans le lieu même où tous les regards le cherchaient sur son siége inoccupé, on ne peut disconvenir que jamais tribut ne fut payé à la mémoire d'un homme de cœur sous de plus émouvants auspices. Le souvenir en était encore vivant lorsque, deux ans après, un de ses neveux — car il n'avait pas laissé lui-même d'héritiers mâles, — Henri de Gourgues, se présentant au Parlement pour une place de conseiller et se trouvant en compétition avec un candidat plus ancien, obtint la préférence à cause de sa parenté avec le feu premier président « dont la mémoire était si recommandable, étant mort en défendant et soutenant l'honneur du Corps. » La noble fin de Marc-Antoine de Gourgues rendait son nom d'autant plus cher à ses contemporains; elle n'était pas, à beaucoup près cependant, son seul titre à leurs regrets. Ce fut à tous égards un grand magistrat. Il prenait soin, dit de lui le procureur général Pontac dans une circonstance solennelle, de tout ce qui regardait le bien public et le repos de la cité. Il aurait ajouté, si les registres ne l'en eussent dispensé, que, pendant la durée relativement courte de sa charge, le premier président se montra jaloux de faire remettre en vigueur les règles propres à ramener les vieilles mœurs judiciaires au sein de la Compagnie. Il fit décréter une observance plus exacte des mercuriales. Sous son impulsion, on vit exécuter l'ancienne ordonnance portant que le recueil de celles traçant aux magistrats leurs devoirs quotidiens serait de nouveau attaché avec des chaînes sur le bureau. Grâce encore à son initiative, le désordre scandaleux des sollicitations pour procès accordées aux membres des tribunaux en faveur de leurs parents, reçut, à défaut d'une suppression absolue et difficile à cause des usages de ces temps, au moins un correctif. Il fut arrêté que les sollicitations n'auraient plus lieu à l'avenir au delà du degré de cousin germain.

S'il est vrai que, de toutes les louanges décernées à un personnage illustre, les plus honorables, parce qu'elles sont les moins suspectes, soient celles que la force de la vérité arrache à ses adversaires eux-mêmes; si, parmi toutes les vertus, il en est une surtout, le courage, qui fait taire la haine et désarme jusqu'à l'envie, ce genre de gloire n'a pas manqué à Marc

Antoine de Gourgues. C'est dans l'*Histoire du duc d'Épernon* par son secrétaire Girard, qui, en plus d'un endroit, n'a pas ménagé l'antagoniste de son maître et l'a même quelquefois injustement jugé, que l'on trouve le tableau le plus pathétique peut-être de la mort du premier président. Il y fait ressortir « la force et l'éloquence des remontrances de cet homme petit et faible de corps, dit-il, mais grand d'esprit et de courage, et qui a laissé une si belle mémoire de sa vie qu'il passe encore parmi tous ceux qui l'ont connu pour un des grands hommes qu'ils aient eus pour chef. » Nous n'hésitons pas à dire, et quiconque aura étudié l'histoire du Parlement de Bordeaux dira avec nous : le plus grand.

CHAPITRE XII

1628-1640

Succession parlementaire de Marc-Antoine de Gourgues. — Henri Daguesseau. — Prise de La Rochelle. — Continuation de la guerre contre les protestants. — La peste à Bordeaux; mesures sanitaires; coopération du Parlement. — Manifestations religieuses ; fondation du vœu annuel de l'Assomption. — La Cour des Aides établie malgré les démarches du Parlement, d'abord à Agen, puis à Bordeaux. — Division avec cette juridiction. — Louis XIII et le cardinal de Richelieu à Bordeaux. — Henri de Sourdis, successeur de son frère à l'archevêché de cette ville. — Ses querelles avec le duc d'Épernon. — Médiation du Parlement. — Disgrâce du duc d'Épernon. — Sa pénitence. — Sédition à Bordeaux. — Conduite du Parlement en l'absence du gouverneur. — Arrivée de celui-ci; il combat et dompte les révoltés. — Sa modération après la victoire. — Calomnies dont il est l'objet. — Le conseiller Briet. — Vengeance qu'en tire le duc d'Épernon. — Il est enveloppé dans la disgrâce de son fils, le duc de La Valette. — Ses derniers jours. — Déboires du Parlement au sujet d'une nouvelle *crue*. — Transaction avec le gouvernement. — Adjudication publique d'offices de président et de conseillers. — Le Parlement troublé par des poursuites criminelles contre certains de ses membres pour crime de *rognure* ou altération de monnaies. — Procès du président Lalanne, des conseillers Massiot et autres ; résultat négatif de ces procédures. — Divisions intestines dans la Compagnie : les Enquêtes et la Grand'Chambre. — Autres divisions entre les gens du roi. — Coup d'œil rétrospectif sur les matières de jurisprudence parlementaire. — Les *arrêts présidentaux*.

L'héritage parlementaire de Marc-Antoine de Gourgues resta longtemps vacant. Plusieurs causes s'opposèrent à ce qu'il fût promptement recueilli. Le gouvernement voulait un chef de corps plus docile à ses vues d'assujettissement des grandes Compagnies judiciaires, un organe moins ferme, moins indépendant de leurs doléances. D'un autre côté, beaucoup d'ambitions s'agitaient dans le Parlement au sujet de la première présidence. Les brigues des compétiteurs se trahirent par leurs intrigues pour faire partie d'une députation au roi avant son départ de La Rochelle. On voit clairement que ceux qui sollicitaient les suffrages, ainsi que cela résulta de révélations très peu flatteuses pour eux [1], voulaient aller en personne soutenir leur candidature. Ce qui se passa alors confirme une remarque suggérée par l'étude attentive de l'ancienne organisation judiciaire. C'est que, quoi qu'en ait dit un célèbre publiciste qui a été presque jusqu'à en faire l'éloge aux dépens de celle d'à présent [2], la vénalité des charges n'excluait nullement les aspirations ambitieuses, et qu'alors, tout comme aujourd'hui, il se rencontrait des magistrats trop désireux d'avancement. Dans la circonstance dont nous nous occupons, presque tous les présidents étaient sur les rangs. Mais vainement ceux qui se croyaient le plus en faveur, Daffiz, par exemple, s'étaient-ils flattés de réussir. Bien instruit de toutes ces convoitises, le pouvoir n'en voulut contenter aucune. Il prit, mais au bout de deux ans seulement, un premier président en dehors du Parlement. Croirait-on, si le fait n'était attesté par un de ses biographes, qu'on avait d'abord pensé à Servien lui-même pour remplacer de Gourgues [3]? Les inconvénients d'un tel choix, dont le moindre eût été de soulever le Parlement tout entier, furent

---

[1] *R. S.*, 9 novembre 1628.
[2] Alexis de Tocqueville, *l'Ancien Régime et la Révolution*, p. 178.
[3] *Biographie universelle*, art. *Servien*.

heureusement sentis à temps. Au lieu de l'intendant de Guyenne, appelé à de grands emplois politiques, on envoya, comme premier président à Bordeaux, Henri Daguesseau, conseiller d'État, président au Grand Conseil, aïeul de l'illustre chancelier de ce nom. Ses services, son rang l'élevaient à la hauteur de cette dignité. Son caractère conciliant et modéré présageait les meilleurs rapports entre lui et ses collègues.

La prise de La Rochelle fut pour le Parlement de Bordeaux le sujet d'une lettre très bienveillante du roi, qui lui adressa en même temps la copie des articles de la capitulation. Ce document fut transcrit *in extenso* dans les registres, et c'est là qu'on peut le retrouver si jamais il vient à être vainement cherché ailleurs [1]. Le Parlement avait peut-être des droits particuliers à cette communication, sorte de récompense de ses sacrifices pour contribuer à ce grand succès. Bordeaux, en effet, n'avait pas été épargné dans la réunion des moyens employés pour l'obtenir. La ville dut fournir six vaisseaux pour combler l'entrée du port de La Rochelle. Elle acheta dans ce but, avec l'autorisation du Parlement, six navires flamands. Le roi demanda, en outre, la fourniture de cinq cents habits pour les troupes. Le Parlement entra dans cette dépense pour un cinquième [2]. Du reste, il n'avait pas attendu les ordres du monarque pour recourir à des préparatifs

[1] *R. S.*, 6 novembre 1628.
[2] *Id.*, 19 novembre 1627.

dans la prévision d'attaques de la flotte anglaise qui allait au secours des Rochelois. Un Conseil, nommé de concert entre les jurats et le Parlement, et composé de membres des deux corps, pourvut à la sûreté de la ville. Défenses étaient faites à la population de s'absenter sous peine de 2,000 livres d'amende et de la privation du droit de bourgeoisie. Les grains, les denrées, le bétail devaient être mis à couvert dans les villes. Enfin, comme les protestants donnaient des inquiétudes, on prit contre eux des précautions de plus d'un genre. Celles qui consistèrent à ordonner la démolition des châteaux et de raser les bois appartenant, dans le ressort de la Cour, à la dame de Rohan et au sieur de Soubise, son fils, comme chefs des rebelles, n'étaient que l'exécution d'arrêts de contumace justifiés par leurs actes d'hostilité [1].

La guerre continua après la capitulation de La Rochelle, et ne devait finir que deux ans après environ par la réduction de Montauban. Dans l'intervalle, un autre danger public excita la vigilance du Parlement et son concours le plus actif.

La peste visitait souvent Bordeaux. Son retour au commencement de 1629 fut le début de ravages qui devaient, avec des alternatives de ralentissement et de recrudescence, durer plusieurs années. A ce fléau se joignit la disette, résultat de récoltes insuffisantes. Enfin, malgré le succès récent des armes du roi en Saintonge, des troubles sérieux y éclataient à Saintes

---

[1] *R. S.*, 3 décembre 1627.

et à Saint-Jean-d'Angély. Ces pays, parcourus par les gens de guerre, se voyaient en proie à leurs exactions et à leurs violences. Les temps étaient mauvais sous tous les rapports, comme le disent les registres [1].

Un bureau de la santé fut créé à Bordeaux de concert avec le duc d'Épernon. Le Parlement y figura par un de ses présidents, deux conseillers et un des gens du roi [2]. On chercha des ressources pour l'alimentation publique dans l'établissement d'impôts et d'un emprunt forcé. Ce dernier expédient fut pris sous la caution de tous les membres de la Cour, qui affectèrent au remboursement leurs biens meubles et immeubles et même leurs gages, sauf à être couverts eux-mêmes par des ordonnances du roi, qui serait supplié d'y pourvoir [3].

Cependant, vers le milieu de l'été de la même année, la contagion sévissait de plus en plus. Un chanoine de Saint-André, le sieur de Périssac, en étant mort, ainsi que le médecin et l'apothicaire qui l'avaient soigné, on ordonna que les hommes de l'art seraient assujettis à une quarantaine hors de la ville avant de continuer à soigner les malades, et le bureau de la santé fut renouvelé. Dans les premiers jours du mois d'août, un Père jésuite succomba aussi à l'épidémie. Alors le Parlement ordonna la clôture des collèges, la suspension des sermons et aussi celle du cours de la justice, sauf pour quelques

[1] R. S., 7 avril 1629.
[2] Id., 30 mars 1629.
[3] Id., 14 juillet 1629.

causes urgentes. Une chambre temporaire, à l'imitation de celle qui avait fonctionné dans de semblables circonstances en 1599 et 1605, composée d'un président, de douze conseillers et d'un membre du parquet, demeura chargée de l'expédition des affaires criminelles et de police, toutes autres étant ajournées. En même temps, comme les progrès de la maladie augmentaient le nombre des pauvres, il fut arrêté que la Compagnie contribuerait à leur nourriture pendant deux mois pour 1,800 livres, somme répartie entre ses membres et à prendre sur les gages de chacun.

C'est vers la même époque qu'eut lieu une fondation pieuse demeurée célèbre dans les annales du Parlement et dans l'histoire de Bordeaux. Ce fut celle d'un service religieux et d'une procession solennelle, en l'honneur de la Sainte Vierge, le jour de l'Assomption de chaque année, actions de grâces tout à la fois pour une cessation de l'épidémie et supplication perpétuelle pour en conjurer le retour. Une lampe du prix de 500 livres, avec une rente de 70 livres pour son entretien et pour les frais du service, étaient en même temps votées. Ces dépenses demeuraient imputables sur les gages de tous les membres de la Compagnie, y compris les Requêtes, et les présidents et conseillers catholiques de la Chambre de l'Édit. Ainsi le vœu du Parlement de Bordeaux avait devancé celui de Louis XIII. Dès le 3 août 1629, l'exécution des dispositions du Parlement était assurée. Le 13, la Compagnie arrêtait qu'elle communierait tout entière à la cérémonie du 15, qui s'accomplit avec la plus grande pompe. Un procès verbal authentique, dressé par notaire et transcrit sur ses registres, constata l'exécution de tout ce qui avait été résolu. Cette pièce, ainsi que les délibérations qui la précèdent, sont empreintes de la foi la plus vive [1].

On dut certainement à cet acte et aux sentiments qu'il manifestait le retour à leur poste d'un assez grand nombre de magistrats que la peur en avait éloignés. La Cour, ainsi reconstituée, décida qu'elle entrerait tous les jours jusqu'à la Notre-Dame de septembre.

Pendant bien longtemps encore la santé publique préoccupa les autorités locales, car à certaines époques elle fut de nouveau atteinte. En 1636, il fallut rétablir le bureau formé sous ce nom, avec son ancien personnel. En 1647, de nouvelles dépenses devinrent nécessaires. A cette dernière époque, le duc d'Épernon donna 1,000 francs une fois payés, et assura 300 livres par mois, tant que durerait l'épidémie. Les magistrats se taxèrent à 6 livres par mois, en faisant l'avance d'un trimestre, et tous les membres, sans en excepter les vétérans, furent tenus de contribuer.

Les soins que donnait le Parlement aux affaires politiques et administratives ne l'empêchaient nullement d'être toujours très attentif à ses propres

---

[1] *R. S.*, 3 et 15 août 1629.

intérêts. Ils étaient alors menacés par un bruit répandu depuis quelque temps et que tout faisait croire fondé, celui du rétablissement d'une Cour des Aides à Bordeaux. On a vu comment, dans le siècle précédent, le Parlement, après bien des efforts, avait fini par absorber en lui cette juridiction. Cette fois un pareil expédient ne pouvait plus être employé. On essaya de recourir à un autre. Ce fut d'offrir au roi spontanément de supporter la création d'un nouvel office de président et de dix charges de conseiller, plus de deux commissaires aux requêtes du palais. Ces propositions, quelque brillantes qu'elles fussent, n'éblouirent pas le gouvernement, qui trouvait plus avantageuse la fondation d'une Compagnie de cinq présidents, de vingt-cinq conseillers, trois gens du roi, un greffier en chef et plusieurs bas officiers. La nouvelle Cour fut donc établie, malgré tout le mouvement que se donna le Parlement pour s'y opposer. Tout ce qu'il put obtenir, c'est qu'elle fût d'abord fixée à Agen en 1629, date de sa création. De cette ville, elle fut transférée en celle de Libourne, où elle resta jusqu'en 1637, époque à laquelle le Parlement eut le déplaisir de la voir enfin installée à Bordeaux [1]. Elle y reçut, ce semble, un accueil assez froid, grâce, on n'en peut douter, à l'influence d'un corps rival et bien autrement puissant qu'elle-même. La malveillance de celui-ci avait été jusqu'à prendre un arrêté par lequel les

---

[1] *Chronique bourdeloise*, 1637, et *R. S. de la Cour des Aides*. (Archives départementales.)

membres du Parlement contractaient pour eux et pour leurs enfants l'engagement de n'acheter aucun des offices de la Cour des Aides. Quoi qu'il en soit, cette dernière resta à Bordeaux pendant douze ans toujours en butte à l'animadversion, pour ne pas dire aux persécutions du Parlement. Attributions, rang aux cérémonies publiques, costume, tout était matière à contestations envenimées et scandaleuses. Nous épargnerons à nos lecteurs la reproduction des témoignages trop nombreux de ces passions et des débats quelquefois ridicules qu'elles soulevèrent. Comme seul exemple de l'excès où furent poussées ces querelles, nous rapporterons celui auquel se porta le Parlement, en 1643, en faisant d'abord citer devant lui, puis décréter de prise de corps, un des présidents de la Cour des Aides, M. de Maniban, et l'avocat général de Robillard, pour une dispute de pas. On verra le Parlement aller encore bien plus loin dans la suite.

En reprenant les faits dans leur ordre chronologique, nous rencontrons d'abord celui du passage par Bordeaux du roi et du cardinal de Richelieu, à leur retour du Languedoc, après la pacification de cette province. Le monarque logea chez le premier président et y fut harangué par lui au nom d'une députation de tous les présidents et de vingt conseillers. Le ministre — à peine convalescent d'une grave indisposition qui avait mis ses jours en danger [1] — reçut, étant couché,

---

(1) Baurein, *Variétés bordeloises*, t. II. — Darnal, *Chronique bordeloise*.

les membres du Parlement, qui allèrent le complimenter. Tout se borna, à ce qu'il paraît, à ces visites d'étiquette. S'il fallait en croire certains écrivains [1], le séjour du principal ministre à Bordeaux aurait eu pour le duc d'Épernon, qui s'y trouvait alors, de plus importantes conséquences. Il avait par sa hauteur encouru le ressentiment de Richelieu, prompt à saisir l'occasion, qui ne tarda pas à se présenter, de se venger. L'événement auquel on fait ainsi allusion est la querelle qui éclata peu après entre le duc d'Épernon et l'archevêque de Bordeaux; mais en voyant de quel côté furent les torts, on pensera peut-être que l'humiliation qu'y reçut le premier peut très bien s'expliquer autrement que par l'effet d'une vengeance de Richelieu.

Le cardinal François de Sourdis avait eu d'abord pour coadjuteur, et bientôt pour successeur, son frère Henri, comme lui d'abord évêque de Maillezais. C'était un de ces prélats guerriers qui, sous un ministre que le sacerdoce n'empêchait pas de commander lui-même des armées et de prendre des places, avait été chargé aussi d'expéditions militaires. Le succès avec lequel il s'en acquitta pendant le siége de La Rochelle, l'avait mis en faveur auprès de Richelieu. C'était donc au duc d'Épernon une véritable faute que de l'offenser. Mais la passion chez cet homme superbe faisait trop souvent taire la raison.

[1] D. Devienne, *Histoire de Bordeaux*.

La cause du différend fut de la part du gouverneur
— comme autrefois envers le premier président de
Gourgues — la prétention d'exclure qui bon lui semblait
de la *clie* ou marché au poisson. Non content d'en
avoir interdit l'entrée aux gens de l'archevêque, il
empêcha, par des rondes de soldats, les marchands
de marée d'en apporter chez lui. Les jurats, auxquels
le prélat dénonça cette vexation, se contentèrent d'en
référer au gouverneur. Celui-ci envoya Naugas, lieutenant de ses gardes, avec une partie de sa compagnie,
braver l'archevêque; car, sous prétexte de lui donner
des explications, l'officier saisit le moment où il
rentrait chez lui en carrosse; et quoique, sur l'ordre
de son maître, le cocher continuât d'avancer, Naugas
osa faire arrêter les chevaux. Après une démarche
du clergé auprès du gouverneur, qui, loin de regretter
ce qui s'était passé, prit à tâche de l'aggraver, une
sentence d'excommunication fut rendue contre l'auteur
et les complices de cette voie de fait. Elle se terminait
par l'indication de prières de quarante heures à l'effet
d'implorer la miséricorde divine pour la conversion
des pécheurs. D'Épernon prit pour lui, et non sans
raison peut-être, cette allusion. Il y répondit par la
défense de toute assemblée extraordinaire dans le
palais archiépiscopal, afin d'empêcher ou tout au
moins de restreindre l'exercice du droit qu'avait le
chef du diocèse d'y convoquer son clergé et les
membres des congrégations religieuses. En exécution
de ce nouvel ordre, l'archevêché fut encore investi de
soldats.

Il n'était pas besoin que Henri de Sourdis se souvînt qu'il avait porté les armes, pour ne pas souffrir patiemment ce nouvel outrage. Après avoir constaté par lui-même que deux supérieurs d'ordres monastiques établis à Bordeaux n'avaient pu pénétrer dans son palais par suite de l'espèce de siége auquel il était soumis, il en sortit revêtu de ses habits pontificaux et parcourut les rues principales de la ville en criant : « *A moi, mon peuple ! Il n'y a plus de liberté pour l'Église !* » Comme cet appel produisait son effet, que la foule émue s'assemblait de toutes parts, survint le duc d'Épernon, averti de ce qui se passait. « C'est donc vous, dit-il à l'archevêque, en le joignant au moment où il passait sur la place de la cathédrale, c'est donc vous, imprudent, qui faites toujours du désordre ! » En même temps, il levait sa canne. Le prélat, sachant se contenir malgré un pareil geste, se borna à répondre qu'il remplissait le devoir de sa charge. Le duc, hors de lui, l'appela insolent, brouillon, méchant, ignorant. « Je ne sais ce qui me tient, ajouta-t-il, que je vous mette sur le carreau. » Et en même temps il lui montrait le poing, le lui appliquant tantôt sur la poitrine, tantôt sur le visage, et d'un coup de canne, faisait voler le chapeau et la calotte de l'archevêque. Ce dernier lui ayant dit qu'en le traitant ainsi il était excommunié, d'Épernon s'écria qu'il en avait menti, répétant qu'il ne savait ce qui l'empêchait de le bâtonner. « Frappe, tyran ! répliqua le prélat, frappe ! Tes coups seront pour moi des lys et des roses, tu es excommunié ! » Dans la fureur qui le transportait, le duc aurait fait plus qu'appuyer le bout de sa canne sur la poitrine de l'archevêque, si deux gentilshommes qui l'avaient suivi, s'étant jetés entre eux, n'eussent mis fin à cette incroyable scène.

On ne s'étonnera pas que Henri de Sourdis, qui avait eu déjà recours aux peines canoniques lors des premières violences, usât contre celles-ci de toutes les armes spirituelles. Dès le lendemain, après avoir fulminé l'excommunication du duc d'Épernon, il retirait de la cathédrale le Saint Sacrement, et, dans l'appareil le plus propre à frapper les esprits, le reportait processionnellement à la chapelle de son palais. En même temps, il mettait en interdit toutes les églises de la ville et celle de Cadillac, la principale terre de d'Épernon. C'était aller aussi loin, dans cette voie, que le Parlement dans la sienne, lorsqu'il avait suspendu le cours de la justice.

Ces événements s'étaient passés pendant les vacances de ce corps, ce qui explique comment, jusqu'ici, on ne l'y a pas vu intervenir. Le jour même de la rentrée, le président Daffiz, qui se trouvait à sa tête, l'entretint de ce qui était arrivé; communication d'autant plus nécessaire que déjà il avait cru devoir, de concert avec quelques-uns de ses collègues se trouvant à Bordeaux, aller exprimer à l'archevêque leurs sentiments d'intérêt. Ce ne fut néanmoins que comme d'une sorte d'entremise officieuse qu'il rendit compte à la Cour de cette démarche. On croit voir en effet qu'elle hésita d'abord sur le parti qu'elle prendrait en cette conjoncture, l'un des deux antagonistes, comme duc et pair, étant hors de sa juridiction, l'autre ne la réclamant pas. Le gouvernement parut même revendiquer la connaissance exclusive de l'affaire; on avait vu arriver à Bordeaux un conseiller d'État, Villemontée, intendant du Poitou, qui commença des enquêtes et entendit le duc d'Épernon. Cependant le Parlement comprit qu'il ne pouvait, en présence d'une si grande émotion de la cité, rester dans une inaction absolue. La suspension du service divin dans toute la ville était une vraie calamité publique. Pour y pourvoir, on manda les jurats et on les chargea d'adresser à l'archevêque une humble et pressante prière de lever l'interdit. Mais les magistrats municipaux, qui avaient constamment agi sous l'influence du gouverneur, déclinèrent cette mission, en déclarant qu'ils s'étaient rendus eux-mêmes appelants comme d'abus de la sentence d'excommunication et qu'ils étaient à cet effet en instance auprès du roi. Le Parlement, sur la réquisition des gens du roi, et à la prière des chapitres de Saint-André et de Saint-Seurin qui vinrent la lui adresser, poursuivit alors lui-même la révocation ou au moins la modification de la sentence. L'archevêque voulut bien condescendre en partie à ce vœu en considération des témoignages d'intérêt qu'il avait reçus de la Compagnie. Après avoir d'abord permis de dire la messe dans la chapelle du palais, il invita les magistrats à assister en corps au service divin célébré à Saint-André, où il reporta le Saint Sacrement. Du reste, le Parlement ne tarda pas à recevoir d'en haut l'impulsion de procéder à des informations judiciaires. Le premier président Daguesseau avait écrit de Paris dans ce sens. La procédure commença donc, malgré le déclinatoire qu'on devait attendre de la part du duc d'Épernon, mais auquel on ne s'arrêta pas. L'information était presque complète, lorsque se présenta un gentilhomme ordinaire du roi, de Varennes, porteur d'une lettre de Sa Majesté contenant l'ordre au duc de se rendre en exil à sa terre de Plassac, en Saintonge. Henri de Sourdis était en même temps invité à venir à Paris, sous l'escorte d'un enseigne des gardes du corps envoyé pour veiller à sa sûreté. Mais il devait préalablement remettre les choses en état dans la ville de Bordeaux pour l'exercice de la religion catholique. Il se conforma à ces instructions et n'excepta de la levée de l'interdit que la chapelle de l'Hôtel de Ville, exception à l'adresse des jurats. Avant de partir, il vint prendre congé du Parlement; et comme l'instruction du procès n'était pas close, il y déposa de nouveaux éléments. C'était, d'une part, la plainte de deux jeunes gens qui, porteurs d'imprimés relatifs à ses démêlés avec le duc, avaient été, en passant à Cadillac, pris et fouettés par ses gens avec des sangles de cheval garnies de boucles de fer. Un vicaire du même lieu était désigné comme victime d'autres violences. La dénonciation de ces faits dut donner lieu à un supplément d'enquête.

L'ensemble en était trop concluant pour que le duc ne sentît pas enfin la nécessité de plier sous les charges qui l'accablaient. Il avait commencé à prendre une attitude conforme à ce parti en envoyant son fils, le duc de La Valette, faire acte de soumission à l'Église devant une assemblée de prélats réunie à Paris, et dont, pour sa part, il reconnaissait la juridiction. Telle était même l'humilité des termes de sa requête en absolution qu'un des membres de l'assemblée ne craignit pas de dire que si le diable pouvait témoigner à Dieu autant de respect que le duc d'Épernon en manifestait pour le clergé, il obtiendrait aisément son pardon. Mais le gouvernement n'entendait pas abandonner le jugement du procès. Le Conseil, qui en demeura saisi, rendit une décision des plus sévères. Le duc d'Épernon fut interdit de l'exercice de toutes ses charges, privé des honneurs qui y étaient attachés, obligé de congédier ses gardes. Il perdit le gouvernement des Trois Évêchés, qu'il cumulait avec celui de la Guyenne, et ne dut sans doute la conservation de ce dernier qu'à son consentement au mariage de son fils avec une parente du premier ministre. Cette alliance ne lui épargna pas cependant un dernier déboire, plus pénible peut-être que les autres : l'obligation de recevoir l'absolution de son excommunication de Henri de Sourdis lui-même, à genoux devant lui, en public, à la porte de l'église de Coutras, et en présence de plusieurs commissaires du Parlement. L'archevêque, en exigeant ce cérémonial que Richelieu lui-même aurait voulu, dit-on, modifier en faveur du duc, se montra trop jaloux d'un orgueilleux triomphe. La modération, l'oubli des injures, si bien placés dans un homme de son rang et de son caractère, l'auraient à jamais honoré.

Les jurats eurent leur part des sévérités du pouvoir. Ils les avaient, il faut bien le dire, justement encourues; car, loin de désarmer le prélat par l'aveu de leurs premières fautes, ils les aggravèrent par d'autres. Lorsqu'il revenait de son voyage à la cour, ils avaient reçu par une lettre royale l'invitation formelle « de lui rendre tous les honneurs et respects dus et accoutumés et appartenant à la dignité de sa charge. » Le laconisme et la sécheresse de leur compliment à son arrivée furent tels que l'archevêque dut leur faire remarquer qu'ils ne le saluaient que par ordre. Et cela était si évident que, sur le compte qu'il en rendit, par arrêt du Conseil du 31 mars 1634, ils furent privés de leurs charges et remplacés tous au moyen d'une nouvelle élection le 11 avril suivant. Cet arrêt, du reste, était motivé non seulement sur leur récent manque d'égards envers le cardinal, mais encore sur leur désobéissance au Parlement, en refusant de demander la levée de l'interdit, malgré son invitation.

La disgrâce du duc d'Épernon eut pour terme l'expiation de Coutras. Peu après qu'il s'y fut soumis avec une résignation qui dût bien coûter à sa fierté, il reçut une lettre du roi qui l'autorisait à aller reprendre son gouvernement de Guyenne. En le renvoyant — comme le porte cette lettre, d'après la phraséologie officielle en usage — dans ce poste où sa présence « pouvait être nécessaire à son service, et pour prendre garde, ainsi qu'il l'avait fait ci-devant, à la sûreté et conservation de la province sous son obéissance, » le pouvoir ne croyait pas sans doute que la fermeté du commandant militaire en Guyenne allait bientôt y devenir des plus nécessaires.

L'année 1635 vit, en effet, éclater à Bordeaux une sédition telle, qu'elle rappela à beaucoup d'égards celle de 1548. Un impôt sur les cabaretiers en fut le prétexte.

Dans les premiers jours de mai, les jurats furent avertis par un archer du prévôt, nommé Laforêt, chargé de la levée de l'impôt, qu'elle rencontrerait la plus sérieuse résistance. Les hôteliers projetaient et préparaient une révolte. Les jurats eurent recours aux moyens préventifs usités en pareil cas. Ils réunirent les *bailes* ou syndics des cabaretiers et les capitaines de la ville, ceux-ci pour faire armer leurs compagnies, ceux-là pour avertir les gens de leur profession des dangers de toute mutinerie. D'autres précautions étaient prises en même temps pour pourvoir à la sûreté de l'Hôtel de Ville. Ces préparatifs ostensibles parurent d'abord avoir déconcerté et arrêté les ennemis de l'ordre. En même temps, et le 10 du même mois, les jurats, s'étant présentés au Parlement, en avaient obtenu un arrêt qui prohibait tout rassemblement. Mais lorsque, quatre jours après, Laforêt essaya de faire payer la taxe par les cabaretiers, il ne rencontra que des refus, et dès qu'on l'eut vu aller chercher main-forte à l'Hôtel de Ville, quatre ou cinq cents personnes s'attroupèrent. Le même jour, 14 mai, le jurat Constant se rendait au Parlement et faisait à la grand'chambre et à la Tournelle l'exposé suivant.

Il venait d'apprendre du nommé Desaigues qu'il y avait, du côté de Sainte-Eulalie, vingt-cinq ou trente hommes en armes. Un rassemblement beaucoup plus nombreux se montrait dans le quartier Saint Michel. Constant, assisté du capitaine Hugla aîné, avait essayé d'appeler aux armes les habitants; il n'en avait trouvé aucun disposé à lui obéir, ce que confirmèrent Hugla et Nicouleau, autre capitaine. Déjà des pierres jetées par ceux qui faisaient partie de l'attroupement avaient blessé un individu qu'ils désignèrent. Dans cet état de choses, Constant, en son nom et en celui de ses collègues, voyant leurs livrées ou insignes méconnues, suppliait la Cour de pourvoir aux exigences actuelles. C'est ce qui n'était pas facile. Il n'existait à Bordeaux aucune autre force armée permanente que les archers du guet, simple troupe de police, évidemment impuissante à réprimer de nombreux assaillants.

On vient de voir que les compagnies bourgeoises refusaient de se rendre à l'appel de leurs capitaines. Pour comble d'embarras, le gouverneur était absent. Réduit à une autorité purement morale, le Parlement en comprenait l'insuffisance en présence de l'émeute armée et menaçante. Après délibération, et sur les conclusions du procureur général, un arrêt fut rendu dans le sens jugé le plus propre à conjurer momentanément le péril. Il portait que de très humbles remontrances seraient faites au roi, et que cependant il serait sursis à la perception du droit. On ordonna que cet arrêt fût sur-le-champ publié à son de trompe par le premier huissier mandé à cet effet. En même temps, des conseillers et l'avocat général Dussaut étaient envoyés au Chapeau-Rouge pour tâcher de faire rassembler le plus de bourgeois qu'il fût possible et les amener au palais. Ces magistrats partirent immédiatement et ne tardèrent pas à revenir annoncer que leur mission avait complètement échoué. Les bourgeois n'avaient pas plus répondu à leur appel qu'à celui des jurats. Les boutiques étaient fermées. Les serviteurs qui consentaient à les ouvrir annonçaient l'absence de leurs maîtres. D'autres ne voulaient pas même répondre. Deux bourgeois seuls dont les noms sont donnés furent ramenés par la députation.

Le rapport de l'huissier était encore plus alarmant. Le peuple, furieux, ne lui permit pas de faire lecture de l'arrêt qu'il voulait publier. On le lui arracha des mains, après l'avoir fait descendre de cheval. Sa robe fut déchirée, un jeune garçon qui l'accompagnait tué. Il aurait eu le même sort s'il n'eût trouvé à grand'peine asile dans une maison dont le maître paya presque de sa vie cette hospitalité. Sur ses pas une foule de séditieux avaient marché au palais. Les conseillers Andraut et Suduiraut étant allés leur demander ce qu'ils voulaient, ils répondirent que l'arrêt de la Cour ne les satisfaisait pas. D'abord, ce n'était qu'une copie sur papier non signée de la propre main du premier président et du greffier. Il leur fallait une expédition authentique sur parchemin et revêtue de ces formalités. En second lieu, la surséance accordée ne concernait que les cabaretiers; elle devait s'appliquer à toutes autres personnes vendant du vin. Force fut de leur donner satisfaction sur ces deux points. On leur délivra trois copies sur parchemin, avec les signatures du premier président. Ce magistrat prit même soin de leur faire remarquer la bonne volonté de la Cour à s'employer auprès de Sa Majesté pour leur soulagement. Tout en obtenant leur retraite par ces concessions, le Parlement fit une nouvelle tentative pour rassembler les bourgeois du Chapeau-Rouge. Elle ne réussit pas mieux que la première. Alors on recourut à un secours auquel on aurait dû penser plus tôt. Le premier président écrivit au duc d'Épernon pour lui exposer la situation de la ville et lui demander son appui.

Le péril croissait, en effet, à chaque instant. L'Hôtel de Ville, assiégé par les insurgés, dépourvu de défenseurs, venait d'être pris. L'archer Laforêt et Desaigues, qui avaient essayé de se sauver déguisés en paysans, étaient pris et massacrés tous les deux. Un partisan ou agent des finances, nommé Aimeri, l'avocat Lafargue et le clerc de la ville qui avait affiché les édits, étaient également tués et leurs corps jetés dans la rivière. Les séditieux cherchaient partout le jurat Constant pour le traiter de même. Ils annonçaient hautement leur dessein de venir au palais pour s'emparer du premier président. Aussi ce magistrat, informé qu'il n'y avait pas plus de sûreté pour lui dans sa maison qu'au palais, alla chercher un asile au fort du Hâ.

Ce même jour et avant de se séparer, le Parlement adressait au roi une lettre dans laquelle il lui rendait compte des événements. Le procès-verbal ou, comme on disait alors, le registre de tout ce qui s'était passé, était joint à la lettre pour que la conduite des magistrats pût être jugée en parfaite connaissance de cause.

Un des officiers de la ville était parti pour Cadillac afin de hâter l'arrivée du gouverneur. D'Épernon commença par convoquer tous les gentilshommes du voisinage pour l'accompagner à Bordeaux, et donna l'ordre aux gens de ses terres de s'armer pour l'y suivre également. Il envoya en même temps sur les lieux Laroche, son capitaine des gardes, à l'effet de savoir plus exactement l'état des choses. Il paraît qu'après leurs premiers succès, les révoltés s'étaient arrêtés, et, sur ce rapport, le gouverneur ajourna son départ. Néanmoins, les bruits les plus alarmants sur leurs projets ultérieurs de pillage des maisons les plus riches, et entre autres de celles de plusieurs membres du Parlement, et après en avoir égorgé les habitants, s'étant répandus, ce corps se réunit le 17 mai et nomma les conseillers La Chèze et de Boucau pour aller presser le duc d'Épernon de se rendre à Bordeaux. Il partit avec eux, et, dès son arrivée, sur la proposition du premier président, une députation plus nombreuse et composée de quatre membres, dont un président, alla le complimenter.

Dès qu'il se fut exactement informé de tout ce qui avait eu lieu jusque-là, le duc fit venir les jurats à l'Hôtel de Ville. Il les blâma de n'avoir pas mieux su défendre ce poste important, chef-lieu de l'autorité et dépôt des moyens de résistance, et les suspendit de leurs fonctions. Il s'occupa ensuite et sans retard de garnir de munitions de guerre et de bouche la mairie et plusieurs autres points de la ville les plus propres à soutenir des attaques, tels que le fort du Hâ, Sainte Croix et Saint-Michel, qui furent remis à la garde des bourgeois sous leurs capitaines. Ces démonstrations imposèrent d'abord aux mutins. Pendant plusieurs semaines, ils semblèrent avoir renoncé à toute nouvelle attaque. L'ordre était si bien rétabli en apparence que, le jour de la Pentecôte, ceux des officiers de la ville que le gouverneur avait maintenus en fonctions pour l'expédition des affaires, c'est-à-dire le procureur-syndic et son clerc, purent se rendre solennellement en procession à la grand'messe de la cathédrale. De son côté, le Parlement avait fait au gouverneur une réception des plus brillantes. Les 21 et 22 mai, il assistait à l'assemblée des chambres, où l'avocat général de Mulet, dans un discours pompeux, félicitait la Compagnie de sa conduite dans les derniers événements. A entendre cet orateur fleuri, « elle avait imité le sage et prudent nautonier qui hausse et baisse ses voiles selon l'impétuosité des vents et la violence de la tourmente. » Néanmoins, malgré la tranquillité du moment, quoique le Parlement eût aussi repris ses occupations ordinaires, sur la proposition du duc d'Épernon, on pourvoyait à l'éventualité de nouveaux troubles en nommant un Conseil de surveillance composé de deux présidents, de deux conseillers de la grand'chambre et des deux doyens de celle des requêtes.

Le calme dont on jouissait était en effet trompeur. Par des motifs demeurés inconnus, et enhardis peut-être par l'impunité qu'on leur avait laissée, car on ne voit pas que des recherches fussent faites à raison des crimes commis, les auteurs de la première émeute recommencèrent à remuer. Il n'y avait guère plus de moyens de les réprimer que la première fois. Quoique le duc d'Épernon eût donné au gouvernement avis de l'imminence d'un péril d'autant plus grand qu'il ne se bornait pas à Bordeaux et que l'agitation se propageait dans la province, les secours qu'il avait demandés n'arrivèrent pas. Il paraît que le ministère craignait qu'il ne se servît des troupes qu'on lui aurait envoyées pour se rendre indépendant en Guyenne. Une autre explication peut donner raison de l'indifférence apparente du pouvoir. La guerre venait d'être déclarée au roi d'Espagne et réclamait toutes les ressources militaires du royaume. Toujours est-il que les séditieux de Bordeaux, encouragés par l'inaction forcée de l'autorité locale, en vinrent à se lever de nouveau, et, cette fois, à se rendre maîtres de la moitié de la ville. Plusieurs barricades, principalement dans le quartier Saint-Michel, furent dressées par eux. Le 15 juin, dès le matin, ils les occupaient en nombre considérable et bien armés.

Pour les forcer dans ces retranchements, le duc d'Épernon n'avait à sa disposition que quelques gentilshommes et ses gardes, c'est-à-dire un peu moins de cinquante hommes. Il n'hésita point cependant dans une entreprise des plus hardies, sinon même téméraire. Il pourvut d'abord à la sûreté du premier président et de quelques autres magistrats en leur donnant asile dans son hôtel de la place Puy-Paulin. Cette protection leur était bien nécessaire. En effet, à la première nouvelle apportée au palais de ce qui se passait au dehors par le président Daffiz, le barreau tout entier avait disparu. Il ne resta ni un avocat, ni un procureur. On fut donc obligé de lever les audiences. Les magistrats se dispersèrent. Quelques-uns allèrent se joindre au petit nombre de bourgeois qui avaient pris les armes. De son côté, le gouverneur courut au grand marché où s'était dressée la première barricade. Sur l'ordre du capitaine de ses gardes, Laroche, les gens qui la gardaient, déconcertés par la hardiesse de la sommation, cédèrent sans résistance. Il n'en fut pas de même de la seconde, élevée à l'entrée de la rue des Faures. Là, les gardes furent reçus par une décharge qui en blessa un. Ils avaient reçu ordre de ne tirer qu'après provocation. C'est ce qu'ils firent et avec tant d'à-propos qu'ils tuèrent neuf hommes et en blessèrent douze. Profitant de la stupeur des révoltés, après un tel début, Laroche, soutenu par ses hommes, fit une trouée au travers de la barricade et par laquelle le duc s'élança lui-même. Une fois entré dans cette rue étroite bordée de hautes maisons, les dangers croissaient pour lui à chaque pas. A cheval, à la tête de ses gardes, reconnaissable à sa barbe et à ses cheveux blancs, il était le point de mire de tous les coups. Un jeune gentilhomme de la maison de Montagne, son ancien page, fut tué à ses côtés; un autre, blessé à mort. Lui-même, en avançant, était à chaque pas exposé à la recevoir de plus d'une manière. Une femme, saisissant à deux mains un pot de fleurs, le lui jeta sur la tête : un mouvement de son cheval détourna le coup. Plus loin, un homme le couchait en joue à bout portant, lorsque, prévenu par un des gardes, il tomba lui-même percé de part en part. Celui qui payait si bravement de sa personne était un vieillard de quatre-vingt-trois ans. Son exemple fit faire à ceux qui l'avaient suivi de tels prodiges de valeur que, malgré leur petit nombre et des pertes sensibles, ils emportèrent successivement trois autres barricades à la suite de la première. Le courage ou plutôt la fureur ne manquait pourtant pas à leurs défenseurs. Ainsi, un charpentier qui combattait sur une d'elles, ayant reçu un coup de feu qui lui cassa le bras, se le fit couper, et, à peine pansé, retourna immédiatement en défendre une autre : action valeureuse qui plut tellement au duc qu'il ordonna d'épargner cet homme, le fit transporter dans son hôtel et traiter avec des soins particuliers.

Le quartier Saint-Michel ainsi conquis, il restait

celui de la porte Saint-Julien, plus difficile à emporter avec cinq barricades défendues par neuf cents hommes. D'Épernon, malgré les difficultés de cette nouvelle entreprise, comprit la nécessité d'en finir, d'autant plus que, maîtres d'une porte de la ville, les séditieux pouvaient l'ouvrir aux gens du dehors. Il se hâta d'envoyer chercher au Château-Trompette cinquante soldats avec quelques pièces de campagne. Cet appareil et les représentations d'habitants notables firent impression sur ceux qu'il menaçait. Ils prirent donc le parti de se soumettre sans attendre l'attaque ni l'arrivée du gouverneur. Quand il se présenta, les barricades étaient à moitié défaites et là, du moins, la sédition se dissipa d'elle-même.

Bordeaux devait ainsi son salut au duc d'Épernon aidé d'une poignée de gens de cœur.

Il appartenait au Parlement surtout de se faire dans cette circonstance l'organe de la reconnaissance publique. Il ne faillit pas à ce devoir. Sur la proposition du premier président, dès le 16 juin, une députation se rendait auprès du gouverneur « pour le remercier de ce qu'il avait fait la veille, le féliciter d'avoir échappé aux périls qu'il avait courus; lui rendre hommage de l'action généreuse en laquelle il avait glorieusement servi le roi, et en outre le prier de ne plus s'exposer à des risques si grands, attendu la nécessité de sa personne pour la conservation du repos public [1]. »

---

[1] R. S., loc. cit.

Le duc avait droit encore à un autre éloge qu'il ne faut pas omettre. Il s'était montré brave dans le combat; il fut clément après la victoire. Des blessés en assez grand nombre portés aux hôpitaux y attendaient leur guérison, et après elle leur procès. Le Parlement l'entendait bien ainsi. Ce n'était pas le compte du gouverneur. Pressé par les magistrats de faire transporter ces malheureux en lieu sûr, il éluda cette demande sous divers prétextes. Son but était de les sauver par une amnistie qu'il avait demandée. Elle arriva enfin, et, le 20 octobre, les lettres d'abolition « de ce qui s'était passé aux émotions populaires » furent apportées par lui au Parlement et enregistrées [1].

Il y était venu accompagné du duc de La Valette, un de ses fils, que d'autres lettres royales lui donnaient pour associé dans son gouvernement. La réception solennelle de ce dernier eut lieu avec toutes les assurances réciproques de la meilleure intelligence entre lui et la magistrature. L'envoi du fils dans la province n'était pas du reste une pure récompense de ce qu'avait fait le père. D'autres mouvements séditieux se faisaient sentir aux environs et jusqu'en Saintonge. Le duc de La Valette était chargé de les réprimer de concert avec son père, qui le seconda encore dans cette mission. Tandis que l'un agissait au loin, l'autre avait à repousser une attaque de la ville par les habitants des campagnes voisines. Le duc, personnel-

---

[1] R. S., loc. cit.

lement, défendit et préserva le faubourg et l'église de Saint-Seurin.

Qui croirait qu'après de tels services le duc d'Épernon eût autre chose à recueillir que les témoignages de la reconnaissance publique et de la satisfaction de l'autorité royale? C'était pourtant dans ces preuves de sa fidélité à ses devoirs que ses ennemis allaient chercher de quoi le perdre. Il est pénible de rencontrer dans le Parlement l'auteur d'une calomnie qui le représentait comme ayant suscité lui-même la sédition pour se créer en Guyenne un parti puissant et se faire craindre de la cour. Un conseiller, nommé Briet, s'était rendu l'organe de cette délation, selon ce que le gouverneur avait appris et croyait fermement. On disait qu'il était en cela l'instrument de l'archevêque de Bordeaux. Briet, quoi qu'il en fût de ces rumeurs, ne les repoussait pas par sa seule réputation. C'était, au contraire, un homme remuant, ambitieux, d'un caractère chagrin qui lui avait attiré plus d'une querelle avec ses collègues. Ainsi, dans une altercation avec le président de Villeneuve, celui-ci lui avait donné un soufflet en pleine salle d'audience, et l'affaire en était restée là [1]. Briet avait souvent des missions particulières du gouvernement qu'il était suspect d'avoir sollicitées, ce qui le mettait sans cesse sur le chemin des résidences royales. Un tel homme était-il capable d'une noirceur égale à celle dont le duc l'accusait? Toujours est-il

---

[1] Cruzeau, *Journal*, 27 juillet 1597.

que le gouverneur appela de toutes ses forces la lumière sur de ténébreuses menées. L'affaire s'instruisit au Parlement de Paris, où un individu de bas-lieu, convaincu d'avoir cherché à suborner des témoins contre le duc, fut condamné aux galères; mais on ne put remonter jusqu'à Briet, qui dès lors fut mis hors de cause. Le duc, toujours convaincu que c'était bien lui qui avait ourdi la trame, s'en vengea fort singulièrement. Un jour que le conseiller se rendait au palais, dans son carrosse, quatre laquais percèrent de coups d'épée ses chevaux, qui allèrent s'abattre à quelque distance, entraînant leur maître éperdu de terreur. Briet se hâta de rendre plainte à sa Compagnie où, malgré l'avis du premier président et des conclusions fort réservées du procureur général, l'assemblée des chambres, prenant pour le corps entier l'offense faite à l'un de ses membres, ordonna une information. Comme elle constata facilement que les auteurs de l'agression étaient des gens au service du gouverneur, deux magistrats furent envoyés à Cadillac pour la lui communiquer officieusement. Sa réponse, précédée d'une protestation contre toute reconnaissance de juridiction, fut sans doute peu sincère. Il attribua l'événement à une querelle particulière entre ses laquais et le cocher de Briet, qui les avait le premier assaillis à coups de fouet. On ne le crut guère, et les délinquants furent décrétés de prise de corps, en même temps qu'on mettait le conseiller sous la sauvegarde et protection du roi. Les deux parties écrivirent en cour. Cependant la procédure n'eut pas d'autre suite.

Mais les dernières années du duc d'Épernon ne devaient pas être heureuses. Le duc de La Valette, son fils, avait été malheureux à la guerre en Picardie et en Espagne. C'était un grand tort auprès de Richelieu, surtout dans ceux qui lui portaient ombrage. Averti des dispositions malveillantes du tout-puissant ministre et sachant qu'il n'y avait qu'un pas de sa haine à la perte de ceux qu'elle poursuivait, La Valette prit le parti de passer en Angleterre. Son procès lui fut fait par contumace devant une commission, et l'on sait que cette affaire criminelle, à laquelle Louis XIII, docile aux volontés du cardinal, ne craignit pas de présider et même d'opiner, donna lieu à de courageuses mais inutiles protestations des chefs du Parlement de Paris forcés d'y assister comme juges [1]. La disgrâce du fils ne pouvait manquer d'atteindre le père. Le duc d'Épernon reçut l'ordre de se retirer d'abord à Plassac, et plus tard à Loches. C'est là qu'après avoir coup sur coup appris la mort de ses deux autres fils, le duc de Candale et le cardinal de La Valette, il finit lui-même ses jours à quatre-vingt-huit ans, accablé ainsi de chagrins de toute espèce [2]. Son gouvernement de Guyenne avait été donné au prince de Condé, dont le premier acte, après son arrivée à Bordeaux, fut la révocation des jurats en exercice comme trop attachés

---

[1] V. le procès du duc de La Valette dans l'*Histoire du ministère du cardinal de Richelieu*, par A. Jay, t. II, p. 107 et suiv.

[2] D. Devienne, contrairement à toutes les données historiques, dit que le duc d'Épernon suivit en Angleterre son fils, quoiqu'il n'eût jamais quitté la France, et, en second lieu, le fait mourir à Cadillac, tandis qu'il termina sa carrière à Loches.

à son prédécesseur. Il semblait que la famille de ce dernier, après tant de malheurs, dût pour jamais rester étrangère à l'administration d'une province où elle avait occupé un si haut rang et passé par tant de vicissitudes. Ce ne fut pourtant pas ce qui arriva, comme on le verra plus tard.

Les augmentations de personnel sont des faits trop fréquents dans cette histoire pour que nous nous fussions arrêté à celle qui eut lieu en 1639, si elle ne présentait pas des particularités fort remarquables. Le roi avait créé douze charges nouvelles de conseiller — chiffre très élevé et qui ne manqua pas d'exciter de vives réclamations. Malheureusement la Compagnie y avait, en quelque sorte, souscrit d'avance, ainsi qu'on l'a vu, en consentant à le supporter, pourvu, il est vrai, que la Cour des Aides ne fût pas établie à Bordeaux. Ses efforts ayant échoué et la condition de son offre n'ayant pas été réalisée, il semble qu'on n'eût pas dû en abuser contre elle. Aussi résista-t-elle longtemps à la nouvelle *crue*. Elle mit même, à entendre le rapport de l'édit qui la créait, des lenteurs telles que le duc d'Épernon, encore en fonctions alors et chargé par le roi d'en presser l'enregistrement, fatigué d'ajournements continuels, finit par déclarer qu'il ne reviendrait plus au palais pour cette affaire [1]. Enfin, après des négociations multipliées, le Parlement arrêta d'offrir au roi, à titre de transaction,

---

[1] *R. S.*, 1635, fol. 808, 816, 818, 822, 875, 884, 885, 889, 900, 1000, 1004, 1005, 1009, 1025, 1028, 1038, 1039, 1044. — *Idem*, 11 décembre 1638.

400,000 livres. Cette somme, avec le prix d'un office de président créé depuis peu, était censée représenter la valeur de quatre charges de conseiller, nombre auquel étaient réduites les douze originairement demandées. La conséquence de cet arrangement, qui avait été agréé, fut que le Parlement procéda lui-même à la vente par adjudication publique des quatre charges : voie bien singulière, mais la plus sûre, il faut l'avouer, pour atteindre le prix le plus élevé. On voit quel chemin avait fait la vénalité des offices, jusqu'à quel point elle avait pénétré dans les mœurs, puisqu'on en était venu à mettre aux enchères publiques le droit de rendre la justice, et à l'adjuger au plus offrant, tout comme une maison ou une pièce de terre. L'affaire fut entièrement terminée par les nominations, aux nouvelles charges, du président Jean de Gourgues, et des conseillers Jacques de Pichon, Jean de Sabourin, Antoine de Tarneau et Pierre de Lestonnac.

C'est une proposition que l'expérience a érigée en certitude pour ceux qui font du passé l'objet de leurs investigations, qu'elles sont souvent stériles malgré tous leurs efforts, et que la vérité historique peut rester à l'état de problème. Combien d'événements dont la matérialité est incontestable, mais dont la moralité demeure incertaine à cause de l'antagonisme des appréciations qu'ils ont fait naître ! L'historien, tenu cependant de les retracer, sous peine d'omission, ne peut que mettre en regard les éléments divers du jugement et se borner au rôle de simple rapporteur. Tel est celui auquel nous sommes réduit au sujet d'un procès criminel poursuivi devant le Parlement à la rentrée de 1639.

A cette date, et sur la dénonciation faite à la grand'chambre par celles des enquêtes, indignées d'une trop longue inaction de la justice, des informations étaient ordonnées pour la poursuite d'un crime extraordinaire et par sa nature et par le rang des accusés. Il s'agissait de fausse monnaie, ou plutôt, ce qui revenait au même, d'altération d'un genre tout particulier de la véritable. On l'appelait *crime de rognure,* inconnu ou à peu près aujourd'hui. Il consistait à retrancher une certaine portion de la circonférence des monnaies d'or de ce temps, dont le peu d'épaisseur se prêtait à cette manœuvre, par exemple les pistoles. Ses auteurs recherchaient celles de ces espèces qui n'avaient pas subi encore la rognure, et tel était le gain qu'ils en retiraient qu'ils les achetaient plus cher que le prix même du cours, en persuadant aux détenteurs qu'elles valaient, en effet, davantage. C'était tromper la confiance publique et contrevenir de plus aux édits du roi qui, pour parer à ces fraudes criminelles, avaient établi l'égalité de valeur entre les pistoles non rognées et celles qui l'étaient. Or, contre qui s'élevaient les charges de coupables spéculations de cette nature? Contre plusieurs membres du Parlement : le président à mortier Lalanne, les conseillers de Massiot, de Raymond et Desaigues dénoncés, à ce qu'il paraît, par des individus

CHAPITRE XII.

condamnés et punis du dernier supplice pour les mêmes faits. Il est certain qu'on avait saisi chez Massiot jusqu'à sept cents pistoles intactes et acquises, disait-on, au-dessus du cours légal. Ni ce magistrat, cependant, ni ses collègues n'étaient sous le poids de fâcheux antécédents quelconques. Tous sortaient de familles parlementaires anciennes et honorables. Les conseillers, loin de se cacher, comparurent devant leurs juges. Quant au président Sarran de Lalanne, le troisième de son nom, revêtu de père en fils de ce haut grade et qui comptait déjà dix-neuf années de services, il jugea à propos de s'absenter, laissant derrière lui une requête de récusations contre plusieurs de ses collègues. Il est vrai qu'il ne jouissait pas de l'attachement de tous. D'un caractère susceptible et difficile, il avait eu avec quelques-uns des démêlés plus ou moins sérieux. Il tendait évidemment à décliner la juridiction de son corps.

L'avocat général Lavie, qui avait pris en main l'affaire et la dirigeait avec beaucoup de zèle, en déployait principalement contre lui. Il se plaignit dès le début que le président avait eu tout le temps de faire disparaître des pièces à conviction de son crime. L'accusé, de son côté, alléguait qu'il y avait eu entre eux autrefois des pourparlers, demeurés sans résultat, d'alliance matrimoniale, Lavie ayant prétendu à la main de sa fille. Quoi qu'il en soit, ce dernier, sans paraître ému de cette allégation, ne cessa de requérir les mesures les plus rigoureuses contre le président Lalanne. Il y mit assez d'activité pour que, dès le 30 janvier 1640, au rapport du conseiller Dandraud, les chambres assemblées rendissent contre l'inculpé un arrêt par défaut le condamnant à perdre la tête après dégradation préalable. Le Parlement avait donc retenu le procès malgré la connaissance qu'il avait des démarches faites pour l'en dépouiller.

En effet, le conseiller d'État de Soule ou Soulé avait reçu l'ordre supérieur de s'en emparer. Ses communications officieuses à ce sujet n'ayant pas été écoutées, au mois de mars un arrêt du Conseil portant interdiction à la Cour de continuer l'instruction des faux monnayeurs et rogneurs fut signifié au procureur général. Une commission composée de Soulé, Gassion, président au Parlement de Pau, et Dupleix, conseiller d'État, en était saisie. La Compagnie résista selon son habitude; elle arrêta des remontrances que Lavie fut chargé de porter au gouvernement. Elles auraient eu d'abord du succès; Lalanne y avait contribué lui-même imprudemment en se reconnaissant, conditionnellement, il est vrai, et pour échapper à certains effets de la contumace, coupable du crime qu'on lui imputait, ce qui entraîna contre lui la privation de son office, dans lequel même il fut remplacé. Mais la mort du cardinal de Richelieu, suivie de près de celle de Louis XIII, amena des changements, et il obtint que son affaire fût renvoyée au Parlement de Paris pour y être jugée définitivement. C'était au moins, pour la justice, une meilleure garantie que des commissaires. Devant cette haute juridiction, et malgré les efforts de Lavie pour empêcher que la procédure lui fût envoyée, le président finit par obtenir gain de cause, être déchargé pleinement de l'accusation et remis en possession de ses honneurs et droits, de manière qu'il revint prendre son siége à Bordeaux, où nous le verrons l'occuper encore longtemps. Il en fut de même à l'égard des autres membres du Parlement impliqués dans la poursuite. Ce dénouement n'empêcha pas que la persuasion qu'ils étaient coupables, restât celle de beaucoup de contemporains. Nous en trouvons la preuve dans un des manuscrits de la Bibliothèque de la ville relatifs au Parlement [1]. Il y est dit, à l'occasion de cette affaire des *rogneurs* (dans un mémoire adressé au chancelier, au nom du Parlement), que les associés de cette ténébreuse opération avaient gagné chacun plus de 100,000 écus, et ils étaient cinq!

Quelle opinion doit-on maintenant adopter sur cet épisode judiciaire? Si la vivacité, l'ardeur même des poursuites forment ici un préjugé de l'existence du crime, un autre plus juridique résulte de l'arrêt souverain qui renvoya les accusés. La chose jugée est en leur faveur et établit la présomption de leur innocence. Il n'y aurait tout au plus place qu'au doute, et, pour l'historien comme pour le juge, le doute c'est l'acquittement.

[1] *R. S.* (non officiels), n° 374.

L'agitation qu'un procès de ce genre avait causée dans la Compagnie y donna lieu à plusieurs incidents dont le plus remarquable est une preuve des divisions qui la troublaient trop souvent. Elles n'existaient pas seulement entre les membres, elles éclataient encore entre les chambres elles-mêmes, et les enquêtes avaient de fréquents démêlés avec la grande. A l'assemblée générale du 12 février 1640, dit le Registre secret, des contestations étant survenues, beaucoup de conseillers des enquêtes adressèrent force invectives à ceux de la grand'chambre. Il n'en avait pas été tenu note, mais le souvenir en pesait tristement sans doute sur tous les esprits, puisque les coupables sentirent la nécessité de reconnaître et de réparer leur faute. Le 2 mars, les enquêtes députèrent vers les anciens de la Compagnie quatre de leurs membres, les conseillers de Farnoux, de Boucaud, de Cursol et Duval, et le premier s'exprima ainsi : « Messieurs, nous avons été députés par nos collègues pour venir vous remontrer, avec un esprit de paix et d'humilité, qu'ils ont sensible déplaisir de ce qui s'est passé, vous suppliant de l'oublier et nous considérer comme les pères envers leurs enfants et les aînés à leurs cadets. Nous reconnaissons et avouons que l'autorité de cette grande Compagnie réside en vous et que vous êtes les oracles de la justice du Parlement, et vous assurons que nous vous rendrons toujours le respect et les déférences auxquels nous sommes obligés. — Sur quoi, continue le Registre, *eue délibération,* la grand'chambre et la Tournelle assemblées, a été arrêté que la Cour demeure satisfaite des paroles que les commissaires ont dites, et désire qu'à l'avenir les chambres demeurent bien unies et en bonne intelligence pour le service du roi, l'honneur et l'autorité de la Compagnie et pour le bien public. » Louables intentions si elles avaient toujours présidé aux rapports des magistrats entre eux ! Il n'en fut pas ainsi malheureusement, et ce serait un long chapitre à dérouler que celui de leurs différends particuliers. On a déjà vu, du reste, jusqu'où ils pouvaient aller quelquefois.

Les gens du roi n'offraient pas une plus édifiante union. Ils n'étaient que trois et ne pouvaient s'accorder; et ce qu'il y avait de plus fâcheux dans leurs discordes intestines, c'est qu'ils en rendaient la Cour témoin et arbitre. Ainsi, en 1640 également, les avocats généraux et le procureur général se disputaient le service de la chambre des vacations. Olivier Dusaut, le plus ancien, portant la parole pour son collègue Lavie et pour lui, remontait jusqu'à la création du Parlement pour établir que leur institution était plus ancienne que celle du procureur général : proposition vraie, mais qui ne tranchait nullement la question. Le procureur général Pontac, pour défendre sa cause, se prévalait des usages de Paris. On jugera de l'aigreur de cette discussion dont la Cour ajourna la solution par les termes dont se servait Dusaut dans sa réplique : « Ce n'était pas pour l'honneur, disait-il, mais pour l'amour du gain que le procureur général disputait :

Non propter honorem, sed propter fiscum. » Or, il est bon de savoir que le surcroît de gages attribué au service des vacations était mal payé. Il vaut donc mieux croire que l'amour-propre plutôt que la cupidité était ici le vrai mobile de la querelle.

Pour en finir sur cette matière si peu digne d'intérêt, mais pour obéir à l'obligation d'être exact, nous dirons quelques mots des divisions qui éclatèrent entre le Parlement et l'archevêque Henri de Sourdis. Elles portaient sur d'assez futiles difficultés, telles que la fixation de fêtes et de processions, choses dans lesquelles il semblait naturel que le clergé eût la haute main; mais le Parlement voulait être le maître en tout. De là des récriminations et des invectives échangées à coups d'arrêts et de mandements. Les deux autorités en vinrent à une rupture ouverte. Elle fut portée au dernier degré d'iritation mutuelle au sujet des obsèques de Louis XIII. Henri de Sourdis, on l'a vu, savait mieux se vaincre que son frère. Il s'appuyait d'ailleurs sur son clergé, qu'il avait su s'attacher. Enfin, il était en faveur à la cour, où l'on penchait beaucoup à croire que les torts étaient du côté du Parlement, qui eut le dessous dans presque tous ces débats [1].

[1] Ceux de nos lecteurs qui voudront en connaître les détails, trop étendus et trop peu importants d'ailleurs pour trouver place ici, les rencontreront dans le *manuscrit* n° 374 (Bibliothèqne de la ville), qui les donne *in extenso*.

Les deux archevêques de Sourdis ne furent ni les seuls ni les derniers membres de cette famille qui remplirent des fonctions publiques à Bordeaux. En 1640, le marquis de Sourdis y était revêtu

La Compagnie n'eut pas des rapports plus faciles avec Henri de Béthune, successeur de Henri de Sourdis, quoique ce fût un prélat uniquement voué à ses fonctions sacerdotales.

Avant de commencer des récits dont la politique doit faire tous les frais, nous nous arrêterons quelques instants sur un terrain purement judiciaire, celui des *arrêts présidentaux,* qui lui appartiennent exclusivement. Ce sont là, d'ailleurs, de véritables *olim* sans rapport avec ce qui se pratique aujourd'hui, et il est bon, par conséquent, de ne pas en laisser périr la mémoire.

Personne n'ignore qu'autrefois les décisions de la justice n'étaient pas motivées. Elles tenaient presque, par leur laconisme et leur forme impérative, du style des oracles. On sentait cependant dès lors, comme instinctivement, que ce mode, suffisant peut-être dans les procès ordinaires, ne l'était plus dans ceux où des questions ardues recevaient une solution. Aussi l'usage s'établit-il, pour les affaires dans lesquelles il s'en présentait, de rendre ce que l'on appelait à Paris des *arrêts en robes rouges,* à Bordeaux des *arrêts présidentaux,* parce qu'ils étaient exclusivement

---

de celles de commandant militaire en Guyenne. Si aucun fait notable ne se rattache à sa gestion, il est cependant bon de constater que cet officier n'eut avec le Parlement que les relations les plus courtoises. Elles furent sans doute les mêmes avec les autres autorités, puisque le marquis de Sourdis voulut reposer après sa mort dans l'église des Chartreux (aujourd'hui Saint-Bruno), bâtie par le cardinal François, où l'on voit encore son tombeau et celui de sa femme Charlotte d'Avaray, avec une épitaphe des plus honorables que les révolutions ont respectée.

prononcés par les présidents. Mais ce qui les distinguait particulièrement des autres arrêts, c'est qu'ils ne contenaient pas seulement, comme aujourd'hui, des considérations plus ou moins substantielles de fait ou de droit servant de base à la décision ; c'étaient des dissertations très étendues sur la matière du litige, dans lesquelles l'érudition se donnait pleine carrière, où l'éloquence déployait tous ses ornements. Il est vrai que c'est là surtout qu'on faisait abus des citations. Montaigne, quoiqu'elles fussent en usage de son temps et qu'il ne les épargnât pas lui-même, sentait néanmoins qu'elles devaient avoir ici des bornes, et il s'en moque en ces termes : « Un » président se vantoit, dit-il, où j'étois, d'avoir » amoncelé deux cent et tant de lieux estrangiers » dans un sien arrest présidental. En le preschant à » chacun, il me sembla effacer la gloire qu'on lui en » donnoit ; pusillanime et absurde vanterie à mon gré » en un tel subject et telle personne [1]. » Cruzeau, qui ne juge pas le vain étalage d'érudition avec le même goût que l'auteur des *Essais*, nous représente ce qu'étaient les arrêts présidentaux, quand il dit de celui que prononça le président de Nesmond en 1596 qu' « il y fit merveilleusement tant en *philosophie* que *théologie* et *histoire* » ; véritables épreuves du reste pour les magistrats que ces sortes d'exercices où ils étaient tenus ainsi, de par la mode, de faire assaut de science et de talent d'écrivain ou même d'orateur, car

---

[1] *Essais*, liv. III, chap. xii.

ces arrêts s'improvisaient ou tout au moins ne se lisaient pas. C'étaient donc des occasions solennelles propres à mettre en relief le mérite des présidents à mortier, à justifier leur haute position dans les Compagnies judiciaires. Néanmoins, il ne faut pas croire que ce fût là une pure gymnastique intellectuelle. « La Cour, dit un ancien arrêtiste [1], marque bien elle-même dans les occasions solennelles l'usage qu'elle veut qu'on fasse de ses préjugés, puisque dans ceux-ci elle veut bien rendre raison de ses décisions et que, pour en persuader la justice, elle emploie moins son autorité que celle des principes. » Ainsi c'était la jurisprudence des arrêts qui dès lors se fondait, et l'on sait, en effet, que ceux qui étaient rendus en robes rouges avaient un grand poids.

Les registres du Parlement de Bordeaux indiquent un certain nombre de ces arrêts, mais sans en donner le texte, par la raison que nous venons de faire connaître. Ils sont rendus, en général, dans des espèces peu communes sous le rapport du fait et du droit. Nous ne citerons que celle-ci, avec le regret de ne pouvoir en rapporter que le sommaire. En 1629, il fut jugé par l'arrêt prononcé par le président Sarran de Lalanne : « qu'une femme s'étant remariée en secondes noces cinq semaines après le décès de son premier mari, et ayant accouché d'une fille au septième mois de son second mariage et au neuvième du décès de son premier mari, cette fille appartenait

---

[1] Bardet.

au second mari décédé depuis et dont la succession lui fut attribuée à l'exclusion des parents de celui-ci qui voulaient la faire réputer enfant du premier lit. » Comme, en fait de procès même, il n'y a guère rien de nouveau dans le monde, nous remarquerons qu'une décision semblable et dans des circonstances à peu près identiques a été rendue de nos jours sous l'empire du Code civil. Il a été jugé, en effet, en 1843 : « qu'un enfant né *moins* de trois cents jours après la dissolution du mariage de la mère, avait pu être cependant légitimé par celui qu'elle avait contracté avec un individu qui s'était reconnu père de cet enfant, reconnaissance ainsi déclarée valable au préjudice des héritiers du second mari [1]. » Les faits qui ont, même en matière de question d'état, une influence marquée sur le droit, étaient sans doute très favorables dans les deux affaires; mais l'identité de décision à des époques éloignées, et sous des législations susceptibles d'interprétations diverses, n'en est pas moins très remarquable.

On n'a pas dû s'attendre à trouver dans un ouvrage historique beaucoup plus que judiciaire, des notices d'arrêts. Nous ne résistons pas cependant à en mentionner encore un, émané du Parlement de Bordeaux, quoiqu'il ne fût pas présidental. C'est celui qui déclare libres des *nègres* et *mores* amenés

---

[1] Cassation. — Dalloz, 1843, I, 465. Dans cette affaire, plusieurs Mémoires et consultations avaient été publiés à l'appui de la thèse qui triompha, signés de célèbres jurisconsultes de l'époque, parmi lesquels figurait M. Ravez.

en France pour être vendus par un marchand normand, « parce que la terre de France, mère de liberté, ne permet aucuns esclaves. » Cette décision était la même dans tout le royaume, mais elle est d'autant plus louable dans une ville maritime qui avait avec les pays étrangers des relations si fréquentes et si étendues [1].

(1) *Chronique bourdeloise* (Delurbe), 1571.

FIN DU TOME PREMIER.

TABLE DES MATIÈRES

	Pages
INTRODUCTION	VII

CHAPITRE Ier (1451-1515).................................. 1

Aperçu des anciennes juridictions d'appel en Aquitaine. — Causes de l'établissement des nouvelles après la première capitulation de Bordeaux en 1451. — Création de la Cour souveraine. — La justice en appel après la seconde capitulation. — Les Grands-Jours. — Avénement de Louis XI. — Ses motifs pour l'institution du Parlement de Bordeaux en 1462. — Véritables origines de ce corps. — Son rang par rapport aux Parlements de Rouen, Dijon et Grenoble; son ressort, sa composition. — Noms de ses premiers membres. — Gages. — Notices sur les premiers chefs de la Compagnie : Tudert, La Marthonie, Selve, etc. — Notices sur plusieurs autres magistrats de cette époque et sur leurs travaux. — Les magistrats des anciens temps. — Discipline et mœurs judiciaires.

CHAPITRE II (1537-1543).................................. 43

La Réforme. — Rôle des Parlements en France dans les mesures prises pour la combattre. — Poursuites en Guyenne contre les hérétiques. — Conflit avec le clergé. — Impulsions de l'autorité royale. Répressions. Supplices. — Opinions diverses dans la magistrature. — Deux procès pour hérésie attestant des courants différents. — Le Parlement de Bordeaux et la reine de Navarre, Marguerite d'Angoulême. — Discours de cette reine au Parlement. — Sa protection constante envers les réformés. — Ses négociations matrimoniales. — Veut faire recevoir dans la Compagnie des magistrats suspects d'hérésie. — Disgrâce du président de Calvimont. — Sa réhabilitation.

CHAPITRE III (1548).................................. 68

Impôt de la gabelle. — Édit de 1545. — Mécontentement dans les provinces du ressort du Parlement. — Troubles à Périgueux et à Blaye. — Soulèvement de la Saintonge et de l'Angoumois en 1548. — Répressions impuissantes. — Progrès de la révolte. — Excès des séditieux. — Menaces aux autorités de Bordeaux. — Mesures tentées pour détourner le péril. — Les jurats et le Parlement. — Le lieutenant du gouverneur, Tristan de Moneins, arrive à Bordeaux. — Démonstration des mutins dans la ville. — Concessions imprudentes et autres fautes de Moneins. — Entrée dans Bordeaux des pillards du dehors. — Nouvelle intervention du Parlement : le président La Chassaigne et ses collègues. — Exigences des factieux. — Mort de Moneins. — Massacre des officiers de la gabelle. — Pillages et dévastations. — Conduite du président La Chassaigne. — Apaisement de la révolte. — Punition de quelques coupables. — Arrivée du connétable de Montmorency à Bordeaux. — Recherche et punition des auteurs de la sédition. — Interdiction du Parlement. — Commission de justice qui le remplace. — Sa composition et ses actes. — État de la ville. — Rétablissement du Parlement. — Résultat des poursuites exercées contre certains de ses membres. — Sort du président La Chassaigne — Henri II remet aux Bordelais l'impôt de la gabelle moyennant une somme fixe. — Il leur rend leurs priviléges.

CHAPITRE IV (1543-1570) 98

La vénalité des charges de judicature. — Ses effets au Parlement de Bordeaux. — La création de la chambre criminelle de ce Corps lui est antérieure. — Crues successives d'offices divers de nouvelle institution, de 1523 à 1543. — Premier exemple de déclaration ouverte de la vénalité des offices de magistrature. — Scandales résultant de l'opposition des anciennes ordonnances organiques avec la mise en pratique de la vénalité. — Faux serments. — Résultat numérique des crues du Parlement sous François Ier. — Causes de nouvelles augmentations sous Henri II. — Chambre des Requêtes, Cour des Aides de Périgueux. — Son incorporation au Parlement après plusieurs essais infructueux d'union. — Réformes judiciaires sollicitées par le Parlement. — Son personnel en 1557. — Le barreau. — Ses liens avec la magistrature. — La Saint-Yves. — Les procureurs : droit des magistrats de les nommer à tour de rôle, racheté enfin en 1661. — Biographies de magistrats : Le Ferron, La Boëtie, Montaigne, Florimond de Rémond.

CHAPITRE V (1560-1563) 129

Relation faite au Parlement sur les projets des réformés. — Symptômes précurseurs de troubles en Guyenne. — Immixtion de la haute magistrature dans les affaires publiques et même militaires. — Avénement de Charles IX. — État de la France et des partis à la cour. — Oscillations politiques. — Mesures contradictoires à l'égard des réformés. — Agitations à Bordeaux. — Conduite du Parlement. — Le Collége de Guyenne. — Édit de 1562. — Son exécution incomplète à Bordeaux. — Le premier président Benoît de Lagebâton. — Premiers détails biographiques. — Épisode de l'évêque de Tulle. — Retour aux événements. — Question du désarmement. — Inquiétude générale par suite de l'inobservation de l'édit de 1562. — Mesures préventives de défense à Bordeaux contre les entreprises des réformés. — Coopération du Parlement. — Incident du Syndicat. — Habile conduite du Parlement. — L'avocat

TABLE DES MATIÈRES. 513

et conseiller de Lange. — Nouveaux efforts de la magistrature pour le salut de la ville pendant la première guerre civile. — Zèle excessif du Parlement. — Il se compromet vis à vis du pouvoir. — Les ennemis du premier président Lagebâton. — Dénonciation de ce magistrat par la noblesse de Guyenne. — Scène au Parlement. — Ce corps exposé aux sévérités du pouvoir royal. — Mission de commissaires. — Humiliation du Parlement. — Le conseiller Dupont. — Attitude du premier président. — Retour et solution de la question du désarmement à Bordeaux. — Assassinat d'un conseiller par les réformés.

CHAPITRE VI (1564-1571)............................... 183

Charles IX à Bordeaux. — Inquiétudes du Parlement. — Accueil qu'il reçoit du roi. — Questions d'étiquette. — Édit fiscal. — Insolence du connétable de Montmorency. — Entrée du roi à Bordeaux. — Comment y figure le Parlement. — Costumes. — Le roi de la Basoche. — Lit de justice. — Discours du chancelier de Lhôpital. — Ses remontrances à la magistrature. — Nouvelles attaques de la noblesse contre le premier président de Lagebâton. — Mort de Burie. — Ses successeurs: Noailles, Lansac et Monluc. — Conduite de ce dernier vis-à-vis du Parlement. — Exemple du danger pour les magistrats d'être les collaborateurs de Monluc. — Montferrand, maire et gouverneur de Bordeaux. — Reprise des hostilités. — La reine de Navarre Jeanne d'Albret. — Monluc au Parlement. — Suite des victoires de Jarnac et de Moncontour sur les réformés. — Anecdote sur Louis Ier, prince de Condé. — Prise de Blaye et de Bourg par les réformés. — Nouvelles mesures du Parlement, sur l'invitation du roi, pour la sûreté de Bordeaux. — Cinq magistrats faits prisonniers par Pardaillan, gouverneur de Blaye. — Épisode du prédicateur La Godine. — L'archevêque et le procureur général au Parlement. — Arrêts de contumace contre un grand nombre de protestants. — Différends entre le Parlement et Montferrand. — Disgrâce et destitution du premier président de Lagebâton. — Conduite du Parlement dans cette affaire. — Le conseiller Gillibert; Laferrière, Lahet, Laroche. — Réintégration du premier président. — Édit de pacification de 1570. — Notices sur le président de Roffignac et sur le procureur général Lahet. — Les *Grands-Jours* pendant le XVIe siècle.

CHAPITRE VII (1572-1575)............................... 240

La Saint-Barthélemy à Bordeaux. — État de la population. — Sécurité des autorités y compris le Parlement. — Prédications du Père Augier. — Provocations. — Arrivée à Bordeaux de Montpézat. — Dispositions de Montferrand. — Massacres du 3 octobre. — Détails. — Assassinat des conseillers Guilloche et de Sevyn. — Le premier président de Lagebâton et le conseiller de Feÿdeau au fort du Hà. — Noble conduite de Merville. — Montferrand au Parlement. — Procès-verbal de la séance. — Suites des massacres. — Mesures du Parlement. — Hostilités aux environs de Bordeaux. — Siége de Villandraut. — Le conseiller Joseph de Vallier. — Le duc d'Anjou. — Vaillac et Merville. — Prise de Blanquefort. — Altercations entre le premier président et Montferrand. — Position de ce dernier. — Il est tué à Gensac. — Son successeur dans les fonctions de maire de Bordeaux.

T. I. 33

514   HISTOIRE DU PARLEMENT DE BORDEAUX.

CHAPITRE VIII (1576-1593).............................   258

Le roi de Navarre quitte furtivement la cour. — La Guyenne menacée. — Appel de Henri III à la fidélité du Parlement. — Cinquième trêve. — Nouvelles concessions aux réformés. — Création des Chambres triparties et mi-parties. — La guerre civile recommence. — Bordeaux très exposé. — Accord de toutes les autorités pour empêcher le roi de Navarre et le prince de Condé d'y entrer. — Mésintelligence prononcée entre Henri de Bourbon et le Parlement. — Rupture des relations; déclarations du Parlement. — Arrivée à Bordeaux de la reine-mère et de la reine de Navarre, sa fille. — Questions d'étiquette. — Mécontentement de Catherine. — Sa semonce au Parlement. — Examen des griefs. — La cour de Nérac. — Situation du Parlement vis-à-vis du pouvoir royal. — Création de la Chambre des Requêtes. — Autre crue d'offices. — Conférences et traités de Nérac et de Fleix. — Le Parlement sacrifié. — Établissement de la Chambre de Justice; son organisation, sa compétence. — Attitude du Parlement. — Mort de Lagebâton. — Le maréchal de Matignon, lieutenant général en Guyenne. — Son caractère. — Commencements de la Ligue. — Vaillac renvoyé. — Conspiration à Bordeaux. — Pontac d'Escassefort. — Mort du greffier en chef Jean de Pontac. — Les Jésuites expulsés de Bordeaux. — Assassinat de Henri III. — Projet d'un Conseil d'État à Bordeaux. — Matignon au Parlement. — Arrêt du 17 août 1589. — Dans quelle situation se place le Parlement. — Ses actes vis-à-vis de la Ligue et du nouveau roi. — Politique d'expectative. — Henri de Bourbon et ses lettres au Parlement. — Délibérations; habileté de Matignon; négociations. — Correspondances des chefs du Parlement avec Henri IV. — Comment il est reconnu roi. — Événements à Bordeaux et au dehors. — Échecs militaires de Matignon. — Son influence maintenue. — Abjuration, puis entrée de Henri IV à Paris. — Sa réconciliation avec l'Église. — Son autorité entièrement reconnue à Bordeaux. — Incident du siège du château du Hâ par Matignon. — Le président Gentils de Cadillac. — Examen et jugement des rapports entre Matignon et le Parlement. — Ce qu'il faut penser des appréciations de certains biographes du maréchal. — Opinion de Dupleix. — Juste part faite aux deux autorités. — Solution de la question de savoir si le Parlement de Bordeaux a été ligueur. — Cette Compagnie devant l'histoire générale et l'histoire locale. — Ses titres à la reconnaissance de la ville de Bordeaux et à l'estime de la postérité.

CHAPITRE IX (1592-1610)....................   322

Dissentiments entre Henri IV et le Parlement de Bordeaux au sujet du rappel des édits de 1577 et de l'enregistrement de l'édit de Nantes. — Établissement de la Chambre mi-partie. — Sa composition. — Les magistrats protestants. — Comment le Parlement élude leur réception et leur incorporation. — Son immixtion dans les affaires politiques devenue à peu près nulle. — Abus dans le mode d'examen des magistrats, nés principalement du *népotisme* parlementaire. — Mauvais choix. — Exemple: le conseiller Beaulieu devenu assassin de sa femme. Poursuite, dégradation, jugement définitif au Parlement de Rennes, condamnation, exécution. — Affaire du trésorier Pontac de Langlade; familles de magistrats impliquées dans cet événement. — Le président Gentils. — La peste de nouveau à Bordeaux. — Le Parlement dispersé. — Lettre de Henri IV au duc d'Épernon : objet. — Le cardinal de Sourdis, archevêque de Bordeaux ; ses différends avec le Parlement. — Édit du *Parisis*. — Remontrances du Parlement. — Députation au roi. — Réponse de Henri IV. — Examen critique des graves imputations adressées par lui au Parlement. — Justification de ce corps. — Origine des griefs personnels du roi. — Démonstration de leur injustice. — Les bonnes relations rétablies entre ce prince et la magistrature bordelaise avant sa mort. — Tribut de regrets payé par elle à sa mémoire. — Poursuites des crimes de sorcellerie sous son règne. — Opérations judiciaires dans le pays basque. — Le conseiller Rostéguy de Lancre et le président d'Espagnet. — Jurisprudence du premier. — Application. — Appréciation.

CHAPITRE X (1610-1620)............................... 379

Régence de Marie de Médicis. — Le prince de Condé, gouverneur de Guyenne, à Bordeaux. — Le roi et sa mère se rendent dans cette ville. — Procès d'Antoine Castagnet, sieur de Haut-Castel. — Le cardinal de Sourdis enlève des prisons du Parlement. — Il est poursuivi criminellement pour ce fait. — Il obtient un sursis. — Remontrances du Parlement et députation au roi. — Résultat. — Mariage à Bordeaux de Louis XIII avec Anne d'Autriche. — Lit de justice tenu par ce monarque au Parlement dans le palais de l'Ombrière. — Notice sur cet édifice. — Cérémonial et détails du lit de justice. — Cause plaidée et jugée. — Traitement ignominieux fait à la Chambre des Requêtes. — Départ du roi. — Représentation du Parlement pour le retenir. — Nombre des protestants à Bordeaux à cette époque. — Reprise du récit des événements politiques. — Le Parlement obligé à des mesures militaires en l'absence de toute autorité compétente pour les prendre. — Premiers actes du premier président Marc-Antoine de Gourgues. — Retour du roi à Bordeaux ; second lit de justice ; édits fiscaux enregistrés en sa présence. — Louis le Juste. — Procès et condamnation d'Hercule d'Argillemont. — Création du Parlement de Pau. — Mécontentement du Parlement de Bordeaux. — Conflits entre les deux Cours ; scandales judiciaires. — Les réformés reprennent les armes. — Opérations militaires en Médoc et ailleurs. — Magistrats qui y prennent part. — Procès, condamnation et exécution de Paul de Lescun, conseiller au Parlement de Pau.

CHAPITRE XI (1617-1628).............................. 423

Les successeurs du premier président Guillaume Daffiz : de Nesmond de Chézac, Marc-Antoine de Gourgues. — Famille ; alliances de ce dernier. — Le duc d'Épernon, gouverneur de Guyenne. — Motifs de son inimitié à l'égard du premier président. — Faits par lesquels il la manifeste : les courriers ; la *clie* ou marché au poisson. — Ses entreprises contre le Parlement. — Logement des gens de guerre et de ses gardes. — Le maire de Libourne. — Abus d'autorité et exactions. — Les marchands de blé du Pays-Haut. — Insolence du gouverneur. — Son animosité personnelle contre le premier président. — Fière réponse de ce dernier. — Autres démêlés avec le Parlement pour la publication de la paix. — Les violences du duc d'Épernon amènent la suspension du cours de la justice. — Le Parlement désapprouvé. — Reprise des audiences. — Intervention de l'autorité royale pour le rétablissement de la bonne intelligence. — Mission du conseiller d'État Brûlard de Sillery. — Résultat. — La concorde rétablie par la médiation du cardinal de Sourdis. — Appréciation de la conduite du premier président de Gourgues pendant tous ces démêlés. — Sa défense de l'ancienneté de rang du Parlement de Bordeaux sur celui de Grenoble à l'assemblée des notables de 1626. — Il harangue le roi au camp devant La Rochelle. — Commencement du conflit entre le Parlement et l'intendant Abel Servien. — Politique du cardinal de Richelieu à l'égard des Parlements. — Envoi plus fréquent de commissaires extraordinaires. — Entreprise de Servien sur les attributions du Parlement. — Arrêt qui la réprime. — Cet arrêt est cassé par le Conseil du roi. — Magistrats du Parlement interdits et mandés pour rendre compte de leur conduite. — Première députation du Parlement, sans succès. — Deuxième députation pour présenter des remontrances. — Marc-Antoine de Gourgues se place à sa tête. — Incidents de l'audience royale. — Emportement de Louis XIII. — Vive émotion du premier président. — Texte des remontrances. — Maladie et mort de de Gourgues. — Rapport du président de Pontac à l'assemblée des chambres. — Hommages à la mémoire du premier président. — Il est loué même par l'historien du duc d'Épernon. — Rang qu'il doit occuper parmi les grands hommes du Parlement de Bordeaux.

CHAPITRE XII (1628-1640)............................ 465

Succession parlementaire de Marc-Antoine de Gourgues. — Henri Daguesseau. — Prise de La Rochelle. — Continuation de la guerre contre les protestants. — La peste à Bordeaux; mesures sanitaires; coopération du Parlement. — Manifestations religieuses; fondation du vœu annuel de l'Assomption. — La Cour des Aides établie malgré les démarches du Parlement, d'abord à Agen, puis à Bordeaux. — Division avec cette juridiction. — Louis XIII et le cardinal de Richelieu à Bordeaux. — Henri de Sourdis, successeur de son frère à l'archevêché de cette ville. — Ses querelles avec le duc d'Épernon. — Médiation du Parlement. — Disgrâce du duc d'Épernon. — Sa pénitence. — Sédition à Bordeaux. — Conduite du Parlement en l'absence du gouverneur. — Arrivée de celui-ci; il combat et dompte les révoltés. — Sa modération après la victoire. — Calomnies dont il est l'objet. — Le conseiller Briet. — Vengeance qu'en tire le duc d'Épernon. — Il est enveloppé dans la disgrâce de son fils, le duc de La Valette. — Ses derniers jours. — Déboires du Parlement au sujet d'une nouvelle *crue*. — Transaction avec le gouvernement. — Adjudication publique d'offices de président et de conseiller. — Le Parlement troublé par des poursuites criminelles contre certains de ses membres pour crime de *rognure* ou altération de monnaies. — Procès du président Lalanne, des conseillers Massiot et autres; résultat négatif de ces procédures. — Divisions intestines dans la Compagnie : les Enquêtes et la Grand'Chambre. — Autres divisions entre les gens du roi. — Coup d'œil rétrospectif sur les matières de jurisprudence parlementaire. — Les *arrêts présidentiaux*.

Bordeaux. — Imp. G. GOUNOUILHOU.

www.ingramcontent.com/pod-product-compliance
Lightning Source LLC
Chambersburg PA
CBHW051359230426
43669CB00011B/1705